河北工业大学校史丛书

河北工业大学校史

（1903—2023）

河北工业大学校史丛书编纂组　编

天津社会科学院出版社

图书在版编目（CIP）数据

河北工业大学校史：1903—2023 / 河北工业大学校史丛书编纂组编. -- 天津：天津社会科学院出版社，2023.9

（河北工业大学校史丛书）

ISBN 978-7-5563-0917-7

Ⅰ．①河… Ⅱ．①河… Ⅲ．①河北工业大学－校史－1903-2023 Ⅳ．①G649.282.1

中国国家版本馆 CIP 数据核字 (2023) 第 181710 号

河北工业大学校史 ：1903—2023
HEBEI GONGYE DAXUE XIAOSHI ：1903—2023

选题策划：韩　鹏
责任编辑：吴　琼
责任校对：刘美麟　李思文
装帧设计：高馨月
出版发行：天津社会科学院出版社
地　　址：天津市南开区迎水道 7 号
邮　　编：300191
电　　话：（022）23360165
印　　刷：高教社(天津)印务有限公司
开　　本：787×1092　　1/16
印　　张：30.50
字　　数：551 千字
版　　次：2023 年 9 月第 1 版　　2023 年 9 月第 1 次印刷
定　　价：120.00 元

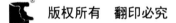

河北工业大学校史丛书
编纂工作委员会

主　任　　韩　旭

副主任　　贺立军

成　员　　张建畅　段国林　赵　斌　孟祥群

　　　　　郎利影　王慧远　马国伟　胡　宁

《河北工业大学校史》编纂组

主　编　　贺立军

副主编　　霍占良　平　熙

编纂人员　（按姓氏笔画排序）

　　　　　王　军　张剑军　白彦刚　李志明　杨　洋

　　　　　林艳书　曹旭冉　屠琼芳　董金明　戴景新

前　言

从 1903 年到 2023 年,从北洋工艺学堂到河北工业大学——春秋迭易,百廿沧桑,学校矢志坚守办学初心、努力探寻大学之道,始终坚持与国家、民族和人民同呼吸、共命运,熔铸成学校"兴工报国"的办学传统、"勤慎公忠"的校训精神和"工学并举"的办学特色,培养了一大批德才兼备的优秀人才,为经济社会发展作出了重要贡献。

2023 年,适值河北工业大学双甲子华诞,学校成立校史丛书编纂小组,编辑出版《河北工业大学校史》《河北工业大学志》《报刊中的河北工大》和《河北工业大学图册》等校史系列丛书。这套丛书全景式记录学校 120 年砥砺奋进的足迹,多维度多视角展示学校百余年来的办学成就和经验,同时也力图全面深入地总结和提炼学校永续发展的精神内核和基业长青的优良文化基因。它承载着全校师生和广大校友共同的文化记忆,是学校不断探索高等工程教育规律的生动实践,更是一代代河工人对"培养什么人、怎样培养人、为谁培养人"这个历史之问给出的河工答案。

校史承载着学校发展过程中积淀的精神和文化,是学校独特的文化标签。河北工业大学 120 年的办学历程,始终与近现代民族工业发展息息相关,与国家高等工程教育紧密相连。挖掘和弘扬学校历经百廿积淀传承的精神谱系,既为学校"双一流"建设提供强力的软实力支撑,又为学校高质量发展提供不竭的文化内能。这套丛书的出版,有助于学校全体师生和广大校友对学校发展历史及大学精神形成鲜活的认知,并转化为自觉传承大学精神、丰富大学精神的内在追求,从而激发出强烈的爱校、爱国热情,激励河工人以更加饱满的热情和更加昂扬的状态,积极投身于中华民族伟大复兴和社会主义现代化强国建设的伟大实践中。

校史系列丛书的编写工作,得到了学校党委和各部门、单位的大力支持。全体编纂人员本着严谨的史学精神,秉持对历史负责、对社会负责、对学校负责的态度,遵循现实性和历史性相统一、全面性和侧重性相统一、科学性和人文性相统一等原则，准确把握学校的历史发展脉络，认真开展档案查询、史料征集、资料整理、撰写编研、细心校对等工作，将校史融入中国高等工程教育史，融入党史、国史的恢宏背景中，用荣校爱校的情怀完成了一项重大文化工程。但由于学校办学时间跨度大，经历曲折复杂，加上编者水平有限，疏漏和错误在所难免，敬请各位读者批评指正。

盛世修史，在回眸中照鉴未来；伟业励志，在瞻望中鞭策后人。这套校史系列丛书的出版不是结束，而是校史研究和利用工作的新起点。我们将继续秉持"以文载道、以文传声、以文化人"的宗旨，乘百廿长风，再扬征帆。希望全体师生和广大校友胸怀报国初心，传承河工精神，踔厉奋发，勇毅前行，以主人翁的责任和开拓者的担当，继续书写河北工业大学新时代的辉煌篇章。

河北工业大学校史丛书编纂组

2023 年 6 月

目 录

第一章 发轫北洋 工学序库

第二章　革故鼎新　寻路中国

第三章 救亡图存 兴邦自强

第四章　泽惠朝阳　风雨沧桑

第五章　改革开放　欣欣向荣

第六章　与时俱进　传承创新

目
录

第七章　百廿芳华　宏图再展

附 录

第一章 发轫北洋 工学序库

第一节 北洋工艺学堂创立

一、废除科举，兴办学堂

1901年1月29日（光绪二十六年十二月初十日），清朝廷发布《变法上谕》，启动新政，上谕道："世有万古不易之常经，无一成不变之治法。""法令不更，痼习不破；欲求振作，当议更张。著军机大臣、大学士、六部、九卿、出使各国大臣、各省督抚，各就现在情形，参酌中西政要，举凡朝章国故，吏治民生，学校科举，军政财政，当因当革，当省当并，或取诸人，或求诸己，如何而国势始兴，如何而人才始出，如何而度支始裕，如何而武备始修，各举所知，各抒所见……"

1901年4月25日（光绪二十七年三月初七），时任山东巡抚的袁世凯在《遵旨敬抒管见上备甄择折》中明束："百年之计，莫如树人。古今之国，得人则昌。作养人才，实为图治根本。查五洲各国，其富强最著者，学校必广，人才必多。中国情见势绌，亟思变计，兴学储才，旬刻不容缓矣。"

1901年7月12日（光绪二十七年五月二十七日），张之洞和刘坤一呈奏《筹议变通政治人才为先折》，就"育才兴学之大端"，提出四条重大举措：一为设文武学堂，二为酌改文科，三为停罢武科，四为奖励游学。并禀明："此四条为求才图治之首务，其间事理，皆互相贯通，互相补益，故先以此四事上陈。盖非育才不能图存，非兴学不能育才，非变通文武两科不能兴学，非游学不能助兴学之所不足。"同年9月，清政府下了《兴学诏书》，指令各省将省城的书院改为大学堂，各府厅直隶州的书院改为中学堂，各州、县的书院改为小学堂，又令各地多设立蒙学堂，明确指出造就"究心经济，力戒浮嚣""博通时务，讲求实学"之人。

1902年1月（光绪二十七年十二月），清政府任命张百熙为管学大臣，"并著裁定章程具奏"。同年 8 月，管学大臣张百熙进呈了《京师大学堂章程》《考选入学章程》《中学堂章程》《小学堂章程》以及《蒙学堂章程》等六件，"候旨颁行"，这就是《钦定学堂章程》，又称"壬寅学制"。这是中国近代教育史上第一个学校系统制度，包括了从小学堂到大学堂的各级学堂章程。

二、凌福彭受命创办北洋工艺学堂

1901 年（清光绪二十七年），时任山东巡抚的袁世凯在济南创办山东大学堂时说："国势之强弱，视乎人才，人才之盛衰，原于学校。诚以人才者立国之本，而学校者又人才所从出之途也。以今日世变之殷，时艰之亟，将以得人以佐治，必须兴学以培才。"

1901 年 11 月 7 日，袁世凯升任直隶总督兼北洋大臣后，把兴办学堂、发展教育作为推行"新政"的一项重要内容。1902 年（光绪二十八年）8 月 8 日，袁世凯率先请奏《省城设立学校司片》，在保定府建立直隶学校司。

1903 年初，为了培养发展实业的技术人员和有一定文化程度的工人，受袁世凯委托，天津知府凌福彭出任总办，创办了"北洋工艺学堂"。

凌福彭（1856—1931）原名凌福添，字仲桓，号润台，广东番禺县金鼎乡（现广州市黄埔区深井村）人，是河北工业大学的前身北洋工艺学堂的创始者。

凌福彭生于咸丰六年（1856），自幼在家读书，精辞章、爱书画。他于光绪十九年癸巳（1893）中举人，二十一年乙未（1895）与康有为同榜进士，授翰林院庶吉士，又授户部主事，考取军机章京，递升员外郎、郎中，京察一等，记名以道府用。

光绪二十六年（1900），凌福彭补授天津府知府。光绪二十七年（1901）八月，他随直隶总督、北洋大臣袁世凯前往八国联军的都统衙门办理交接手续，收回天津管理权，并正式就任天津知府职。袁世凯主持的直隶新政，以天津为直隶的试点，由凌福彭负责具体实施。凌福彭积极配合新政，试办

凌福彭（1856—1931）

警政、地方自治、新式教育、城市建设、扶持实业、司法独立、监狱改革等,做了大量的工作,受到袁世凯赏识。1902 年冬,袁世凯迎合清王朝推行办学校、兴经济等"新政",委令凌福彭拟定工艺学堂章程,筹办以培养高等工业人才为宗旨的学堂,即北洋工艺学堂。凌福彭选校址、建校舍、拟制度、广招生,北洋工艺学堂开始招生建学。1903 年 5 月,袁世凯饬令改组商务局为天津商务公所,以便联络商情,整顿和挽救天津市面,委派凌福彭"督办一切"。凌福彭主持包办商务公所后,针对天津当时市面情况,提出了推缓偿还新旧欠款等 4 项措施。推行未久,"津市已渐有转机矣"。同年,凌福彭受袁世凯派遣前往日本考察监狱,回国后,上书袁世凯,提出应该效法日本,对犯人进行生活技能的培养,建立新式监狱,改造罪犯的习艺所,并兼任习艺所首任总办。光绪三十四年正月二十五日(1908 年 2 月 26 日),凌福彭在袁世凯的举荐下由天津知府擢升顺天府尹。凌福彭关心教育创办学堂,根据多数人公决,归并中学、开设师范,整顿顺天府学堂。宣统元年(1909)12 月,凌福彭来到保定省城任直隶布政使,负起全省工作的重任。任内,文人官员的凌福彭虽手握生杀大权,但从不恃权生威,更不虐待犯人,枉法行事,对犯人同样施以人格上的尊重,并且开办了保定府官立中学堂(即如今的保定一中)等一大批新式学校,使直隶的教育水平在整个北方处于领先地位。1912 年民国政府成立,凌福彭不再出仕,协助遗老梁鼎芬修建光绪帝崇陵工程,曾一度出任约法会议议员。1915 年 7 月上旬,广东水灾,各县冲决基围,坍塌房屋,淹毙人畜,损害田禾,不可胜计。7 月 19 日,北京政府派凌福彭、李翰芬携北京政府拨付的救灾款和在京广东官员在京募得赈灾款赴粤赈灾。凌福彭、李翰芬回粤后,设救济公所,分赈灾区,并修筑各地基围。凌福彭等人在肇庆救灾,受到群众赞许并建祠纪念。8 月 23 日,北京成立拥袁称帝的筹安会。凌福彭、蔡乃煌、李翰芬等在广州设立"集思广益社",以讨论国体为名,拥袁称帝。后凌福彭回广东定居。

1931 年,凌福彭病逝于广州西关。

凌福彭受命后,深感"此次津郡创设工艺学堂,实开北省内地风气之先,且系北洋通商巨埠,各国商民麇集,观瞻所系,规模似不宜过狭",遂"连日与日本工学士藤井恒久晤商并博访周咨,详考直省物产,究其利弊所在,知振兴工艺一事实为今日万不可缓之图。遂即详拟章程,克期举办"。

敬禀者 窃,前奉宪台面谕,饬令筹议设立工艺学堂,宪鉴嗣复奉饬指拨银二万五千两,令即筹议兴办。卑府连日与日本工学士藤井恒久晤商,并博访周咨,详考直省物产,究其利弊所在,知振兴工艺一事,实为今日,万不可缓之图。遵即详拟章

《天津府知府凌覆陈开办工艺学堂禀并批》（摘自《直隶工艺志初编》）

程，克期举办。现已将草厂庵旧有房屋一面赶紧修葺，一面招考学生三十名，明正先行开学；其余修建堂舍，俟开冻即行动工。惟现在通盘筹画预估开办经费约需三万六千余金，以后常年经费每岁约需二万三千余金。明知款项支绌，何敢妄议增添，但津郡创设工艺学堂，实开北省内地风气之先，且系北洋通商巨埠，各国商民麇集，观瞻所系，开办之初规模似不宜过狭，刻经再三筹议，所有前项估计数目实属无可再减，惟有将来处处核实支销总期款不虚糜，而事有实效，以仰副宪台振兴庶务、乐育群才之至意，至开办经费除拨定之款，计尚不敷一万余金，即常年经费亦应预先筹画，拟请宪台饬令筹款局核议，于天津各行牙捐内酌量提拨，以便次第筹办所有。遵拟开办工艺学堂暂行试办章程，谨缮具清单暨测绘图式，一并呈请查核批示遵行。

袁世凯在收到凌福彭的禀文后，亲批：

据禀并图折均悉，所拟章程尚属周妥，所需经费请于天津各牙行捐内酌量提拨候行，筹款局切实核议详夺。此缴。光绪二十九年正月十九日。

凌福彭勘验地形，最终选定天津老城东南角贡院东草厂庵为北洋工艺学堂堂址，迅即饬令动迁民房，转移僧侣，修葺旧有房屋，亲自招考学生，聘请教习。

由于草厂庵院址偏小，不合发展，天津知府遂于1903年初（光绪二十九年）又在贡院前修建东北楼房数十间，作为讲堂、办公室，在其西方向建化工、机器两厂，供作实习。同年八月交付使用，两处共上下楼房193间。

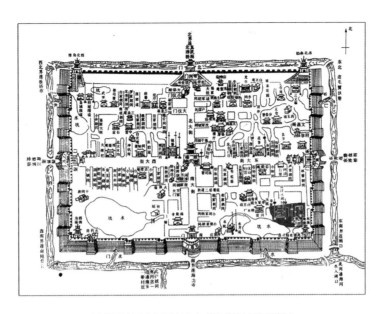

清代天津城内图（摘自《津门保甲图说》）

三、制定《工艺学堂详订暂行章程》

在筹设学堂之初，凌福彭呈禀了包括"学堂建制""学堂员役""学堂课程""学堂条规""学堂经费"共五章内容的《工艺学堂详定暂行章程》。

其拟定的"宗旨"写道："本学堂专为讲求工艺实业而设，拟将直隶土产如毛货、麦草等类出口材料，考求制造，以冀收回利源。"认为"学堂创办之初，程度不宜太高，学生入堂宜专习普通学一年或半年，然后再习专门艺业"。设"应用化学""织染"两科，"额定学生九十名……开办之初拟暂招学生三十名"，"俟学堂工竣"，陆续"招足"。学生资格"以十五岁以上，二十二岁以下，资质聪颖，身体健壮，文理已经通顺，并习过英文二三年者为合格"。

学堂管理人员最高为"监督"，月支薪水、夫马费银五十两，以下"司事"月支薪水银十六两。"洋教习"最高达每月银三百两，国人"伦理""体操"教员月薪为银二十两。底层的"堂役""厨役"月薪银二两。学生"饭食费"每月银三两五钱，另有"月费"六百文。关于"经费"，包括新建"洋式楼房""试验工场"，以及置办各种设备，总计银三万六千五百余两，另"常年经费"银二万二千八百余两。"刻经再三筹议，所有前项估计数目，实属无可再减，惟有核实支销，总期款不虚糜，举有实效……"

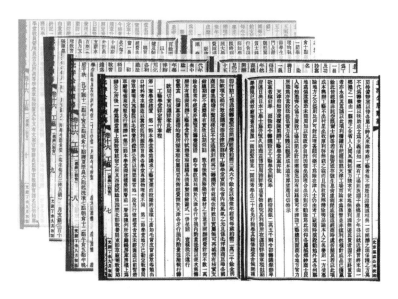

《工艺学堂详定暂行章程》(摘自《北洋台牍类纂》)

工艺学堂详定暂行章程

第一章 学堂建置

第一节 本学堂专为讲求工艺实业而设,拟将直隶土产如毛货、皮货、麦草等类出口材料考求制造,以冀收回利源,宗旨与各学堂专讲物理者不同。

第二节 学堂地方已勘定教养局旁草厂庵及施医院以北、教养局灯牌公所以南间旷官地一段,另行修建堂舍,其未经盖造以前暂将草厂庵修葺完整,先行开办。

第三节 本学堂拟建楼房两层,前一层为陈列所、客厅、帐房、库房,楼上为办公之所,后一层为讲堂,楼上为教习驻宿之所。其西建试验房四间,北即教养局,东即草厂庵,教养局为工场,草厂庵为学宿食之所。

第二章 学堂员役

第一节 本学堂所有员司职务开列如左:总办一员(总理堂中一切事务),监督一员(专理堂中一切事务,凡学生之起居、动作、出入、饮食以及功课实业皆有稽查督率之责),董理一员(襄助监督经理事务),司事二名(一司银钱帐目及抄写,一司杂务),堂役五名(临时分班酌定,如不敷用准随时酌添),厨役三名,司阍一名,巡警二名。

第二节 教习局额:应用化学科教习一员(延聘日本专门化学师),工匠一名(延聘日本人);染织科教习一员(由教养局正工师任转或兼任再另酌定),工匠两员(染色一、机织一),延聘日本人普通学科英文教习二员(中国人),体操教习一员

(英文教习兼任)，日文翻译兼教习一员(由教养局翻译官任转或兼任再另酌定)，伦理教习一员。

第三节 堂中人员宜常川驻宿，不得另兼别项要差。

第四节 工艺学堂创办之初程度不宜太高，凡学生入堂宜专习普通学一年或半年，然后再习专门艺业，所有开办第一年中各专门教习即可，毋庸延聘，以节糜费，届时由监督、董理禀商总办，酌核办理。

第五节 本学堂额定学生九十名，每班三十名，共计三班。现在建造学堂尚需时日，开办之初拟暂招学生三十名，先习普通学，俟学堂工竣、规模完整添招一班，至次年正月再招一班以足三班之数，嗣后一班毕业即递年续招一班，如将来欲行扩充再议增添额数。

第六节 招选学生以十五岁以上二十二岁以下，资质聪颖，身体健壮，文理已经通顺，并习过英文二三年者为合格。开明三代、年貌、籍贯，出具结状报名投考，认真局试，录取倍额之半以备有革除剔退者挨次传补。甘结保状式与中学堂同，赔缴堂费亦照中学堂节程数目办理。

第七节 每届年终有总办率同监督、董理、教习考验一次，其及格者始准入次年学班，考验之后禀报督宪暨学校司存查。

第八节 本堂学生限三年毕业，毕业之时由总办禀请督宪暨学校司派员考验，给予凭照，均照中学堂学生出身章程一律办理。

第三章　学堂课程

第一节 学堂分三科：一、应用化学科；二、染织科；三、普通学科。

第二节 应用化学科目：化学初级应用、分析、实验(以制油、制皮为大宗)，算术、代数、几何各初步，物理学大要，图画，英语，日语，伦理，体操。

第三节 染织学科目：染色法，机织法，各实修(以染织毛货、麦草为大宗)，算术、代数、几何各初步，物理学大要，化学初级应用、分析，应用机械学大要，图画，英语，日语，伦理，体操。

第四节 普通学科目：算术，物理学，化学，图画，英语，伦理，体操。

第五节 本学堂应另立分年课程表，俟教习到堂再行商定。

第六节 学生肄业时刻：夏至前后每日以七点钟为限，冬至前后每日以六点半钟为限，晚间温习时刻以两点钟为限，其逐日详细课程，均由教习商同监督、董理随时酌定。

第七节 学生除每星期休沐外，年假二十日，伏假一月。端午、中秋暨皇太后万寿、皇上万寿、皇后千秋、孔子诞,十二点午食,五点晚食,十点寝;夏季晨六点起洗漱,七点朝食,十二点午食,五点半晚食,十点寝;冬季晨七点洗漱,八点一刻朝食,十二点午食,六点晚食,十点半寝。

第四章　学堂条规

学堂所有一切章程条规,员司、学生人等均应一律谨恪遵守。

学生见总办、教习、监督、董理,均执弟子礼,见司事亦需致敬。

经理人及学生有大故及疾病请假者,须声明注册。

学生除照例假期外,余日课毕若有事出门,须禀明监督或董理欲作何事,限定时刻归堂,如私自出门及归堂逾限者记过。

学生连记过三次者斥革,斥革时须禀明总办。

学生如有争竞、怒骂、赌博、酗酒、冶游、吸食鸦片以及偷窃等事,查出轻则记过,重则革究。

学生如有实系资质太钝、课不如程者,由教习知照监督、董理,禀明总办革退,免其赔缴堂费;如或因懒惰及无故滋事欲行告退者,除革究外仍照章追缴。

如有中外官绅来堂视学者,由监督、董理礼接款待。

如学生亲属有事来访本人者,倘值理课时,不准入见;即课毕入见时,亦须先行知照监督、董理,但接谈时刻不得逾三十分钟。

此系学堂暂行条规,应准随时酌改,以臻妥善,其余事未尽宜应查照大学堂条规参酌办理。

第五章　学堂经费

工艺学堂应需款目,约分开办经费及常年经费两项。

开办经费分建盖房舍、购置图书仪器、置备应用各项器具三项,约略估计详列于后:新建购堂陈列所洋式楼房一所,约估计银一万两千两;新建试验工场一所,约估计银八千两;修补草厂庵房舍约估计银一千五百余两,以上建造修补各项工程共约估计银两万一千五百余两。染色用染料、器具、汽罐,机织用各种机式及原料,书籍、教科书及参考用,以上购置染织科器具、书籍等项共约估计银五千两。分析用器具、各种试验器具及原料、火炉及装置费、书籍、教科书及参考用,以上购置应用化学科器具、书籍等项共约估计银五千两。购置床、桌、木器等项,购置零星动用家具,以上置备器具等项共约估计银五千两。总计开办经费共约估计银三万六千五百余两。

常年经费分额支、活支两项,约略估计详列于后:监督一员月支(薪水四十两,夫马费十两)，董理一员月支(薪水四十两，夫马费十两)，司事二名(每名每月薪水银十六两)月支薪水三十二两，堂役五名(每名每月辛工银二两)月支银十两，厨役三名(每名辛工银每月二两)月支银六两，司阍一名月支银三两，以上除总办不支薪水外，计员役薪工月支银一百五十一两，每年支银一千八百十二两。(应用化学科)洋教习一员月支薪水三百两，(应用化学科)洋工匠一名月支薪工五十两，(染织科)洋教习月支薪工一百两，(染织科)洋工匠两名(每月每名五十两)月支辛工一百两，(普通学科)英文教习二员月支薪水一百五十两，体操教习一员月支薪水二十两，日文翻译兼教习一员月支薪水一百两，伦理教习一员月支薪水二十两，以上教习工匠薪工月支银八百四十两，每年支银一万八十两；学生纸张笔墨费(每月每名一两)，月支银九十两，学生饭食费(每名每月三两五钱)月支银三百十五两，学生月费(每名每月大钱六百文约合银六钱)月支银五十四两，以上各项费用月支银四百五十九两，每年五千五百八两；化学试验药料等费用月支银二百两，员役仆从火食(每月每名三两五钱)月支银五十两，灯油费月支银五十两，办公等项公费月银十两以上，一切杂费月支银三百十两，每年支银三千七百二十两；每年煤炭约支银一千两，每年填补书籍约支银五百两，每年修补房舍约支银三百两，以上活支经费每年约支银一千八百两。综计常年经费每月约支银一千七百五十两，每年连活支经费约计银二万二千八百余两。

学堂未盖造以前先招学生三十人，教以普通学至下半年学堂工竣后再招一班，届时先招之学生已习普通学半年即可，延聘日本专门教习，如此办理计开办第一年约需经费一万五千两，可以节省七千余两。

以上所拟工艺学堂开办及常年经费，系就现时筹议办法大概估计，或增或减应俟拨定的款开工之后核实，遵节动文以期款不虚糜，规模详备，所有常年经费亦须筹定的款方为经久之计。

四、首批招收 30 名学生

《北洋工艺学堂详定暂行章程》中额定规模为 90 人，30 人为一班，共 3 班。由于当时只是把草厂庵稍加修葺、整理，即行招生，所以仅招了 30 名学生。1903 年 1 月 17 日(光绪二十八年十二月十九日)大公报刊登了北洋工艺学堂的招生启示："工艺招考：天津府凌太守现奉直督谕饬设立工艺学堂，延聘教习，招选聪颖子弟三十名入堂试习各种专门艺业等。因凌太守定于本月二十二日以前招考，专收年在十五岁至二十二岁文理通顺,曾习英文者,务须取具妥保,拟在教养局内定期局试云。"

尽管招生数量不多,但学堂招生录取条件非常严格。要求考生年龄在15岁以上22岁以下,文理通顺,曾习英文,天资聪颖,身家清白,体质强健,取具妥保后方可报名。考试前20天发出启示,晓谕各方。考试当天,知府凌福彭亲自主考。

整个招考过程,学生须过三关。第一关,先面试审核,看年貌、条件是否相符;第二关,初试,根据初试成绩挑选40名考生,准备复试;第三关,经过复试录取的学生,再由英文教习面试,而后决定去取。

《大公报》1903年2月8日(光绪二十九年正月十一日)报道,"工艺学堂考事:凌太守丁总教习会同招考工艺学生已纪。本报兹闻说日应考者二三百人,点名时凡年貌不符者均不收考。汉文限一点钟时交卷,交卷后出汉文译英文题,各发给洋纸一份,限三点钟时交卷,不能作者放出。三点钟交卷后出英文论题。闻凡考英文者将于三、四日内在灯牌公所前单发一榜。所有试题照录于后:汉文策题"化学为制造之本,能略举其说"。与汉文翻译英文题:黄金,其色纯黄,触空气不生锈,其纯粹者质颇柔软,展引为细线,为金箔并可。如制货币,则和少许铜以坚致之。银货亦然。濠斯多利出金尤多,甲儿荷尼次之,银色纯白,易硫化,触空气或变色,墨西哥白露等出银甚多,白金质至坚,遭剧药强热曾无变化。出于乌拉甲儿荷尼濠斯多里等。英文格致化学问题共七条,不及备录。闻英文题至少须答三问为完卷。"

1903年2月17日(光绪二十九年正月二十日)《大公报》刊登了初试录取的40名学生名单:朱国珍、赵师桥、王赞、方继良、王梦兰、李应全、刘国勋、訾鸿绶、穆潜、王道昌、谢宝善、王梦彰、恩联鹏、刘国珍、邵体仁、戴清泉、刘光笋、王宝璐、郑铨、高谦、沈伯周、马寿恩、谭人骏、李荫梓、李董隆、曹涛、李恩周、陈定邦、萧金钰、刘桢、汪秋舫、冯熙聪、华振、谢宝清、刘式恪、陈松岩、庞铭、冯大来、苑鸿逵、金寿恒。

1903 年 2 月 19 日（光绪二十九年正月二十二日）《大公报》刊登复试消息"覆取学生：工艺学堂录取四十名，于二十日，招覆挑选三十名入堂肄业。一则已纪本报闻凌太守是日点试当场，由英文教习面试英语，以定去取云"。

同年 11 月续招时，招考条件除原来的规定外，还要求考生汉文通达，学习英文、算学或日本语言文字二三年，并对有专长的考生实行优惠。1903 年（光绪二十九年）11 月 14 日，第 504 期《大公报》在招生示谕中诏示："直隶工艺总局为出示续招工艺学生事，照得前蒙直隶总督都堂袁谕饬设立天津工艺学堂，延聘教习，招选聪明子弟入堂肄习各种专门艺业，迭经收考学生先后入堂肄业各在案，惟现在学生尚未足额，兹拟续行招考，以符原定额数合，再出示诏谕。为此，示仰士商人等知悉，如有聪颖子弟，年在 15 岁以上 22 岁以下，身家清白，体质强健或汉文已经通达或习过英文、算学及日本语言文字二三年者，务于十月初一日至十五日取其妥实保结，亲来本属投考报名处报名，听候示期考试。倘有专长，定行录取。有志工艺者其各勉违。幸勿观望自误，切切特示。"

1903 年 10 月，京旗练兵处咨送八旗子弟 37 名来堂附学，11 月又续招新生 70 余名。此时，在校生已达 130 余人，并开始分科，实行双语教学。学堂 1 月刚开办时只有化学、染织等科，到了 11 月就分为机器科、化学科、化学制造速成科、图绘科及预备课。机器科、化学科为正科，以英文教授；化学制造速成科、图绘科及预备科以日文教授，学制三年。

五、1903 年 2 月 27 日"开堂入学"

经过紧张准备，遂于 1903 年 2 月 27 日（光绪二十九年二月初一日）正式开学，聘请日本工学士藤井恒久为教务长，赵元礼为庶务长，单晋和为董事。

当天，袁世凯亲自到堂视察。光绪二十九年二月初二日（1903 年 2 月 28 日）第 246 期《大公报》曾予以报道，称："工艺学堂于二月初一日开堂入学一则曾纪本报，兹闻直督袁宫保于昨午 11 点钟出门赴该学堂验看云。"

赵元礼（1868—1939），字幼梅，号"藏斋"，近代诗人，书画家，天津"四大书法家"之一。四五岁开始识字读书的他，天赋聪慧，10 天竟读完一本诗集。1881 年，年仅 13 岁的赵元礼师从当时三河县的胡若卿，杜绝一切世事，专心攻读。19 岁入庠，为优廪生。屡应乡试，未得中举。20 岁起，以教家馆为业。1900 年冬，赵元礼任

赵元礼

天津育婴堂堂董。

1903 年 3 月 19 日,全国最早培养工业人才的高等学校——北洋工艺学堂举行开学典礼,聘赵元礼为庶务长,日本工学士藤井恒久为教务长,单晋和为董事。1904 年 9 月 13 日,袁世凯批准直隶工艺总局呈文,工艺总局所设工厂,确定为高等工业学堂附属实习工厂,设以染色、织布、木工、金工、化学制造等民间生计为主的项目,工师、工匠 40 余名,官费工徒 200 名,该实习工厂的首任"管理"由庶务长赵元礼兼任。1905 年,赵元礼赴北京和日本多地调查各学堂工厂,以资效仿。

1908 年 12 月,赵元礼辞去直隶高等工业学堂庶务长的职务,应周学熙之约赴京,调查棉产与纺纱事宜,赴保定南各州数十县产棉区及湖北、上海纱厂进行实地调查。1909 年,任滦州矿务公司经理。1912 年开平滦州两矿合并,任开滦矿务局交际员、秘书,又协助周学熙、周学辉兄弟创办北京自来水公司和唐山华新纱厂。1918 年,在徐世昌的支持下,赵元礼当选为直隶省国会参议员。他还担任过天津造胰公司经理。还曾与刘孟扬等参与、组织中国红十字会天津分会和增福社。

赵元礼在书法方面独树一帜,很有造诣,柔中见刚,是赵元礼追求的书法境界。赵元礼先生的字洒脱而不凌乱,这也与他开朗、洒脱但做事比较严谨的个性相符合。赵元礼早年曾师法柳公权,后又涉猎篆书和隶书。直到中年,他才醉心于苏轼的书法艺术,早晚临摹,有时都达到废寝忘食的地步。赵元礼不仅工于书法,而且擅长诗文。少年时他跟随多位老师阅读了大量的经史诗词,涉猎诸子百家之书,渐以擅长诗文出名。赵元礼一生的诗文也颇多,他的《藏斋集》包括《辽东集》《寅卯集》《辰巳集》等 13 卷,此外还有《藏斋诗话》等著作。诗文特点工雅平实、不弄玄虚,这也是很多人比较欣赏其诗文的原因所在。当时天津问津书院的院长李越缦对他就极为欣赏。因为擅长诗文,他和著名教育家严范孙、文化名人王守恂以"天津近代诗坛三杰"享誉津门。

1921 年,他与严范孙、金息侯、王守恂等人组织"城南诗社"。李叔同曾从其学。

1939 年,赵元礼逝世,享年 71 岁。

六、选派优秀生赴日游学

1903 年(光绪二十九年)4 月,北洋工艺学堂开学不久,孙凤藻和日本工学士藤井恒久率领 19 名工艺学堂学生游历日本,途经长崎、神户、大阪、东京等地,调查学堂、工厂并参观大阪博览会,历时两月有余。回国后,正式到堂授课。

孙凤藻

孙凤藻(1884—1932),字子文,天津人,天津育才馆及北洋大学毕业,曾赴日考察教育、工艺和水产。1921 年任直隶教育厅厅长,1923 年任津浦铁路局局长。在其任直隶工艺局参议兼直隶高等工业学堂庶务长期间,受命创办中国最早的水产教育机关——直隶水产讲习所。1904 年孙凤藻曾设计出版天津地图,《大公报》有过报道。

北洋工艺学堂初成立之时,徐田、孙凤藻等人出任教员,《工艺学堂详订暂行章程》由孙凤藻与他人共同制定。在其任直隶工艺局参议兼直隶高等工业学堂庶务长期间,孙凤藻受命创办直隶水产讲习所。

1910 年 2 月,孙凤藻赴日调查水产教育事告竣返国,采集搜罗水产教育资料颇为宏富。6 月筹办水产讲习所。9 月就绪,招生录取学生 96 名,借黄纬路天津长芦中学堂之一角为校舍。后又派孙凤藻重赴东瀛考察,并聘留学东京水产讲习所毕业的王文泰充任教员。1911 年 3 月 20 日改为直隶水产学堂,孙凤藻为首任监督(校长),设渔捞、制造二科,学制四年。

1912 年 3 月,直隶水产学校(民国后"学堂"改为"学校")迁入新校(今河北区北站东水产前街 41 号,今 14 中学是其遗址的一部分)。1913 年 5 月,该校后院工厂落成,开始制造实习。孙凤藻任职期间,该校生产的 9 种食品罐头及渔具模型,在1915 年美国"旧金山巴拿马太平洋博览会"上获银牌奖。

1932 年,孙凤藻在天津常德道寓所去世。

七、周学熙受任直隶工艺总局兼工艺学堂总办

1903年3月（光绪二十九年二月），周学熙受袁世凯委派，赴日本考察工商业。赴日期间，"凡东西京大校名厂，及数百里外之炭坑铁冶，无不躬历而目验之"。回国后，他根据在日本的所见所闻，撰写了《东游日记》。在该日记的跋中，他认为"日本维新最注意者，练兵、兴学、制造三事"，而日本"盖所以开通风气者，必有要领。其铁路、轮船、电报、得律风（电话）之数者，观之足以大启民智欤"。"余以考察所得于日本者，欲以施诸我国。窃谓：坐谈不如起行，空言劝导不如实行提倡。又以为教养局系收养游民，与工艺学堂及考工厂之造就人才，鼓舞商情，二者不同。欲兴工艺，非设专局不能收效。于是于六月（农历）条陈教养局、工艺学堂、考工厂三事之宜，请辞教养局总办，建议设工艺总局于天津，分别邀准。因拟工艺局办法七条，均详载《工艺志》及《北洋公牍》中。"

周学熙在呈报袁世凯的文中提出，宜在天津设立"直隶工艺总局，以津海关道总其成，选派曾游欧美熟习外洋商情之道员会同办理"。

1903年8月（光绪二十九年七月），袁世凯委任周学熙为直隶工艺总局兼工艺学堂总办，并期待其"经营董勤，不遗余力"。

直隶工艺总局（摘自《近代天津图志》）

周学熙(1866—1947),字缉之,号定吾,60岁以后别号止庵,又号卧云居士,取于陆游诗"身卧云山万事轻",祖籍安徽建德(今东至县)纸坑山。他的父亲周馥初在李鸿章部下供文职,后提升为山东巡抚,两广总督,两江总督,他是周馥的四子,所以后来有很多人称他"北四先生"。1872年,他6岁时随父亲宦移天津,入塾读书,9岁就读完了《三字经》《百家姓》《神童诗》《千家诗》《诗经》《大学》《中庸》《论语》《孟子》等。

周学熙

1878年,周学熙祖母病故,随父母回原籍,两年以后,14岁步行百里,赴贵池府城应童子试,一举入学。1893年,周学熙考中顺天乡第18名举人。但后来入京会试,屡试未被录取。他在待试期间,拜李尊容、邵班卿为师,因受"中学为体,西学为用"的思想影响,决定放弃科举。此时,周馥正在津辅佐李鸿章办洋务,在父亲的影响下,他弃举业改习制艺,报捐候补道,由北洋大臣裕禄派为开平矿务局会办,后升为总办。

1901年,周学熙由山东巡抚袁世凯委派为山东大学堂总办。他主持该堂后,亲自厘定功课,分文实两科,尤重实科,主张"中学为体,西学为用",并编印《中学正宗》《西洋要领》以及天文、地理、格致课本,作为教学之用。

1902年4月,周馥升任山东巡抚,按回避例,周学熙改官直隶任候补道。这时袁世凯由山东巡抚升直隶总督兼任北洋大臣,当时正值庚子兵燹之后,为杜绝私铸小钱,平抑物价,周学熙被委总办银元局,仅70天就开工生产。是为中国币制划时代之始,也是当时财政之一大来源,深受袁世凯赞赏。

1903年3月,袁世凯派周学熙去日本考察。16日抵日本,赴九州、四国、本州等地参观,亲眼看到日本工商、文化、教育事业正在发展,国力日增。5月归国,以调查所得,著《东游日记》。

回国后,是年8月,奉袁世凯委派为直隶工艺总局总办。工艺总局是全省工学界之枢纽,以创兴工艺提倡实业为宗旨,后又分别创设高等工业学堂、天津考工厂(劝工陈列所)、教育品制造所、劝业铁工厂、实习工场、图算学堂、劝业会场等由直隶工艺总局所辖属的企事业单位,带动并推进了天津和直隶早期工商业的发展,也带动并推进了天津和直隶早期实业教育的发展。

1907 年 7 月，周学熙辞直隶工艺总局总办为督办。从 1903 年—1907 年 5 月，他还先后任通永道、天津道、长芦盐运使、直隶按察使，并奉命办理开平煤矿收回事宜，重办启新洋灰公司，创办滦州矿务公司等。1908 年，他又在北京创办京师自来水公司。

1912 年起，周学熙在袁世凯政权下曾两任财政总长。在 1912 年到 1913 年第一任财政总长期间，他极力推崇并提倡"实业救国"的口号，于整理财政的同时，亦着重经济建设。第二任于 1915 年，周学熙重理财政期间，国库收支平衡，财政渐上轨道。此一时期主要措施，财政方面：整理田赋，整理盐产，烟酒公卖，清理官产；经济方面：在民国元年将大清银行改为中国银行代理国库的基础上，复筹办民国实业银行，以发展工矿企业，又拟办农工银行以发展乡村经济。

1919 年，总统徐世昌邀周学熙为全国棉业督办。他成立华新纺织总公司，包括津、青、唐、卫四纱厂，创办中国实业银行，并附永宁保险公司，任总理。

1920 年创办普育铁工厂，次年创建耀华玻璃公司。

周学熙在他创办的一系列轻工业和重工业企业，用西方近代化的机器代替了中国旧的手工生产，以股份有限公司代替了洋务官办的经营方式，逐步形成一个以周学熙为代表的新兴实业资本集团。至 1924 年是这个资本集团发展到鼎盛时期。

1925 年，周学熙 61 岁，他陆续辞去各公司领导职务，则"专事善举，稍尽天职而已"。他与在津旧友俞巨沧等组织诗社；他创办家庭读书会——师古堂，其意为"取古为法，以古为师"，延宿儒编印古籍，督课子侄学习经史古典文学。"七七"事变后，平津沦陷，他避居天津英租界，抗战胜利后，于 1947 年移居北平，是年 9 月 16 日病逝于西城屯绢胡同寓所，享年 83 岁。

周学熙称："直隶工艺总局是为全省工学界之枢纽，以创兴工艺，提倡实业为宗旨。除附属之学堂、工厂均归管辖外；凡本省各属之兴办工艺，皆有提倡保护之责任。"

周学熙在主理直隶工艺总局期间，除担任北洋工艺学堂总办外，还先后创办或接办了实习工场、教育品制造所、考工厂（后改为劝工陈列所）、劝业铁工厂、图算学堂、种植园、劝业会场等；附设有夜课补习所、仪器讲演会、工商研究所、工商演说会等；助办初等工业学堂；倡办了艺徒学堂 2 处。

实习工场是高等工业学堂附属的实习车间，开办于 1904 年（光绪三十年）9 月。场址在天津河北窑洼孙家花园。实习工场不仅是工科学生"实地练习、躬斋试验"

实习工场大门（摘自《近代天津图志》）

之所,也是培训工匠、传习手艺之地。

工场内分为机械科、劝工科、彩印科、染色科、木工科、窑业科、刺绣科、图画科、烛皂科、制燧科等。1904年10月,招收城乡12岁至15岁、16岁至22岁"性情灵敏者"。其中官费工徒200名,酌给津贴,由各州县选送。工徒每日须分班讲习书课一小时,其功课由高等工业学堂各教习兼理,并聘请日本技师5名,除讲授需要学科外,指导工徒进行实地操作训练制造产品,每日作业时间为10至12小时。

实习工场考核分月考、季考、大考三项。对工徒有极其严格的考核和赏罚制度。月考,照考工薄一月功过计算;季考,照三个月功过计算;夏冬两季大考,又统计历次功过分数,以为等差。百分为破格,八十分以上为最优等,六十分以上为优等,五十分以上为中等,四十分以上为及格。自费工徒毕业后,去留自便。官费工徒毕业后,须在本场效力三年,期满方准自赴他处做工。

实习工场当年在华北地区,甚至在全国都有很大影响。保送到该场学习的工徒,不仅来自直隶各地的,还有京旗、奉天、蒙古、察哈尔、山东、山西、河南、陕西、四川、广东等省的,"计六百余人,自费者又二三百人"。从开办至1907年7月,先后毕业者已七百余人,分赴本省、外省充作工师、匠目凡百余人,转相传习,生业咸兴,此实习工场之成效也。

教育品陈列馆、制造所:推动教育品的广泛应用

教育品陈列馆创立于1904年9月,馆址在玉皇阁庙屋。教育品制造所附属于该馆,开办于1905年11月,所址在北马路,租用民房。馆、所由督办周学熙开办,目的是解决当时科举初废,学堂方兴,讲授自然科学,既无标本又无仪器的状况。

教育品陈列馆初陈列从日本购入的普通教育需用的器械、器具、模型、标本等教学用品。教育品制造所成立后，至 1906 年冬，计一年内，制成教育用品二百数十种，共计 5200 余件。教育陈列品包括天文、地理、生理、力学、水声、气学、声学、光学、化学、热学、电学、磁学、矿学、数学的仪器、模型、标本、操具等。该馆除展示各种教学用品外，还陈列各学堂建筑图形、各学龄儿童就学表格、各种教育事项的调查统计、学生学习成绩统计、学生作品等。

该馆附设藏书楼，收藏有数千卷图书。多为各种应用科学之书籍，分类收藏，以便阅览。

教育品陈列馆还经常召开仪器演讲会，以推广传授应用仪器的方法，还设夜课补习班，以普及科学知识，推动教育品的广泛应用。

1907 年 5 月，教育品制造所迁于新建成的河北劝业会场新建楼房。陈列馆改为参观室，归并于制造所内。

考工厂（劝工陈列所）：开通民智，启人智慧

天津考工厂隶属周学熙创办的直隶工艺总局，厂址在北马路。名为"考工厂"，实际上它是一个广集本省及外省货物，兼外国制品，分类陈设，目的在于为开通民智，启人智慧，提倡工商之进步的博览馆。

1903 年 8 月 1 日，考工厂正式开放，展览物品三千余件。开放之初，门庭若市，车水马龙，在津各局署、各国领事及中外大商业家纷纷前来参观，每天参观人数多达两千。

考工厂开办费由银钱所拨 23000 两，常年经费每月由银元局拨 1000 两，后改由运库支领。

1907 年 5 月，迁至河北中州会馆北首劝业会场，内有洋式楼房上下 67 间，始改名劝工陈列所。

劝工陈列所内设夜课补习所，为天津最早的职业补习教育，学生主要来自本所，初有学生 30 名，课程设修身、汉文、书札、英文、算学、体操、造句、习字、珠算、画图 10 门，除体操教习另聘外，余由本所员司任教，每晚学习 2 小时。

考工厂还附设工商研究所，成立于 1903 年 9 月，地点在东马路崇仁宫内。工商研究所主要是为保护工商业者的利益，负责监督、调查天津的行情，充当工商业界的耳目与参谋而设。

为开通民智，普及科学技术，该所借东马路宣讲所，每月初三、十八日召开两次

工商演说会,"邀约中外各专科教员及通达新学绅商,订期讲演一切工商问题及制造技术"。通过演说,加强了工商学之间的相互了解,开成了"经督办之登高一呼,遂人人各印入'实业'二字于脑筋中而如何斯应,于是学界中人有工业教育之想,商工界人有工业教育之想"的局面。

图算学堂:固重图算,尤重实修

周学熙于1906年4月创办劝业铁工厂,地址在河北窑洼。初创时附属于户部造币北分厂,8月改隶属天津工艺总局。劝业铁工厂开办以后,即附设图算学堂,与劝业铁工厂同归工艺总局管理。这所厂办学堂以实地训练培养中级实用人才为目的,设有绘图、算术、机械三科,修业年限为三年。

这所学堂"固重图算,尤重实修",采取每匠一名带艺徒若干名。每年要对艺徒所学技艺进行一次考核,并根据考核成绩奖赏,对不用心的要予以惩儆。每届季考,名列优等者,其平日教授之匠酌予记功;列下等者,该匠亦应记过,以示劝惩,而昭公允。

图算学堂"主要效用与实习工场性质相同,不重在本身之发达,而重在间接之提倡"。在生产与教学过程中,既出产品,又出人才,培养了为数众多的机匠,素有"华北机匠的摇篮"之誉。

(张大民:《天津近代教育史》,天津人民出版社)

1903年12月(光绪二十九年十月),周学熙"以公冗辞差",继由江苏提学使毛庆蕃接任总办。

毛庆蕃(1849—1927),字实君,丰城县(今丰城市)人。

曾祖毛辉凤为道光举人,曾任四川綦江、江油等县知县,政绩卓著,人称"毛青天"。毛庆蕃于同治十二年(1873)中举,随后游学各地。在扬州,其与刘鹗投在"泰谷学派"嫡传弟子李龙川先生门下,学问愈益大进。泰谷学派创立于清代中后期,被学术界称为"中国最后一个儒家学派",门下名士辈出。毛庆蕃的思想立足程、朱,不杂阴阳之说。为此他曾与好友陈三立在湖南衡山论战,但两人此后长期保持友谊。

毛庆蕃

光绪十五年(1889)中进士,先任小京官,后外放京畿等地担任小官职。甲午战争爆发,毛庆蕃为两江总督刘坤一保荐调办湘军粮台,坐镇天津,保障后勤。光绪二十六年(1900)左右,"以名儒任永定河道,为历来河臣之冠。每至汛期,亲赴两岸,昼夜巡视,督促人夫防堵险要,在任数年,河无决口"。两年后,由直隶派抚局道员调上海机器局总办,受命为帮总书记,与袁世凯筹建中国万国红十字会。不久调任南京金陵机器局总办。金陵机器局是李鸿章创办的近代兵器制造厂,经过近四十年经营,成为当时中国最大兵工厂之一。毛庆蕃全面经理兵器工业,以雪庚子之耻自誓,惨淡经营,食寝几废,不断扩大制造规模,改进制造工艺,以抵御外侮。

光绪三十年(1904),调任直隶布政使。三十三年(1907),任江苏提学使,选拔培养有真才实学的学生。这时他已倾向革命,同情并暗中支持革命党人。适逢有人向两江总督端方密告从日本潜回上海的同盟会干事黄炎培正在南汇一带讲演反清革命,端方密令毛庆蕃逮捕并处决黄炎培。毛庆蕃将浦东中学捐办董事杨斯盛找来问明黄炎培情况后,反而礼请黄到己宅谈话,赞赏有加。数天后,发布三十字布告,为黄炎培等人委婉开脱。后来黄炎培回忆毛的恩情时说:"我万分感激杨先生以身家担保,毛先生有意维护开脱,我怎敢忘却献身国家大义,放弃我的天职呢?只有努力以报答两先生的爱我。"

光绪三十四年(1908),调任甘肃布政使。适遇兰州黄河大桥建设艰难。从次年八月毛给朝廷电报中可见,他是这一中外桥梁专家合作建造的"天下黄河第一桥"的促成者。经多方筹措资金和材料,使几有夭折之虞的工程起死回生,得以竣工。毛庆蕃在工程中创造的"牌厦",成为具有中国特色的桥头堡前身和雏形。

自光绪二十六年五月,王道士发现藏经洞后,敦煌文物遭到外国文物贩子的巧取豪夺,流失严重。中国学者发现后,敦煌文献已遭重大损失。学部官员乔茂楠和罗振玉火速电告已是护理陕甘总督的毛庆蕃,请他务必将敦煌遗献全部收购,为此开列数万元预算。毛对此极为重视,立即停下手头在做的刘鹗遗著《老残游记》整理(毛庆蕃女嫁刘鹗第四子,其时刘已流放客死于伊犁),派兵将王道士控制起来,并从转经桶中搜出剩余经卷8000余卷,全部解运进京,所用钱款仅3000元,令学者们大喜过望。

光绪三十三年,被诬以"玩误朝政"罪罢职,寓居苏州。辛亥革命后,袁世凯恢复帝制,电请毛庆蕃出任津要,遭严词拒绝。后以贫病交加而逝。著有《江苏学务公牍》1卷、《奏议》6卷、《书牍》6卷、《古文学馀》10卷(未刊)。

八、光绪朱批:著即切实整顿,次第扩充,期收实效

袁世凯于 1903 年 12 月 6 日(光绪二十九年十月十八日)呈给光绪皇帝的《直隶筹办农工诸政情形折》中写道:"臣于上年(1902 年)莅津以后,即先筹设工艺局,就草厂庵附近地址建造工艺学堂,延聘中外教习,厘定课程,初录学生三十名,教以化学、染织及普通学科,约三年毕业。继收八旗官兵学生四十名,近又续行招考,拟再取三四十名,视各生年岁性质,分高等寻常二级。其秀颖者课以精深之理法,庸钝者授以浅近之技能。"

光绪皇帝亲笔朱批:著即切实整顿,次第扩充,期收实效。

《直隶筹办农工诸政情形折》(台北故宫博物院藏)

光绪二十九年十月十八日(1903 年 12 月 6 日)

太子少保北洋大臣直总督臣袁世凯跪奏,为直隶筹办农工诸政,谨将次第办理情形恭折汇陈,仰祈圣鉴事:

窃准商部咨:"整顿土货,请饬各省查报已办未办农工等项事宜,奏奉谕旨:着该部咨行各直省将军督抚,查明遵办。钦此。"等因。仰见朝廷振兴商政扩张实业之至意,钦服莫名。

臣维农、工为商务根本,而商之懋迁,全赖农之物产,工之制造。欧、美、日本以商战立国,而于农业、工艺精益求精,经营董劝,不遗余力。直隶地瘠民贫,兵燹以后,元气凋伤,民生困敝,非于农工诸务切实讲求,不足以开利源而资生计。臣前在保定创立农务局,先于城西设农事试作场,业经奏明在案。旋饬道员黄璟、李兆兰,商同洋教习,考察东西新法,购办农器,就场试验。附设农务学堂,分速成、预备两科。速成科考取学生二十名,教以种植、蚕桑暨制造糖酒等事课程,以一年为限。目前头班学生已将毕业,续收二班二十名、旗生十名、山东附学八名,亦皆入堂肄习。预备科考取学生四十名,教以算、数、理、化、地理、历史、金石、动植物学暨各种农学,限五年毕业,科目较备,讲习较精,为农学高等程度。其省城西郊旧有桑秧二百余万株,小站营田旧有稻田四百数十顷,并归该局经理。至津东一带,荒地甚多,

并饬逐渐招垦，以兴地利。又就该局加筹商股，设立烟草公司，仿造烟卷，官商合办，冀收利权。此直隶兴办农政之大概情形也。

臣于上年莅津以后，即先筹设工艺局，就草厂庵附近地址，建造工艺学堂，延聘中外教习，厘订课程，初录学生三十名，教以化学、染织，暨普通各科，约三年毕业。继收八旗官兵学生四十名。近又续行招考，拟再取三四十名，视各生年岁性质，分高等、寻常二级，其秀颖者，课以精深之理法；庸钝者，授以浅近之技能。派道员周学熙等综理局务，并酌采日本章程，筹办考工厂，搜集各处土产，陈列中外商品，使商人入厂观览，于工之良窳、价之贵贱、货之销滞，皆可一一研究，以资感发。又另度地一区，为游民罪犯羁禁习艺之所。此直隶兴办工艺之大概情形也。

抑臣更有进者，凡创办一切新政，不过由官为之模范，任其提倡鼓舞之责，要在民间风气渐开，始可普兴大利。现臣督各属，劝谕地方绅民，各就本境农业、工艺，设法考究，业令该局员等，将农、工应办事宜认真整顿，次第扩充，庶于土货出口渐期畅旺，即于洋货进口稍筹抵制。上佐国家富强之业，下开闾阎乐利之基，实与商政不无裨益。

除将筹办章程随时咨报商部查核外，所有直兴办农、工诸政缘由，理合恭折具陈。伏乞皇太后、皇上圣鉴，训未。谨奏。

光绪二十九年十月十八日

第二节　更名直隶高等工业学堂

一、《奏定学堂章程》颁布实施

1902年（清光绪二十八年），管学大臣张百熙曾拟订《钦定学堂章程》即"壬寅学制"，颁布后以"不够充备"而未施行，随即被废止。1903年（清光绪二十九年）7月，清政府命张百熙、荣庆、张之洞以日本学制为蓝本，重新拟订学堂章程，于1904年（清光绪三十年）1月公布，即《奏定学堂章程》，是年为旧历癸卯年，故称"癸卯学制"。

癸卯学制是我国近代教育史上第一个确实施行的学制。这个学制仍将纵向的学校系统分为三段七级。其中的高等教育阶段仍然是分为三级：高等学堂或大学预科(三年)、大学堂(三到四年)、通儒院(学习年限定为五年)。

《奏定大学堂章程》的分科大学为经学、政法、文学、格致、医、农、工、商八科。学习年限除医科大学为四年外,其他各分科大学皆为三年。《章程》还规定:京师的大学堂务须八科全设,各省的大学堂,"惟至少须置三科以符学制",不及三科者,只准设为高等学堂。

《奏定高等农工商实业学堂章程》规定,高等实业教育分高等农业学堂、高等工业学堂、高等商业学堂和高等商船学堂四学科。

其中,高等工业学堂,招收普通中学毕业生,授以高等工业学理和技术,使之将来可经理公私工业事务及各局厂工程师,或充当各中等工业学堂教员和管理员为宗旨。高等工业学堂还分设应用化学科、染色科、机织科、建筑科、窑业科、机器科、电器科、电气化学科、土木科、矿业科、造船科、漆工科、图稿绘画科等十三个专业,学习年限均为三年。

二、更名直隶高等工业学堂

1904 年 9 月,北洋工艺学堂遵照学部章程,由直隶学务处批准,改为直隶高等工业学堂,学生定员 120 名。

直隶高等工业学堂学生上以英文讲授的机械课(摘自《近代天津图志》)

直隶学务处在批准工艺总局的呈文中,对学堂管理人员的"名目"给予调整,即"监督"改称"庶务长","总教习"改称"教务长","教习"改称"教员","庶务司事"改称"杂务司事","银钱司事"改称"会计司事",等等。此时,周学熙再次出任学堂总办。

学务处准工艺总局咨复拟改工艺学堂名目、课程、年限呈请核示文并批

为呈请事光绪三十年八月十七日准直隶工艺总局咨复案，准贵处移开。查贵局工艺学堂系属创办，奏定章程亦系新颁，自难处处相与吻合，咨谨查新章参酌粘抄，酌拟各节另单开上，仍希核夺办理。是幸移复查照，计移送拟改名目、年限清折一扣等，因准，此敝局当经体察情形，按照贵处拟改工艺学堂名目、课程、年限，逐条妥议，分别缮具清折，拟合咨请核夺汇详，督宪察核示遵，为此合咨贵处，请烦查照施行。须至咨者，计咨送拟复工艺学堂名目、课程、年限清折一扣等，因准，此本处复查咨复各节与定章大致相符，理合备由，转呈为此呈请。

官保鉴核伏乞照呈训示施行，计呈送原复清折一扣。

今将贵处拟改工艺学堂名目、课程、年限逐条照复录，请台核。

（一）因工艺学堂将及二年，程度渐高，拟照章升为直隶高等工艺学堂。查敝堂学生现在程度虽未必尽合高等，然大致实在寻常之上，拟即遵照定章改正名为直隶高等工业学堂。

（二）直隶高等学堂、直隶高等农业学堂均设监督，其关防即名曰监督高等某学堂关防，拟即刊为监督直隶高等工业学堂关防，以归划一，仍归总办，直隶工艺总局兼理，不另设员。查工艺学堂系由工艺总局附设，拟由贵处详请督宪颁发监督直隶高等工业学堂关防一颗，以便关于学堂之事启用，抑或改法直隶工艺总局兼监督高等工业学堂关防一颗，将原领关防缴销之处统候督宪核夺施行。

（三）原设之监督拟照章称为庶务长，查监督既改称庶务长，应由贵处详请督宪发给直隶高等工业学堂庶务长之钤记一颗，以专责成，其原领之工艺学堂监督钤记一颗应缴销。

（四）总教习拟照章称为教务长。

（五）教习拟照称为教员。

（六）庶务司事拟改杂物司事。

（七）银钱司事拟改会计司事。

（八）医士拟仍旧称。

查以上五条均拟遵办。

（九）新章各高等学堂教员管理员皆比照高等学堂章程设置，其中又有文案官、斋务长、监学官、检察官诸名目。皆粘单所无，如有人兼摄即无庸添益以省费用，查

敞学堂经费支绌,是以用人较简,文案等员拟暂由庶务长兼摄,不另设员,将来体察情形,如果必需再行添设以上名目。

(十)因工艺学堂将届二年,适满补习,中等二年之期升入高等年限恰符,惟新章中等工业学堂课程豫科科目中有修身、历史,其本科各科之普通科目中亦有修身,今查工艺学堂课程程度与新章中等工业学堂之豫科及普通科相近,而少修身、历史两科,今拟增此两科,期与补习中等普通学章程相符,年限定为补习中等二年、高等本科三年,查敞学堂科学中虽无修身、历史名目,而此两种课程均由汉文教习于每星期内排日教授。至年限则敞堂正科系补习一年、专门三年,只少补习一年,余则大致与定章相符。

(十一)高等各实业学堂章程内载,高等各实业学堂可附设各实业教员讲习所或中等程度之实业学堂及各实业补习普通学堂等语,查敞堂设有速成一科,期课程教法约与中等程度之实业学堂相近,拟暂不另设,随后体察情形再行办理。

(十二)高等各实业学堂内载高等工业学堂当另备工艺品陈列所及各种实习工场,查敞局附设之考工厂即系商品陈列所业已开办,至实习工场现正筹办。

(十三)高等学堂应将每岁所教功课、所办事务及教员员数、办事人数、学生入学及毕业人数,于年终散学后,报由本省学务处转禀督抚查核,并择其要略咨明学务大臣备考。查敞堂分定化学、机器及速成三科又速成预备一科,其一切办法概要应俟年终汇册,报送贵处以便转禀以上附条。

督宪袁批:呈折均悉,兹刊就直隶高等工业学堂监督关防一颗,仰即查收转给,将启用日期具报并移取原领关防,呈请查销。其学堂庶务长钤记,应由该局刊发以归一律,余如所拟办理。此缴。

三、以发明工业为宗旨

在高等工业学堂"要略表"的"宗旨"表述中称:"以教育培植工艺上之人才,注重讲授理法,继以实验,卒业后能任教习、工师之职,以发明工业为宗旨。"此时"课目"设置已有化学、机器、化学制造、化学专科、机器专科、图绘等6科。各科学生共达153人。其中京旗练兵处咨送附学7人,奉天咨送附学39人,另有自费生3人。截至1907年,毕业学生已有41人。在此期间,还曾派赴日本留学两批,共32人。

第一章　发轫北洋　工学序庠

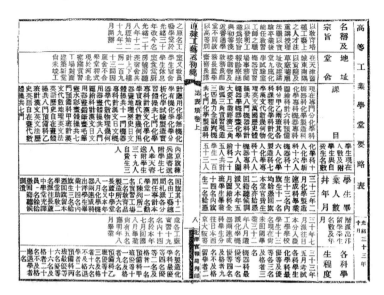

高等工业学堂要略表

四、制定《直隶高等工业学堂试办章程》

直隶高等工业学堂的架构，反映在其《直隶高等工业学堂试办章程》中。《直隶高等工业学堂试办章程》共三十条，基本囊括了学堂的宗旨、设置、学生等各个方面。

直隶高等工业学堂试办章程

一、本学堂专以培养工业上之人才为宗旨。

二、本学堂分正科及速成科两等。

三、所分科目"正科"为"应用化学科""机器学科"。"速成科"为"制造化学科""意匠(意为构思设计)图绘学科"。

四、肄业年限：正科以三年为期，其未得中学堂卒业文凭者，先习预备功课一年。速成科以二年为期，其未得小学堂卒业文凭者，先预习预备功课一年。

五、本堂卒业之后，尚欲在本堂工场研究者，准其作研究生一年(工场章程另开)。

六、正科课程："预备功课一年"，设课程为英文，汉文(修身、历史、速法作文)，算学(数学、代数、平面几何)，化学(大略)，物理学，地理学(商工地理)，图画，普通物理学试验，化学试验，体操。"专门功课三年"，设"应用化学""机器"两科。

应用化学科课程设置为英文,算学(平面几何、代数学、三角法),化学(无机、有机),物理学,矿物学,制造化学,电气化学,应用机器学,电气工学,工场建筑法,冶金学,分析化学,工业卫生学,工业簿记,工业经济,图画,工场实修,体操。

机器学科设英文,算学(几何、代数、三角、解析几何、微积分大意),物理学,应用力学,机器制造法,发动机,电气工学,制造用诸机器,建筑学,公共卫生,工业经济,工业簿记,工场实修,制图,体操。

七、速成科课程:"预备功课一年",设汉文(修身、历史、速法作文),日文(看图法),数学,物理学,化学,普通实验,图画,体操。"专门功课二年(分制造化学、意匠图绘学两科)"。

制造化学科设日文,算学,化学,制造化学(玻璃、油类制造、颜料制造、涂类制造、其他小制造),色染法,工场建筑法,工业经济,工业簿记,实验(各生须认定一门),图画,体操。

意匠图绘学科设日文,算学,化学,绘图法,用器画,自在画,建筑图画,实修,体操。

八至十三条,均为"考试"方面的内容,包括大、小考,评定,补考,合格毕业发予文凭等。唯其中严格者是凡考试请假,"须保人、父兄亲来凭函方准"。

十四、研究生毕业后可由工场长考验成绩,给以研究生毕业文凭。

十五至十八条,为教学、假期安排,即"每年分前后二学期";假日包括周日、清明、端阳、中秋、(皇太后、皇上)万寿、孔子诞辰均各一日,暑假三十日,年假二十日。以及学生入学为每年之始,不得临时入学。

十九、二十条,为入学条件,"凡官立中学堂毕业,得有文凭,考试合格可归入正科学习。小学堂毕业,得有文凭,考试合格可归入速成科,均无须补习预备功课"。

入学考试科目有汉文(训点、解释),作文(记事、论说),英日文(翻译、会话),数学(算学、代数、平面几何、三角初步),地理(内外国),历史(内外国)。

二十一至二十四条,为考取后须呈具"甘结"(本人家属)、"保结"(保人)及惩罚。两者均须保证学生"口齿清白,体质健壮,无不端行止及一切嗜好"。"甘结"还须写明学生某某"在家读书若干年",并须开具"三代"。"保结"之"保人"须有职业,系本地人,"足为该学生管任一切者为限"。具结人要承担举凡学生违规、违纪及"品行不端照章革除",(除因病或斥退)按每月银五两向学堂赔付之责任。

二十五至三十条,均为学生管理条款。如"学生半途退学",须按月赔付银五两,病退除外。又如,考试两次不合格不能升班,得除名,"如查明(为)有意退学",

照罚无误。如"学费"，"凡招考入学，概作为官费生，不收学费，其书籍纸张由堂照章酌备外，其他仍须自行添购"。如官费生"须寄住宿舍"，"须遵寄宿章程"；"毕业须听国家差遣"，"非经特许，不得自行他就"。

三十一、"未尽事宜，仍随时添入"。

此外，另制定有若干具体《规则》，即：

《讲堂参观行礼规则》六条。如凡领导人来讲堂参观，"诸生起立及就坐时，不得参差不齐"，"不得使衣服几案振动有声"，"不得耳语嬉笑"，等等。

《食堂规则》七条。如"到堂勿得拥挤争先"，"不得任意择座"，"宜严肃毋得喧笑言语嘈杂；不许敲打碗桌"，等等。

《宿舍规则》八条。如"宜各安各号，除讨论学业外，不得三五成群彼此往来闲谈，自废日力，且误他人"，"须肃静无哗，不得喧笑歌呼，跳舞滋闹"，"不准聚饮赌博，吸食洋烟，并不准携带玩具"，等等。如上各项《规则》，可以说都是"严"字当头的。从素质教育角度考察，也应当说是有益的。

另有《自费生附学规则》，计九条。"附学"仅限十名，每月学费银五两，分四季交纳。自费生不要求住堂，如若在学堂食宿，每月再交纳银五两。自费生笔墨、书籍、一切用器及体操衣服靴帽等均需自备。对"功课勤奋，学业精进"者，如（正科）"俟有缺出"，可酌量"选补"入正科生。自费生同样须填具"甘结""保结"，承诺学堂各项规定。

讲堂参观行礼规则

总会办及教务长、庶务长亲陪官绅到讲堂参观者，入门后由现在教习发号曰"立"，则诸生一体起立，旋发号曰"坐"，然后诸生皆就坐，照常理课，听人参观。

官绅参观毕将出堂时，复由教习发号曰"立"，则诸生一体起立，俟客出堂后，复发号曰"坐"，然后诸生各就坐，照常理课。

诸生起立及就坐时，不得参差不齐。

诸生起立及就坐时，不得使衣服、几案振动有声。

官绅在堂参观时，诸生不得耳语嬉笑。

总会办及教务长、庶务长未陪官绅而自行到讲堂巡视者，其出入时，诸生均无庸起立，致误课程。

食堂规则

本堂庶务长、教习、司事及学生等均在食堂用膳,饭菜均当一律。

膳时听号钟一律到堂,勿得拥挤争先,亦勿得前后不齐。

挨次入坐,不必固谦,亦不得任意择座。定章一席六人,不得一、二人占一席。

食堂理宜严肃,毋得喧笑、言语嘈杂,即听差挨桌添饭,偶有不及,亦宜略为静候,不许敲碗打桌。诸生等既来学堂,志向文明,切勿染此等恶习。

随完随出,不必守候。

食堂最宜洁净,应督饬厨役听差人等随时洗涤,以免秽污不洁等弊。

本堂各项人等,除因公外,如告假外出回堂时饭已开过,即不得另向厨房需索。

宿舍规则

宿舍宜各安各号,除讨论学业外,不得三五成群彼此往来闲谈,自废日力,且误他人课程,最为无益,所宜切戒。

宿舍须肃静无哗,不得喧笑歌呼、跳舞滋闹,并不得因小事忿争惹人讥讪赌。

宿舍须洁净,服用各物必须安置整齐,亦不许以粉墨朱笔涂抹墙壁、几案。

宿舍内不准聚饮、赌博、吸食洋烟,并不准携带玩具。

熄灯就床不得逾所定时限。入夜眠迟,来朝必不能早起,既误课程,亦非卫生之道。

零星用物均须自备,不得随意动用他人之物,以省牵掣。至偷窃攘夺,乃下流人所为,诸生志趣向上,当不出此。

几榻逼近,上班及入夜后照料人少,一切火烛均须留神,以防失慎。

脸盆、手巾、茶具及一切随身应用之器具,均须自备。

以上各规则各生均应遵守。各斋长有稽查劝诫之责,倘各生故犯,应分别轻重记过。如斋长不能劝诫,又不陈明,应一并记过(凡记过者扣二十分、记大过者扣五十分)。

自费生附学规则

自费生名数应按现在教习人位酌定限制,拟暂以十名为限,准陆续报名投考,其汉文不及格者仍不收录。现正额学生新班功课已开,此项自费生报考之期不得过迟,应自新生入堂之日起,以一月为度。过迟则恐功课不能随班,难以教导。

自费生到堂肄业,所有本堂一切学规应与正额学生一律遵守。

自费生在堂食宿者,每月应照章交学费公砝平化宝银五两,但须分四季交纳(如春季则在正月开学之始、夏季则在四月初五日以前)。

自费生不在堂食宿者,每月应照章交学费公砝平化宝银一两,其交纳之时限与在堂食宿者同。

不在堂食宿之学生,每日晨午上班,不得过时,寻常风雨亦须到堂。

自费生凡因犯学规革除者概不退还学费,倘因病或因不得已之事告退者,准由本堂酌核从宽,按照月分退还所缴之费(如到未及一月者,堂中应收一个月之学费,其余两个月学费准同原保人退还。如到堂一月以外者,仅退还一月学费,两月以外者、即不退还学费)。

自费生书籍、笔墨、纸张、一切用器及体操衣服、靴帽等件,均须自备。

自费生到堂肄业,无论在正科或速成科,至卒业之时,堂中亦照章考验,给与文凭。

自费生到堂后如功课勤奋,学业精进,俟有缺出,可由本堂酌量该生功课程度选补入正额生。惟此系由本堂查核酌办,该生不得率自干求。至既补正额后,该生不得随意告退。倘未卒业而告退或故意犯规被革,仍应照章按每月银五两追缴学费,以杜取巧。

自费生取定以后,须照章写呈甘结、保结后,听候示期入堂肄业。其甘结、保结式列后:甘结式——具甘结人( ),为( )出具甘结事,依奉直隶高等工业学堂考选自费附学生。今有( )之子(或侄)(或弟)( ),年( )岁,系( )省( )府( )县人。在家读书( )年,实系口齿清白、体质强健并无不端行止及一切嗜好,情愿遵照贵堂所订附课章程呈缴学费。今蒙取录入堂肄业,该缴学费按季先期呈缴不误,如有迟误,并由保人一力承担认缴。倘到堂后,有不遵学规及不守约束等事,一凭学堂斥革,所具甘结是实。保结式——具保结人( ),为( )出具保结事,依奉直隶高等工业学堂考选自资附学生。今有( )之子(或侄)(或弟)年( )岁,系( )省( )府( )县人,在家读书( )年,实系口齿清白、体质强健并无不端行止及一切嗜好,情愿遵照贵堂所订附课章程呈缴学费,业蒙取录入堂肄业,该缴学费按季先期呈缴不误,如有迟误,并由保人一方承担认缴。倘到堂后,有不遵条规及不守约束等事,一凭学堂斥革,所具保结是实。

五、重金聘请"洋教习"

为了培养既能"精通理法"又能"发明工业"的人才,学校不惜重金聘请了一批英国、日本等国技术专家,让他们充当教务长、教习。如以银400两聘请日本工学士

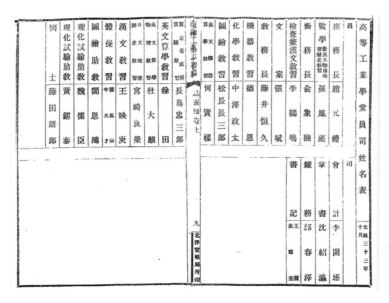

高等工业学堂员司姓名表

藤井恒久充当高等工业学堂的教务长；以银300两聘英国头等机器师德恩充任机器教习、聘日本的中泽政太充任化学教习（又兼实习工场化学制造科之正工师）、聘松长忠三郎充制造化学科实习教习（又兼图绘教习）、聘宫崎良荣充日文、地理、历史教习，聘长岛忠三郎充制造速成科实验教习等。当时高等工业学堂监督和董理月银四十两，中国教习月银二十两。

学校从对学堂、工场师生要求十分严格，在与藤井恒久签订的合同中就规定："该员如有违犯礼法、不遵约束、嗜酒误公、或懒惰偷安，由本人酌罚薪水；如再三犯罚，立即辞去，停止薪水，不给回国船川，该员不得向本国政府诉求干预。"

聘雇德恩的合同书中规定："德恩在堂与各教员、事务员须和衷相处，遇事商办，即教授学生亦须和平讲解，不许打骂、讽刺，如有学生不受约束者，该教员可告之监督及教务长、庶务长或监学，照章分别罚办。"

募订英国德恩充高等工业学堂教习合同

大清国总办直隶工艺总局　监督高等工业学堂　长芦盐运使周，募订大英国商部考给一等文凭准充察验机器员德恩充直隶高等工业学堂教习，所有订定合同条款开列于后：

第一条　德恩愿照此合同条款受募充直隶高等工业学堂教员，听直隶工艺总局总办、高等工业学堂监督及高等工业学堂教务长与庶务长之节制。

第二条　德恩职司专教机器正科之机器学各项课程及工场实验。应如何指授课程,应听候监督及教务长指示照办,至每季开学之前该教员须预拟应授之课程,呈候监督及教务长核定后照办,以期斟酌尽善。

第三条　德恩在堂与各教员、事务员须和衷相处,遇事商办,即教授学生亦须和平讲解,不许打骂讥刺。如学生不受约束者,该教员可告知监督及教务长、庶务长或监学,照章分别罚办。其本堂夫役人等,若有违犯亦须告知庶务长惩责,该教员不得有无礼之举动。

第四条　德恩专教学生课程及实验,所有学堂内一切他事不得干预。

第五条　德恩充当教员,现订合同自光绪三十三年正月十六日起,至本年六月二十二日止,即西历一千九百零七年二月二十八号起,至是年七月三十一号止。每星期来堂授课至少不得减于十八个钟点,按照中国月份,每月计日支给薪水公砝平化宝银一百两整。自光绪三十三年六月二十三日即西历一千九百零七年八月一号起,均改于日间来堂授课,每星期至少不得减于二十四个钟点,按照中国月份,每月支给薪水公砝平化宝银三百两整,所有房租、火食、佣工、养马等费,均在其内。其支领薪水办法与在堂各教员事同一律,不得提前预支,该教员系本在天津应募,除薪水外,毋庸另给来往英国川资。

第六条　此项合同自光绪三十三年正月十六日即西历一千九百零七年二月二十八号起,至华历三年为限,至期满时本合同即行作废。本学堂除将薪水给至期满之日止外,该员别无所要求,倘届时彼此愿续合同,应于未满期六个月之前,商定其课程之钟点及薪水之数目,或加或减均须临时互商,彼此认可后施行。

第七条　德恩如于合同未满限内自请辞差,须于三个月之前禀知监督,俟届离差日即停止薪水。如于合同未满限内德恩或不守合同所订之条款,或因始勤终怠有旷课程,则本堂监督有即辞退该教员之权,其薪水即于辞退之日截止。

第八条　德恩如因不得已之事而请事假在三日以内者,商同教务长及庶务长酌办;在三日以外者须禀请监督照准后再定,但虽请事假而其课程须商请本堂他项教员代办,不得旷课误学生之课程。

第九条　德恩如有疾病,其医药各费均须自给。其治病在一个月期限之内者,不停支薪水;若请假逾一个月,即停支薪水,俟病痊回堂之日再行计日起支。

第十条　如遇合同未满期限之内,中国政府停止此事或无故将该教员辞退,应于应支本月薪水外加给两个月之薪水,以示体恤。倘距合同满限之期不及两个月,遇以上事故则支给至限满之日之薪水,不必加给。

第十一条　德恩到学堂以后,一切应遵守本学堂章程,遇章程内停课日及星期毋庸授课,可听该教员自便休息。

第十二条　此次所订合同系属彼此情愿,将来德恩到学堂后,如有意见不合之处,该教员应照第七条自行辞差办法办理,不得向英国政府及英国驻北京公使或驻华领事官等处诉求干预。

此项合同,照录华洋文各二份,彼此签字。一份交德恩收执,一份存直隶工艺总局备案,嗣后如有争辩事端,仍以华文为主。

总办直隶工艺总局、监督直隶高等工业学堂、长芦盐运使　周

教员　　德　恩

光绪三十三年二月十七日

西历一千九百〇七年三月三十日

德恩到学堂不久,鉴于机器学科"理论多而实验少",学生"大抵因习其理而不习其器,则终无真切之心得",经"再四筹商",决定"督率该科全班学生造三匹马力之卧机一副"。如此,"制造一完全之机器,则学生等能得初终之解识","造端虽小,收效当宏"。"藉此举一反三,他日毕业必可于机器一门实有把握"。此事经专门呈报直隶总督袁世凯,遂获批:(试造卧机)"较之徒求学理功效必多,应准照办"。

在以重金延聘外籍教师的同时,学校还尽力引进和培养掌握高深技能的中国工程师、专家和教授,如毕业于康奈尔大学的施肇祥、获得哈佛大学博士学位的钟世铭、东京美术学校留学归来的李叔同,等等。

施肇祥,字永公,号丙之,1879 年 5 月 19 日出生。他就读康奈尔大学时,曾代理湖北留学生监督,获机械工程师学位;1905 年 11 月返国,任直隶银元局及劝业铁工厂总机械师,1906 年考取工科优等举人候选道;后兼任直隶高等工业学堂教授及稽查;后赴美国,先后在费城保得华音火车头厂、彭雪尔非尼亚铁路公司、惠斯登奴士电机制造公司任职。

江苏省吴江市在第三次文物普查野外实地调查工作中,新发现文物点 247 处,其中涌现出的 3 处精美古建筑,颇具江南建筑特色,分别是吴氏旧宅、一本堂和莘塔跨街楼。一本堂位于震泽镇文武坊 21 号,建于清初,坐北朝南,面阔三间,四进深,总建筑面积 214 平方米。中国红十字会创始人施则敬,"施氏三兄弟"施肇曾、施肇基、施肇祥等名人均出生于此。

孙氏兄弟孙多鑫、孙多森兄弟原先到扬州办盐,后决心创办一座中国人自己的面粉厂。1898 年,他们在苏州河边购得了 30 亩地作为建厂基地,又在北京东路租

施肇祥

得一幢楼房办公，便大胆上马了面粉厂项目。孙多鑫亲自远涉重洋，到法国和美国考察磨面机器的性能，订购机器，在美国购买机器期间，得到了时在美国读书的施肇祥先生的大力帮助。孙多鑫得知施肇祥尚未成家，遂将妹妹介绍给他。

施肇祥1908年返国，历任劝业铁工厂及度支部造币厂总机器师；1910年任京奉铁路及津浦铁路机务总管；1912年任开滦矿务总局协理及天津裕津制革公司总经理。1919年派任汴洛铁路局局长、陇海铁路顾问，转任交通部技正兼路政司考工科科长。1920年10月再任西北汽车处副处长，交通部惠工科科长，京汉铁路机务处处长。1922年3月任鲁案善后交通委员会机械股专门委员，9月兼任寿订局员职工保障法规会议副会长。

1925年后应外商之聘先后任华比银行、比国营业公司、荷兰银公司及荷兰造港公司华经理。1928年代表中美工程师协会赴东京出席世界工程师大会。1929年葫芦岛开港，任港务监督。1933年任职工保育研究会会员。1936年移居上海，公选为永亨银行及闸北水电公司常务董事。1949年定居美国。卒于1961年10月24日。

施肇祥的事迹已载入近年出版的《中国近代名人录》及《民国人物大辞典》中。

钟世铭（1879—1965），字蕙生，天津人。清末天津北洋大学堂（今天津大学）毕业，赐举人。后入美国哈佛大学得法政学博士学位，又赐进士；复经殿试，点翰林。历任直隶省学务公署专门科员兼直隶高等工业学校教授、直隶学务公署副科长、科长、翰林院编修。北洋政府时期，先后任直隶高等工业学校教务主任兼北洋法政学校教授、财政部盐务稽核总所筹备委员会委员、盐务稽核总所坐办兼盐务编译处坐办、盐务总署顾问兼秘书、北京盐务学校董事长。1921年，任财政部次长兼盐务总署署长，1922年免职。1924年复任财政部次长，1925年免职。北伐后，在天津办理社会公益事业，主持天津明德慈济会。1932年任天津国学研究社副社长。天津沦陷时期，隐居不出。日本投降后，天津北洋大学复校时，一度担任训导长代校长。

钟世铭 1901 年入天津普通学堂 (该校 1903 年改称天津府官立中学堂) 接受中学教育。1903 年 4 月,他入北洋大学堂,此后在该校学习三年。1906 年,他获官费派赴美国接受高等教育,1908 年 9 月毕业于哈佛大学,获文学士学位。此后他又在哈佛大学攻读研究生,1909 年 11 月获文学硕士。毕业后途经西伯利亚归国时,他奉中国政府之命,赴欧洲各先进国家考察政治。归国后,1910 年 2 月,钟世铭任直隶学务公所专门科科员兼直隶高等工业学堂英文教授。1910 年 9 月,他参加留学生考试,获授法政科进士。1911 年 1 月,他任直隶学务公所专门科副科长。同年 5 月,他参加殿试,获一甲第四名,授翰林院编修。鉴于他在天津的工作不可或缺,当时的直隶总督任命他为直隶学务公所专门科科长。

钟世铭

中华民国成立后,1912 年 6 月,他任直隶高等工业学校教务主任,在同一时期他还在北洋法政专门学校教法律。同年 11 月,直隶学务公所解散,他接受了北京政府财政部的聘任,协助组织盐务筹备处。1913 年 1 月,他任刚刚成立的盐务稽核总所坐办。1914 年,他因在盐务上的贡献而获得了四等嘉禾章。1914 年 5 月,他兼任盐务署编译处坐办。同年 12 月他获得了三等嘉禾章。1915 年 6 月,他任盐务署参事。1916 年 4 月,他经财政部推荐,获盐运使头衔。同年 5 月,他任盐务署秘书。1918 年 6 月他获盐务署聘任,负责监督该署总务厅的工作。1918 年 10 月,他获二等嘉禾章。1919 年 11 月,他获二等大绶嘉禾章。1921 年 2 月,他获二等宝光嘉禾章。1921 年 11 月,他署任北京政府财政部次长,并兼任盐务署署长、盐务稽核总所总办。1921 年 12 月,他获实授财政部次长。1922 年 3 月,他代理财政部总长。同年 5 月 26 日,他从所任财政方面各职务上解任。

1923 年 6 月,他被张作霖聘为高等财政顾问。1924 年 3 月,他被任命为奉天交涉使。1924 年底,他复任财政部次长。1928 年,奉系退出山海关外之后,他在天津和沈阳闲居。此后他曾经主持天津明德慈济会,任天津国学研究社副社长。1945 年,他曾暂代北洋大学训导长及校长。

1965 年,钟世铭病逝。

李叔同

李叔同(1880—1942)，幼名文涛，又名广平，字叔同，别号息霜，祖籍浙江省嘉兴府平湖县，生于天津市，著名音乐家、美术教育家、书法家、戏剧活动家，是中国话剧的开拓者之一。1918年舍俗出家后，法名演音，法号弘一，别号晚晴老人，中国佛教界尊为"南山第十一代祖"。

李叔同十六岁入天津辅仁书院学习，十七岁拜天津诗词界名流赵元礼(字幼梅，清末分省补用知县，河北工业大学最前身北洋工艺学堂首任庶务长)学诗词；二十二岁考入上海南洋公学(现上海交通大学前身)经济特班，从师蔡元培受业，擅长书画、篆刻，工诗词。1905年留学日本，入东京美术学校(现东京艺术大学上野分院前身)，从黑田清辉学西洋画，旁及音乐、戏曲，艺术造诣甚深。1906年在日本，加入了孙中山先生为首的反清革命组织"同盟会"，1910年秋回津。

自李叔同回到天津后，应邀出任直隶高等工业学堂图绘教员。据统计，1911年天津有大中小等各种学堂156所，是全国新式教育发达地区之一。新式学堂需要大量教师，特别是像李叔同这样的艺术类教师更是稀缺。李叔同1912年2月离津赴沪。

1913年受聘为浙江两级师范学校(后改为浙江省立第一师范学校)音乐、图画教师。1915年起兼任南京高等师范学校音乐、图画教师，并谱曲南京大学历史上第一首校歌。1942年10月13日，弘一法师圆寂于泉州不二祠温陵养老院晚晴室。

六、首倡"工艺非学不兴，学非工艺不显"

1904年10月20日(光绪三十年九月十二日)，周学熙在《直隶工艺总局详请设立教育品陈列馆酌拟试办章程文》提出"学堂为人才根本，工艺为民生至计，二者固宜并重；而讲求之道，亦属相资；工艺非学不兴，学非工艺不显"。

直隶工艺总局酌拟教育品陈列馆
试办章程并约估经费详文并批

为详请示遵事 窃，维学堂为人才根本，工艺为民生至计，二者固宜并重，而讲

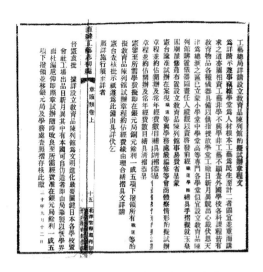

工艺总局详请设立教育品陈列馆酌拟办章程文

求之道亦属相资,工艺非学不兴,学非工艺不显。查外国学校,各科课程皆有教育物品,各种仪器具备,以供指授,故学堂工厂日新月异,竞出心裁。伏思天津为总汇之区,已立蒙小学堂、中学堂、高等专门各学堂,似宜设立教育品陈列馆,购置仪器、图画,任人纵观,以资启发。前经职道学熙缮具手折,拟就玉皇阁庙屋,修葺布置,设立教育品陈列馆,事易费省,呈蒙宪台谕准试办在案。现职道等与学务处严编修等会商,体察情形,酌拟试办章程,并约估开办及常年经费数目,缮折恭呈宪鉴。至所需经费拟即在银元局铜元余利一成五项下拨领。所有职道等酌拟教育品陈列馆试办章程,并约估经费缘由,理合详请宪台核示祗遵。谨将估计教育品陈列馆开办经费,及常年额支、活支款项,缮折恭呈宪鉴。计开:

开办项下:

——拟派两人赴日本选办陈列品,往返川资旅费共约银五百两;

——陈列品价约银七千两;

——玉皇阁现住日本人退房费银三百两;

——修理添盖陈列室楼房等共约银六千两;

——制买玻璃木架等件共约银一千五百两;

——制买客厅及事务室木器等件共约银二百两;

——制买零用各器、刻印图章、票册、板戳等件,共约银一百两;

——调查钞录各学校表册、章程等件,工费共约银一百两,以上开办共约银一万五千七百两。

常年额支项下：

——员司每月薪火共约银九十两,每年一千八十两;

——学徒每月薪火共约银六十两,每年七百二十两;

——夫役每月工食共约银十七两,每年二百四两;

——办公笔墨、纸张、账册,共约银每年一百二十两;

——各种签牌簿册共约银每年二百四十两;

——添制零星什物共约银每年一百五十两;

——夏日篷帘共约银八十两;

——冬日煤炭共约银九十两;

——津贴庙祝香资每年共约银一百两;

——三节酒席并赏犒每年共约银九十两;

——办公室灯烛杂费每月约银十两,每年共银一百二十两。

以上共约银每年二千九百九十四两。

常年活支项下,遇有特别用款,临时另案禀请。

以上常年额支、活支两项每年共约银五千九百九十四两,每月匀计五百两。

督宪袁批:据详,设立教育品陈列馆为文明进化最要关键,日本各学校暨会社工场出品日新月异。

——每年添购陈列品;

——修补房舍;

——添制函架。

以上均难预计,拟每年以三千金为度,实用实报,其中有本国可自仿造者,即由局摹制,以恢学界而杜漏厄,仰即照章试办,随时改良。至所需经费准在银元局余利一成五项下拨领,并移银元局及学务处查照。

折存核。此檄。

七、实习工场与工业学堂联为一气

光绪三十年(1904)九月十三日,周学熙在《工艺总局详呈实习工场试办章程并筹拨经费文》中提出,"实习工场与工业学堂联为一气","以工场为学生实验厂,以学堂为工徒之研究室"。他推崇法国巴黎中央工艺学堂,"半日听讲,半日入厂习练,既领会理化之精微,又经历其实验,以故法国工艺之精巧,凌驾环球。所愿当事者,得所效法,而于科学,力求精进焉,庶有握实业界霸权之一日也"。

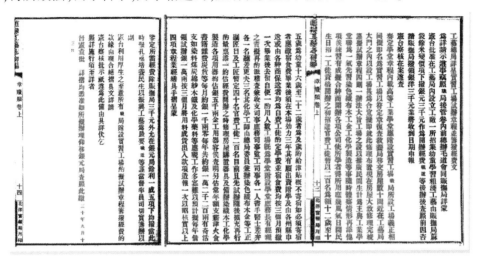

在"工学并举"思想指导下,周学熙于光绪三十年(1904)九月十三日,为办实习工场再次给袁世凯呈文——《工艺总局详呈实习工场试办章程并筹拨经费文》

工艺总局附设实习工场酌拟试办章程筹担经费详文并批

为详请示遵事 窃,照职局接管卷内,前总办毛道会同赈抚局详蒙宪台批准,在工艺局内设立工厂一所,招集幼童学习粗浅工艺,由赈抚局麻袋余米变价项下,拨银元三千元作为开办经费。职道等接办后查照前因,咨请赈抚局拨领银洋三千元,业将收到日期申报宪台察核在案。遵查奏定:学堂章程内载,高等工业学堂应附设实习工场,职局所设工场义正相同,拟即名实习工场以符定章。复查教养局移交房屋数十间,近在工艺局大门之内,以设工场甚为合宜,拟即就此修理布置,现在房屋大致修理完竣,谨拟试办章程四则:

——办法大旨。工场之设,以推广民间生计为主,与工艺学堂联为一气,先习染色、织布、木工、金工、化学制造等事,随时察情形,再添他项,候习有成,拟合绅商开办各项公司,使所学者得所用,庶几风气日开,民生日裕。

——工徒资格。开办之初招选官费工徒,暂以二百名为额,十二岁至十五岁者为幼童,十六岁至二十二岁者及岁,酌给津贴,概不寄宿;如必须寄宿者,应缴宿食费,毕业后须在本场效力三年。其有愿出资附学及由各州申送,或由商送者,酌定学费与宿食费,均按三个月预缴一次,毕业后去留自便。

——酌用人数。工场既为学堂附设,学堂庶务长有经理之责,拟再酌派稽查兼收支司事、庶务司事、监工司事各一人,书手、医士、差弁各一名,听差、更夫三名。其化学工师由总局委员兼办,染色、织布、木金等工正副匠目及工匠暂定四十名,官费工徒二百名。目前且先试办，随后充再行酌量禀添。

——约估经费。开办之时修理房屋、购置器具及办染织、木工、化学制造各项用器，约估银五千两。金工用器容俟查明另估，常年额支薪津、伙食、书籍、杂费、炭资等，每月约银一千两零，每年共约银一万二千二百两有奇。活支如染料、煤炭、棉纱、木铁及化学药料等，应试工作多寡难以预计，拟每年借领试办银一万雨，按三个月将用料成货出入款项造报一次，以昭核实。

以上四项章程业经缮具手折，呈蒙鉴定，所需经费除赈抚局三千元外，允在银元局余利一成五项下均拨。当此时艰孔亟，培养民生以振兴工艺为最要，职道等谨当督率员司，切实筹办，以副宪台利用厚生之至意。所有职局附设实习工场，酌拟试辨章程，审拨经费的款缘由，理合缮折，具文详请宪台察核批示……

督宪袁批：详折均悉。准如所拟办理，仰移银元局查照，此缴。

学校拟定的《实习工场试办章程》中指出："实习工场之设，以推广民间生计为主。与高等工业学堂联络一气，先习染色、织布、木工、金工、化学、制造等事，随时体察情形，再添它项，俟练习有成，拟合商绅开办各项公司，使学生所学得所用。"正是基于"以推广民间生计为主"，当年学生的实习是以生产实习为主。

实习工场试办章程

办法大旨

——本场谨遵钦定学堂章程，名为实习工场，以提倡制造，培养民生，储各项公司工匠之才，成本局堂学生之宗旨。

——本场就教养局移交房屋修理改造，先行试办，与工业学堂联络一气，兼以工场为工业学生试验制造之所，而学堂各科教习即可为工场工徒讲课之师，相哺而行，收效较速。

——本场工艺拟分染色、织布、木工、金工、化学小制造、电镀等事，以承造军装及学堂用品先务，其余商品亦可酌量带造，详细章程随时另禀。

——本场开办之初，分科酌雇工匠，或募工师教授工徒，应量其艺之高下，事之难易，定工食薪水，另案办理。

——本场备讲堂一处，工徒每日须分班讲习书课一点钟，其聪颖者就工业学堂所有之各项科学量材施教，其次者仅令习书算，其功课均由工堂各教习兼理。

——本场拟联合绅商开办各项公司，如染织、缝纫、木器、铁器、洋皂、洋烛之类，各公司所需工匠工徒，准由本场调派，至该公司集股用人，一切事权均由商家自主,本场概不掺越。

——各项公司之联合本场者,其股票每号银数以愈少愈妙,每股或一元、二元、五元,至多不逾十元,司事工匠人等皆可附股,庶几彼此休戚相关,且使贫户亦可附股,此焉本场提倡工业之要旨。

——凡与本场联合,一公司每年应在余利项下,提二十分之一捐助本场经费。

工徒资格

——官费工徒应有定额,开办之初拟先招选工徒二百名,选取之后因材施教,分习各艺,如报名人数众多,可于额外取若干名,候本场陆续次第增补,至投选工徒,须取具亲族甘结,并妥实铺户保结。

——工徒除每年定期招选外,有由各州申送,或由地方绅士保送者,如查与本场定章无碍,可随时酌量挑收,惟须人自费,不得占官费额数。

——招选工徒分甲班、乙班。甲班试以书算,乙班试事膂力。

——工徒年龄分二级,十二岁至十五岁幼童,十六岁至二十二岁及岁。各量其性质分习各科,其应习何科,官费者由本场定,自费者可由该徒原保送人呈请,惟自派定后,非由本场,不得擅请改习他科。

——官费工徒初选入庵一月内,随时甄别,不给津贴。满一月后甄别留场,及岁者每名由本场发给。

——自费工徒及岁者每名每月应缴学费洋一元,幼童每名每月应缴学费洋五角,均按三个月一次预先缴足,其应用书籍、纸笔、器具,均由本人出资自备。

——工徒无论官费、自费均在外宿食,每日按照所定时刻上工下工,本场概不预借宿舍;如有外乡工徒无处宿食者,在本场寄宿业每日三餐者,每月每名应缴银洋四元,或仅寄午餐每月每名应缴洋一元五角。

——自费工徒其学费及宿食费,须有妥妥铺保担任;凡由各州县申送者,其学费及宿食费由各州县官备缴;由绅士保送者,其学费及宿食费由绅士筹缴,均须在该工徒入场时先缴三月资费,以后仍按三个月预缴一次。

——工徒毕业年限,应视所习何科,量其技艺之难易,随后分别酌拟,另定专章。

——自费工徒毕业后,去留听其自酌,官费工徒业后,须在本场效力三年,期满方准自赴他处作工。若由本场派往公司者不在此例。

——工徒按照另章年限毕业后,凡官费者在供差年限内先升为副工匠,每月除津贴外,加给犒赏洋一元,再升正工匠,每月加给辛工洋二元。其有技艺超格,异常勤者,可渐升副匠目、正匠目,以至副工师、正工师等名目,应俟随时察看功效,酌量加给辛资。凡自费工徒毕业后有愿留本场力者,亦照此一律。

——凡工徒有不遵本场条规,或性情懒惰实在不堪造就者,当随时革退,其官费工徒未经毕业,或已毕业未满效力年限,而私往他处作工,或故意犯规被革者,均须追回历年所给之津贴及书器等费,向原保人追缴。

——由本场工徒出身之工匠,其宿食章程与工徒一律。其非由本场工徒出身之工匠,概不在本场宿食。

酌用人数

——工艺总局总办统理本场一切事务(不由本场支领薪水)。

——本场工业学堂附设,其工业学堂庶务长有经理之责(不由本场支领薪水)。

——稽查兼收支司事一人(稽查工徒并约束差弁听差人等,综核收支各款,按月造册,由庶务长呈报总局)。

——庶务司事一人(经理各项杂务兼购买各原料,及收发制出工品)。

——监工司事一人(监管场中工作)。

——书手一人(抄写各项文件)。

——医士一人(凡本场员司弁役及工师匠目工徒人等,有疾病者归其诊治)。

——化学小制造正工师一人(暂由总局考察工业委员兼充)。

——染色科正副匠目各一人,工匠十人。

——织机科正副匠目各一人,工匠十人。

——木工匠目一人,工匠四人。

——金工匠目一人,工匠十人。

——化学制造匠目、工匠,随后另拟。

——官费工徒定额二百名。

——巡查差弁一名(专管约束工徒出人及听差人等)。

——听差二名(司搬运器具工品、打扫、送信等事)。

——更夫一名(专司入夜支更,日间午后兼应杂差)。

以上用人先从极简,拟设以后如果事繁,随时随察情形再行置添。

约估开办经费

——本场购置办公处各项器具,约银一百两。

——本场修理房舍及安自来水管,约银五百两。

——拟购染色器械并上浆研光机器,共约银一千二百两。

——拟购机织木机及附属用器,约银五百两。

——拟购木工器械,约银二百两。

——拟购金工器械,约银(俟查明另估)。

——拟化学小制造,先办火柴、洋胰、洋烛、电镀等四事器械,约银二千五百两。

以上开办修理购置及工场用器,除金工器械俟查明另估外,约银五千两。

约估常年经费额支项下:

——司事三名,月支薪火银七十二两,每年八百六十四两。

——书手一名,月支薪火银十二两,每年一百四十四两。

——医士一名,月支薪火银八两,每年九十六两。

——差弁一名,月支薪火银十二两,每年一百四十四两。

——听差二名,每名每月工食银四两,共八两,每年九十六两。

——更夫一名,月支工食银四两,每年四十八两。

——化学工师一人,暂由德局委员兼充,不另支薪。

——各项工匠除化学制造另计外,染织、木金等匠目、工匠共四十名,每名每月均扯工食银八两,共约三百二十两,常年三千八百四十两。

——官费工徒二百名津贴,以及岁二成、幼童一成扯算,每月洋五百五十元,常年共洋六千六百元,合银四千七百五十二两。

——本场办公笔墨纸张、账簿等项及添购零星什物、雨季糊窗,每月十五两,每年银一百八十两。

——本场内工徒讲堂书籍、纸笔、器具,每月约银五十两,每年约银六百两。

——本场办公室差弁室听差室,冬日及春初四个月煤炭,每月十五两,共六十两。

——各场冬日及春初四个月煤炭,每月银四十五两(四工场拟用大洋炉六个),共银一百八十两。以上额支除化学工匠工食未计外,共估一万二千二百七十六两,每月均一千零二十三两。

活支项下

——各项材料如染料、煤炭、棉纱、木料、铁类、化学药料等,应视工作多寡难以预计,拟每年借领试办银一万两,按三个月用料及成货核出入款项,造报一次。

——工徒药资难以预计,愿请实用实销。

实习工场厂房及办公室564间,设织布、染色、提花、胰皂、窑业、制燧、木工、金工等以推广民间生计为主的项目,共12个科(相当今之车间)。学堂庶务长负实习

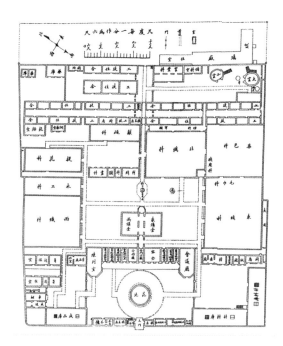

实习工场图

工场经理之责，暂定工师、工匠 40 余名，官费工徒 200 名，另收自费工徒。

在实习工场，备讲堂一处，工徒每日分班讲习书课一点钟，然后在工师匠目的指导下，进行实地操纵训练，制造各品。有讲有练、有学有做，学生在实践中不仅学到了知识，而且提高了技艺。

实习工场机织科（摘自《近代天津图志》）

为培养合格的技术工人，在实习工场对工徒有严格的考核，规定有八大禁令，考期和临时赏罚，如禁令中规定："工作时不准闲谈嬉谑""无论何时不准猜拳、饮酒、赌博、嗜烟""凡在本场宿食者,起时应在上工时限二刻之前,睡不得过十钟一律熄灯,餐饭时,不准扰攘争论"。学堂、工场严格的规章制度,保证了教学和生产的正常进行,为培养专门人才和技术工人创造了良好的环境。

八、宣传推广工业技术,振兴地方工业

为普兴工业,实习工场除设法尽快、尽多、尽好地培养工匠、匠师之外,还将本场试验成熟的工艺技术编纂成册,广为宣传。如,实习工场所编之《织工场办法问答》,"凡筹款、用人、盖屋、招徒、机具、工食、稽查、盈亏预算……无不纤细备载"。也就是说,不仅生产技术公开,包括如何开办工场的具体计划,都广为宣传。甚或书面宣传犹恐不足以引起民众的重视,还派专职人员,带领匠师、工徒,携带新式铁木人力织机,周游直隶属下各府、厅、州、县,借集市绅民比较集中之际,现场操作并讲解技术要领,传授生产技术;同时将编印成册的各种"工场办法问答",无偿分送给观众。如有人询问开办工厂的有关问题,匠师当场作答。如有已经开办的工场,存在着技术问题,匠师还可以到现场进行指导,帮助解决问题。这种服务完全是义务的,分文不取。且不说为外省培养的匠师,仅直隶各府、厅、州、县而言,数百名已取得"宫保优奖顶衔"的匠师,分布在直隶所属 65 个府、厅、州、县(当时直隶属下有142 个府厅州县)中,开办了 85 处类似实习工场的工场或习艺所,总资本额为425000 两库平银(此为 1907 年统计数)。这些场、所,既开工、又授徒,使工业技术转相传习,对直隶全省工业的普兴,起到了"酵母"的作用。如,闻名国内外的高阳"爱国布"业的兴起,从生产技术到技术人员,均得益于实习工场。

为更加广泛地宣传推广工业技术,附设实习工场于 1906 年及 1907 年秋,两次举办"纵览会",每次时间各为一周。其时,实习工场悬灯结彩,鼓乐喧天。简短的开幕式后,便开始接待参观者。第一天就有各界知名人士及 68 个单位的 6000 余人,分批参观了实习工厂的 12 个科。各科工匠、工徒照常工作;参观者有专人为之讲解。一周内,共接待参观者 5 万余人次(当时天津居民为 35 万)。据记者江南乐育生撰文称:"予于九钟入场,比游览一周,已日昳矣,兴初未尽也。观毕,目为之炫,神为之移。欢欣赞叹:今日之举,为千载一时,洵非溢美。"

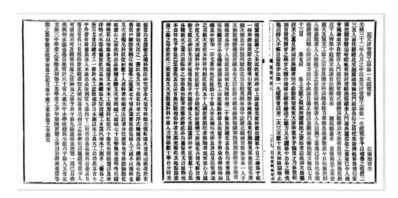

《记天津实习工场第一次纵览会》(《直隶工艺志初编》)

九、实习工场产品用"国货"代替"洋货"

1906 年,学校实习工场的制成品就有纺织、印染、木工机械、木制家具、瓷器等类数十个品种,此外还有日用化工产品,如安全火柴、肥皂、香皂,等等。上述产品常年生产,并在自设的"售品处"出售,由此也取得了颇丰的经济收益。

同时,学校实习工场还从所生产的诸多产品中选出精品,送直隶工艺总局所属的劝工陈列所和清廷农工商部所属劝工陈列所陈列展示,以期推广。1906 年,慈禧太后曾从陈列的精品中,选中了实习工场制造的"绣鹰屏风"一架,摆设于宫中,为此,特降旨嘉奖实习工场。实习工场生产制造的产品,曾于 1909 年,参加由农工商部在汉口举办的"全国工业出品奖进会",经评选,获得一等银牌 70 枚。

当时学校规定,研究开发的新工艺、新产品,需先在实习工场中进行生产试验,待到产品质量有了保证,工艺过程成熟了以后,才可以"拟合商绅开办各项公司"进行批量生产。例如,高等工业学堂化学科师生研制的黑头保险火柴,就是由实习工场制燧科进行试生产来完善工艺过程的。在此过程中,经过多次研究、改进,最后于 1909 年,由直隶工艺总局组成北洋火柴有限公司(地址在天津芥园)正式进行工业生产。最终生产出的产品名为"双龙牌保险火柴",成为原来红磷火柴的换代产品,在社会上颇受欢迎。

又如,1906 年初,周学熙给实习工场的"条谕"中说:"实习工场所染红色,不鲜明,且有落色。应再讲求良法……必须与外洋同色,始得议设染色公司。否则,公司无成效也。"

1908 年 1 月 10 日(清光绪三十三年十二月初七日),直隶总督杨士骧在上奏给慈禧、光绪帝的《奏监司总办工艺成效昭著请给优奖折》中,对周学熙任直隶工艺总局总办期间所取得的成绩进行了详述,对直隶高等工业学堂及附属实习工场所取得的成效给予高度褒奖,请求赏给周学熙三代正一品的封典,得到批准。

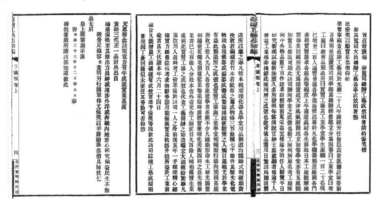

《署直督宪杨奏监司总办工艺成效昭著请给优奖折》

署直督宪杨　奏监司总办工艺成效昭著请给优奖折
奏为监司大员总办工艺各事成效昭著恳恩优奖以励实业恭折

仰祈圣鉴事　窃,查直隶工艺局于光绪二十八年间,经升任督臣袁世凯筹设派委前署臬司长芦盐运司周学熙为总办经营建立,分为四事:曰工业学堂;曰考工厂;曰教育品制造所;曰实习工场。其工业学堂学生原额一百二十名,现已增至二百人,遍习普通各学,进而授以专科。凡化学、机器、制造、绘图各门亦经实习讲求各臻高等程度。上年遴选高材各生派赴日本工厂观摩练习,毕业回国所造尤为深邃。近天津气渐开,民立初等学堂亦有五处,竞知奋业推广可期,此该司办理学堂之成效也。

劝工陈列所原名考工厂,陈列中外物品数千百件,访求新制,较前搜采益宏,标志分明,任人观览。平日研究新理、试验新法,历久多所发明。每当演说,官绅士庶就听常逾千人,神益工业,殊非浅鲜,此陈列所之成效也。

教育仪品需用日繁,该局则设制造所以应之。举凡标本模型、理化器具、学堂用品,制造均能如式,利权颇资挽救。若铜铁、若竹木、若纸布之属,成物得三百余种、七千余件,其声光化电物理各项仪器或编纂成书,或系志浅说,使观览之人触目通晓,尤于学业有益,此制造所之成效也。

实习工场与工业学堂相辅而行,场内规模甚广。所收工徒八九百人,各省来就学者亦颇不少。凡织染、彩印、木工、研光、图画、刺绣、提花、烛皂、制燧、窑业等项,随时讲授实兼理化美术四科之长。先后毕业者已七百余人分赴本省外省充作工师匠目,凡百余人转相传习生业,咸与此实习工场之成效也。

伏查工艺开办之始,造端宏大,头绪纷繁,举凡筹款、用人、选料、考工,皆萃集于该司一人之身。前后五年,一手经理,精心缔构,实力经营,综核考求,无辞劳怨,用能振兴实业,秩然井然,所益于工业前途者甚大。

伏读本年六月二十四日谕旨:凡能办农工商矿,确有成效者准予优奖等因,钦此。

该司综理工艺,成绩昭著。现因丁忧回籍,似未便没其劳勋,可否仰恳天恩,俯念该司宣力有年,成就实业广,赏给三代正一品封典,出自鸿慈逾格。至其余出力员绅,或远涉外洋,或奔驰内地,苦心研究,饷益民生,不无微劳足录。容臣查明,另行开单,择优保奖,以示鼓励。

谨恭折具陈,伏乞皇太后、皇上圣鉴训示。

谨奏。

光绪三十三年十二月初七日奉

朱批:着照所请,该部知道,钦此。

十、搬迁河北区新校址

1907 年,因学生数增多、旧堂空间无法满足教学需要,学堂于当年 9 月报请直隶学务处批准,在天津河北窑洼孙家花园旁另建新校舍,占地面积约 5 万平方米,建筑物总面积 1 万多平方米。另附设实习工场,占地 2 万 5 千平方米,建筑物 546 间,建筑面积约 8200 平方米。1908 年 6 月竣工,7 月迁入新址。学生数额增加至 200 余名,教习 13 人,其中日本教习 5 人。

1907 年孙多森接任学堂总办。在任期间,学堂管理更为规范,建制合理、机制畅通、师资队伍整齐,教学设施较为完善,生源较广,除直隶省外,来自国内 14 个省区的学生占 30%。

孙多森(1867—1919),字荫庭,安徽寿州(今寿县)人。1867 年 1 月 23 日(清同治五年十二月十八日)生,1919 年 7 月 6 日,病逝于天津,终年 52 岁。孙家在长江一带经营盐务,家资巨万,富甲一方。

1885 年中秀才,继办贡生,捐候补同知。1898 年 2 月在上海与其兄孙多鑫共同创办国内第一家华商面粉厂——阜丰面粉公司,任总经理,其兄孙多鑫任协理。1901 年升候补道,任上海电报局帮办。1905 年与聂之台等筹建上海商务总会,任会董事兼副会长。翌年去天津,接替病故的孙多鑫,与周学熙共同经营启新洋灰公司和滦州矿务公司,任两公司协理。1908 年又兼北京自来水公司协理。次年任直隶工艺总局总办兼直隶出品协会协理。翌年任直隶劝业道,不久遭弹劾,遂辞职,仍任启新洋灰公司和滦州矿务局公司协理。1911 年 12 月清廷内阁和议代表去上海议和。翌年奉派任安徽实业司司长,旋被免职。同年 9 月,任北洋政府国家银行事务所会办,旋应邀筹办中国银行,任筹备主任。1913 年 4 月被任命为中国银行总裁。同年 6 月被解职,奉袁世凯命任安徽省都督兼民政长,因皖革命党人抵制而离院。不久又奉命任赴日本实业调查专使。回国后在北京发起组织中日实业股份有限公司,任总裁。1914 年任参政院

孙多森

参政、全国农工银行筹备处筹备员。是年,又与周学熙创办通惠实业特种公司,任临时总裁。翌年筹办中孚银行,任总经理,相继在北京、汉口、上海设分行。1918 年银行开办国外汇兑,为我国第一家特许经营外汇的商业银行。病故于天津。

十一、首批毕业生"三年限内不准私就他事"

1907 年学校有了第一批毕业生,共 50 名。其中,"二月,化学制造科内之制纸科学生十三名毕业。五月,图绘科学生十四名毕业。七月,派往日本工厂实习学生十四名回国;八月毕业,仍五名留大阪铁工厂,期以明年秋间毕业。现化学正科学生十名期以本年九月毕业,毕业后复拟择优送英国工厂实习"。

《直隶高等工业学堂试办章程》中提出了毕业生的去向与责任:"凡本堂官费生毕业考给文凭后,应听候国家差遣,以三年为限,在此限内非经国家特许不得自行他就。"

周学熙在光绪三十三年六月在呈给袁世凯的《工艺总局禀拟定工业学堂毕业生应尽义务章程文》中,对直隶高等工业学堂的官费学生应尽义务进行了明确的规定。

1905 年直隶高等工业学堂师生在校门口合影

工艺总局禀拟定工业学堂毕业生应尽义务章程文

敬禀者 窃，本司学熙，前奉宪谕，工艺局高等工业学堂官费学生，既受本局数年培植，毕业之后应在本局先尽义务三年。在此三年限内，不准私就他事。如有他处调用，应缴本局历年学费，其经本局派出者不在此例等因，奉此遵查。

现在该堂图绘科学生，已经毕业自应遵照办理，兹谨拟定此项。图绘学生义务限内，应在本局任事，酌发薪金数目。最优等第一年每月给薪银二十两，优等者第一年每月给薪银十六两。果能当差勤奋，第二年各月加银四两，第三年再各月加四两。如他处调用，须先经职局认可，再按最优等者每名缴还职局学费银六百两、优等者每名缴还职局学费银五百两。至有当差不力或故意犯规以求开除者应即追缴该学生历年学费以儆效尤。

如蒙俯允，应请饬行，直隶提学司通饬各属遵照备案。

实为公便，专肃寸禀，敬请勋安，伏乞垂鉴。

督宪袁批：据禀已悉，应如所拟办理。仰即遵照并候行，提学司通饬各属体查照此檄。

三十三年六月　日

《工艺总局禀拟定工业学堂毕业生应尽义务章程文》(直隶工艺志初编)

第三节　从"直隶公立"到"河北省立"，
建成"培养工业人才之模范学府"

一、中华民国临时政府教育部颁布实施《壬子癸丑学制》

1911 年的辛亥革命，推翻了清王朝的统治，结束了长达两千多年的中国封建君主制度，建立了共和政体，为建设近代高等教育开辟了道路。

1912 年 1 月 9 日，南京中华民国临时政府教育部成立，蔡元培就任教育总长。

1912 年 4 月,南北统一,成立了北京政府。蔡元培继续担任教育总长。

1912 年 9 月,教育部公布了《学校系统令》,也称为"壬子学制"。这个学制规定,儿童从 6 岁入学到大学毕业,整个学程为 17 年或 18 年,分三段四级。

第一阶段为初等教育。分两级:初等小学 4 年,为义务教育,毕业后可入高等小学校或乙种实业学校;高等小学 3 年,毕业后可入中学校或师范学校、甲种实业学校。

第二阶段为中等教育。设中学校,学习年限 4 年,毕业后可入大学、专门学校或高等师范学校。

第三阶段为高等教育。设大学本科 3 年或 4 年,预科 3 年;专门学校本科 3 年毕业(医科 4 年),预科 1 年。

此外,下设蒙养院,上有大学院,不计年限。

除去上述自小学、中学到大学的普通教育系统外,还有师范教育和实业教育两系统。师范教育分师范学校和高等师范学校两级。师范学校本科 4 年,预科 1 年;高等师范学校本科 3 年,预科 1 年。实业学校分甲乙两种,均为 3 年毕业,分农业、工业、商业、商船各类。分别实施完全或简易普通实业教育。

教育部于 1912 年 9 月、10 月先后颁布了《小学校令》《中学校令》《专门学校令》《大学令》《师范教育令》;1913 年 8 月颁布《实业学校令》,对各级各类学校的目的任务、课程设置、学校设备、入学条件、教职员任用、经费及领导管理都进行具体规定。这些文件均是对"壬子学制"有所补充和修改,总合成一个更加完整的学制系统,即《壬子癸丑学制》。

其中,专门学校以教授高等学术、养成专门人才为宗旨。专门学校分政法、医学、药学、农业、工业、商业、美术、音乐、商船和外国语各类。

大学以教授高深学术、养成硕学宏材、应国家需要为宗旨。大学分文、理、法、商、医、农、工等七科。各科再分为若干门(相当现在大学中的系)。预科分三部:第一部预科生入文、法、商三科;第二部预科生入理、工、农及医科的药物门;第三部预科生入医科的医学门。

师范学校以造就小学教员为目的。高等师范学校以造就中学校、师范学校教员为目的。男、女师范学校都分本科和预科,本科又分一、二两部。

二、民族工业的发展促进了天津近代教育的发展

辛亥革命的胜利,不仅给封建制度以有力冲击,还在一定程度上提高了民族资

产阶级的政治地位和社会地位,这也激发了民族资产阶级投身工业的热情,为天津民国元年至20年代中期的民族工业发展创造了有利条件。

　　天津民族工业和经济的发展,标志着天津的近代社会生产力和生产关系在迅速地发生变化。这一变化必然要求教育为其培养与之相适应的科学技术人才服务。人们越来越认识到发展教育培养有一定科学文化知识的人才,在发展民族工业、民族经济中的重要作用。

三、更名直隶高等工业学校

　　1912年7月,遵照南京临时政府教育部修订章程,学生入学由年初改为暑假后始业。同年8月,教育部颁令直隶高等工业学堂改为直隶高等工业学校,监督改为校长。

　　直隶高等工业学堂总办任职最长者当属邢端,其任期从1909年(宣统元年)至1913年,有着近4年时间。在孙多森任总办时,他已任副监督(1909年改总办为监督),配合孙多森遵照部章并参照欧美、日本各国工科大学的教学情况,修订课程计划,呈报学部核准,学生学业期满,毕业照章请奖,经直隶学务司和学部复试合格发给毕业证书,并奖给"举人"出身。同时,附设两年制中学实习科。实习科学生毕业可直接升入高等工业学堂。1911年,学堂开始接通火力电源,正式使用电力,结束了以油灯、蜡烛照明和以人力为动力开动机器的历史。

　　邢端,字冕之,男,1884年生于贵州省贵阳府。1901年得中乡试;1904年会试得中,经殿试赐出身进士,送任翰林院检讨。1905年被派赴日本大阪高等工业预备学校留学,1908年回国后即任直隶高等工业学堂副监督。翌年,升任监督(即今之校长)。建立民国后继任直隶高等工业学校校长。1913年,国民政府调其任工商部佥事,因而辞去高等工业学校校长职。

　　在直隶高等工业学校4年的时间里,邢端曾参照日本及欧美高等工业学校的章程,重修教学计划。在校内添设中学实科以培养高等

邢端

工业学堂所需合格生源。1910年,奏请学部对该校本年毕业生进行复试,合格者由清廷赏给举人出身,特优者赏给进士出身。结果,该学堂准予毕业者复试均合格,其中1/10得特优。

继任工商部佥事之后,历任地质科科长、国家图书馆主任、农商部佥事、矿政司第一科科长、普通文官惩戒委员会委员、巴拿马赛会事务局第一科科长及矿政司司长等职。

北京解放后,被聘为北京文史馆馆员。1972年病逝于北京。

四、更名直隶公立工业专门学校

1912年10月22日,教育部颁布了《专门学校令》十二条。在清末的学制中,高等教育段有高等学堂一级。民国初年的"壬子学制"取消了高等学堂而改设专门学校,规定"专门学校以教授高等学术,养成专门人才"为宗旨。专门学校分为法政专门学校、医学专门学校、药学专门学校、农业专门学校、工业专门学校、商业专门学校、美术专门学校、音乐专门学校、商船专门学校、外国语专门学校等十类。《专门学校令》准许私人办设专门学校,"凡私人或私法人筹集经费",按照《专门学校令》的规定设立的专门学校,称为私立专门学校。该令还规定,公立或私立专门学校的设立、变更、废止,"均须呈报教育总长得其认可"。

1913年2月,直隶高等工业学校又改为直隶公立工业专门学校,日本留学归来的武瀞源任校长。

武瀞源,字问泉,男,天津人,1884年生。1904年考入天津私立中学堂(即后之南开学校)附设师范班读书。1906年赴日本留学,入日本东京高等工业学校应用化学科就读。辛亥革命前夕毕业回国。1913年1月,任直隶高等工业学校校长。1917年9月,奉调南京造币厂任厂长。

正是由于学堂各项管理规范严谨备受各界瞩目,全国应考来学者很多,1916年校长武瀞源在同学录所作序中所写:"夫中国工校之兴,以学校为最早。各省之担簦来学者,除湖南、云南、新建、黑龙江外,莫不有其人焉。"

1912年11月14日,教育部颁布了《公立私立专门学校规程》十六条,规定公立、私立专门学校的设立、变更、废止,均须呈报教育总长认可,并开具如下事项:目的、名称、位置、学则、学生定额、地基房舍之所有者及其平面图、经费及维持之办法、开校年月。

该规程规定,学生有犯下列各款之一,校长得命其退学:第一,性行不良,难望悛改者;第二,成绩过劣,难期成就者;第三,陆续旷课至两学期以上者;第四,无正当事故,持续旷课至一月以上者。

该规程还规定了公立私立专门学校的学则,规定的事项有:入学资格、修业年限、学科、学习科目、学科程度;学年、学期、休业日等;入学、退学、升级、毕业等;惩戒事项;学费事项;预科研究科事项。

武潜源借鉴国外办学经验,传承学校的优势,注重教育教学质量,修订章程,"以教授高等工业学术,养成工业人才,又附设中学,以造就升入专门合格学生为宗旨"。在章程中对学科设置、修业年限、授课时间、入学资格、学年学期划分、假期、升级退学、各门课程所学内容等都进行了详细规定。

1913 年,学校新建筑铸造厂约 700 平米。1914 年,改大膳厅为化学制革实习工厂,并建天平室、药料室。1918 年,建筑染、织两工厂百间,复添筑食堂一所、厨房十余间、调养室 3 间、教员宿舍 10 间。

1914 年 8 月,直隶省政府因财政困难,撤销中学实科,在学的中学实科学生并入南开中学续读。

1916 年 5 月,全国工业类学校学生各科成绩在北京参加赛会,直隶公立工业专门学校学生的成绩经教育部审查,评为优秀,列为甲等,在各参赛学校中排第一,发给一等奖状。用校长武潜源的话说:"北京开学校教育品展览会,全国工校学生成绩错列于其中,虽取他校之最优良者,与吾校之学生成绩较,亦蔑以加之。则吾校之进步,固可目睹也。"

1917 年,毕业于日本大阪高等工业学校的杨育平接任校长,任职长达 10 年。在任期间,杨育平工作尽心竭力,使学校有了长足发展。

杨育平,字陆宾,男,1882 年生于直隶(今河北)省丰润县。1904 年,自费留学日本,就读于日本东京高等工业学校应用化学科。1909 年毕业回国后,在直隶劝业道任工师。民国建立后,任直隶实业所技正。1913 年 6 月任直隶工业试验所所长。1917 年 9 月,直隶省府令调杨育平继武潜源任直隶公立工业专门学校校长。1926 年 9 月调任察哈尔省教育厅厅长。

杨育平在直隶公立工业专门学校 9 年。他"崇信教育救国",对学校工作尽心尽力。五四运动时,支持学生的爱国行动。五卅运动时,杨育平不仅支持师生发表"高工后援会宣言",还保护了在运动中被天津警察当局通缉的该校学生杨凤楼等。

五、更名河北省立工业专门学校

1926年，杨育平调任察哈尔省教育厅长，校长由魏元光接任。

1928年9月，直隶省改称河北省，直隶公立工业专门学校随之改名为河北省立工业专门学校。1928年10月，河北省府因财政困难令将本校撤制。为此，校长魏元光动员校内外校友奔走呼号，据理力争，最终才得以保住学校。同年11月，河北省府令将本校甲种染、织两科改建为"河北省立第一职业学校"，独立办学。

魏元光

魏元光，字明初，男，汉族，1894年12月11日生于直隶省南乐县(今河南省南乐县)。

魏元光1915年天津南开中学毕业后，即考入直隶公立工业专门学校应用化学正科学习，1918年毕业。1920年受派赴美国西瑞术斯大学深造，1922年获理科硕士学位。1924年5月离美回国后，受聘于母校直隶公立工业专门学校任化学教员，1926年升任校长，1929年改称河北省立工业学院后，即任第一任院长。1936年9月受聘于南京政府教育部，筹建中央工业职业学校，继任校长。1948年兼任河北省立工学院名誉院长。

魏元光致力于职业教育，其指导思想是："我国非振兴工业不能复兴，欲振工业，非先训练人才不可。"在他主持河北省立工业学院和创办中央工业职业学校的二十多年中，始终坚持这一主张。

在办学过程中，坚持"要树立一种适合中国事实的工业教育制度"，"工业学院的做法一方面设法充实自己的教学上的设备，一方面联络校外的工业界，以期教育与工业相助相长"。在他主持工学院的八年中，组织师生员工利用实习工厂进行教学设备制造，一是增加学校收入，以填补官拨经费之不足；更重要的是革除"学生在校只读书本，失之以空"的理论脱离实践的弊端。他与社会工业界密切联系，先后与国家棉统会合办棉业教育；与全国各水利机关合建中国第一水工试验所；与河北省建设厅合作研制新式农具等，既培养了人才，又武装了学校的教学试验设备，达到教育与工业相助相长。对魏元光办学成绩,南京政府教育部高等视察员称"省立工业学院进步奇速""该院魏元光院长努力精神,致全力于学校,以图进展,实足钦佩"。1936年南京政府奖励他三个月的薪俸,计1260元银。魏元光将全部奖金作为工业学院奖学基金,用年息奖励学生中操行优秀、英文和国文成绩突出者。

中华人民共和国成立后,曾任平原省(后改河南省)师范学院筹委会秘书长、化学教授兼总务长等职,并当选为平原省政府委员、平原省政协副主席、省科学普及协会副主席等。

魏元光的业绩曾载入英国剑桥国际传略中心编辑的《国际名人录》(1948年版)。

魏元光于1958年10月逝世。

河北省立工业专门学校在历届掌校人的精心努力下,日进有功,办学特色鲜明,"一时人才辈出",当时被誉为"培养工业人才之模范学府"。

第二章　革故鼎新　寻路中国

第一节　北平大学区河北省立工业学院

一、大学院制与大学区制

1927年4月18日，国民政府在南京成立。4月25日，国府召开第二次常委会议，议决任命蔡元培、李石曾等为中央教育行政委员会委员。6月6日，蔡元培在中政会第102次会议上，呈请变更教育行政制度。6月12日，国民政府训令在粤、浙、苏三省试行大学区，每区设国立大学一所，以大学校长综理生区一切学术与教育行政事务。

除了安排大学区来指导教育外，蔡元培还计划建立一个强有力的中央组织——大学院。大学院为全国最高学术机关，总揽全国学术与教育行政事宜；大学院设院长一人，总理全院事务。下设秘书处、教育行政处、国立学术机关及各种专门委员会等。大学院有三个特点："一、学术与教育并重，以大学院为全国最高学术教育机关；二、院长制与委员制并用，以院长负行政全责，以大学委员会负议事及计划之责；三、计划与实行并进，设中央研究院，实行科学研究。设劳动大学，提倡劳动教育。设音乐院、艺术院，实行美化教育。"

二、北平大学区河北省立工业学院

1927年7月8日，国府令江苏省教育厅裁撤。7月9日，江苏省大学区正式开始办公。省内的东南大学、河海工科大学、上海商科大学、江苏法政大学等九所学校合并，改称为"国立第四中山大学"，张乃燕为校长。浙江大学区在1927年8月1日成立。它是将浙江公立工业专门学校、农业专门学校等改组为"国立第三中山大学"。1928年底,北平试行大学区制,所以前后共有浙江、江苏、北平三个大学区。

1928年9月,"北平大学区"设立,河北、热河两省及北平、天津两特别市。河北省的高等学校隶属于北平大学区:河北省立工业专门学校改为北平大学区河北省立工业学院。

1929年5月25日,《北平大学区教育旬刊》刊登院长魏元光呈文:

为呈报工业学院学级改组办法恳请批示祗遵,以便进行招生事宜。职院前奉钧院第一零九二号训令附发改进河北省高等教育计划原案内开,拟改河北省立工业专门学校为北平大学区河北省立劳工学校,专造就河北省实用人才,就原有应用化学科改为化学制造学系,原有机械科改为机电工程学系,增设市政水利工程学系。又审查报告内开天津河北省立工业专门学校名称拟改为北平大学区河北省立工业学院,所设各系应先就原有各科扩充整理,其他各系应否增设由北平大学区教育行政院酌定,各等因奉此遵将学籍改组办法分别列举。

(一)学系将原有应用化学科改为化学制造学系,原有机械科改为机电工程学习,增设市政水利工程学系。

(二)年级原有专门部至现有之化学机械两本科学生毕业为止,学院预科第一班于假后升为第二年级,至明年暑假分升化学制造及机电工程两学系各一班。今年暑假再招收预科两班为学院预科,第二、第三班预科于二十年暑假后分升化学制造、机电工程及市政水利工程各学系各一班,此项学级改组办法是否可行理合备文呈报赴乞。

鉴核批示。俾便定期招生,至经费预算一俟编制竣事,再行呈报。谨呈。

北平大学区教育行政院校长李

　　副校长李

　　　　北平大学区河北省立工业学院院长魏元光谨呈

　　　　　　中华民国十八年五月二十五日

鉴于江苏中央、北平两大学区反对新制运动的激烈,1929年6月,南京国民政府决定停止实行大学区制。北平大学区于1929年7月1日停止,浙江大学区于7月30日停止,江苏中央大学区于9月初停止。大学区制施行先后两年,至此以一项失败的试验而告终。

第二节　河北省立工业学院

一、升格为河北省立工业学院

1929 年 5 月，河北省立工业专门学校奉令升为学院，定名河北省立工业学院，原河北省立工业专门学校的校长魏元光任工业学院院长。

河北省立工业学院大门

升格为学院后，学院编订了组织大纲和办事总则，并根据组织大纲改组内部，设秘书处、各系科及文书、注册、事务、斋务、图书仪器五课，与合作之中，区分权限，以专责成。并组织院务会议，财政审计委员会及教务、总务、辅导、出版招生、体育、营业监理各项委员会，以收集思广益之效。

组织大纲

第一条　本院由院长综理一切院务，其应行讨论事项召集会议处理之。

第二条　本院设秘书处，置秘书一人，事务员及书记若干人，由院长分别聘委之。

第三条　本院现设化学制造学系、机电工程学系、市政水利工程学系及高中工

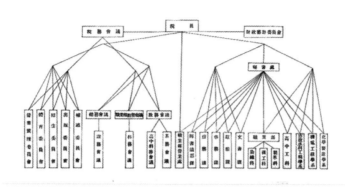

本院组织系统表

1931年《工业学院一览》中的《本院组织系统表》

科,并设职业部,暂分制革、机工、染织三科,关于教务进行,各系及高中各科各置主任一人。职业部另组织职业部教务委员会,其委员由院长聘请之。

第四条　本院关于事务进行,暂设文书、注册、事务、斋物及图书仪器五课,各置主任一人,事务员及书记若干人,由院长分别聘委之。

第五条　本院设职业部营业处,其组织办法另订之。

第六条　本院设下列各会议:

(甲)院务会议　由院长召集,以院长秘书各主任及职业部教务委员会主席组织之。开会时,院长为主席,文书课主任为记录;如院长不能出席,由秘书代理,遇必要时,得邀请其他教职员列席。

(乙)教务会议　由院长召集,以院长秘书及系科主任及注册科主任组织之。开会时,院长为主席,注册主任为记录;如院长不能出席,由秘书代理,遇必要时,得邀请其他教职员出席。

(丙)系务及科务会议　由各该系科主任召集之,以各该系科主任及教职员组织之。

(丁)职业部教务会议　由院长函聘与职业部有关之教职员组织之,职业部教务委员会委员中互推主席一人,记录一人。每科专员一人,开会时由主席召集,如因故不能召集,由院长代理,遇有必要时,得邀请其他教职员出席。

(戊)职业部科务会议　由该系科专员召集之,以各系科专员及教职员组织之。

(己)总务会议　由院长召集,以院长秘书及各部课主任组织之。开会时,院长为主席,文书课主任为记录;如院长不能出席,由秘书代理,遇有必要时,得邀请其他教职员列席。

(庚)课务会议　由各该课主任召集之,以各该课主任及事务员组织之。

第七条　本院暂设财政、审计、辅导、出版、招生、体育及营业监理各项委员会，其组织办法另定之。

第八条　本院办事总则及各部办事规则另定之。

第九条　本大纲如有未尽事宜，得开院务会议修正并呈请备案。

第十条　本大纲于呈准备案后施行。

二、学院规则

河北省立工业学院从建院始就管理更加规范，制度更加健全，使学院朝着名校、强校方向发展。1929年5月升为学院后，随即制定并颁布了《河北省立工业学院规则》，随后几年，又不断调整完善。内容包括：《系科办事规则》《秘书处办事规则》《职员办公规程》《文书课办事规则》《注册课办事规则》《图书仪器课办事规则》《会议规程》《奖励规程》《惩戒规程》《教学规则》《宿舍规则》《食堂规则》《各厂规则》等30多项目，其中《学则纲要》涉及学年、学期、休假日、学分、成绩考查、操行成绩考查、学业成绩、学期成绩、请假、入学、退学、休学等。操行成绩包括：气质、智力、意志、容仪、动作、言语等。

（一）办事总则

第一章　宗旨

第一条　本院遵照三民主义及教育部颁行条例，以研究工业学术，养成工业人才，指导工业进步为宗旨。

第二章　职务

第二条　院长宗理一切院务。

第三条　秘书处由秘书商承院长领率股长员司办理。该处事宜，职务如下：

（甲）襄助院长办理本院教务、总务事宜。

（乙）院长不在院时，得代表院长召集各项会议。

（丙）公布并执行各项会议，议决关于秘书处事项；但有特别规定者，不在此限。

（丁）办理教程注册事项。

（戊）办理本院统计及出版事项。

（己）办理学生实习参观及职业介绍等事项。

（庚）审核并办理学生请求或建议事项。

(辛)凡不属于各部职务,而有关于全院进行性质者,由本院处理。

第四条　各学系科主任商承院长办理各该系科室其职务如下:

(甲)计划该系科之改进。

(乙)计划各门课程之进度。

(丙)采定教材课本。

(丁)考察教员授课情形。

(戊)商定教员之延聘及解约。

(己)介绍新教员到校事项。

(庚)关于教务上与教员接洽事项。

(辛)指导并监督各系科工厂试验室进行事项。

(壬)监察学生之学业操行事项。

(癸)召集并主持各该系务、科务会议。

第五条　各课主任商承院长领率员司办理各该课事宜。

第一项　文书课之职务列下:

(甲)办理收发文件。

(乙)承拟各项文件。

(丙)缮写宣布本院布告。

(丁)记录教职员司进退事项。

(戊)记载校务日录及开会事项。

(己)保存各种卷宗及函件。

(庚)编制本课各项统计。

(辛)襄办系科及其他处课部关于文书事项。

第二项　事务课之职务,分庶务、会计,如下:

(甲)公布并执行各项会议,议决关于事务课事项,但有特别规定者,不在此限。

(乙)关于庶务者:

(一)登记本院各种资产及保存各种资产之簿据。

(二)掌理院舍、院具之购置、整理、保管、修缮。

(三)管理并考核校工之勤惰。

(四)稽查门禁及院内消防。

(五)管理全院卫生事宜。

(六)管理无专属之各项储藏室。

（七）相助各部杂务。

（八）编制本课各项统计。

（丙）属于会计者：

（一）经理银钱出纳、登记，并保存关于银钱出纳之一切凭单簿据。

（二）保管一切现款及有价证券。

（三）编制预算决算。

（四）编制各项报销及报告表册。

第三项　斋务课之职务列下：

（甲）公布并执行各项会议，议决关于斋物课事项。但有特别规定者，不在此限。

（乙）指导学生课外作业。

（丙）编订学生住室。

（丁）管理斋舍内秩序及卫生。

（戊）管理斋舍内一切安全事宜。

（己）指导学生一切行动。

（庚）管理校工及工徒之宿舍清洁秩序等事项。

（辛）商同事务课办理斋内斋舍内应有设备修缮及修理事项。

（壬）襄理学生入学、出学、上班、请假、休学、退学、疾病诊疗事项。

（癸）管理讲室、食堂、浴室、养病室、盥洗室、休息室、延接室之秩序及卫生。

第四项　图书课职务分图书及讲义、制图，如下：

（甲）公布并执行各项会议，议决关于图书课事务，但有特别规定者，不在此限。

（乙）属于图书者：

（一）管理并保存本院所有图书杂志及报纸。

（二）执行并公布图书购置委员会决议事项。

（三）编订各种书目。

（四）征集国内外图书目录。

（五）经理图书借阅事务。

（六）管理图书室之秩序与清洁。

（七）编制本馆各项统计。

（丙）属于讲义及制图者：

（一）办理讲义缮印、收发、保存及统计事项。

（二）办理制图之绘晒、印制、收发、保存及统计事项。

（三）管理讲义及制图应用之各项器具。

第六条　体育部由主任商承院长领率助理员掌理并计划全院师生体育事宜。其职务如下：

（甲）执行体育委员会议决交办事件。

（乙）指导学生办理各种体育事宜。

（丙）办理体格检查、晨操及课外运动等事项。

（丁）协同国术教师计划本院之国术训练事宜。

第三章　会议

本院应行讨论事宜、事项，由左列各会议公决之。

（甲）院务会议——讨论本院重要事项，其职权如下：

（一）审议各部预算。

（二）审议本院系课增减。

（三）审议或追认学生重要赏罚事项。

（四）审议本院各部组织事项。

（五）审定并修正各项规则。

（六）审议本院对内对外一切重要事项。

（乙）教务会议——讨论关于各系科公同之教务事项，其职权如下：

（一）商定各种试验之举行及时间。

（二）商定关于成绩考察法之实施及变更。

（三）审查学生各项成绩，决定每学年中学生之升级、留级、退学及毕业事项。

（四）审议其他教务事项。

（丙）系务会议——讨论各系之教务事项，其职权如下：

（一）关于本学期设备之建议。

（二）编制本学系之预算。

（三）关于本学系学生考试之执行。

（四）审查本学系学生学业操行、成绩及毕业事项。

（五）审查本学系课程及其他应行改进事项。

（丁）科务会议——本会议职务与系务会会议同。

（戊）职业部教务会议——讨论关于职业部教务事项，其职权如下：

（一）拟定本部教育方针。

（二）规定各科课程及教材。

（三）改进各科教学方法。

（四）规定学业试验办法。

（五）拟定学生学业上之奖惩标准。

（六）商定课外作业办法及组织各种学科研究会。

（七）讨论本部教务上之重要购置及设备。

（八）审查其他关于本部教务上之重要事项。

（己）职业部科务会议——本会议职务与系务会议同。

（庚）总务会议——讨论关于各课共同之事项，其职权如下：

（一）审议本院事务上进行方针及重要事项。但有特别规定者，不在此限。

（二）审议各课应行协同办理事项。

（三）审议各课设备扩充计划等事项审议。

（四）提出院务会议议案。

（辛）课务会议——讨论各课之事务、事项，其职权如下：

（一）审议各本课应行进行事项。

（二）审议各本课之预算或统计事项。

（三）审议各本课提出院务、总务会议议案。

（四）如与其他一课或多课有联席开会，必要时商承院长或由秘书召集之。

第四章　委员会

第八条　本院为襄助院务进行起见，暂设下列各项委员会。

（甲）财政审计委员会

（乙）辅导委员会

（丙）出版委员会

（丁）招生委员会

（戊）体育委员会

（己）图书购置委员会

（庚）营业监理委员会

第五章　附则

第九条　各部办事规则另订之。

第十条　各会议规程另订之。

第十一条　各项委员会规程另订之。

第十二条　各项管理规则另订之。

第十三条　本总则如有未尽事宜,得由院务会议修正并呈请备案。

第十四条　本总则于呈准备案后施行。

(二) 学则纲要

第一节　学年　学期　休业日

第一条　学年自每年八月一日起至翌年七月三十一日终。

第二条　一学年分为二学期:以八月一日至翌年一月三十一日为第一学期;二月一日至七月三十一日为第二学期。

第三条　休业日除日曜外,为暑假七十日、年假三日、寒假十四日、春假七日,孔子诞生纪念日、国庆纪念日、总理诞辰纪念日、成立纪念日、总理逝世纪念日、革命先烈纪念日、革命政府成立纪念日、国民革命军誓师纪念日及本院纪念日各一日,制订校历公布之。如上课休业日有变更时,另行公布之。

第二节　学分

第四条　本院各学科均采用学分制,每周讲授一小时满一学期者,为一学分;制图试验或实修每周上课一小时满一学期者,为半学分。

第五条　每学年学科学分,另表定之。

第六条　所有应修学分数目,必须学足及格,方准毕业。

第三节　成绩考查

(甲)操行成绩

第七条　学生操行分心性、行为两项:

(一)关于心性者,气质、智力、意志等项。

（二）关于行为者,容仪、动作、言语等项。

第八条　评定操行成绩分甲、乙、丙、丁四等,以百分为满分。八十分以上者为甲等,七十分以上者为乙等,六十分以上者为丙等,不满六十分者为丁等。丙等以上者为及格,列丁等者得开除学籍或停止其升级及毕业。

第九条　斋务课评定操行成绩办法如下：

（一）根据注册股缺课、旷课报告单给予分数。

（子）无缺无旷者,九十至一百。

（丑）有缺无旷者,八十至八十九。

（寅）旷课由一小时至十小时者,七十至七十九。

（卯）旷课由十一小时至二十小时者,六十至六十九。

（辰）旷课在二十小时以上者,五十九分以下。

（二）根据下列各项加减之。

（子）各教职员操行报告。

（丑）本课平日考察实况。

（寅）功过牌示。

（卯）偶发重大事件。

1. 主动者。

2. 被动者。

3. 盲从者。

第十条　每大过一次减三十分,小过一次减十分。

第十一条　学年操行成绩为两学期操行成绩之平均数。

第十二条　毕业操行成绩为各学年操行成绩平均数。

第十三条　操行成绩按学年发表之。

第十四条　操行学业成绩均列甲等者,按照奖规程办理之。

（乙）学业成绩

第十五条　学生所习各学科之成绩,以试验方法及实习成绩考察之。

第十六条　试验分学期毕业。临时入学编级五种：前三种由教务会议规定之,后二种由招生委员会举行之。

第十七条　学生有违背试验规则者,其试验成绩作为无效或酌减其分数。

第十八条　评定学业成绩分甲、乙、丙、丁四等,以百分为满分。八十分以上者为甲等,七十分以上者为乙等,六十分以上者为丙等,不满六十分者为丁等,丙等以上者为及格。

第十九条　一学年内每学科两学期之平均成绩如及格,则两学期均给以学分;否则均不给学分。

第二十条　学年成绩主要课程两门不及格时,须重习;一门不及格时,得于下学年开学后一周内补试,如仍不及格,须重习。

第廿一条　各系科学生学年成绩有次要课程不及格时,得于下学年开学后一周内补试,如仍不及格,须重习。

(一)各系学生成绩在第二学年终,作中程结束一次。凡前二年内课程有不及格者,均须重习;及格后,方准升级。其后二年内课程有不及格者,均须重习,及格后方准毕业。

(二)职业部各科学生重习仍不及格者,令其退学。

第廿二条　重习生之及格课程,若经该系科主任许可,得于可能范围内随高年级上课,但应行中程结束者不在此例。

(一)重习科目须按照重习所在班级规定钟点完全重习,不得减少。

(二)学高年级课程时间如有一小时与重习时间冲突时,即不得令其续学。

第廿三条　各系科学科性质主要次要,另表定之。

第廿四条　凡临时考试缺考者,该成绩以零分计算。

第廿五条　凡期考不及格者,除本学期应行结束课程外,概不准补考。但在期考定期内,学生因不得已事故,有确实证明经斋务课主任准假缺考者,得于下学期开学后予以补试。

第廿六条　每学期开学后,应行补考学生逾规定补考日期来院请求补考者,每门程须纳补考费3元;在未补前,非经许可不准上课。

第廿七条　凡因缺考而补考者,其成绩按八折计算;因考试不及格而重考者,其成绩不予折扣。

第廿八条　一学期内学生于某学科上课时间缺席在四分之一以上者,该学科考试成绩按八折计算。

第廿九条　学期成绩依下法评定之。

(一)每学科之成绩以平时试验或平日积分(如绘图笔记、演题、实习报告、作文等)及学期试验平均计算为准;其有勿须学期试验课程,即以平时试验或平日积分为准,但须由系科主任或系务科务会议规定之。

(二)每学科之分数与该学科学分相乘,其各所乘得者之总数以学分之总数除之,所得之数为各学科之平均成绩。

第三十条　学年成绩合计上下两学期各学科之平均成绩,以所得半均分数定之。

第卅一条　各系科毕业成绩,以各学年之总平均分数定之。

第卅二条　有课程未及格,其分数相差不及十分之一,而操行列乙等以上者,得升级或毕业,但以次要课程两门为限。

第卅三条　本系学生在第四学年内,应各就所学范围选择论题。经本系主任审查后,作毕业论文一篇。

第卅四条　凡在本系修业期满,各科成绩及格,其毕业论文并经教务会议审查合格后,授予工学士学位。

第四节　请假

第卅五条　学生因故请假,须至斋务课声明事由,经斋务主任核准后方为有效。

第卅六条　学生请假离校在一日以上者,须有家长或保证人之证明书或医士之诊断书。

第卅七条　请假后不能如期销假,须来函续假。

第卅八条　请假在一周以上者,须先得本系科主任之许可,再至斋务课请假。每三十小时,应减该学期学业平均成绩一分;不满或超过三十小时者,按时计扣。

第卅九条　凡未请假而缺席者,以旷课论。每旷一小时,以缺席两小时计算,并扣操行分数。

第四十条　学生有下列情形之一而请假者,得酌给假期不扣分数。但其缺席日数,不得逾本学期授课时间五分之一(以三星期为限)。

(一)重病,经医生证明,由斋务主任核准者。

(二)父母近亲丧假,有家长或保证人之证明由斋务主任准者。

(三)因公请假,由斋务主任核准者。

第四十一条　在考期内不准请假,如确实因病,经校医证明;或不得已事故,经系科主任许可者,得准请假。

第五节　入学　退学　休学

第四十二条　考试录取之学生,于开学前三日来院领取保证书,寻觅在津有永久职业之保证人填具保证书,限于入学前缴院(入学须知第二条)。

第四十三条　考取各生应于开学前到院,设因事不能如期到院者,应于开学前来信告假,但以七日为限,否则降名(入学须知第三条)。

第四十四条　凡学生来院时,应于交保证书及志愿书后,先到事务课将各费缴纳,到斋务课报到、指定宿舍,再到注册股注册,以便上课。

第四十五条　学生因事退学,须由家长或保证人来函叙明理由,经院长核准酌予证明书。

第四十六条　学生犯《惩戒规程》第七条各项之一者,令其退学。

第四十七条　一学期内学生请假逾授课时间三分之一(按授课时间四十日计算),得令其休学,候至下学年归入相当班级肄业。

第四十八条　学生无论自请休学或令其休学,只许一次。其休学时间,以一学年为限。

第四十九条　受休学许可之学生,在休学期内,因休学原因消灭而请求续学时,其缺席时间未逾本学期授课时间三分之一者,得呈请院长之许可,仍归原班肄业,但缺席时数,以请假论。

第五十条　凡自请退学学生而欲复学者,须缴纳复学金五十元(一次交足)方准复学,但以退学日期未逾一学年为限。

第五十一条　凡续学复学学生,均须于学年开始时入学受课。

第六节　费用

第五十二条　本科全年学费二十五元、宿费十元;高中工科全年学费二十元、宿费十五元;高职各科全年学费十元、宿费十元(女生因无宿舍,一律通学,暂免宿费)。

第五十三条　校友会全年会费一元,体育费全年二元。

以上各项均分两期于入学时缴纳,一经缴纳概不退还。

第五十四条　操衣费约十二元,新生于入学时缴足。

第五十五条　本科工厂服费四元、实验保证费(如损坏工厂物品,应按价赔偿;无者退还)每学期五元;高中工科二年级实验保证费每学期二元;高职各科工厂服费四元、实验保证费每学期二元。

以上各项均于入学时缴足,候学期终核算,不足补纳,有余退还,讲义费暂免。其余各费,概归自理。

上开费用有变更时,另行公布之。

（三）辅导大纲

第一章　原则

一、本着三民主义,培养党国忠诚分子。

二、本着新教育的意义,促进德智体群四育之发展。

三、本着本院宗旨,养成工业人才。

第二章　实施的方针

一、思想方面——系统化

甲　以科学的方法养成清晰与正确的头脑。

乙　根据三民主义坚定自己的信仰。

丙　根据实业计划确定自己的趋向。

二、精神方面——革命化

甲　要养成社会奋斗牺牲的精神。

乙　要养成亲爱精诚的精神。

丙　要养成光明磊落的精神。

丁　要养成热心公益的精神。

戊　要养成分工合作的精神。

三、行动方面——纪律化

甲　要养成庄重稳健的态度。

乙　要养成克己自治的习惯。

丙　要养成有理性、有礼节的言语行动。

丁　要养成遵守公共规律的习惯。

四、工作方面——劳动化

甲　要养成勤苦耐劳的习惯。

乙　要养成实地工作的习惯。

五、生活方面——平民化

甲　要养成俭朴的习惯。

乙　要养成团体生活的习惯。

丙　要养成清洁卫生的习惯。

六、兴趣方面——艺术化

甲　选择高尚的艺术,救济陷溺人生的嗜欲。

乙　以爱美的观念,培养良善的兴趣。

七、体力方面——健全化

甲　培养精气神,以作强身基础。

乙　锻炼体格,养成健壮国民。

第三章　实施的方法

一、个别辅导

甲　就学生行为的表现,随时予以指导或纠正。

乙　施行个别谈话,考察学生已往的环境,以辅导其思想。

二、团体辅导

甲　总理纪念周:

遵照中央条例于每周星期一上午举行,作党务、政治、院务报告,使学生认识时事变迁,坚定革命的信仰。

乙　班级集会:

将各班级分为若干组,每周按规定时间召集谈话一次,由辅导委员轮流讲演。

丙　室长集会:

每月由斋务课负责召集室长谈话一次。

丁　组织会社:

辅导学生组织各种学术游艺运动等团体,发展德智体群四育。

戊　课外讲演:

聘请各界名流、工业专家讲演,俾增常识。

(四) 其他各项规则

此外,还有《秘书处办事细则》《系科主任及教员职务规则》《职员办公规则》《文书科办事细则》《事务科办事细则》《斋务科办事细则》《图书科办事细则》《会议规程》《机械厂厂务会议规程》《财政审计委员会规程》《辅导委员会规程》《辅导大纲》《出版委员会规程》《招生委员会规程》等。

三、招生规模

从 1914 年(民国三年),到 1928 年(民国十七年),招生规模曾从波峰跌至低谷,从 1929 年(民国十八年)学校升本后,到 1934 年(民国二十三年),招生规模有了大幅提高。

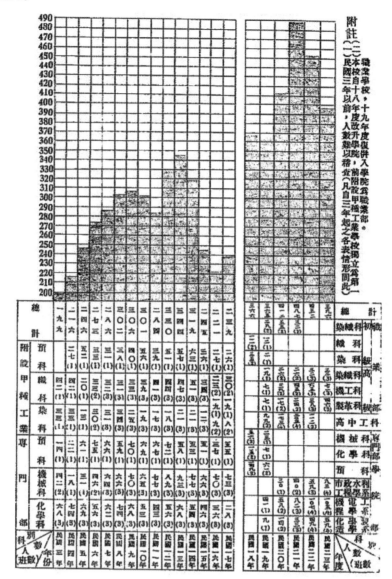

历年学生班级人数比例图表（摘自《河北省立工业学院一览》）

值得一提的是，1931 年 8 月，原预科 61 名学生毕业，升入化学制造、机电工程及市政水利各系。东北大学学生流亡关内，南京政府教育部令学院接收 10 名转学生，其中有一名女生于滋潭，转入化学制造学系一年级借读，这是学院历史上第一名女大学生。

于滋潭（1914—1987）女，别号清源。1914年生于山东牟平。1935年毕业于河北省立工业学院化学制造学系，随即赴美留学，获美国伊利诺大学、密西根大学硕士学位。1939年任西北工学院、西昌技艺专科学校教授。1946年1月始任西北大学教授。中华人民共和国成立后，历任全国政协第二、三、四、五、六届委员。1987年病逝于北京。译著有《制浆造纸化学工艺学》(J. P. Casey 原著)。

于滋潭

四、各系科采用学分制

1934年，学校各本科专业和高职专业均采用学分制。

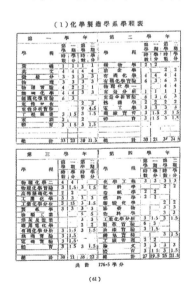

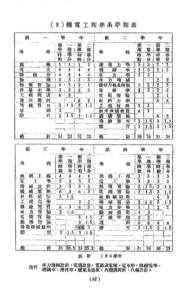

名系科学程表(1)（摘自《河北省立工业学院一览》）

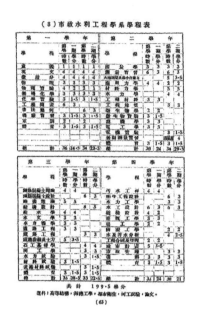

名系科学程表(2)（摘自《河北省立工业学院一览》）

五、毕业生遍布教、工、商、政、军

学校毕业生人数随着学校规模变化而变化，毕业生职业遍布教育、工业、交通、商业、矿业、军警、政界。此外，亦有毕业生留学深造。

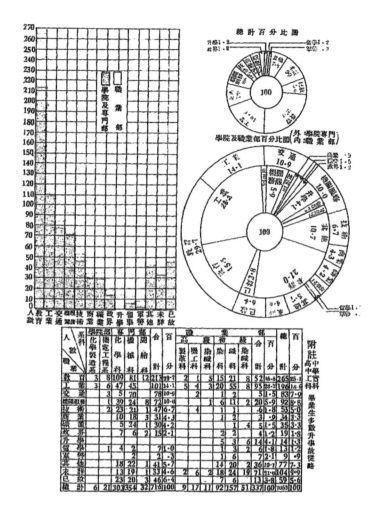

历史各科毕业生职业比较图表（摘自《河北省立工业学院一览》）

六、师资国际化程度高

当时在任的教师，除国内大学毕业者外，英、法、德、美、日留学归来的不占少数。此举意在集合各国各校的教育之长，以求适合本国而且实用的中国式工业教育。自学校成立至1930年的278名教职员（事务员不在统计范围内）学历统计，国内学校毕业的122人，其余均来自国外知名学府。其中，日本77人，美国51人，英国8人，德国4人，法国2人，荷兰、奥地利各1人，还有12人未详。

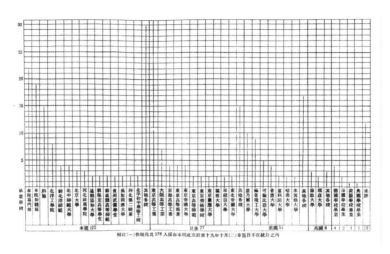

历年教职员学历统计表（摘自《河北省立工业学院一览》）

七、实验、实习、生产条件完备

（一）实验室

实验室有化学馆、热机实验室、电机实验室、材料试验室、道路工程试验室、测量室、物理仪器室等。

微生物实验室

微生物实验室

电机实验室外景

电机实验室外景

学生电机实验　　　　　　　电机实验内景

化学馆

学馆可分七部——办公室,教授预备室,研究室,药品及发给室,仪器储藏室,教室及试验室。

研究室有二,教授研究室及助教研究室。

关于储存药品,现存无机药品二百八十余种,有机药品二百余种。仪器统计约三百种。

教室有二,大者可容学生九十九人,小者可容学生二十人。

试验室可分三部,普通试验室、特用仪器试验室及专用室。

(一)普通试验室有五,大试验室,中试验室,小试验室,工业化学分析室及有机分析室。

(甲)大试验室可容学生八十八人,现作化学系二年级普通有机试验,定量分析,及市政水利系一年级定量分析用。

(乙)中试验室可容学生四十四人,现作化学系一年级定性分析用。备有试验桌九。

(丙)小试验室可容学生二十四人,现作机电系三年级工程化学试验用。

(丁)工业化学分析室可容学生二十二人,作化学系四年级工业分析及论文研究用。

(戊)有机分析室可容学生二十二人,为化学系三年级有机分析,兼作工业分析用。

(二)特用仪器试验室有四,物理化学试验室、燃料气体分析室、钢铁油类分析室,及微生物试验室。

物理化学试验室,作化学系三年级物理化学试验用。燃料气体分析室,作化学系三年级及四年级工业分析用。钢铁油类分析室,作化学系三年级及四年级工业分析用。微生物试验室,可容学生十二人,为市政水利学系学生微生物试验水分析而设。

(三)特用室有三,天秤室,燃烧室及暗室。

热机实验室

本实验室专供各系学生作各种热机实验之用,内分四部：

(甲)蒸汽机关

(乙)内燃机关

(丙)其他辅助试验机械

(丁)仪器

电机实验室

本实验室,专为学生实验直流与交流电机之学理和应用。

材料试验室

本试验室之目的,训练学生对于工程材料各种性质之认识,试验技术之练习,工程材料之搜求,专门问题之探讨。设备方面限于工程材料,如钢铁、木材、洋灰、三合土、砖等之试验均可担任。至于石砾、沥青等之试验,均由本系道路工程试验室担任之。

道路工程试验室

(甲)本试验室之目的,在研究筑路及养路各种材料之性质、应用,及供给学生实习外,并与外界联合,代其试验各种筑路材料。

(乙)本试验室之设备,因试验材料种类之不同,暂分二类：

(一)沥青材料试验类；

(二)石料试验类。

本室试验之仪器,除沥青材料试验类之仪器购自外洋外,余如石料试验机械,均由本院机械工厂承造。

测量室

本系测量一门包含:平面测量、高等测量,暑期中作地形及大地测量、水文测量及铁路、道路定线实习等。

物理仪器室

本室居本院东楼下,两半部共八间,地面广阔2560平方丈,分为两大部分：

(甲)物理仪器室位于北,占本室大小四分之一,面积640平方尺。

(乙)物理实验室位于南,占本室大小四分之三,面积1920平方尺。

(一)仪器部内分为两部：

1.仪器部　此部仪器分力学、声学、光学、热学、磁学、工具等类,按类存置仪器柜中。

2.收发部　此部为学生实验时发给应用物品,试验完毕时收回所发物品之处。

(二)实验室内分为三部:

1.热力声学实验室　此室占本室全面积八分之三,内设试验桌九张,各备一组试验,若每组试验五人时,同时可容四十五人。所有力学、声学、热学诸试验均在此工作。

2.电机实验室　此室内设试验桌三张,各备一组试验,每组人数以五人计,同时可容十五人。凡磁电试验专任工作,还有全套电波测定器及转镜电流计之设备。

3.光电实验室　此室内设试验桌五张,各备一组试验,同时可供二十五人试验之用。

(二)工厂

工厂包括化学厂、机械厂、制革厂、色染厂、机织厂等,均承担学生实习、科学实验、生产产品等任务。

机械工厂车工部

化学厂分析室

锻工厂铸工厂外景

铸工厂

色染工厂之一部

制革分析室

铸工厂

化学厂

本院自民国十六七年间，即有化学厂。惟当时面积狭小，附属于化学试验室。自改升学院以来，颇感关于洋灰油类各工业，于华北有研究之必要，故于民二十三年暑假期间，建立化学工厂，以备研究。本厂大别分两部，兹将各部设置概况分述如下：

（甲）洋灰试验室。本室计分二部：制造部、试验部。

（乙）油类试验室。本室计分三部：精油部、造胰部、油漆部。

机械厂

机械厂自民国二十年迁移于分院以来，历时三载有半，其中前部自迁移至二十二年中之改革变迁，已详述于二十二年本院出版之一览中。而最近之二年中，除实习按序进行外，最大部分多努力于机器制造。机器制造之主因，要不外下列数端：

（一）学生实习，本为规定课程，时间有限，对于课程外之工作经验，除参观与暑假实习外，很少与制造者接近之机会。故厂中利用课余之暇，制造应用机械，以便于学生以学作兼收之效。

（二）吾国机械业者向来仰给外货，每年之漏卮不资，近来虽各地设厂制造，但多欠精确，本院为研究工业学府，拟在精确机械上，略事努力，以资提倡。

（三）本院自增加学系以来，各厂室应添机械甚多，在可能范围内一切应用机械，概由本厂制造，对于经济一方不无小补。故于此期中已经完成材料试验室机械十三架、洋灰室机械三架、制革厂机械二架、本厂机械四十架及厂室试验用具多种，此近二年来致力于机械制造之情形也。又本院于本年三月间奉令将河北农具改良制造所全部移交本院，现已接收完毕，正事按装，将来常以一部分力量致力于农具之改良，以便救济农村。兹将本厂各部工具设备略述如下：木工厂、翻砂部、锻工厂、锉工部、机械部。

制革厂

本院原有之制革工厂，建于民国三年，因旧有之大饭厅而改建之，估面积十六方丈，内部设备有电动机，轧光机，磨里机各一部，小转鼓二，小半圆槽二，其余如浸水槽，浸灰槽，及各种工具等亦应有尽有，不过具体而微耳。以之为试验则有余，以之经营工厂的模型则似不足。本校自改院以来，鉴于社会的需要，非有实地经验的人才，不足供社会之求。乃于廿年夏建新厂于旧厂之西，新旧连接，共估地四十八方丈，添购机械，增加设备，且设分析室于厂内，是不特便于装造，亦便于事理上研究也。二十三年夏复行扩充，将原分析室改作研究室，而在预备室之南端，另开分析室及物理性试验部分。共估面积约 162 方公尺,较前宽阔约四分之一,可容三班学生同时试验。前事务室改作皮件工作室,与事务室衔接颇近,俾便管理。

(一)设备　厂中除办公室及分析室外,依工作程序共分五部,各部设置于可能范围内,力求其合理化。兹将各部设置概述如下。

1. 预备工程室

凡浸软、浸灰、脱毛、刨里、脱灰、浸酸、络糕、染色及加脂等工程,俱在此室举行。

2. 涩鞣室

即植物鞣革部分,凡植物单宁之浸溶及植物鞣革之各步工程,均在此室行之。

3. 整理室

各种皮革经过预备及施鞣工作后,即在此室实行整理工作,如刮塞、磨里、轧光、印纹、施柔、辗平、喷染等工程。

4. 干燥室

此室内设有悬皮架,及暖汽装置各一组,并有温度计、湿度计、通风装置等,以节制空气之流通与温度湿度之调理。

5. 锅炉室

装有卧式锅炉一具,凡本厂所用之蒸汽,皆由此供给之。

此外,分析室内设有天秤台,分析桌,毒气箱,试药架,标本架,自来水管,自来火管,蒸汽管,摇荡机,皮革强度、伸度试验机,水温器等。凡各部制革工程关于化学上的一切处理,如铬揉液盐基度酸度之检定、单宁酸度之考查、用水硬度之检定、石灰槽溶解皮质涵量之检定,均在此室行之。他如各种应用材料药品的分析,检定其有效成分及性置,评定其价格,以公诸制革业及关心实业者之参考。

(二)原料　本厂所用原料,除就地随时采购外,并由外埠或特产地搜买之。如陕西之山羊皮,鲁东之豚皮,河南之水牛皮,大营之狗皮、兔皮,海产之鱼皮、海豹皮等,亦均会试验。其主要原料仍以本埠之鲜牛皮为大宗。

(三)材料及药品　在可能范围内尽量采用国产者,如所用之碱、盐、盐酸、硫酸、硫化碱等,则系从永利、久大、渤海、得利等厂采买。其他单宁材料则多为埠内门所经售,染料则为德孚洋行经售大德颜料厂出品。近则拟用四川产之五倍子、陕西产之榭树皮、河北产之橡碗子、乌拉叶栗子皮等,以作土产材料之试用。

(四)出品　无论重革、轻革、饰革或毛皮等,为本厂设备所能制造者,均可鞣制。已制出者计有底革、鞋面革、马具革、毛皮等。若以其各别用途言,则有所谓花旗底皮、法兰底皮、芝麻皮、香港皮、球皮、带子皮、箱子皮、手套皮、书面皮、服装皮等。二十一年三月间，又附设皮件制造部，已销售者计有皮鞋、皮球、箱匣、皮带及其他各种皮件，一方以试验本厂皮革出品之性质，藉资改良，一方可以供给一部分的需要，是本厂于实验消耗中，找出生产事业，以符本院生产教育之深意。

（五）副产物　论及制革厂之副产物，中有产量颇多而每为人所忽略者，即皮屑之利用也，本厂利用此种废物制胶，已得有圆满之结果。即以平津而论，制胶厂有二三十处之多，奈其出品均系墨守成法，不知改良，故所制成品多有潮黏、腥臭、色重、质杂等弊。本厂所制者则无味、无臭、色浅透明，绝无夏日反潮之虑，颇适于编草，火柴，及织物整理等之应用。至副产物之牛羊毛，亦曾为制毡织毯之试验，以其多属于机械的工作，故向未为实际之应用。

本厂鉴于制革材料不能自给，动受外国洋行之操纵，名目由其变更，价格任其高低，制革方法因之转移，利权外溢，莫此需甚。如近日盛行之香港皮，颜色鲜明，为社会所欢迎，然遇水即污，易于擦落，不见其真正优点之安在。徒以社会之盲目欢迎，而洋行得施其剥削之手段，今日用甲名，明日改乙称，然究其实不过为一种 Water pigment，即以 pigment 混入一种媒溶剂（Cascin shellac or albumen）中，而涂布于皮面。故本厂除研究制革技术外，尽力搜求国产材料，仿制各种舶来品，以求材料之独立。计已有相当成绩者，为乳油、铬鞣粉等，此油色浅透明，遇水立即溶化成乳白状，对于染料不起作用，颇适于制革、纺织、加工之用，铬鞣粉所含铬素较舶来品有过之而无不及。故本厂现在所用铬粉，皆系自制之成品，尚堪适用。此外如整理用各种棉胶色料（Cellulose Varnishes）仍用德国、美国之输入品，因现在中国各油漆工厂向无此类出品也。

色染厂

本厂自去岁房屋稍加改筑，对于工作及试验较前便利，计厂之大门左二间改为陈列室，右二间为管理室、储存室，而筑料室、试验室均有便门可通。其中设备计将地下泄水沟均改为缸管，并筑有大沟一道，南通厂外渗水井。新添购切布机一架，验尺器一台，谋设备之完善。兹将普通设置及工作概况略述于下：

（一）摇染部　分机械印染，手工印染二种。没有印花机、捣糊料机、印花案子等，关于研究者分印染、刷染、喷染、防染、拔染、腊染、照像染法等。

（二）浸染部　设机械及人工二种。机械部设有染布机，染线机，洗布机，脱毛机等。人工部，有缸锅等具及学生试验之蒸汽箱数十具。试验之物质分棉，毛，丝，麻，人造丝，皮革，纸革，羽毛等。

（三）精练漂白部　设有精练釜,漂白池,酸洗池等。凡精练漂白之各种物品,均依科学方法施以相当之处理。

（四）整理部　设有压光机、喷布机、上浆机、缝纫机、切布机、验尺器,凡漂染后之物品,施以整理工程,使其表面美观而有光润之色相。

（五）锅炉室　设有卧式锅炉一座、电滚子一座,专为供给各部蒸汽及动力之用。

机织厂

本厂建筑于民国九年,颇不适用,故拟于今年暑假期间,按机械装置需要,改建新式工厂。设备方面,力求完备,近年来除本校自己添购电力六回转梭箱提花机一台,新式脚踏机四台及人工大型提花机数台,改造纹雕机二台外,棉业统制委员会,为提倡工业教育起见,又赠丰田换梭式自动织机二台,及阪本换管式自动织机二台,以为学生实习之用。兹将本厂现况略陈如次:

工厂内容:

（一）管理室　收发各种织物原料及机械附属工具等,并司理本厂雇工工作事宜。

（二）原料室　设在管理室里间,储存各种织物原料及实习成品。

（三）陈列室　实习成品较优者陈列于内,以备展览,而资观摩。

（四）制图室　室内张挂各种图案及意匠图,学者由简而繁,逐次练习,以备将来之应用,该室可容三十四人。

（五）储藏室　储藏本厂一切残废剩余物品。

（六）纹雕室　内设纹雕机三台。

（七）主任办公室。

八、《大公报》刊登调查报告

1935年6月12日《大公报》曾刊登对学院的调查报告,称学院"分机电、化学、市政水利三系,课程注重制造技术及实习",报告内容分列如下。

组织概况

属河北省教育厅直辖,院长之下,分设秘书处及教务、事务、斋务三课,及图书馆与体育部。系科方面,分学院及附设高职两部,学院部设机电工程、化学制造、市政水利三系;高职部设机工,制革,染织三科。

经费数目

经常费岁入为207306元(月合17000余元)，高职部另有8600元。教职员现共有110人，内计教员66人(均系授课者)，职员44人。在校学生数，学员部现共有247人，高职部149人。学院部以机电系人数最多，占百分之四十三。市政水利系次之，占百分之三十三。化学系又次之，占百分之二十四。以往毕业人数，专门部及学院部共约六百九十人，中学实科，绘画科共一百七十六人，职业部、初高两级共三百三十七人。毕业学生职业方面之统计，在工业及交通界者占百分之三十六，教育界者占百分之三十，其他各界共占百分之三十四。

课程内容

机化两系，成立自光绪二十八年；惟当时之设备，颇欠完善。近年来因极力充实，已甚可观。市政水利系成立自民二十，其设备正陆续在增置中。课程则多注重于实习及制造技术。计授课时数为百分之三十五。且各工厂及实验室，于规定实习时数之外，均可极度延长，是与对于鼓励学生实习兴趣及予以便利颇多。化学系对于有机制造，工业分析，及化学工程，均甚注重，工场方面则较重于制革，油类及洋灰。机电系多注重机器之设计及制造与各种电机之应用。市政水利系，注意于水利试验，道路材料试验及实地测量。

设备概况

兹所报告之设备，属于机电系者，计有电机实验室，热机实验室，及机械工厂。属于化学系者，计有化学馆，化学工厂及制革工场。属于市政水利系者，计有材料实验室及道路工程试验室。

委托合作

该校近来承各机关合作，对于设备方面尤多进益。水利会及北洋工学院等机关合建之"第一水工试验所"，即建于该校院内。去岁起与棉业统制委员会合作，共同成立纺绩班。纺绩工场，正在建筑中。据谓在暑假前，当可竣工。纺织机械，将该院附设高职部染织科旧有者外，棉业统委会复捐与纺机全部。今春，复承建厅合作，将农具改良制造所之机器，全部迁于该校，以为委托制造改良农具之用。

建筑工程

该校经费虽属十分拮据，但近年来关于设备及建筑，仍能在尽力樽节中年有增设。计二年来新建筑，除制革厂、图书馆、教职员宿舍、学生宿舍，化学馆，化学厂已先后竣工外，现正在建造中者，尚有纺织工厂及水利实验室。谓此两处工竣后，将继续建造办公楼、理化讲室及煤气厂等云。

工厂出品

其所设各种工厂,除为学生实习用外,并均制出品。制革厂有底革,面革,马具革等,并附有皮件部,缝制皮鞋,皮箱,皮球等出售。织染厂则有毛巾,线袜及各种布匹。其机器厂对于工作机及试验机之制造,尤称努力,出品计有车床,钻床,带锯,万能料材试验机,洋灰试验机,皮带伸涨试验机,考利斯引擎,石子各种试验机等,除供自用外,并为出售。

制造意旨

当记者参观其机械工厂时,与管理某君谈及关于制造问题。谓该厂近来致力于机器制造之原因,一为学生实习课程之规定时间,甚为有限,对于课外工作,除参观与假期实习外,甚少与实际制造者接近之机会,故厂中利用课余之暇,从事制造应用机器,以便予学生以学作兼收之效;二为我国所用之各种机械,向来仰给外货,不特漏卮颇巨,且足影响于工业之独立,而国货机器之劣点安在,诚有实际考查纠正之必要;三为该校在该院增系以来,各厂室应添之机器甚多,在可能范围内,一切应用机器,概行自造,是不但在经济方面不无小补,且可增加学生实习之兴趣也云。

扩充计划

一俟设备充实,拟将各系之第四学年,概行分组授课,以期学有专成,机电系之第四年拟分为机械组及电机组。市政水利系拟分为市政组和水利组。化学制造系则就工业化学之门类而分组。关于设备方面,化学系拟增置制革用之片皮机、揉软机,及油漆,油类应用之机器;市政水利系拟设材料陈列室,建筑模型室及新建水利实验室之各种设备。机电系则先从内燃机及电力设备渐次增设,机械厂将购 Grinding 机一架。关于制造方面,将设计制造打浆机,造纸机及化学工程应用之各种机件。于农具方面,则从普通农具,水力机器等入手研究,制出之物品务使合于现时农村之急需及经济条件云。

九、出版《工业周刊》《工业年刊》

1929 年 10 月,学校成立"河北省立工业学院周刊社",筹备出版《工业周刊》。自 10 月第 3 周创刊,至 1937 年 7 月止,共出版 306 期。1947 年 2 月 16 日复刊改为"半月刊",至 1949 年天津解放时,共出版 27 期。

该刊主要刊载有关学院专业方面的会议记录、纪要、学校的学习、教育、文体等内容。该刊栏目众多,主要包括论著、公牍、本院要闻、讲演记录、学生团体生活、译著或转载、校外校友消息、书报介绍、书籍评论、杂俎等。"论著"一栏主要刊载有关工业问题的研究论文和工业技术上的知识。

　　该刊作为河北省立工业学院的校刊，大量发表了学院师生的学术研究、生活动态等文章，不仅加强了师生校友间的学习交流和情感沟通，也对天津工业的研究和发展层面起到了一定的推动作用。

《工业周刊》

1931 年末,学院编辑出版的《工业年刊》第一卷问世。这本综合性刊物,内容有评论、理论科学、技术科学、珍闻、杂俎和专载等 6 个栏目。1932 年"年刊"出版第二期。1933 年,"年刊"改为《河北省立工业学院学报》,为隔年刊。至 1937 年,共出三期,后因抗战而中止。

《工业年刊》(1931 年) 第一期　　《工业年刊》(1932 年) 第二卷

《工业年刊》(第一卷) 序
(1930 年)

查本院曾于民国七年(1918 年)有校友会文艺部刊印校友会杂志一次。(全名为《直隶公立工业专门学校校友会杂志》)第一期出版时,原有续办第二期之意,迄今十有三年未能实现。其中原因,或因经济,或因军事,或因工业作品的困难,或因社会需要的不足。按工业作品与其他文学和社会科学作品不同,必须有精密的研究,实在的试验,绝非可以凭空臆断的。而且现在的中文的科学名词尚未厘定,就着外国文的工业作品翻译,也感觉到许多不容易的地方。若勉强为之,而社会上工业知识未臻发达,也难引起兴趣。现之训政伊始,建设方殷,工业本身的改造,一天一天地紧急;工业刊物的需要,一天一天地迫切。本院负着工业教育的使命,对于工业自应奋勇前驱。一方努力研究,设法改良;一方发表刊物,提倡进步。本院出版委员会有鉴于此,议决发表各项刊物。除已发刊之本院校友录之外,组织大纲、办事规则、工业周刊、本院"一见"、课程规程等外,兹再创办"年刊"。此后并拟编刊"工业丛书",等等。对于发刊,与校友会文艺部合作,共事进行,经大家两月来之努力,乃于 6 月出版。

年刊编辑之始,原有两种概念:第一,当时恐稿件缺少,故先以年为期,希望以后再出其他定期刊物;第二,年刊既为定期刊物,每年至少可出刊一次。现年刊既已出版,甚望本院师生校友继续努力,使此刊物年年不断,名符其实,并使之日益发展,将来,季刊、月刊、旬刊均能次第实现。

　　本刊虽得出版,但事属创举,遗漏失多,尚祈海内贤达,多加指导并予协助。若此刊物能,对建设前途有所贡献,则幸甚矣。

十、成立各种会社

　　学院会社规范有序,学术氛围浓厚,为学生营造了一种良好的人文环境。

学院会社一览表

机电工程学会合影

市政水利工程学会合影　　　　　　音乐会合影

第三节　探寻适合中国实际的工业教育道路

一、把发展新工业、改良旧工业作为工业教育的总目标

魏元光继承并发展了学校各时期"教授高等工业学术,养成工业人才","以发明工业为宗旨"的办学思想,把"发展新工业,改良旧工业作为工业教育的总目标"。

在为《1929年校友录》所作序中,魏元光写道:"欲救吾贫弱之国家,除振兴工业、改良制造之外,宁有他术……"并写诗明志:"誓将忠贞兴工教,普利民生齐前贤。"全文如下:

吾校肇端于清光绪二十八年(1903年),其始曰工艺学堂,继改曰高等工业专门。今春改为工业学院,凡二十有七年矣。以往昔校友继续之努力,乃有今日。不幸,当去年学制变更之际,顿生波折,几被归并。其时,经在校同仁与去校师生奔走呼号,俾垂亡之母校又庆更生。今者,工业学院业已定案,院内之组织,初有规模。凡我同仁,甚堪告慰。而回溯前尘,殊令人有痛定思痛之感也。

然则,校友何为热心以救校也?为己身食息其间耶?为校史久远标榜于众耶?为子侄及戚友后生谋求学之地耶?则应之曰:皆非也。

革命成功,建设伊始,所谓筑路、浚河、开港、制造诸要政,无一不需乎机电,无一不需乎化学;而培养化学、机电人才之处所,反消火于倡言建设之际,此则凡我国人所长虑深思以为不可者也。

且,国人痛帝国主义之横暴也甚矣!日言雪耻,迄无实力。外族掩耳闭目,静坐海外,视吾国之呻吟呼吁,漠然无所动其心,有谋人之心而使人知之,遭其忌而益其暴,国权民族究有何神?!筹之者问会不欲以商战相旋,然无工业制造以盾其后,商战亦空谈耳。由是言之,救吾贫弱之国家,除振兴工业、改良制造之外,宁有他术。将来民族强弱荣辱,民生问题能否解决,胥视国内工业良窳以为断。若然,则吾辈从事工业者,其任大责重也何如。自今以往,惟有力谋发展,期臻上乘,潜心研究,努力制造,则不负社会之期许而应其需求。庶几更生之母校——全国惟一之工业学院,可享荣名于海内也乎。

顷者,重印校友会会员录,不日告成。同人嘱为序以记其事。元光辄以日夜所

警惕者，书之卷端，与吾同志共勉之，文字工拙，匪所论也。

二、学校标识显见"工学"特色

魏元光曾留学美国，担任河北省立工业学院院长之后，竭尽全力去实践他"工业教育救国"的梦想，努力探寻中国式工业教育，并把这一思想体现在当时的校旗和校徽中，显见"工学"特色。

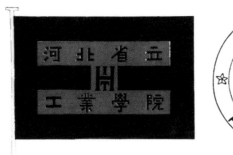

工业学院校旗、校徽

校旗的图案是一个大大的"工"字，其中间英文校名的首字母为"HIT"。校徽也是如此，中间是一个操作台，核心是一个大大的"工"字，操作台上是三本书，三本书脊写着科学与工艺，其上方是一盏燃亮的烛火。左右两个学生，一个手操铁锤，另一个手捧着书本，一个代表工业实践，另一个代表理论学习，充分体现了魏元光院长提倡的手脑并用、教学做合一的工业教育思想。

三、创新提出工业教育系统一元化

魏元光笃信爱国主义"工业救国"论，他曾说："我自民国十三年暑假由美返国后，观察国内外情势，认为我国非振兴工业不能复兴；欲振兴工业，必先训练人才不可，于是，乃决心从事工业教育。"

魏元光认为："革命成功，建设伊始，所谓筑路、浚河、开港、制造诸要政，无一不需乎机电，无一不需乎化学""顾社会需要，预定暂设化学制造、机电工程、市政水利三学系""附设职业部，设高职染织、制革、机工三科。造就工业界应用人才，于教育、于社会俱属当务之举""我国自变法兴学以来，日校制度有日本式、美国式、英国式、法国式、德国式，莫衷一是。不顾各国历史背景，抄袭模仿，而真正切合实用的所谓中国式学制,迄未一见"。他提出要"研求适合国情而且实用的中国式工业教育"。

魏元光系统总结了多年实践及对工业发达国家工业教育发展规律研究的成果,以对国内外工业教育发展深入探讨为基础,提出工业教育系统一元化。所谓工业教育系统一元化,就是"将各级工业学校与其他各种系科之院校加以划分,独立设置,自成纵的系统。"一元化学制还包括了国民教育,中小学开始都要普遍增加职业、生产及劳动训练,以增高一般国民的生产水准,奠定工业技术人员来源的广大基础。一元化学制要顾全工业教育学制的配合,即各级工业人员需按比例培养,强调工业补习教育及中级干部的重要性。

第四节　手脑并用,造就实用技术人才

一、强调"手脑并用,造就实用技术人才"

魏元光认为,"学问贵在真实有用,尤其是工业技术,需有学理的根据,实验的证明,适合环境的需要,用之能以得到经济的效果和新的发明,才堪称为有用的学问"(《河北省立工业学院学报》第二期卷头语)。院务委员会决定,"本院教学,学科与实习并重",强调"手脑并用,造就实用技术人才"。魏元光强调,工业学院培养的是"工业家"而不是"工程师"。为使学生具有经济头脑,学院以高薪聘请讲师开设60学时《工业经济学》课程,并组织起"工业经济学会",组织学生会员暑假到工厂实地调查。

魏元光认为,"中国教育的失败,全因失之以空。我们学习制造,更不能徒托空谈",他极力主张在保证教学实习的前提下,充分利用附设实习厂条件进行自制设备的制造和商品生产。"关于机械制造,我们主张:由设计而制图,而制造,经过全部过程制成一种机械,把以前所学的设计、制图以及工厂实习,综合起来作一个练习"。

设计钻床图纸

制作钻床部件

组装钻床

使用钻床

附设工厂除承担学生实习外，还吸纳学生参加制造自用设备。据文献记载，机械厂从1931年至1934年间，教授指导学生自制材料试验机13架、金属加工机床40台、其他实验设备50多件，其制造目的是因"学生实习，时间有限，对于课程外之工作经验，除参观与暑假实习外，很少有与制造者接近之机会。故厂中利用课余之暇制造自用设备，以便学生得学作兼收之效……此项机械制造，意在教学相长，使学生增进其制作能力及创造精神与勇气，以适应我国社会的需要。"

二、学、研、产一体化

当时，学科面宽、课程门类多、理论课时多。在魏元光倡导下，经过实践探索，经院务会议认真研究后决定，从1932年起压缩理论学时减少50学分，用以增加整机设计制造全过程训练。为了保证训练效果，三年级占用暑假安排3周制造实习，实践教学学时数占总学时的2/5。学院学生的实习均由主讲教师指导，实习内容尽可能与生产实际相结合。

魏元光首先说服留美硕士邝兆祁，带领学生进行探索，经过两年实践，取得满意成绩,遂推广开来。

机械教授邝兆祁,于 1932 年至 1934 两学年,率领学生研制的实验机具有:十万磅通用材料试验机及其附属装置、弹簧与金属丝试验机、拈丝机、宝石钻、压力笼、粉末机、捆皮机、蒸汽干湿测定仪、造纸机、冲压机、天轴吊挂、皮带镟床、平刨床、牛头刨床、小龙门刨、摇臂钻、砂轮机、锅炉上水泵等 30 余种、70 余台套。学校马沣教授和机械厂主任刘德心等合作,于 1936 年仿制成功德国 6 英尺自动镟床,试车表明,其性能与进口产品无异。这是代表那时较高科技水平的产品。

1935 年,由学校毕业练习生盛国典等研制成三重六色风通纹织物及片面纹毛巾,在国内尚属首创;该厂还进行工艺技术研究,仿制出新式改良氆氇线毯,水平为国内一流。

学院还要求学生利用假期去校外工厂实习,并且制定了本院学生暑期校外工厂实习办法,曾连续几年组织各科毕业班级于春假期间分赴上海、包头、青岛、太原各地参观各工厂,增加学生对工业实际的了解。升办学院后,本科学系和高职学科的教育模式仍保持这种的工业实用人才的培养特色。

1933 年,河北省立工业学院教授李吟秋带领学院师生主持设计、修建的天津西河新桥,即如今的大红桥。

李吟秋教授在大红桥施工现场指导工作

李吟秋出自书香门第,自幼勤奋好学。从小随祖父学习四书、五经,少年时代,就读于北京汇文教会学校,成绩优异,当时以直隶省第一名的成绩直接考入清华学校高等科(清华大学前身)。曾任《清华周刊》总编、河北省立工业学院教授。

1922 年公派留美,先后毕业于伊利诺伊大学铁道工程专业、康奈尔大学水利工程专业,并于普度大学研究院攻读桥梁建筑及结构学,分别获得学士、硕士学位。1928 年,归国后应邀赴东北葫芦岛、东北交通委员会任职,意在为东北的海港和铁路事业有所贡献。后来返回天津，从此开始了他工程实践与教育相结合的生涯。

1929 年至 1937 年，李吟秋先生历任天津市政府技正兼华北水利委员会委员、工程师，天津工务局局长等职务，同时兼任河北省立工业学院教授，著有《凿井工程》《市政工程》之作，对天津的水利、市政建设做出了诸多贡献。其中，贡献最为突出的，便是 1933 年带领河北省立工业学院师生主持设计、修建的天津西河新桥，即如今的大红桥。在当时，作为设计、施工负责人，他力拒外国专家的错误方案，吸取了旧大红桥倒塌的教训，除了对其上部钢结构精心设计外，还对桥位地段的水文、地质进行了深入研究，并提出要加固护岸，同时加大孔径以增加桥长。该桥自 1937 年开建至今经历近八十年的洪水冲刷考验，运行状况依旧良好，它用事实证明了李吟秋先生设计方案的科学合理性。

抗战时期，李吟秋不顾日寇的威胁利诱，冒着生命危险，假扮商人只身乘英国轮船逃离天津，来到大后方的云南，积极投入支援抗战的交通建设。受云南省政府委托，于 1939 年 4 月负责对个碧石铁路进行调查，以改善、提高原有设施的效率。抗战中，他积极参与筹建川滇铁路、滇缅铁路；受云南省主席龙云之托，负责筹备和勘测石屏至车里、佛海的石佛铁路（任处长、总工程师职），并任中印公路（史迪威公路）第六工程处副处长。这些工作圆满完成后，返回昆明铁路局任正工程师。

抗战期间，他还与甘济苍、吴融清等友人在昆明积极创办"建国中学"，并约请西南联大萧涤非教授、沈从文夫人张兆和女士等兼课；邀请闻一多、吴晗、李公朴等知名人士演讲，向学子传播爱国思想、精英文化。

抗战胜利后，除了在滇越铁路管理局任副总工程师外，主要精力用于教学。后又应著名数学家、云南大学校长熊庆来之委托，组建云南大学铁道管理系（后改为铁道系），并任系主任。1949 年任云南大学工学院院长，为专一教育事业，辞去了铁路管理局工作。

1953 年 8 月，李吟秋率领云南大学铁道系师生，奔赴湖南长沙，参与组建中南土木建筑学院工作。历任铁道运输系、铁道建筑系副主任。1954 年被选为湖南省科协主席。1956 年升任二级教授，成为国务院首批批准的、当时中南土建学院的第一位带硕士、副博士研究生的导师。1960 年长沙铁道学院成立，李吟秋调入后，先后担任铁道运输系、铁道工程系系主任。

三、设立"工业制造部"

1932 年学院设立"工业制造部"，将原由各系科分散管理的各个实习工厂集中统一领导,统一安排学生实习和商品生产,做到教学与生产相结合,商品生产常年不断。

1932 年制革厂已鞣制出花旗底皮、法兰底皮、芝麻皮、香港皮、球皮、带子皮、箱子皮、手套皮、书面皮及服装皮等。制成之革制品有:皮鞋、皮球、箱匣、皮带及马具等。1934 年,该厂主任栗星煊将制革废液研制成无臭透明胶,质量高过当时市场出售的所有同类产品,完全适合草编、火柴及织物整理之用。且此产品为废物利用,成本较低。

1934 年 5 月,工业学院附设各工厂的产品应北宁和津浦两铁路局的征集,送北京参加"第三届全国铁路沿线出产品展览会"展出。参展品有:机械厂自制机械 21 件,制革厂成品 29 件、皮鞋 8 双、皮革镜 2 件,织厂成品 36 件,染厂成品 9 件。展览期间,机械及皮件全部售出。1934 年 12 月,教育部在南京举办"全国职业学校及中小学劳作科成绩品展览会",学院附设职业部各科均有成品送展。机工科送陈带锯、钻床、牛头刨等机器以及制革科送陈的革制品全部获得首选。染织科送陈的染织品均属优良品。教育部将产品留存,并编入《代表出品集》。1935 年 7 月,应"全国铁路沿线产品第四届展览会"的征请,将本院机械、制革及染织各厂产品送往青岛参加展览,受到一致好评。

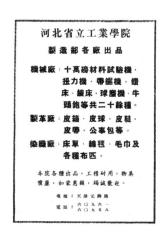 

河北省立工业学院产品广告

1936 年 2 月,学院附设工厂的产品,参加"全国职业学校及中小学劳作科成绩品展览会",成绩优秀,获得教育部颁发的甲、乙两等奖状,颁发奖金 2 万元。1933 年,为支持抗战,学院师生员工纷纷捐款,并组织人员打造钢盔,制造防毒面具、救护包等,捐给抗日将士。1947 年 8 月,教育部举行全国教育展览会,征集展览物品,学院送学生制品照片 23 份。

由于官拨经费是有定额的,魏元光便独辟蹊径,利用学院附设实习工厂的现有设备,在保证教学实习的同时,组织师生员工进行自用设备的制造,并且开展生产经营活动,使附设实习工厂由消耗型变成积累型。以 1934 年为例,学院附设实习工厂(包括机械厂、机织厂、色染厂、制革厂及化学厂等)盈利达 5 万元,相当官拨常年经费的四分之一。这些收入主要用来改善教学条件。是年,仅附设机械厂制造的自用设备就包括 10 万磅通用材料试验机、牛头刨床等 10 多种,共 30 多台套,价值 3 万余元。

进入 20 世纪 30 年代,附设工厂的生产效益增长很快。自 1932—1937 年的 5 年,附设工厂获利总额在 20 万元以上,相当于一个年度的官拨经费(20 世纪 30 年代官拨常年经费为 207306 元)。1935 年 9 月,当时教育部视察专员谢济生等莅院视察时连声惊叹:"河北省立工业学院进步奇速,一年来,设备方面颇多惊人之发展……刻已做到合于现代国家需要之教育,前途颇有希望。"

四、学生抢手,提前半年预聘

学校的毕业生具有扎实的专业理论基础、较强的工程实践能力、较强的创造能力及社会适应能力而颇受工业界的欢迎和用人单位的高度赞誉。毕业生就业较容易,以 1935 年为例,开滦矿务局、塘沽永利化学公司、南京永利化学厂及陕西省均提前半年预聘毕业生。

在国内,仅在天津永利久大化学厂工作的前后 30 余名。1934 年暑假永利厂长李烛尘曾对魏元光院长讲:"学院毕业生工业技术知识学有专长,能适应水利厂的需要。"黄海化学社负责人孙永川也说:"工业学院毕业生我们是欢迎的。"南京永利铔厂(即硫酸铵厂)创设之初,特向学院约聘毕业生 10 余人。1934 年暑假前,唐山滦矿务局向学院约聘毕业生 15 名。1935 年陕西省政府行文,将河北省立工业学院列为全国知名大学,规定凡在该院就读的陕籍学生一律享受奖学金,并实行优惠政策吸引河北省立工业学院的学生赴陕西工作。西安蔡家坡雍兴工业公司所属机械厂、酒精厂等技术骨干有河北省立工业学院毕业生 8 名;市政水利系毕业生有四分之一在陕西水利局工作。天津永明油漆公司自 20 世纪 20 年代初创建到 20 世纪 30 年代发展,很重视河北省立工业学院的毕业生,后来连厂长和总工程师都由学院毕业生担任。在政府不包毕业生分配的情况下,毕业生的出路从未感到困难。

其中,化工和核工业专家姜圣阶、核能之父卢鹤绂、资深院士柯俊、中国钢铁工业基本建设的奠基人李非平为其中佼佼者。

姜圣阶(1915—1992),中国化工、核能专家,中国科学院院士。

1915年11月14日,姜圣阶出生在黑龙江省林甸县一个偏僻小乡村的贫寒家庭里。他幼而聪颖好学,因家境窘困,在收费不多的私塾修完了高小课程后,他报考了免收学费、设有助学金的省立第一师范。在一师,他勤奋刻苦,敏而好学,门门功课俱为优秀,而以数学为最,他的数学成绩一直是全校第一名。

敦厚惜才的数学教师缪寿侪在调任到位于天津的河北省立工业学院时,将姜圣阶也带到了天津,使姜圣阶得以进入该学院的预科学习,开启了姜圣阶通往化工王国的大

姜圣阶

门。九一八事变使青年姜圣阶深深感到国家积弱的痛苦,毅然立下了"工业救国"的宏志。他加倍刻苦学习,于1932年考入学院机电工程系学习,并于1936年读完了四年全部课程,获机电工学士。一毕业便以优秀的成绩被当时中国最大的民族化工企业——永利公司南京铔厂(现南京化学工业公司的前身)所录用。

初到永利铔厂不久,姜圣阶就以其工作努力、虚心好学、表现出众受到当时的厂长、近代中国化工奠基人侯德榜的赏识,继而开始对他着意培养。姜圣阶很快就成了侯德榜的好学生,而侯德榜在事业上不平凡的建树和道德上的崇高境界也影响了姜圣阶日后一生的道路。

1947年,侯德榜选派姜圣阶等技术人员到美国搞设计,到达纽约之后,姜圣阶在工作中深切的体会到,对一个想在化工领域内有所成就的工程师来说,除了要有深厚的机械知识,还要对产品质量、产品和技术经济起主导作用的化学工艺有全面的了解。为此,他请求侯德榜准许他在美国读书,侯德榜慨然允诺。经过一番紧张的复习准备,姜圣阶顺利通过了世界著名的美国哥伦比亚大学研究院的入学考试,师从该院院长、名重当时的化工专家芬奇教授研究化学工程,副读当时新兴的原子科学。经过三年焚膏继晷的学习,姜圣阶获得了该院化学工程科学硕士学位。

1949年中华人民共和国成立后,姜圣阶归心似箭,回到了日夜思念的祖国,并主动婉拒大学教授的安逸职位,满怀激情的走上了振兴民族工业的最前线,重回永利宁厂,在该厂改为"南京化学工业公司"之后,他被侯德榜任命为副经理兼总工程师。姜圣阶于1956年设计并试制成功了工作压力为320大气压的氨合成高压容器。它的试制成功为新中国批量生产大型高压容器打下了可靠的基础,是我国机械制造工业技术发展史上的一大成就,对我国化学工业、石油工业的发展具有深远的影响。

为此,国务院作出专门指示,并给有关人员颁发了4万元人民币的巨额奖金,并在1956年10月25日的《人民日报》头版头条位置就此事发表了社论。谦虚的姜圣阶将功劳归给集体,奖金他分文未取,用这笔钱为全厂盖了一座俱乐部。

1962年冬天,姜圣阶接到化工部电报,即日进京商谈要事。在北京中南海总理办公室,周恩来总理专门接见了姜圣阶。周总理表示希望姜圣阶能够到酒泉原子能联合企业当总工程师。面对家庭和个人学术的压力和年龄与知识的考验,姜圣阶想得更多的是国家的需要、党的期望。1963年初,姜圣阶到达西北戈壁滩的核基地,就任总厂生产副厂长兼总工程师、现场基地生产指挥部副总指挥。在他的带领下制造出了不带搅拌器的静止式大型隔板容器代替原来的搅拌式冷凝器。新设备既可作冷凝器,又可充成品容器。这项革新不但缩短了工艺流程,还避免了原搅拌式冷凝器在换接成品瓶时,因冷凝器出口和瓶口暴露在空气中逸出有毒烟雾而带来的放射性防护问题,操作人员的劳动条件大为改善,人数也由原每班5—6个人减少到1—2个人。这一改进使六氟化铀的生产技术水平大大提高,因而获得了全国科学大会奖。

1964年,核冶金分厂在铸造我国第一次核爆炸所需的核装料部件时,产品总是出现"气缩孔",姜圣阶集思广益,与攻关小组成员一起讨论研究、对症下药,干净利落地解决了这个难题。1964年5月1日加工出了第一个原子弹核部件,5月16日生产出第一套正式产品,经检验完全合格,为同年10月我国原子弹的第一次爆炸及时提供合格产品作出了贡献。

在全国许多设计、科研和制造单位的大力协同下,1966年10月20日,酒泉原子能联合企业的工程技术人员和工人们用中国自己生产的铀元件,在自己建造的大型生产反应堆内实现了链式核裂变反应。

姜圣阶对核武器研制作出了突出贡献,后来国务院在授予《原子弹技术突破与武器化》为全国科技进步特等奖时,姜圣阶是受奖七人中的一个,排名第五。

1975年秋天,在戈壁滩埋名隐姓工作了近十三个春秋的姜圣阶奉命调回了北京,担任机械第二工业部核燃料局局长。他倡议并成功组织实施了把军用生产堆的生产能力和扩散厂的生产能力大幅度提高的措施,为中国核工业的发展作出了新的重要贡献。

1984年底到1985年初,姜圣阶以中华人民共和国国家核安全局首任局长身份被国际原子能机构(IAEA)邀请参加原子能机构会议,向国际社会详尽地阐述了中国的核安全政策,赢得了广泛好评,充分体现出了姜圣阶在国际合作交流活动中的远见卓识和善于抓住机遇为我所用的胆略和魄力。

1992年12月28日,姜老由北京飞往重庆,步出机场时,心脏病猝发去世,享年78岁。

卢鹤绂(1914—1997),字合夫,男,山东莱州人,中国核能之父。

卢鹤绂

卢鹤绂出生在沈阳一个知识分子家庭。其父卢景贵先后在美国伊利诺大学、普杜大学留学,应召回国任铁路工程师、四洮铁路局局长、东三省交通委员会路政委员;其母崔可言曾与秋瑾公费留学日本东京女子实践学堂。在家庭爱国、务实、好学精神的影响下,卢鹤绂从小热爱祖国、刻苦读书,树立科学救国、振兴中华的伟大志向。

1929年,卢鹤绂以优异成绩毕业于沈阳东门外省立第二初级中学,进入东北大学附属中学学习。1931年九一八事变,日军侵占沈阳,卢鹤绂随家人来到天津,在河北省立工业学院(河北工业大学前身)机电预科学习。1932年,考入北平燕京大学理学院物理系,师从中国著名物理学家谢玉铭教授。1935年冬,一二·九运动爆发,卢鹤绂担当纠察队员,护送游行队伍,声援古北口前线。1936年大学毕业获理学士学位,同年赴美国明尼苏达大学研究院深造,专攻近代物理和原子物理,1941年获哲学博士学位后回国。1953年加入九三学社,九三学社第六、七、八届中央委员会委员。1980年当选为中国科学院学部委员(院士)。

卢鹤绂主要从事理论物理和核物理领域的研究。1937年卢鹤绂制成了一台180度聚焦型质谱仪,研究热盐离子源的发射性能,1938年发现了热盐离子发射的同位素效应,诺贝尔奖获得者雪格瑞主编的《实验核物理》也肯定了这一创举。他使用时间积分法,在世界上第一次精确地测得锂7及锂6的天然丰度比,测定的数值被选定为同位素表上的准确值,被国际同位素表沿用了50多年,至今可能还是最精确的,英国剑桥大学沃尔士著的《质谱学》对此进行了介绍,并认为这项成果来之不易。1941年研制成60度聚焦高强度质谱仪。1945年,他研究出估算铀235原子弹和费米型原子堆的临界体积的简易方法,并在国际上首先发表,引起物理学界的强烈反响,被称为"第一个公开原子弹秘密的人"。1947年《美国物理月刊》发表了他的《关于原子弹的物理学》一文。1949年最先提出核半径公式应改为1.23×10-13A1/3厘米。1950年在浙大任教时,他开辟了分子物理领域的研究方向,并修改了纳威尔D斯托克斯非线性方程,国际上称之为"卢鹤绂不可逆方程"。20世纪60年代初,卢鹤绂对受控热核反应进行研究,提出了快脉冲、慢脉冲和稳态的三大分类法,并对其能否成功进行了深入讨论。主编了《受控热核反应》一书,总结了1960年以前国内外在此领域的理论研究及实践探索方面的成果,这是我国第一本有关热核反应的专著。"文化大革命"以后,1979年至1981年,卢鹤绂应美国一所大学和二次诺贝尔奖得主巴丁的邀请在美国成功地进行了学术访问,在20多所大学和研究机构讲课或作学术报告,邀请方对卢鹤绂的学术水平作了很高评价,并认为虽经10年"文革"荒废,他对物理学进展仍了如指掌。卢鹤绂的研究成果量多质高,大多具有首创性,涉及范围广,是一个不可多得的物理学家。

卢鹤绂历任中山大学、浙江大学、复旦大学、北京大学教授,兼任中国科学院上海原子核研究所副所长兼第一研究室主任,上海物理学会理事长、名誉理事长,中国科学院院士,中国物理学会永久会员、理事兼物理学名词委员会副主任,国家科委物理学专业组成员,《原子核物理》副主编,美国物理学会会员,美国希格玛赛科学荣誉会会员等职。1988年被中国科学院授予从事科学工作50年荣誉奖状。

柯俊(1917—2017),金属学、金属物理及技术学史专家、教育家,中国科学院资深院士。国家自然科学奖、何梁何利奖获得者。

1931年秋考入沈阳辽宁三中高中。"九一八"日军入侵后,只身流亡天津,就读河北一中。1932年9月考入河北省立工业学院预科,后升入该学院化学制造学系。1937年七七事变后流亡南京,受到原院长、时任新建南京中央工校校长魏元光聘请,任临时教师。暑假后转入武汉大学化学系,1938年毕业,全班失业。后得恩师——姚南枝先生介绍,供职经济部工矿调整处,参与组织督迁武汉工厂。同年至1944年11月,先后在越南、缅甸和印度等地工作,深得当时经济部长翁文灏的信任。曾任经济部工矿调整处等部门驻印度代表,此期间曾到塔塔钢铁厂实习,并结识了印度著名物理学家萨哈、拉曼和后来成为印度原子能之父的巴巴。他还深入了解印度的政治经济和社会结构,接触下层人民,使他认真思考资本主义社会和殖民地制度的本质,奠定了他人生道路的思想基础。1944年12月,在英国伯明翰大学、剑桥大学学习,并先后担任英国焊接研究院研究员、钢铁研究协会研究助理。1948年12月获英国伯明翰大学自然哲学博士学位,后被该大学理论金属学系聘为讲师、终身讲师,先后指导博士生7人(后多数成为英美学术领导

化学製造系二十七年班

白家棟
丁樹藩
白燕武　何震源　高元森　陈東元
　　　　李書圖　邊躐　張世勳　金一英
柯俊

柯俊

人),参加并负责相变动力学研究组,从事合金中相变机理的研究工作。1951年他首次发现钢在相结构转变、固溶体分解时,贝氏体型转变的切变位移机制,该理论成为世界主流学派。

柯俊谢绝美、德、印度等多个国家研究部门的邀请,于1953年8月辞去英大学职务,经印度回国。1954年2月任北京钢铁学院(现北京科技大学)教授,1956年初约请著名专家魏寿昆、张兴铃、肖纪美、方正知等共建我国最早的金属物理专业及金属物理化学专业,加强基础理论研究及科研实践,培养物理、化学人才。多年来除致力于合金中相变的理论研究外,更致力于我国各时期因资源欠缺及国际封锁的重要工业材料的代用品问题,主持开发国内急需的新材料、新产品,在国内外享有盛誉。20世纪70年代,开创组织利用现代科学方法进行中国冶金史的研究。阐明2500年来我国在钢铁冶金及制造技术,及其对创造中华文明和影响世界历史的作用,受到国际重视。由于他突出的学术成就和中外科技交流的重要贡献,被加拿大麦克马斯特大学和英国莎瑞大学授予荣誉理学博士。先后曾担任物理化学系主任、北京钢铁学院副院长、院长顾问等职。1980年当选为中国科学院技术科学部学部委员,曾任学部常委。近年来,致力于倡导发展低碳普通钢强度翻番、为国家节约钢材的研究,通过跨专业及产学研紧密结合取得了国际制钢及用钢界的赞许。他与中国科学院、中国工程院和教育部的科学家、教育家共同探讨面向21世纪的中国高等工程教育改革,主持冶金及材料工程专业的教改试点工作。在北京科技大学,以专业为载体,以育人为目标,产学研结合,相互渗透,以学生为主体,以教师为

主导,培养学生做人、做事、做学问,适应未来经济、科学、技术迅猛发展、知识不断革新、创新以求生存的全球化世界。在培养新世纪科技人才方面和兄弟院校共同取得良好效果,得到师生和产业科技界的好评;荣获 2001 年国家级教育成果一等奖。

李非平

李非平(1913—2003),原名赵桂岭,字湘源,1913 年 2 月出生于河南省南乐县东吉七村。

1929 年,李非平与堂兄赵一峰来到天津,在堂兄的帮助下,李非平就读于河北省立工业学院(河北工业大学前身)。1935 年,李非平投身"一二·九"抗日救亡运动,作为天津市学生抗日救国联合会负责人之一,组织了 12 月 18 日的学生游行示威活动,遭到国民党通缉。1936 年夏李非平加入了中华民族解放先锋队,走上了革命道路,秘密从事党的外围地下工作。1937 年七七事变又回到天津后,给中共地下党员赵飞克教授(赵飞克,中华人民共和国成立后被评为中国科学院院士,时任河北省立工业学院教授)当助教。1939 年,在堂弟赵一峰(时为林伯渠秘书)安排下,在八路军西安办事处见到了林伯渠,李非平正式换上了八路军军服。改名字为李非平。在派往延安学习之后又见到了李维汉,罗瑞卿,正是在这些革命前辈的领导和帮助下,李非平同志成为了坚定的共产主义战士。1940 年,在八路军总部军工部任我党我军第一所兵工学校——太行工业学校(现中北大学)教务主任,兵工厂厂长。八路军太行纪念馆研究中心曾撰写《八路军武器制造之谜:流动工作团与秘密兵工厂》一文中叙述:八路军流动工作团是随着以山西为中心的抗日根据地的建设中组建的军工企业,它为八路军开展敌后游击战提供武器装备。为适应游击战的需要,队伍跟随下力部队流动,故称流动工作团,也誉为"驮在驴背上的兵工厂"。流动工作团有一千多人,成员来自五湖四海,有从欧洲回国的留学生,有从南洋归来的华侨,有国内高等学府的教授和学生,有大城市工业产业的技术人员,也有根据地土生土长的能工巧匠,其中著名人士有 100 多位,如天津河北工学院毕业的张浩、张温如、王锡暇、耿震、李非平。查阅有关资料,李非平,河北工学院机械系毕业,机械制造专业;张浩、张温如、王锡暇、耿震,河北工学院化学系毕业,化工技术专业。可见,李非平等几位校友为我军的武器制造作出了应有的贡献。

中华人民共和国成立后,李非平加入到钢铁工业的建设中,从唐钢到太钢再到重工业部(冶金工业部的前身),从马钢车轮轮箍攻坚到攀枝花钢铁基地建设到武钢"一米七"工程会战再到上海宝钢建设,一个工程接着一个工程,一干就是40年。武钢"一米七"轧机工程是毛主席亲自批准建设的国家重点项目。李非平领导10万建设者日以继夜,只争朝夕,终于完成这一技术高、规模大的建设工程,使武钢成为新中国最早成套引进西方发达国家先进技术的国家大型企业,这项工程是武钢乃至冶金工业建设史上的创举。李非平于1980年任冶金工业部党组副书记、副部长,后兼任上海宝钢工程总指挥。1982年任冶金工业部顾问,1986年离休,他为我国的钢铁工业立下了汗马功劳,他也因此而被尊称为"中国钢铁工业基本建设的奠基人"之一。

1988年,在河北工学院建校85周年隆重庆典之际,阔别母校多年的李非平校友,与天津市副市长李振东校友、原民政部副部长袁血卒校友,原核工业部副部长姜圣阶校友等优秀校友一起聚首母校,以及来自全国各地和香港三千余名校友、6000多名师生员工一起,欢度校庆。

第五节　开放办学"与工业界联络合作"

一、坚持开放办学,与社会机构合作

河北省立工业学院在办学中还坚持开放办学,依靠自己的专家学者和科技学术实力与社会机构合作,为国家和地方作贡献。

1934年2月,学院与设在上海的全国棉业统治委员会商定,合作共同开展棉业教育,设纺织实验馆。"工业学院"为"棉统会"开办纺织特别班以培训技术骨干,作为补偿,"棉统会"捐赠全套进口最新式纺织实验设备20余台,价值2万余元。至1935年底,"棉统会"购赠学院的新式纺织机三批货共110箱及电动机全部到齐,使"工业学院"纺织实验馆的设备跃为全国一流水平。

全国棉业统治委员会与河北省立工业学院合办纺织实验馆（1935 年 4 月 8 日《益世报》天津版）

同期，学院还与河北省建设厅合作，开展省内农机具各项改良工作，建设厅将河北省农具制造厂的社会资产归入学院，学院专门成立农具陈列室，并邀请院内外有经验的专员从事研究。附设的高职部机工科还添设农具学课程。这一合作，"工业学院"又得到德国进口自动万能大铣床等 10 余台新式金属切削机床。此外，"凡可与工业界联络合作者，亦均在积极进行中"。

二、多家联手，创办中国第一水工试验所

1928 年 9 月 26 日华北水利委员会成立。在当日第一次委员会上是李仪祉、李书田先生共同提议并经委员会决议"建议至建设委员会以荷兰赔款筹建河工试验场"。

1930 年 8 月，李赋都（水工博士，河北省立工业学院讲师）由德回国，被华北水利委员会聘为正工程师，提出建立临时水工试验所计划。11 月 3 日，第八次委员会由李书田提出此案，获通过并正式上报。同时再度做出决议："如有学术机关愿与本会合作者亦可向其接洽合作"。时隔不过两天，11 月 6 日，河北省立工业学院立即致函华北水利委员会表示"对于筹设水工试验场极表同情请函示以便接洽"。

1931 年 1 月 9 日，华北水利委员会第 67 次常务会"决议本会与河北省立工业学院合办水工试验场各担负开办设备费之一半，除由该院拨给场址及由该院挪出

一万五千元现款外并由本会于每次领到经费中储存十分之一作为专款连同该院专款交由双方合组之保管,委员会负责保管以作将来建筑及设备之用"。

1933 年 9 月 15 日,华北水利委员会召开第十八次委员会。鉴于黄河水利委员会委员长李仪祉赞同合作,拨款三万元,并考虑到其他水利及学术机关的合作,在先期征得河北工业学院的同意后,"拟具组织华北水工试验所董事会案,并附董事会章程草案"。9 月 16 日,会议通过了对该案的修正案,以及李赋都带回的、经德国专家审查的修正水工试验所计划。"华北水工试验所之名称遂修正为中国第一水工试验所"。会议还接受李仪祉的临时动议"根据修正中国第一水工试验所董事会章程除当然董事以合作机关之黄河水利委员会河北省立工业学院及华北水利委员会三机关长官担任外请即选定董事职员案",黄河水利委员会委员长李仪祉、河北省立工业学院院长魏元光、华北水利委员会委员长彭济群三人为当然董事。选出任期分别为三、二、一年的董事九人;董事长李仪祉、副董事长兼会计李书田、秘书徐世大。中国第一水工试验所由此诞生。

中国第一水工试验所

1934 年 6 月 1 日在天津黄纬路南侧工学院内举行奠基仪式。遂施工兴建,于1935 年 11 月 12 日(孙中山诞辰日)举行落成典礼,中国水利工程学会暨河北省工程师协会联合年会同时召开。中国水利工程学会会长李仪祉由西安赴津参加。典礼结束后,由李仪祉放水进行官厅坝消力试验。《晨报》《申报》等以"全国唯一设备、东亚独步""全国唯一水利试验机关"等标题作了长篇报道。

所长由李赋都担任。试验所东西长 70 米,南北宽 30 米,主体设备包括储水池、回水池、大试验渠、玻璃渠(因经费困难,改用木制,中设玻璃窗以便观察,全渠长20.3米,高0.6米,宽0.5米,最大流量为200升/秒。)、高低水箱等。主要试验仪器除抽水机购自英国,其他均由德国购进。

试验内容包括:

(1)河流及其他明渠流试验及工程模型试验。

(2)有压管流试验。

(3)校正流速仪。

(4)地基试验如土压力等。

中国第一水工试验所自落成之日起开始试验工作,进行的主要试验工作有:

1. 官厅坝消力试验

试验所受永定河中上游工程处委托,进行官厅坝试验,目的在检验原设计的消能措施是否适宜,并提出改进方案。

官厅坝消力试验是我国水利历史上第一次工程模型试验。这次细致的试验工作,为设计提供了参考。

2. 黄土河流预备试验

我国北方河流多沙,为世界之冠。高含沙河流和清水河流的水流特性是不同的。中国第一水工试验所将黄土河流水利问题列为重点试验课题。

按照模型实验相似律的要求,一般只能采用极细的粉煤灰等作为模型沙,但在当时很难找到足够的这类材料,故首先进行预备试验,检验是否可以直接采用黄土为模型沙。

3. 卢沟桥滚水坝消力试验

卢沟桥滚水坝全长157.45米,泄水量1334立方米/秒,由永定河中上游工程处委托试验,目的在检验坝下冲刷情形。

4. 透水坝试验

此处透水坝指透水的丁坝,用于黄土河流可缩窄河身增加刷沙能力,坝后淤高可保护堤岸。坝间距离及坝与水流夹角是影响效果和投资的主要因素,故先通过试验加以观察。该试验利用黄土河流预备试验模型进行。透水坝系用细木条钉成。

此外,试验所还进行了黄土渠道冲淤试验、彭仲氏堰口公式检验等试验。

1937年抗日战争爆发,中国第一水工试验所房屋毁于炮火,幸而不少仪器设备已事先收存于英租界某私宅的地下室。天津陷落,试验所人员大部南迁。

李赋都(1903—1984),陕西蒲城县人。曾任河南省人大副主任、政协副主席。著名的黄河问题专家、水利工程学教授。1933年,李赋都考取德国汉诺威工业高等学校博士研究生,后以论文《黄河的治理》获得水利工程学博士学位。同年,任河北省立工业学院市政水利工程学系讲师。

李赋都

1922年毕业于上海吴淞同济工艺专门学校德文科。1923年4月赴德国,就读于汉诺威工业高等学校水利专业。1927年在柏林西门子土木工程公司实习。1928年回国,先后在重庆、哈尔滨等水利工程部门工作。1932年再次赴德,在阿朋那黑水工试验所参加由世界首创河工试验的恩格思教授主持的黄河试验,这是治理黄河史上首次进行的模型试验。在此期间,他获得博士学位。1933年8月回国后,在河北省立工业学院任市政水利工程学讲师,并承担中国第一个水工试验所的筹划、设计和施工任务。1935年,李赋都在第一水工试验所任所长,进行了黄河下游河道整治模型等试验研究。1938年,他任四川都江堰治本工程设计室主任时,主持了该项工程的设计、施工,改善了灌溉条件。

1942至1948年,他在西安、开封任国民政府黄河水利委员会设计组主任、工务处处长。1948年10月至1949年12月,在陕西武功任西北农学院水利系主任、院务委员会主任委员。1950至1954年,他先后担任西北军政委员会水利部部长、西北行政委员会水利局局长、西北黄河工程局局长、陕西省人民政府委员等职。在任西北军政委员会水利部部长期间,亲自勘察新疆天山水库工程,审查西北诸省的水利工程计划,积极领导水利工程建设,受到表扬。

1955年起,他任黄河水利委员会副主任兼黄委会水利科学研究所所长。1978年,任黄委会顾问。他主张黄河的治理与开发应当始终把泥沙问题放到首位,要特别重视和大力开展黄河中游水土保持工作,并提出治理沟壑的"万库化"设想,主张黄河下游要进行河道整治,固定中水河槽。在长期的实践过程中李赋都逐渐形成自己的一套治河思想,后半生主要为治理黄河倾注了全部心血。他深入调查研究,对根治和开发黄河提出了许多重要意见,积极参加多项治黄和研究工作,推动了治黄事业的发展,为新中国的水利建设事业作出了重大贡献。

第六节　造成一种"特别精神"

一、笃信"工业救国论"

1929 年后,学院设立辅导委员会作为学生训育工作的决策机构,日常的训育工作由斋务课负责。学院制定了"河北省立工业学院训育实施方针"和"河北省立工业学院现行训育工作标准"。《学则纲要》中还规定了"斋务课评定操行成绩办法"。操行成绩既影响学籍,也影响升降级和奖学金。

河北省立工业学院的训育工作,"训育实施方针"中虽然有"据三民主义,坚定信仰,以促学生智育、德育、体育、群育之发展"之条,但在实施过程中,更多的却是灌输院长魏元光笃信的爱国主义的"工业救国论"。他提出:"谁也知道:中国的症,是支离破碎,生产落后。对症药方,不道说,是加大团结,增加生产。我们校友,在已竟有了相当基础,更逐年地渐次加大;但必须共同努力生产,团结才有意义;况生产救国,是我们学工业的不容旁贷的责任呢!最后,我希望诸位校友:团结! 生产! 救国! 我想也就是诸位校友的共同希望吧!"

。学院规定每周一下午四点为"纪念周"活动时间,由学院主要领导人"致词",也就是训育讲演(也请专家、名人讲演,内容上也有少数属于学术讲演)。魏元光其讲演的内容 90%是工业教育者的责任,从事工业工程技术者应承担的任务,发展工业与国家独立富强的关系等方面的内容。

服从的合作,生存的要素,团结的精神
魏元光(1934 年 12 月 1 日)

本次纪念周原拟请杨秀峰(即中华人民共和国成立后任中央人民政府教育部长的杨秀峰)先生讲演,但,昨接杨先生电话称,因中煤气毒,不能前来。故借此机会讲几句话。今天要说的,是多日来想说而未说的,整个题目是"本院生存的条件"。大家不要怀疑现在发生了什么问题,因为凡事不进则退,退却则落伍,以至于消灭。故想生存,必时时求进步。按现在国家情形说,各部尚未就绪,诸事均须努

力进行。本院情形,经教育部屡次视察,认为满意,并有数点为华北、全国学校所无有,这也是以往我们时时求进步的结果。但,如驻足不求进步,不知何时便有消灭的可能。故今日提出这个题目,以为全院同仁同学警惕。现在分三点来说。

(一)**服从的合作** 这个意思,在今年暑期集中训练闭幕典礼时曾经说过。中国人一向缺乏此种习性,故在日本人目中,国人为一盘散沙。但,服从的合作与专制式的服从不同,专制是服从个人的意志以造成个人的目的,虽说是服从,而缺乏合力。现在世界各国的趋势,各国几近走入独裁,也是势所必然。中国情形则远不及外国。世界列强教育普及,民众知识较高,已有很好基础。比如建房,人家好比洋灰(水泥)铁筋,可建成层楼叠阁;我们好比一堆黄土,只有建平房而已,绝难有较高成就。故"九一八"以后,虽许多国人想努力图强,但在这种贫愚的民众基础上,终努不上力来,就是这个原因。故现在学校的立场,无论中央或省、市,如有为公的作法需要我们遵办,我们就切实遵办。再小之谈到一个学校里面,大家来此求学,是想求自己好,也想令学校好,学校当局也同此目的,凡事无不本此目的审慎办理之。目的既相同,自然大家就需要服从的合作,望大家认清此点。凡事精诚合作,则怀疑隔阂免除,可以省许多精神,可以增加作事的力量。本身团结,校外一切困难则容易战胜,学校的前途光明,也就是大家的前途光明。

(二)**生存的要素** 全国各大学各有其特殊立论,特殊情形。有很多学校拥有很优越的条件,以为其生存的要素。至于吾校,优越条件一无所有,处处危险。但,优越条件是教育上的必需吗? 不是。不过在中国现在的情形下,已经成为必需。至于吾校生存的要素,不在要与其他学校比拟,某处学校课程如何,建筑如何,设备如何,待遇如何,因而我们也要如何如何。因为,既无其优越条件,而必欲与人比拟,不如求之于本身。我们是学工业的,是办工业教育,应该自寻出路,就实际方面努力,在工业上求有贡献。故我校的作法是:一方面设法充实自己教学上的设备,一方面联络校外的工业界,以期教育与工业相助相长。现在审定课程,因明年需完全招收校外高中毕业生,课程上必须有一种适应。但,无论如何变动,务望大家注重实际,尤其盼望每人要有一种特殊的研究、特殊的作为。人人如此,将来在学术上有了特别的成就,在工业上一定可以有所建树,在社会上一定能有成绩表现。这便是我们生存的要素。

(三)**团结的精神** 学校中的学生来自各个学校,教职员各受教,来自各地,意识,习惯至为不齐。但在一个团体里边,一味放任不羁,往往演成派别,互相排挤的结果,是至为不幸的。本院向无此种现象,以后更当注意以渐渐熔陶,趋归一致,精诚团结,而成一种团结的精神。盖必如此,方能增大教育的意义与效率。

今天因杨秀峰先生不能来讲,临时决定讲以上几点。

二、开展德、智、体、群"四育"教育

为了培育全面发展的工业专门人才,河北省立工业学院广泛开展德、智、体、群"四育"教育。1930 年,魏元光院长在学院刚刚建院一周年便在纪念周会上讲:"要将工业学院造成一种特别精神,养成一种特别力量,一致团结起来,为公服务,以完成工业家的使命。"希望校友同学"人人都能学问向上,人格向上,精神向上,尽责任,有作为,成一强健分子,并能彼此互助,彼此合作,努力为公服务,走向建设的道路"。同时确立了"勤朴耐劳,分工合作"的独特校风。

关于德智体群教育
魏元光(1933 年 9 月 4 日)

今天是本学期新旧同学正式上课的第一天,故于今天举行纪念周及开学式。本院本是 8 月 24 日开学。在前两周,一周是补考,一周是补课。但为什么补考,为什么补课?想旧同学都不会忘掉当暑假前日机来津威胁,各学校不得已而停课的时候,谁也料不定今日能补考补课,招生开学,现在好像是不幸中之万幸。但,睁眼看来,华北已脱危险了吗?自己有力量可以保证将来无事吗?想大家都不敢相信。华北局面,正如一个人将被仇人戮杀,刀刃虽尚未架颈,而凶人尚趑立于其旁,绝无喜幸之可言。只有悲愤痛恨、极力挣扎,以求最后之生存。究竟如何去应付?在救国整个计划,我们不必空谈高论;但就学校立场,亦当震惊起立,努力尽一份责任。兹按体智德群四育分述于次。

体育 暑假中在南京,据有人谈,北方学生不止学业远逊于南方,即身体也远逊于南方学生。南方学生体育,日渐进步,很可庆幸;北方学生日渐颓衰,也殊令人忧伤。若不急起直追,殊难适于在前线的华北生存。本校体育,在六十年前为体操,只是立正、开步走,即无所谓体育,后即提倡田径,但因各种关系,终未能有相当结果。旋请宋锐庭先生主持,组织体育部,检查身体,实行晨操、课间操、课外运动等,较有进步。现又请胡永福先生助理,意思即在认直去抓。将来体育明定学分,要取严格主义,不及格的,不能毕业。据从日回国有人谈,日本占领我东四省后,全

实习—自习—国术

国术练习

国术比赛

拔河比赛

同学聚餐

汽车驾驶

做实验

篮球本四队与乌云队

课外活动

国上下仍是积极备战。我们处此前线的华北,对于体格锻炼,实不容忽视。

    智育 普通所谓智育就是上课。其实,图书馆、讲义、设备或学、住方面,都须注意得当,方能增大智育效率。本院图书馆,早系附属于教员预备室,无专人管理;后设专人管理,移至现在教员预备室,后又移至东楼下,规模初定。但同学人数日增,难以容纳,乃建现在之新图书馆;惟座位仍不敷用,等经济可能时,拟于馆西侧建书库。馆内除办公室外,完全作阅览室。将来再设法接建一层。所望于同学者,要尽量利用,方不负筑设之初意。

    讲义方面。以前系油印,后改为铅印,现又改为打字机印,较以前方便得多。

    各部分设备方面。虽年经添置,但因经济关系,较之其他有名大学相差尚多,仍当积极设法添置。

教学方面。是为今年亟应意的一端。按本院现在情形,上课钟一响,教员学生齐到教室,一分钟也不虚掷。在教学时间上,可谓充分利用。但在教学法上,不免有欠研究之处。国联教育调查团,指我国教学法多为注入式。本院有一部分教员亦犯此病。教务会以对于应如何使学生有自动的研究精神及兴趣,屡经讨论,尚无具体方案。所望于同学者,于课本外,对于副本要注意笔记,更要多读参考书。又盼第四年级同学不要死读书,更要自动自由研究。要求所谓切实的学问,不要只限于课本上那一部分知识。因现在毕业留学及社会用人等方面,只取重考试制;但就学以致用的目的上说,不作自由研究难以应付自如,更无远大的造就。

德育 本院曾订有辅导大纲,对于言行思想要予以深切的指导。现在最要紧使大家注意的,是要勤俭耐劳,严禁浪费,严禁腐化、恶化。因为我们国家现状、前途的险恶,尤其处在现在的华北,是不容我们安逸的,同时也不容我们不刻苦向前的。近见同学有着背心短裤,悠然在院内漫游着,出现一种无忧无虑的态度。不止有欠严肃,也殊忽视环境,这类陋习,亟宜戒除。

群育 现在全国最错误的一点,是无分工合作的精神。躬自薄而厚责于人。眼看华北已非己有了,尚互争意气,不能合作。我们群育的目的,第一要尽到自己的责任,第二要帮助他人。分工合作,共同努力。

在德育、群育两方面,将来还要确切的指导。

总而言之,在敌人刀下的华北教育,非有一种新精神不足以适应需要。本院师生六百人,若能在一种新精神下,一致努力,或者对社会有相当影响,最低,个人也多一份生存的机会。学校行政人员,俱都是抱着公忠谋事的精神去作,望大家了解此意,协同前进。更望新同学将旧日的良好习惯尽量输入;恶劣的切勿介绍,共同进步,使本院日就进步光大,为要为盼。

三、确立了"勤朴耐劳,分工合作"的独特校风

1935年9月16日,魏光元在开学典礼大会上讲:"吾校之风,简而言之为:勤朴耐劳,分工合作。这种风气,普通的都应如此,没有什么特殊。不过,工业人才尤须养成此种习惯。本院向即注意此点。在勤朴耐劳上,每天有晨操,一律早起,一切生活要有规律;衣食住要简单朴素,免除华贵;一切行动要养成实际劳动的习惯。这些就是所谓勤朴耐劳的习惯。至于分工合作,每个人要认清自己的责任,努力去做;再加以个人和各部分的互相合作。所以,学校的一切事情,在大家讨论进行的时候,也常有辩论,或者尚不免有所争执。但是,已经决定之后,大家都要负起责任

来,分头合作。但是,分工合作的基本条件,是有一种共同的精神,公忠为校。对此'勤朴耐劳,分工合作'的精髓,希望大家都能遵守。"

对同学的四点希望
魏元光(1935 年 9 月 16 日)

今天举行本学期第一次周会,并补行开学典礼。借此机会与大家谈几句话。今天开学,我个人与同人同学,想来均有同一感想,即古语所说:"一则亦喜,一则亦惧"。近几年来,因华北环境关系,每学期恒有能否开学之虑。前学期谣言又多,今幸得开学,总算可喜。但是,华北局面当不能就算稳定,不知何时,就可能因世界问题或本身变化,而至于阻碍学校进行,殊属可惧。在此时期开学,我们这段时间是非常可贵的。但望同仁同学勿犹豫,勿徘徊,趁此时机,及时向前努力。研究学问,为个人为社会均属有益。现有数事与大家共勉。

(一)遵守法规 凡国家法律、政府命令与学校规章,意均在指示群众方向,维持公共秩序,大家共同地遵照这一种方向走去,才能生出一种力量,向前迈进。西洋所谓法律与秩序,亦即此意。但对个人,有时不免感觉着不自由,但,那都是一种个人或自私的观心。要知道,法规是为公共利益和整个团体所想的,如有时感觉不便,最好牺牲个人成见,尊重整个利益,要遵守一切法规。

(二)保持校风 学校各有一种校风。校风就是一种精神,就是一个学校的精神。一个学校没有一种校风,不能表现一种精神,也就不能发扬光大。吾校校风,简而言之,为:勤朴耐劳,分工合作。这种风习,普通的都应当如此,没有什么特殊。不过,工业人才尤须养成此项习惯。本院向即注意此点。在勤朴耐劳上,每天有晨操,一律早起,一切生活要有纪律;衣食住要简单朴素,免除华贵;一切行动要养成实际劳动的习惯。这些就是所谓勤朴耐劳的习惯。至于分工合作,每个人要认清自己的责任,努力去做;再加以个人和各部分的互相合作。所以学校的一切事情,在大家讨论进行的时候,也常有辩论,或者尚不免有所争执;但是,一经决定之后,大家都要负起责任来,分头合作。但是,分工合作的基本条件,是有一种共同的精神,公忠为校。对此"勤朴耐劳,分工合作"的精神,希望大家能遵守。但,遵守中还不能忘了改进,一种风习是要很长时间才能完美,我们要一方面保存优点,一方面还要改进缺点。新来的同学,如已有这种精神,自然能接受保守;如有其他不良习惯,要极力改良,务使我们的学校养成一种很好的校风,成一个极好的团体。

（三）**努力学问**　以前所说是关于团体的训练和精神的养成。按学校的立场来说,尤须注意到学问方面。因为学校是培养人格和研究学问的地方。学校之所以能改进社会并贡献社会,也全在学问如何。我今天所说的学问,并不止所谓每天按钟点上班,每学期按时考试,到毕业时能以及格,拿到文凭就算完事的书本上的学问;是要教者、学者根据自己的责任,除了书本的学问都能明了之外,还要考察中国社会的需要,努力研究,要有一种具体的成就及合于应用的贡献。近来,不少专科以上学校的教员,都要有研究的工作。而我们学校本身,也尝从事于实际的问题研究,如,提倡自制各种试验机器,并由本学期起,请于桂馨先生设计制造造纸机械以及试验工作等。因为,适合现在社会需更而有用的学问,才是真正的学问,故今日提出此意,望同仁同学各都努力学问,以期在学术上有切实的贡献。

（四）**发展校誉**　这一点本可不必提的;但是,我们学校有一种特殊的历史和特殊的环境,所以,不能不把它提出来。我们学校自民国十八年(1929年)改院以后,学院的历史,至今才六年。以前,因种种关系,或知道的人很少,或者印象不太清楚。但自民国十八年(1929年)改院之后,经校内外各方校友的努力与社会的维持赞助,不得不说是有相当进步。所以,去年及今年,部派高等教育视察员均予特别的奖励。但是,一个学校的前途,不进则退,尤其是我们自己知道,应该改进和充实的地方很多。所以在一切校务之进行上,非积极紧张地努力起来,前途是不可乐观的。本校原有的同仁同学,与学校已有很深的关系;而新来的同仁同学,既来本校,自然也都爱护本校,愿意校誉渐渐发展起来。所以,我今天特别地把学校的历史与现状简单地提出来,望大家注意本校校誉的发展。总起来说,今天趁本学期开学之始,我们要有一种新精神,整齐步伐,向前迈进。不要辜负了这一段宝贵的修学时间,这是我们所最希望的。

四、凝练"勤慎公忠"校训精神

1930年,在河北省立工业学院纪念周会上,魏元光院长提出,"将工业学院造成一种特别精神,养成一种特别力量,一致团结起来,为公服务,以完成工业家建设的使命。希望我们工业学院的校友同学,人人都能学问向上、人格向上、精神向上,尽责任,有作为,成一强健分子;并能彼此互助,彼此合作,努力为公服务,走向建设的道路。……本着自己努力、与人合作的原则,为国为公,共同进行。"

1937年当祖国处在危难之际,魏元光院长在为全校学生进行动员演讲中告诫大学生们,"在现在的时候,凡事莫大于国难",他说:"无论古今中外,一个民族当国难当头,存亡绝续之交,由于时代的刺激,必然的要产生大仁大勇、忠肝义胆之士,以国家为前程,以天下为己任,有大我而无小我,有民族而无个人,公而忘私,国而忘家,不惜以自己的肝胆心血铸,共赴国难"。(《青年应有的认识与修养》,《魏元光教育文集》)

1936 年,魏元光于河北省立工业学院院长任上奉命筹组国立中央工业职业学校,1937 年被任命为该校校长。1937 年 10 月 15 日,魏元光院(校)长基于在河北省立工业学院时期对人才培养和办学实践的认识,在国立中央工业职业学校开学典礼上首次明确提出"勤慎公忠"的办学遵循和人才培养思想。

随后的十几年,在总结多年从事工业教育经验的基础上,魏元光多次对"勤慎公忠"思想进行了阐释,并凝练为"勤以治学,慎以立身,公以对人,忠以处事"。在不断的实践中,这一思想不断丰富并最终成形。

五、教育部称赞学校"益行彰著,良庸嘉慰",多名政府要员题词

由于以著名工业教育家魏元光为代表的掌校者薪火相传,励精图治、披肝沥胆、矢志不渝,提升教育质量;寻求工业教育的新途径和为师者孜孜不倦、严谨治学。"全国惟一之工业学院"在"国内工业界的影响,有如朝日东升,渐渐大放光明",为当时的政府所重视,为社会所广泛认同。

一时间河北省立工业学院在国内名声大振,广泛受到国民政府的青睐和社会各界的好评。于是,不断有政府官员来校调研、视察,仅 1934—1936 三年,教育部曾连续派员到学校视察。1934 年 3 月,教育部督学郭有守等 5 人来学院视察,评价"学院精神积极,注重实际,教育质量优良"。1935 年 4 月,教育部谢齐生等 3 位高等教育观察员来学院视察后,称赞学校"进步奇速","刻已做到合乎现代国家需要之教育,前途颇有希望","全校朴实精进之学风,益行彰著。良庸嘉慰。"

1934 年,陕西省政府还把河北省立工业学院列为全国有名大学行列,凡在该校就读的陕西籍学生发给奖学金。正如院长魏元光所讲,"全国惟一之工业学院,可享荣名于海内也乎!"也正因为此,先后有多名政府要员、名人为学校题词题字。

国民政府主席林森先后两次为学校题词题字,1935 年为毕业生纪念册题的词是:"他山得助",1936 年的题词是:"敬业乐群"。

国民政府副主席孙科 1935 年为毕业生纪念册题的词是:"陶铸功深"。

国民党元老、著名诗人和清末以来的杰出书法家于右任的题词是："继续努力，自强不息"。

国民政府要员、国民党中央研究院院长、总统府资政，后为台湾总统府秘书长、行政院政务委员的王世杰两次题词。1935 年的题词是"业精于勤"；1936 年的题词是"道艺兼修"。

河北省教育局长李金藻的题词是："学能致用"。

国民政府水利部长彭济群的题词是："知难易行"。

本校校友天津市两任市长张廷谔的题词是："地不爱宝，世不弃材，百工饬化，众妙所该，学成致用，尽肆阜财，群策群力，富强胚胎"。

曾任吉林省主席后任国民政府经济部长、行政院政务委员的郑道儒的题词是中庸名句："博学之，审问之，慎思之，明辨之，笃行之；道之不行也，我知之矣；知者过之，愚者不及也。道也者，不可须臾离也；可离，非道也。是故君子戒慎乎其所不睹，恐惧乎其所不闻。莫见乎隐，莫显乎微。凡事预则立，不预则废"。

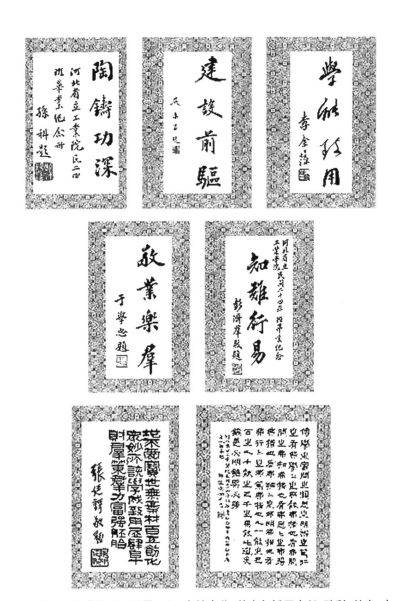

当时许多名人纷纷为学校题词献墨，以示嘉勉褒奖，其中包括于右任、孙科、林森、李金莲、
郑道儒、王世杰、张廷谔、吴鼎昌、于学忠、宋哲元、彭济群等当时诸多政要和社会名流

第三章　救亡图存　兴邦自强

第一节　抗日救国，"工字团"奔赴抗战一线

一、捐款造物，支援抗日

1931 年 9 月 18 日夜，盘踞在中国东北的日本关东军按照精心策划的阴谋，由铁道"守备队"炸毁沈阳柳条湖附近日本修筑的南满铁路路轨，并嫁祸于中国军队，日军以此为借口，炮轰中国东北军北大营，制造了震惊中外的"九一八事变"。

1931 年 9 月 19 日，河北省立工业学院师生集会，声讨日本侵略罪行，讨论抗日救国办法。9 月 20 日，天津各校爱国学生联合成立天津学生救国联合会，呼吁"停止内战，一致抗日，以纾国难"。12 月 23 日，天津市各业工会救国联合会召开成立大会，发表宣言并通电全国，呼吁："在外侮日甚、国难当头之际，特受天津全体数十万工人之请，吁请全国各界立即行动，共纾国难，救国家民族之危亡。"

1932 年 2 月，天津工人、学生和各界群众纷纷集会，发表通电，声讨日本帝国主义侵略罪行。许多工厂、学校组织后援会，开展募捐活动，支援十九路军抗日。11 月，天津党组织在学校发动成立声援东北义勇军后援会，河北省立工业学院、扶轮中学、南开中学相继成立。

1933 年 4 月 17 日，中共河北省委发出关于武装保卫平津与华北、扩大民族革命战争的紧急通知，要求运用最广泛的统一战线策略，成立天津市民抗日保卫天津协会，或天津救亡协会，成立天津民众武装总指挥部。为支持抗战，学院师生员工纷纷捐款，并组织人员打造钢盔，制造防毒面具、救护包等，捐给抗日将士。

1934 年 5 月 9 日，中共天津市委向市民发出"五九"纪念宣言，要求大家不要忘记 19 年前，北洋军阀袁世凯签订的卖国"二十一条"给中国带来的耻辱，不要忘记日军进攻天津的"余痛"；成立"抗日会"，成立"保卫天津大同盟"，自动武装起来，

保卫天津。同年5月,在党组织领导下,吉鸿昌、南汉宸等在津成立"中国人民反法西斯大同盟",出版刊物《民族战旗》,宣传党的抗日民族统一战线主张,号召奋起抗日。1934年12月8日,中华民族武装自卫会天津分会成立。

二、"一二·九"运动爱国示威

在华北危急,天津危急,祖国危亡迫在眉睫的紧急时刻,全国人民一致要求保卫领土,维护主权,反对日本帝国主义,反对"华北自治"。代表中国人民利益的中国共产党坚决反对日本帝国主义的侵略,为了挽救民族危机,中国共产党于1934年即派抗日先遣队北上抗日。

为了促进抗日高潮的到来和加强对北方抗日运动的领导,1935年8月1日,中共中央发表《为抗日救国告全体同胞书》(即《八一宣言》),号召全国人民团结起来,停止内战,一致抗日,组织国防政府和抗日联军。

《八一宣言》指出:"当今我亡国灭种大祸迫在眉睫之时,共产党和苏维埃政府再一次向全体同胞呼吁:无论各党派间在过去和现在有任何政见和利害的不同,无论各界同胞间有任何意见上或利益上的差异,无论各军队间过去和现在有任何敌对行动,大家都应当有'兄弟阋墙外御其侮'的真诚觉悟,首先大家都应当停止内战,以便集中一切国力(人力,物力、财力、武力等)去为抗日救国的神圣事业而奋斗。苏维埃政府和共产党特再一次郑重宣言:只要国民党军队停止进攻苏区行动,只要任何部队实行对日抗战,不管过去和现在他们与红军之间有任何旧仇宿怨,不管他们与红军之间在对内问题上有任何分歧,红军不仅立刻对之停止敌对行为,而且愿意与之亲密携手共同救国。"

《八一宣言》指出:中华民族已处在生死存亡的关头,抗日救国是全体中国人面临的首要任务。宣言明确提出:"抗日则生,不抗日则死,抗日救国,已成为每个同胞的神圣天职!"

《八一宣言》倡议:"一切愿意参加抗日救国事业的各党派、各团体(工会、农会、学生会、商会、教育会、新闻记者联合会、教职员联合会、同乡会、致公党、民族武装自卫会、反日会、救国会,等等)、各名流学者、政治家以及一切地方军政机关,进行谈判共同成立国防政府问题;谈判结果所成立的国防政府,应该作为救亡图存的临时领导机关。这种国防政府,应当设法召集真正代表全体同胞(由工农军政商学各界、一切愿意抗日救国的党派和团体以及国外侨胞和中国境内各民族,在民主条件下选出的代表)的代表机关,以便更具体地讨论关于抗日救国的各种问题。苏维埃政府和共产党绝对尽力赞助这一全民代表机关的召集,并绝对执行这一机关的决议,因为苏维埃政府和共产党是绝对尊重人民公意的政府和政党。"

《八一宣言》还提出了抗日救国十条具体方针：

(一)抗日救国收复失地。

(二)救灾治水安定民生。

(三)没收日帝在华一切财产、充作对日战费。

(四)没收汉奸卖国贼财产、粮食、土地,交给贫苦同胞和抗日战士享用。

(五)废除苛捐杂税、整理财政金融、发展工农商业。

(六)加薪加饷、改良工农军学各界生活。

(七)实行民主自由、释放一切政治犯。

(八)实行免费教育、安置失业青年。

(九)实行中国境内各民族一律平等政策,保护侨胞在国内外生命,财产、居住和营业的自由。

(十)联合一切反对帝国主义的民众作友军,联合一切同情中国民族解放运动的民族和国家,对一切对中国民众反日解放战争守善意中立的民族和国家建立友谊关系。

1935 年 11 月 1 日,包括河北省立工业学院在内的天津学生自治会联合发表《为抗日救国争自由宣言》。洪麟阁依照党的指示精神参与对宣言的审定。

平津十校学生自治会为抗日救国争自由宣言
(一九三五年十一月一日)

我中华人民之受困于专制政府者久矣,民国以还,国体改制,以民为主,吾民莫不三呼万岁,以为自是可得解放。乃以政客纵横,军阀混战,帝国主义者复从中挑拨,鼎革十余年,岁无宁日,人民所受之痛苦依然。

国民政府以国民革命相号召,遂于民国十五年提师北伐,南北既定,乃与吾民约法曰：

"人民非依法律,不得逮捕、拘禁、审问、处罚。人民因犯罪嫌疑被捕拘禁者,其执行逮捕或拘禁之机关,应于二十四小时内移送审判机关审问,本人或他人,并得依法请求于二十四小时内提审(二十年六月一日公布约法第二章第八条)。人民除现役军人外,非依法律不受军事裁判(第九条)。人民有结社、集会之自由,非依法律不得停止或限制之(第十四条)。人民有发表言论、刊行及著作之自由,非依法律不得停止或限制之(第十五条)。"

吾民于庆告政府政权奠定之余,相顾自幸,以为数千年专制之局,可告实际结束。国民政府与民众同休戚,必能履行约法,使吾民享受民主政治下人民所应有之最低权利。

讵料大局既安,政府诸公竟自食其言,而所谓约法者,乃不啻一纸空言。奠都以来,青年之遭杀戮者,报纸记载至三十万人之多,而失踪监禁者更不可胜计。杀之不快,更施以活埋;禁之不足,复加以毒刑。地狱现形,人间何世?九一八事变,三日失地万里,吾民岂不知尸责者谁,特以外患当前,不愿与政府歧趋。然政府则利用此种心理,借口划一国策,熬煎逼迫,无所不至。昔可以"赤化"为口实,今复可以"妨碍邦交"为罪名,而吾民则举动均有犯罪之机会矣。杀身之祸,人人不敢避免,吾民何辜,而至于斯!

北京大学学生组织"帝国主义研究会",清华大学学生组织"现代座谈会",此乃约法所 许之权利,而政府则解散之、逮捕之。著作乃人民之自由,而北平一隅,民国二十三年焚毁书籍竟达千余种以上。杜重远先生系爱国志士,竟以"妨碍邦交"而受刑事审判。此外刊物之被禁,作家之被逮,更不可胜计。焚书坑儒之现象,不图复见于今日之中国,此诚吾民所百思莫解者矣。

兹者中国国民党第四届中央执行委员会第六次全体会议即行开幕,敝会等联名具呈吁请政府,其尊重约法精神,开放言论、集会、结社自由,禁止非法逮捕学生。诚以国势如斯,凡属国民,分应共肩责任,奋起救存;桎梏一日早去,吾民即能早尽一份责任也。掬诚奉闻,诸希亮察。

《宣言》揭露反动统治者的黑暗,指出"奠都以来,青年之遭杀戮者,报纸记载至三十万人之多,而失踪监禁者更不可胜计。杀之不快,更施以活埋;禁之不足,复加以毒刑。地狱现形,人间何世?"要求国民党政府"尊重约法精神,开放言论、集会、结社自由,禁止非法逮捕学生。"抗日救亡运动的高潮即将到来。

1935 年 12 月 9 日,北平学生在党的领导下,冲破了国民党反动政府的"救国有罪""抗日犯法"的禁令,举行了英勇的抗日救国大示威。工业学院杨裕民、洪麟阁等组织学生游行示威,声援北平学生。

12 月 16 日,北平学生又举行了规模更大的爱国示威运动。消息传到天津,天津学生立即响应,于 12 月 18 日掀起了抗日救亡的怒潮。

游行队伍在预定地点——南开操场召开全市学生大会,宣布成立"天津学生联合会"，并发表了抗日宣言和通电，要求停止内战，一致抗日，允许集会、结社自由等。大会还决定 19 日举行总罢课。

在北平"一二·一六"示威后的一个星期，天津学联派代表慰问被反动当局殴打致伤的北平同学，并举行了慰问大会。在 12 月 26 日成立的平津学生联合会上，根据党提出的"到农村去""到工厂中去"的号召，决定组织"平津学生南下扩大宣传团"，深入民间，宣传抗日救国。

由于国民党反动政府的破坏，宣传团没能实现原计划。平津学生回来后，经过二十多天的筹备组织和酝酿，于 1936 年 2 月 16 日成立中华民族解放先锋队（简称"民先队"），它是党团结各阶层爱国青年进行抗日救亡斗争的核心。

学生运动的发展与深入，引起国民党政府的极端恐惧。为了扑灭抗日救亡的烈火，国民党政府开始在全国，首先在平津镇压学生爱国运动。

"一二·一八"示威后，天津的一些进步学生被学校开除。1936 年 1 月上旬，冀察政务委员会宣布取缔平津学联。

1936 年 5 月以后，华北形势日益紧张，日本在天津增兵一个旅团，加紧构筑飞机场和一些军事设施。为保守其军事机密，日军竟残忍地将强迫劳动的中国工人，大批屠杀沉尸海河，其惨状令人目不忍睹。这些兽行更激怒天津广大群众。天津市学联确定五月二十八日进行反日游行示威，以"停止一切内战，一致抗日""反对华北特殊化""反对日本增兵华北""清查海河浮尸案"为主要内容。沿途军警仅采取监视态度，未加阻止，胜利地在金钢桥会师，并在省、市政府门前进行了演说。

继"五·二八"抗日游行示威的胜利，党组织在各大学、中学建立起来，在法商学院建立了以郝金贵、南开大学以程宏毅、北洋大学以张多疆（丁仲文）、河北工学院以赵观民，扶轮中学以李占圻（李青），女师附中以王玉玲（安琳）等为主的支部委员会，并在汇文、觉民、商职、三八、津师等校发展了党的个别关系。党派遣南大沙兆豫、法商阮务德参加学联党组，南大李明义、扶轮张琪（杜文敏）参加民先党组，并建立天津学生区委员会，击败了国民党在各校的活动。

三、抗日战争爆发，被迫停课

1937 年 7 月 7 日夜，日军以一个士兵失踪为借口，要进入北平（今北京）西南的宛平县城搜查。中国守军拒绝了这一无理的要求。日军开枪开炮猛轰卢沟桥，向城内的中国守军进攻。中国守军第 29 军吉星文团奋起还击，掀开了全民族抗日的序幕。

1937年7月29日,在中国军队"天津大出击"之后,日本侵略者开始对天津市区发动了大规模的军事进攻。下午日本战机在狂轰滥炸市区的同时,驻海光寺日军开炮,第一炮击中河北省政府,紧接着第二、第三炮击中南开大学木斋图书馆。随后更多的炮弹击中南开大学的其他建筑物。此外,日军还对河北省立女子师范学院、河北省立工业学院、南开中学、河北中学、南开女中和南开小学等进行了轰炸和炮击,天津的文化教育机构与各类学校遭受了不同程度的破坏。7月30日,天津沦陷。

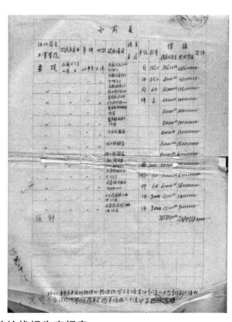

河北省立工业学院抗战损失查报表

河北省立工业学院惨遭破坏,校内的中国第一水工试验所被炸毁,历年文书卷宗、图书仪器被毁劫一空,学院被日军强行解散,改作陆军医院,教学被迫中断。同年8月,学院秘书路荫棨携带公章及经费余款到天津英租界慈惠学校暂避,并办理资送教职员转移及学生转学、借读等事宜。

路荫棨,字秀三,男,直隶邢台人,1902年生。1918年考入天津直隶公立工业专门学校预科,1919年升入应用化学专门科。1922年毕业后,即由直隶省公费派赴英国理兹大学化学系留学,1926年获理学学士学位后回国,即任北平师范大学化学教授;1927年到陕西陆军制革厂任副厂长;1928年回天津,任母校秘书兼化学系讲师,后升为教授;1936年,任工业学院代理院长。

1937年"卢沟桥事变"爆发,7月底天津沦陷后,日本侵华军司令部勒令工业学

路荫柽

院复课。路荫柽拒绝复课，同斋务课主任杨十三等在天津筹划成立"工字团"，开展抗日救国活动。

1938年3月，"工字团"成员潜赴冀东组织抗日武装，路荫柽等留在天津筹措抗日经费，购置武器及医药等军用物资潜运至冀东，支援抗日武装队伍。

1938年10月，冀东暴动失败后，路荫柽便在英租界狄更生道(今和平区徐州道)开办了"义聚和米庄"——实际上是国民党华北党政军联合办事处的联络站，一方面掩护抗日家属，一方面为华北抗日游击队作后勤供应工作。1942年春，驻津日军司令部通缉路荫柽，失去租界地保护的路荫柽潜离天津到重庆，被委任为第一战区招训分会副主任委员。1943年，他又被委任为中组部洛阳交通总站主任。

抗战胜利后，1946年3月，河北省立工业学院复校，路荫柽任院长，同时又接任国民党天津党部委员、河北省党部委员以及河北省临时参议会参议员。

天津解放后，路荫柽于1949年3月23日辞职。1950年的镇反运动中，他被捕入狱，判徒刑10年。1958年因病，具保监外就医，回天津后，于1960年病逝。

四、我校师生组建"工字团"奔赴抗日战场

1938年3月，值此国难当头之际，学校教授杨裕民(杨十三)、斋务课主任洪麟阁以及马沣、连芬亭等，带领河北省立工业学院爱国师生，在中国共产党的领导下，与"华北人民抗日自卫委员会"取得联系，并成立了该会所属的"工字团"(由学校师生组成)，参加冀东抗日联军并组成西路军，洪麟阁任八路军冀东抗日联军副司令员兼第三路总指挥，杨裕民任八路军冀东抗日联军第一路政治部主任。

这年冬季，以路荫柽为首，召集马沣(电机系主任)、杨十三、连芬亭、洪麟阁、赵显斋(校友，当时在唐山永利碱厂分销处任经理)和张秀岩等人，在英租界伦敦道伦敦里4-5号(现和平区成都道鹏程里)一起研究对策。面对学院已成废墟，与会人士仇日抗日之心异常激烈，一致认为应寻找出路，抗御外侮。后经路荫柽、杨十三、马沣三人联系，他们一同参加了华北人民抗日自卫会(简称天津人民自卫会)，这是一个地下组织，成员有王若僖(国民党人士、天津电信局局长)、路荫柽和李楚离(共产党人士)等。当时参加的人有赵显斋、洪麟阁、连以农、司可荣、杨效昭(杨十三长

女)、杨效贤(杨十三之侄)、杨效棠(杨十三次子)、杨启伦(杨十三之堂弟)、马树璐(马沣长子)和张秀岩等人。这些人在天津人民自卫会名义下组织起来,定名为"工字团",由路荫柽和王若僖负责,参加抗日联合统一战线。

1938年5月,华北人民武装自卫会党团书记李楚离,华北人民武装自卫会军事部长王仲华(原名董毓华),河北省立工业学院教授杨十三、洪麟阁等人秘密举行会议,决定发起冀东人民抗日武装大暴动。

1938年7月8日,洪麟阁、杨十三在李楚离的指导和协助下,在遵化县地北头村起义,建立了第一路军司令部和第一总队、第二总队。

冀东工人、农民和各行各业的群众纷纷走出家门,涌入抗日联军的行列。不少爱国知识分子投笔从戎,成为暴动队伍中的骨干力量。不到两个月的时间,参加冀东抗日大暴动的工人、农民、军人和各党派、各界人士等各方面力量,多达十余万人,参加暴动活动的群众有二十万人以上,遍及当时的滦县、乐亭、昌黎、抚宁、迁安、丰润、遵化、玉田、蓟县、宝坻、宁河、青龙、兴隆等县域和唐山矿区。

冀东抗日联军建立以后,兵分多路,四处出击,相继攻克乐亭、卢龙、玉田等县城和唐山矿区,占领了冀东大部分乡镇,致使北宁铁路被拦腰切断,陷于瘫痪。到与八路军第四纵队在铁厂会师时,冀东抗日联军正在积极筹划攻打滦县、昌黎等县城。冀东抗日联军开始与八路军第四纵队紧密配合,联同作战。

1938年9月1日,中共中央和北方局致电祝贺冀东抗日大暴动的胜利。"……中共中央与中共北方局今以十万分的高兴,庆祝抗日联军反日反汉奸起义的胜利及与八路军纵队的会合,并向在起义中在前线上死难的烈士及其家属,致以崇高的敬礼!"

进入10月,华北日军从武汉一带调来一个旅团,准备和部署在长城沿线的关东军、伪满军一起,用十几万兵力分七路南北夹击,东西合围,把奋战在冀东地区的八路军和抗联的部队一网打尽。

四纵党委研究决定,四纵主力准备西撤,留下3个各百余人的游击支队,坚持冀东游击战争;其他暴动队伍去平西整训的人数由各路军决定。

1938年10月10日,西撤的第一梯队行至蓟县(今天津蓟州区)马伸桥镇一带时,遭到日军激烈的炮火阻击;在山头村带领战士奋勇杀敌的陈宇寰(高志远部副司令),倒在血泊中,成为冀东暴动队伍壮烈牺牲的第一个将领。10月15日,冀东抗日联军副司令、一路军司令洪麟阁,也在蓟县(今天津蓟州区)马伸桥镇一带以身殉国。

杨裕民突破敌人封锁,幸得脱险,后辗转天津、冀中、冀南,来到山西黎城的八路军总部,朱德总司令、彭德怀副总司令亲自欢迎。1939 年 7 月 21 日,终因长期劳顿,重病积疴,在转战中不幸牺牲。

杨裕民

杨裕民,原名杨彦伦,字灿如,因其在家族众多兄弟中排行十三,故又名杨十三。

1889 年杨裕民出生在河北省迁安县杨团堡村一个殷实富裕的农民家庭。家父的影响及旧中国黑暗积弱的现实使少年杨裕民首先接受了"工业救国"的思想。1904 年即进入直隶高等工业学堂附属的实习工场做学徒,1911 年考入天津高等工业学堂附属中学实科,学习物理。1914 年,该中学并入天津南开中学。在南开中学他结识了比他低一年级的周恩来,并利用业余时间与周恩来等同学一起排练戏剧,同台演出,以爱国剧目向广大民众进行爱国主义思想的宣传。同周恩来这段短暂的同窗共读的经历,对杨裕民产生了强烈影响,进一步铸就了他反封建、反对旧礼教的叛逆性格和革故鼎新的进步意识。

1915 年杨裕民考入直隶公立工业专门学校化学正科学习,毕业之后赴美国进入梅茵大学深造获博士学位。回国之后,历经十年辛苦发明了"苇草造纸新技术",但他放弃专利权,无私地向全国推广,为民族造纸业注入了一剂强心剂。在国共第一次合作时期,杨裕民教授在家乡举办"农民讲习班""立三私立平民女子学校",积极推动革命运动向前发展。

1929 年杨裕民接受校友、河北省立工业学院首任院长魏元光邀请到母校任教,直至抗日战争爆发。在校期间,杨裕民教授积极向学生宣传抗日思想,领导学生支持声援 29 军长城抗战,1935 年反帝爱国的一二·九运动中,杨裕民和校友洪麟阁组织学生游行示威,声援北平学生。在抗日战争爆发后,他与洪麟阁共谋光复冀东事宜,参加华北人民自卫会并任委员,典卖了家里的 50 亩土地,又说服哥哥从家里拿出资金从各方面购买枪支弹药资助抗战的部队。他与洪麟阁一起发动工大师生组成"工字团"参加抗战,并带领子女在冀东组织广大群众,发动了声势浩大的冀东抗日大暴动,担任抗日联军一路军政治部主任。因汉奸告密,杨裕民和洪麟阁等百余人被3000敌人围困于玉田小狼山,杨裕民奋勇杀出重围与洪麟阁一起率队配合挺进冀东的八路军四纵队,先后攻克丰润、玉田等数座重镇,活捉日军顾问,经历大小战斗50多次,名扬冀东。后在西撤途中队伍受挫,杨裕民幸得脱险,辗转天津、冀中,矢志不渝赴平西,来到山西黎城的八路军总部,受到总部首长和当地军民的热烈欢迎。朱德总司令、彭德怀副总司令亲切会见了杨裕民。

1939年7月21日,终因长期劳顿,重病积疴,在转战途中杨裕民教授不幸牺牲于担架上,完成了自己"誓必效死疆场,马革裹尸,绝不辗转床缛作亡国奴"的铮铮誓言,终年50岁。在9月18日举行的"晋东南各界人士纪念九一八、追悼杨裕民先生大会"上,毛泽东同志题送了挽联"国家在风雨飘摇之中,对我辈特增担荷;燕赵多慷慨悲歌之士,于先生犹见典型",并为大会亲书横额"浩气长存"四个大字。朱德总司令也题赠了挽词"渤海毓雄,民族之杰,蔼蔼风仪,异质挺特;冀东义起,倭奴气摄,瞻彼真容,彪炳日月"。朱德总司令主祭,彭德怀副司令致悼词,各界人士5000人参加了追悼大会。

洪麟阁

1950年10月,在新落成的邯郸晋冀鲁豫烈士陵园举行了安葬左权将军暨杨裕民等烈士公祭大会,杨裕民教授被安葬在左权将军墓旁。

洪麟阁本名洪占勋,字麟阁,满族正黄旗人,1900年出生在河北省遵化县地北头村。从曾祖父一代起,清王室御赐洪姓,父亲洪福祺在朝廷担任司法官员,清正廉明、执法严正、刚直不阿。洪麟阁在家排行老四,因此家乡的人也称他洪四爷。1917年,洪麟阁考入丰润县车轴山中学,各门课程的成绩都是优秀。该中学有着悠久的历史和光荣的革命传统,洪麟阁在此读书期间正值五四爱国运动和新文化运动时期,洪受其影响逐渐冲破封建思想,接受革命思想,立志"纾国难,解民忧"。1921年,入直隶法政专科学校学习。1924年毕业后,在天津青年勉励会平民学校任职员。1925年,任冯玉祥部军法官。后任国民革命军第二集团军军法处长。1930年，任唐山《工商日报》总编辑，联络各界爱国人士，筹作抗日。1932年夏季，洪麟阁应好友杨裕民的邀请，与马其廷、连以农一起到河北省立工业学院任教，任斋务科科员，分管部分行政事务。他经常教育学生：我们青年人只有从小立下爱国的志向，将来走向社会才有报国的大作为，现在，到敲警钟的时候了！他以自己的言传身教，拨亮青年们的心灵之火。学校抗日爱国风气为之一变，秘密集会结社，进步学潮开始酝酿。

1935年，日寇侵吞华北，消息传来，国人疾首。没等把报纸看完，在斋务科办公室里，洪麟阁拍案而起，痛骂日本鬼子"欺我太甚""国民党助纣为虐，辱没祖宗"！面对严酷的现实，他放弃原来的"教育救国"的愿望，在大夜弥天的中国土地上踏寻新的征程。后经杨裕民同志介绍，同天津地下党组织接头，并且接受了姚依林等同志赠给的《为抗日救国告全国同胞书》（即《八一宣言》）和红军到达陕北后发表的《为日本帝国主义吞并华北及蒋介石出卖中国宣言》。1935年11月1日，包括学校在内的天津学生自治会联合发表《为抗日救国争自由宣言》。洪麟阁依照党的指示精神参与对宣言的审定。1935年12月9日，北平学生在党的领导下，冲破国民党反动政府的禁令，举行了规模更大的爱国示威运动（即"一二·九"运动），洪麟阁参与组织天津学生立即响应。

1937年，七七事变后，在天津地下党领导下，与校友杨裕民、赵观民、马沣、张秀岩等积极参加组织天津各界的抗日救国活动。经联系，他们在天津人民自卫会的名义下组织起来，公开名称"工字团"。此时，党中央派李楚离、胡锡奎到天津开展地下工作，领导民族统一战线，洪麟阁作为党外人士、社会名流，被吸收为"华北各界救国会"所属的"天津各界民众抗日救国会"的领导成员。

1938年2月，洪麟阁带着省委以华北人民武装自卫委员会名义发出的组织冀东抗日暴动的指示，回到遵化县地北头村，积极组织农民开展抗日斗争。6月，组织成立了冀东抗日联军，任副司令兼第一路总指挥。7月，率部参加了冀东抗日大暴动。后率部转战丰润、玉田、遵化等地，先后进行了小狼山、地北头、沙流河、龙山等战斗，给日伪以沉重的打击。后又率部攻克玉田县城，击毙日军数十人，伪军1000余人，并缴获了大批枪支弹药。8月，率部与八路军邓华、宋时轮支队会合，壮大了抗日武装力量。10月，率部在蓟县（今天津蓟州区）台头村与日军展开激战。战斗中，他身先士卒，奋勇督战。后头部中弹，但仍奋力扔出仅有的一颗手榴弹，几名日军应声倒地，他又多处负伤。最后自戕，壮烈殉国。当地群众把他的遗体安葬在陡峭的别山崖顶上，并把此地起名为"洪山岭"。

事后，杨裕民、连以农等同志又历尽艰辛，辗转奔赴山西八路军总部，向中央汇报了冀东抗日武装大暴动的情况，朱总司令高度评价洪麟阁"是我们革命队伍非常需要的爱国知识分子，也是我们党非常需要的军事人才"。

五、学校成立地下党支部

1936年夏，正当日本帝国主义疯狂侵略我国华北，国家和民族处于严重危难的时候，赵观民受党的委派来到天津，在河北省立工业学院以实验室助理员的身份为掩护，担任了学校地下党支部书记，投入抗战救国工作。

田野

田野，原名赵观民，曾用名赵耕田，1935年加入中国共产党，曾任河北省立工业学院地下党支部书记。

1915年5月27日，田野出生在古城保定一个贫苦市民家庭。贫困，是田野降生到人间后最初也是最深刻的感受。父亲赵培成体弱多病，失去了劳动能力，全家只靠哥哥赵国华外出做工挣来的微薄收入勉强度日。贫寒的环境，苦难的人生，不仅造就了田野顽强向上、正直不阿、坚毅执着的品性，也使他成长为思想深刻，勤奋好学的优秀少年。1931年，田野又考入保定第二职业学校化学科。1935年因成绩突出留校在化学分析室任管理员。

在担任河北省立工业学院地下党支部书记秘密工作期间，赵观民利用高等学校的人文环境，联络本院和其他高校的进步师生，组织抗日救国宣传活动，暗中为党传送信息，团结当时一批愿意参加抗日救国的教授和教师，为开展抗日战争服务。同时，发展和培养进步学生入党，为党组织输送新鲜血液。赵观民在学校工作每月有几十块钱的工资，收入不菲，但生活非常简朴，常年和学生们一起吃饭，将省下的钱都用于工作和接济生活困难的学生。因此，赵观民在工业学院不仅工作出色，而且深受大家爱戴。

1937年七七事变后，面对国土沦丧、生灵涂炭的惨景，天津人民的抗日高潮更加高涨。在天津党组织的领导下，各界人民纷纷行动起来，组织了救国会等各种形式的抗日团体。赵观民就任天津工人救国会主任兼党团书记,是天津各界救国联合会负责人之一。1938年9月,任中共平、津、唐点线工作委员会委员,负责天津、唐山和铁路沿线工作,并监管内部财务。1939年3月,任冀东西部党分委代表,下半年在平西晋察区党委党校毕业后,任冀中十分区政治部敌工科科长。1940年,任中共文安、霸县、新镇、武清四联县县委书记。同年5月,任中共冀东西部地委书记兼蓟(县)宝(坻)三(河)联合县委书记。

1942年9月,日伪军联合对冀东抗日根据地进行第五次"治安强化运动",他带领抗日游击队转移到河北省兴隆县深山区继续坚持斗争。9月19日凌晨,由于叛徒告密,他在兴隆县小沙峪沟被日伪军包围,因寡不敌众,和另3名同志一起壮烈牺牲,时年28岁。

第二节　解放战争时期师生爱国行动

一、抗议美军暴行

1946年12月24日,北平发生驻华美军强奸北京大学一女生的事件,成为引发全国范围的抗议美军暴行的导火线。12月28日,《大公报》刊登署名"一群女中学生"的来信,信中写道:"同胞们! 谁无姊妹! 谁无妻女! 谁能甘心让美军奸污! 我们向美国当局提出严重抗议! 要求惩办肇事美军,要求美军立即撤离中国!"当日,北平"抗暴联"派来学生代表,与南开、北洋两大学学生自治会商定:平津学生联合行动。

12月29日,天津南开、北洋两校学生自治联合会发表了为抗议美军暴行《告全国同胞书》。两校代表到天津基督教维斯礼堂,向来天津作"礼拜"的美国驻华大使司徒雷登递交了抗议书。30日晚,全市大、中学校代表50余人,在南开大学学生宿舍举行联席会议,成立了"天津学生抗议美军暴行联合会"。会上各校代表一致推举南开、北洋代表团组成主席团,领导全市示威游行。

1947年元旦清晨,天津26所大学、中学学生三千余人冲破重重障碍,举行抗议美军暴行大游行。游行队伍分两路,一路由北洋大学出发,有水产专科学校、河北省立工学院、女师学院等校参加,队伍由北向南进发,沿途散发传单,一路上各商店的职工主动为学生队伍的扩音机接通电源。同学们向前来观看和助威的市民宣传、演讲,控诉美军的暴行。很多市民也参加进来,抗议美军暴行的口号此伏彼起。另一路由南开大学出发,有耀华中学、南开中学、渤海中学和体育专科学校等参加。十一时十五分,南北两路示威游行队伍在市政府门前会合,开始了请愿活动。在学生的压力下,市长被迫答应了"美军立即撤退""美军当局向中国当局道歉"等项要求。

在全国人民的英勇斗争下,1947 年 1 月 17 日至 21 日,美国军事法庭不得不对沈崇事件的主犯进行审判,判处其监禁劳役 15 年。1 月 29 日,美国政府被迫宣布撤退部分驻华美军。

二、参加"反饥饿反内战"运动

由于发动内战,国民党统治区的经济危机日益严重,通货膨胀,物价飞涨。

上海、南京、成都、重庆先后发生了饥民抢米风潮。1947 年 5 月 4 日,南北各大学为继承五四革命精神,纷纷举行纪念活动。上海学生举行反内战的宣传示威,遭到国民党军警殴打和拘讯。天津地下党通过学生自治会和各社团组织,扩大举行纪念活动。在南开大学、北洋大学、女师学院、河北省立工学院都举行了大型文娱晚会,广泛吸收邻近各校同学参加。同学们通过讲演、唱反战歌曲、诗朗诵、话剧等形式共同提出"反饥饿,反内战"的口号。

1947 年 5 月 20 日,全市学生行动起来了。天津的游行队伍分成两路向市政府进发。南路以南开大学为首,有南开中学、广东中学、耀华中学、浙江中学等校学生近千人参加。北路游行队伍由北洋大学带领,途中会同河北省立工学院、水产专科学校、女师学院、体育专科学校和一些中学的同学,共约 1500 人。他们高举"华北学生反饥饿反内战(天津区)大游行"的横幅,高呼"向炮口要饭吃!""内战不停,饥饿不止!"等口号奋勇前进。两路游行队伍,均遭到袭击和镇压,多人受伤,还有多名同学被捕。

但暴行并没有使同学们退缩,他们在共产党员的号召下,一面抢救受伤同学,一面重新集结赴市政府抗议。约 400 人齐集市政府门口,闯进市长办公室,市长杜建时被迫答应学生提出的"撤除南开封锁""立即释放被捕学生""治疗受伤同学"等项要求。

1947 年 5 月 30 日,在中共北平地下组织领导和支持下,华北学生联合会第一次代表大会在北京大学召开,宣告华北学联成立。为了避免更大的流血和牺牲,华北学联决定取消 6 月 2 日的游行计划,各校在校内举行适当活动。6 月 2 日这一天,各大、中学校举行了"反内战日"总罢课,南开、北洋两校在校内举行"死难于内战、饥饿及反内战军民烈士追悼大会",结束了这次斗争。1947 年 6 月 2 日之后,各学校相继复课。

三、开展"反迫害争生存"斗争

1947 年 9 月 26 日,国民党在北平逮捕进步学生,开始对华北地区学生运动进行镇压。在天津,国民党当局开除学生积极分子,河北省立工学院、耀华中学及其他院校都有中共地下党员和学生积极分子被开除。

10 月,天津各院校的壁报栏里,大量揭露了国民党政府在各地迫害进步师生的暴行,呼吁保障民权。在这种反对迫害的声势下,传来了杭州的浙江大学学生自治会主席于子三被迫害致死的消息。噩耗传来,各学校的学生组织和社团,纷纷对国民党的暴行表示愤怒和抗议。华北学联发出 11 月 6 日华北各校进行罢课的号召,并发表了《反迫害、反屠杀、反诬蔑罢课宣言》。

在浙江大学"于子三事件"后,杭州、上海、北平、天津、南京、重庆等大城市都有大规模的学生运动。针对学生自治会在学生运动中的作用,1947 年 12 月 14 日,国民党政府教育部公布了《学生自治会组织规则》,规定学生自治会不得参加校外的团体活动,学生自治会的人选要由校方指派,学校可以解散学生自治会,等等。企图取缔学生自选的、进步的学生自治会,进而扼杀爱国学生运动。根据这个规则,1947 年 12 月 22 日,南京中央大学学生自治会首先被解散,接着,上海同济大学校要解散学生自治会,由学校指派的反动学生做候选人,这引起广大学生的反抗。上海市长派军警在 1948 年 1 月 29 日对同济大学实行镇压,造成"同济血案",数十人受伤,200 余人被捕。消息传到天津后,引起天津学生的强烈反响。天津各学校的学生社团都纷纷表态,支援同济大学学生的斗争。

在各校的要求下,华北学联于 2 月 5 日商定 4 条行动原则:正式否定教育部发布的《学生自治会组织规则》;严重抗议同济大学事件,要求保障人权;平、津各校建立联防制度,一校出事后,各校以行动支持;严厉申斥同济大学校当局。

1948 年 2 月 7 日,平津学生联合控诉大会在北京大学的民主广场举行。参加大会的除北平各大、中学校同学外,还有天津南开、北洋、河北省立工学院部分同学。平津学生通过联合行动,深刻揭露了国民党的反动本质,教育和团结了更广大的同学。

第三节　复校复课,更名河北省立工学院

一、争取校产归还复校复课

抗战胜利后,河北省立工业学院为复校进行了艰难而又坚决地交涉和斗争。当时未在天津的前院长魏元光、学院校产接收员马沣(马芑汀)及广大教职员工,为学校复校多次致函河北省政府、教育厅,发信联络各地各界校友并以集体联名、罢课、请愿的方式维护学校权益,争取校产归还。

1945年11月,河北省省府令派机电系主任马沣教授等为河北省立工业学院校产接收员,接收抗日战争期间被日本占领者侵吞的校产。

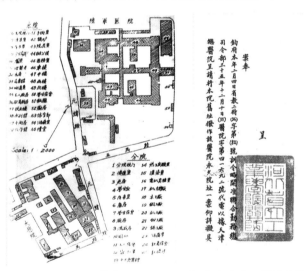

河北省立工业学院平面图　　　河北省立业工学院追还校址的呈文

1946年1月,马沣、高春芳等接收工业学院本院及分院大部分未毁校舍。2月,河北省省府批准成立"河北省立工业学院复校筹备处",马沣为主任,高春芳、王竹铭为委员。3月,复校筹备处接收原日本工业学校校舍及机械设备,并将沦陷时期存于天津中纺公司七厂的纺织实验机等亦移归学院安置。

同时,河北省府令聘学院秘书路荫柽为代理院长。因路荫柽在重庆暂不能就任,学院复校工作仍由马沣主持。

1946年4月,河北省拨发3千万元为学院开办经费。5月,天津河东中学将工

业学院在天津沦陷时期散失的《万有文库》丙五第一、二两集共 1486 册送还学院。6 月 30 日，代理院长路荫柽到任，复校筹备处结束工作。8 月，中央财政部电告学院，将天津海关所属之天津造币厂炼钢厂旧址借予工业学院为实习工厂。中央教育部保送先修班免试入学学生 6 名，这是复校后第一批学生。自军政部兵工署平津区兵工厂接收一批教学实验设备及一架报废飞机。9 月，天津市立第一图书馆送还工业学院在天津沦陷时期散失之中、西文残缺杂志 8000 余册、图书 4297 部。

1946 年 9 月 8 日，《大公报》天津版刊登招生公告《工业学院学院部招考新生十六日开始报名》："本市河北省立工业学院，复校伊始，一切积极筹备，现已大致就绪。前因部令未到，学院部暂缓招生，仅招收附设高级职业部新生百名，尚缺二十名，不足预定人数。顷开教育部准许招生电令已到该学院，拟在平津同时招考学院部化学工程、电机工程、机械工程、纺织染工程及水利工程五学系新生各三十名，并附带在津续招高级职业部织染科及化工科（制革班）新生各十名。将于本月十六至十八日报名，二十二日二十三日考试。"

因当日教育部令还未到，所以只公布了拟招生专业和新生数量。同年 9 月 16 日，《大公报》天津版再次刊登《河北省立工业学院招生》公告：

一、系别：化学、机械、电机、纺织、市政水利，各工程学系一年级各一班。

二、高职部续招机染化工（制革）各十名（仅在天津续招）。

三、报考：九月十六至十八报名，廿二、廿三考试，高职部廿四考试。

四、考区：天津区元纬路本院，北平区假和平门外国立北平师范学院。

五、资格：报考学院须高中毕业或同等学力者，报考高职须初中毕业及同等学力者。

函索简章须附邮票五十元直向本院索取。

1946 年 10 月 1 日，《大公报》天津版刊登了《河北省立工业学院新生录取名额》及入学须知。

为布告事本次录取新生应注意以下事项：

一、学院部十月六日至十日来院注册，高职部十月一日至五日来院注册，其逾期不办注册手续者除名，以备取生递补。

二、于注册期间因事不能到校注册者应于十月六日以前声请告假，但以五日为限否则除名，以备取生递补（如来信请假以收到来信之邮戳日期为凭）。

三、注册时应纳之费用如下：

1. 学费二百元（职业部免收）；

2.体育费一千元；

3.预备费一万元(多退少补)；

4.寄宿费五千元(通学生免交炉火费在外)；

5.校友会费一千元；

6.消费合作社一千元；

7.书籍、文具、制服、工厂服及缮费等均系自费。

四、注册时须填具志愿书及保证书各一份。

五、注册时须呈交原报名时之学历证件。

六、女生一律通学。

随后，各系及高职学生正式办理注册，定10月12日上午举行隆重典礼。

1946年10月9日的《大公报》天津版刊登公告："本市河北省立工业学院，奉令复员，现已筹备就绪。所有学院部各学系，既附设高职各科新生，均于上月下旬招考竣事，近已纷纷办理注册入学手续，该院将于本月十二日上午九时，隆重举行开学典礼，并请各机关各校友莅临参观。按该院创于清光绪年间，迄今已有四十三年之历史，作育人才甚众，蔚为冀省工业教育最高学府。院长路荫榕氏，衔命北归，主持复校，排除万难，不遗余力，尤为各方校友所钦爱。想届时车水马龙，必极一时之盛云。"

二、更名河北省立工学院

1946年12月，中央教育部令将河北省立工业学院改名河北省立工学院。报经中央教育部批准，市政水利工程学系改为水利工程系。魏元光院长调任中央工业职业学校任校长，代理院长的路荫榕任院长。

1947年1月，中央教育部电复，同意河北省立工学院英文校名：HEBEI INSTI-TUTE TECHNOLOGY，缩写为：HIT。河北省教育厅转发中央教育部聘书，聘代理院长路荫榕为河北省立工学院院长。

1947年2月，纺织工程学系教授崔昆圃等，代表工学院自中纺天津分公司接回天津沦陷时期被日本劫掠的一批纺织机械及实验设备。联合勤务总司令部天津陆军总医院交还占用工学院的部分楼房，计115间。天津复兴大悲院(天津河北天纬路)将工学院分院占用该寺院的土地20亩，自愿无偿奉送；产权契约即日移交予工学院。3月，汪华堂奖学金基金董事会赠予工学院学生奖学金80万元。

3月19日,河北省立工学院举行庆祝活动,纪念成立44周年。2月19日的《大公报》刊登校庆预告:"河北省立工学院以三月十九日为该校成立第四十四周年纪念日,值此胜利复员之后,新春开学伊始,该院新旧校友将于是日在元纬路第一分院举行广大庆祝,并将柬请在津中央、地方各首长既通知各地校友踊跃参加。订于上午九时起举行庆祝,午后二至四时开校友大会,四至七时游艺大会。闻已聘定各部门专长人员开始准备,届时定有一番空前盛况云。"

5月,河北省府补助本省籍贫苦优秀学生每人5万元,限额10名。6月,学院部5个学系和"高职部"5个科,各招新生30名,共招新生300名。

8月,中央教育部专案补助工学院经费3亿元。9月,河北省教育厅令将河北省立高级职业学校复员学生25人拨入工学院收容,并另行开班,按高级职业程度授课。11月,中央教育部补助工学院实习工厂生产资金1亿元;中国纺织建设公司捐助工学院经费1亿元;善后救济总署冀热平津分署配售手工工具一批。

第四节 红色基因 一脉相承

自北洋工艺学堂创立以来,红色基因便在一代代师生中赓续相承。1905年反美爱国运动、1919年五四运动、1925年五卅运动中,学校师生敢于斗争,勇于牺牲,谱写了一曲曲可爱可敬的爱国礼赞。

一、反美爱国运动

自鸦片战争以后,曾有大批华工被骗往美国西部,为资本家垦荒、开矿、修筑铁路,华工的血汗换取了当地的繁荣。1894年美国与清朝政府在华盛顿签订《限禁来美华工保护寓美华人条约》,共六款。规定:居美华工离美期限超过一年者,不得再入美境;不准华人入美国籍;居美华工都须按照美国国会通过的苛待华工条例进行登记。此约以十年为期。1904年12月,美国胁迫清政府签订的《中美会订限制来美华工保护寓美华人条款》期满,旅美华侨10余万人联名上书清政府,要求废约。美国政府悍然拒绝这一正义要求,并再度提出续订新约,激起中国各界人民的强烈愤慨,并迅速形成了一个控诉美国排华罪行,反对美国经济侵略的爱国运动。

1905年5月,上海商务总会集会,作出了不用美国货,不定购美国货的决定。

上海、南京、北京、天津、保定以及其他各地学生纷纷集会响应抵制美货,其中,天津学界表现得相当积极。6 月 10 日,近代著名教育家、敬业中学堂(今南开中学)校长张伯苓、官立中学堂校长胡玉苏等人在《大公报》上发表了《敬告天津学界同志诸君书》,呼吁学界行动起来,积极投身以抵制美货为中心的反美爱国运动,要求各学堂利用修身课宣讲美帝国主义残害华工的罪行,激发学生的爱国热情,告诫师生们千万不要购买美国货。6 月 16 日,两学堂又联合在《大公报》上刊布《小启》,指出"美人续订限禁华工条约,南省之商界、学界,倡谋抵制,咸以不购美货为最妙策。以我津郡学堂夙多爱国志士,表同情当不乏人。"敬业中学堂和官立中学堂的学生毅然发起学界集会,为"保全国体,振发民气"大造声势。

6 月 18 日下午,天津府官立中学堂、私立敬业中学堂邀请天津北洋大学堂、高等工业学堂、北洋巡警学堂、北洋医学堂、北洋陆军医学堂等近 30 所学校代表和来宾六七百人,在东门外闽津会馆举行大会。北洋大学堂马寅初、北洋医学堂金希圣、敬业中学堂陶孟和等 17 位代表在会上发表了慷慨激昂的演说。

会议在高昂的气氛中通过了十条抵制美货的办法。其中包括"凡我同人自今日始,一律不购买美货";"凡我同人皆须勉励家庭亲友一律不购买美货,并晓以不购美货之宗旨";"华厂有足资抵制美货者,宜调查而振兴之";"各学堂公举一、二人择地演说,俾众周知不购美货"等。《大公报》在 6 月 29 日发表文章称赞道:"天津一埠……兴学不过三年,而居然皆知爱国……此非我中国之大庆幸乎!"

会后,青年学生率先行动走上街头,发表演说、散发传单,深入各个店铺调查美货,列出清单,告知市民不去购买。在舆论宣传下,当时不吃美国面粉、不穿美国花旗布、不用美孚油、不吸美国烟,众所周知,蔚然成风。一些在美国教会学堂任教的教员也纷纷辞职而去。在学生大力宣传影响下,火车站及轮船码头工人拒绝搬运美货,市民拒绝购买美货,租界里的美国商店冷冷清清,无人问津,输入天津港的美国商品大幅度减少。

在抵制美货同时,提倡国货运动开展起来。在广大人民,特别是爱国师生的推动下,天津商会于 1906 年举办了天津首次商品观摩展览会,并在天后宫办了一个劝工场。对参加观摩展览的各地商品,一律实行免税,作为推动"维持国货"运动的一项措施。展览会上商品云集,琳琅满目,为后来商品的展销活动树立了范例。

在天津反美爱国、抵制美货、提倡国货运动后,天津中等、初等商业学堂相继建立,为天津培养了各种商业人才,从而促进了天津工商业的发展。

二、五四运动

1919年5月，爆发五四运动，在校学生带头响应。5月6日，"天津中等以上学生临时联合会"成立，学校机械科三年级学生谌志笃被推举为总干事。5月14日，"天津中等以上学生联合会"正式成立，谌志笃被选为第一任会长，"学联"有组织地开展集会、演讲、游行、示威、请愿等活动并提出"外争国权，内惩国贼"等口号。工业专门学校成为五四运动在天津的活动中心之一。

谌志笃（中）

谌志笃，字实生，1895年出生于贵州平远（即今贵州省织金县）一个富裕农民家庭。于1916年夏考入河北工业大学前身直隶公立工业专门学校预科，1917年升入机械专门本科，1920年暑假毕业。

1914—1918年的第一次世界大战期间，日本帝国主义者又与妄想当皇帝的袁世凯密签"二十一条"卖国条约。为了进一步从军事上、经济上控制中国，1917年和1918年，日本帝国主义又威胁北洋军阀政府签订中日军事秘密协定，并以"参战"名义借款两亿日元给北洋段祺瑞政府，亦即举世闻名的"西原借款"的一部分。1918年5月，中国留学日本的学生探悉北京军阀政府的这些卖国罪行，群起向中国驻日公使庄景珂提出质问。而卖国公使庄景珂不仅不作答复，反而报告日本警察赶到公使馆打伤并拘捕留日学生，激起留学生的更大愤怒。5月中旬，全体留日学生回国，在上海组织起"留日学生救国会"，并派代表到北京、天津、武汉各地，宣传呼吁揭露段祺瑞政府的卖国罪行及日本帝国主义的险恶野心。到天津来的"救国团"的代表是阮湘、易克嶷、王希夫。他们在天津各大、中学校作过多次的宣传演讲和座谈。谌志笃曾和阮湘长谈，详细地了解了段祺瑞政府的卖国行径，激起了对军阀政府和日本帝国主义的义愤和仇恨。暑假期间，阮湘和易克嶷由北京回到天津，同行的还有北京大学学生代表许德珩，一起到直隶公立工业专门学校（简称"高工"）来找谌志笃，邀谌同去上海、南京,与留日学生救国团负责人接洽,并联络沪、宁各校学生。谌志笃约同学张季莱同行。在沪、宁的一个多月时间里,联系了十数个大学的近百名学生,组织起"全国学生救国会"。谌志笃、许德珩等在回程中,商议今后联络和扩大组织的办法,决定由"学教会"筹备出版一种刊物,定名《国民》杂志。凡加入这个杂志社的社员,首先捐大洋五元作基金。谌志笃和张季莱回津后,联络了北洋大学的学生谌伊勋(即谌小岑,解放后为国务院参事)、李之常,水产专门学校的学生黄辉和"高工"的王朝侃等加入《国民》杂志社。许德珩在北京也联络了几位学生入社。于是,1919 年 3 月,在李大钊先生的指导下,出版了《国民》创刊号,揭露段祺瑞政府的卖国丑行。在《国民》杂志准备出版第二期的时候,划时代的五四运动爆发了,谌志笃和《国民》杂志社的社员们,一起积极投入到五四爱国运动中。

1919 年 5 月 5 日,天津的《益世报》《大公报》等各大报纸,都以大号标题报道:5月 4 日北京三千多名学生,在天安门集会,提出"废除二十一条""拒绝巴黎和会签字""收回山东权利""惩办卖国贼曹汝霖、陆宗舆、章宗祥"等要求,向北京段祺瑞政府请愿;学生在游行示威中,火烧赵家楼曹汝霖的住宅,并痛打章宗祥……段祺瑞政府镇压学生爱国活动,逮捕学生三十多人。

当时,"高工"设有一间阅报室,订有天津《益世报》《大公报》等报纸供学生阅读。由于报道了北京学生爱国活动的新闻,一时间,阅报室内挤满了争阅报纸的学生;谌志笃也在其内,见此空前状况,灵机一动,便提议由二名学生大声朗读,反复读了两遍。在场学生群情激愤,谌志笃借机向大家提出"我们怎么办"的问题,一方面激发同学们的愤怒情绪,一方面引导大家组织起来,声援北京学生的爱国斗争。在场的学生异口同声地表示赞成。谌志笃则自然地成为"高工"学生的领导核心。

5 月 5 日晚上,谌志笃、张季莱、王朝侃等,又到国立北洋大学和水产学校去串联,并同北洋大学学生张鉴暄、谌伊勋、孙毓麟及水产专门学校学生黄辉等约定,发动学生组织学生联合会,响应并声援北京学生。次日,他们又分头到南开中学、省立一中及扶轮中学等校去串联,以便组成大中学生联合会。当时,中学生们也在酝酿声援行动,于是便决定即日晚五点钟,在北洋大学化学楼下之大阶梯教室召开扩大代表会议,成立"天津市中等以上学生临时联合会"。当时,十数所大中学校的一千多名学生齐集北洋大学,阶梯教室挤不下,许多人站在周围窗前。大会开始,由张鉴暄担任主席,张鉴暄慷慨激昂地发表演说;随后,谌志笃、南开中学学生马骏、水产的黄辉等数人演说,大家一致认为,声援北京学生与卖国政府斗争,首先必须联合起来,团结一致。当场议决,组成"天津中等以上学生临时联合会"(只包括男生校)；公推张鉴暄为会长，谌志笃、马骏及官立一中学生韩致祥为副会长，"临时学联"便在这个热血沸腾的大会上宣告成立了。

5月7日，原定"临时学联"负责人开会研究行动计划，由于张鉴暄考虑到自己暑假就要毕业，怕带头搞反对政府的活动，既担风险又误"前程"，有意躲起来不到会。在会长不到会的情势下，到会的几位负责人一致推举谌志笃为"临时学联"的会长。谌志笃毅然担起了这个担子。

"临时学联"在谌志笃、马骏、韩致祥等人的领导下，先是宣布罢课三天；5月12日，在南开学校礼堂召开追悼北大学生郭钦光大会。郭钦光系因参加五四运动被军警打伤，救治无效而死。

5月14日，"天津中等以上学生联合会"正式成立，会上选举谌志笃为会长，选举马骏为副会长。"天津学联"设在东南城角草厂庵内；其内部机构为会长领导下的评议部和执行部。评议部由各校代表一人为评议员组成，实际上是决策机构，会长主持评议部工作。凡涉及会内、外的大事，首先同评议部会议讨论；议决后，评议员即分头转达到本校学生会执行。副会长马骏主持执行部，负责组织学生集会、游行、示威、请愿及街头演讲、宣传等活动。

"天津学联"成立后的第一个大行动，是声援北京学生运动，全市大中学校无限期总罢课。为此，谌志笃主持评议会，严肃而紧张地反复讨论了一整天，并采取评议员逐一发言表态的办法，统一意见，增强首战必胜的信心。最后决定自5月23日起，全市大中学重复实行无限期总罢课。"高工"学生会在谌志笃、张季菜、王朝侃等学生骨干的率领下，于5月22日率先实行全校大罢课。5月23日，全市十五所大中学校一致实行罢课，其后，便有组织地进行游行、示威、请愿和街头宣传以及查禁日货等一系列活动。

在"天津学联"的带动下，天津各界——工商、新闻、教育、宗教等各联合会相继成立。6月18日组成"天津各界联合会"以壮大声势。谌志笃与马骏被推举为总干事。

自6月初，五四运动在天津高潮迭起。"学联"组织学生游行示威，到直隶省长公署要求省长曹锐代电段祺瑞政府下令，严办卖国贼曹汝霖、陆宗舆、章宗祥，收回山东权利，拒签巴黎和约。曹锐非但不予答复，反而采取恐吓手段，并派武装军警，在"高工"等大中学校门口左右，各搭哨棚一座，监视学生行动，不准学生自由出入。而学生们化整为零，有的则采取避开警哨越墙而出，然后在指定地点集合，继续集会、游行、示威、请愿等活动。军警当局无可奈何，不久便将哨棚拆除、岗哨撤走。

"天津各界联合会"中,最活跃、最激进的当属"学联"。因此,省府当局便阴谋采取令各大中学校提前放暑假的手段,企图瓦解学生运动。然而,这一手并不灵,学生们放假不离校。特别是"高工"学生,尽管大部分学生家在外省市,可全校293名学生,只有十数人离校,绝大多数学生继续积极参加"学联"组织的各种活动。7月初,"学联"决定查禁日货,"高工"竟有200多名学生参加。8月初,"学联"组织起3000多学生请愿团到北京请愿。暑假期间,仅由"高工"组织的街头宣传队就有20多个,每天都在大经路(即今中山路)金钢桥口及天、地、元、黄等各路口作宣传。围城的四条马路上,也到处都是"学联"各校的宣传点。

　　7月初,谌志笃偕同谌小岑和直隶公立工业专门学校学生黄正品(即黄爱)到东马路青年会内,同从日本归来的周翔宇(即周恩来)会面。谌志笃代表"学联"邀请翔宇主编《天津学生联合会报》;翔宇慨然应允。谌志笃即请谌小岑和黄正品协助翔宇办报。7月21日,《天津学生联合会报》创刊号便问世了,日销量万余份。

　　在学生运动的冲击下,省府当局如坐针毡,又不敢贸然采取镇压手段,于是指派奸人制造谣言,企图从内部瓦解"学联"的团结,诬蔑说"学联"负责人如此卖力地反对政府,是因暗中接受了"卢布"。为了"学联"内部的团结,并揭穿奸人造谣惑众的阴谋,"学联"于6月19日在南开学校礼堂召开学生代表大会,谌志笃、马骏等义正词严地驳斥了谣言。谌志笃在极度激愤之下,断指血书:"学生作事,纯本天良,不为势迫,不为利诱"。他的爱国斗争决心,使与会学生深受感动,从而使"学联"内部较前更为团结。

　　在组织"学运"的过程中,学生领袖逐步认识到,开展声势浩大的斗争活动,应该有一个少数骨干组成的指挥核心。于是,酝酿成立一个社团,起名觉悟社。9月16日,天津觉悟社在"学联"办公地草厂庵宣告成立了。周翔宇(周恩来)、谌志笃、马骏及女界联合会的刘清扬、邓文淑(邓颖超)、张若茗等10名男学生和10名女学生作为发起人,以示男女平等。觉悟社与"学联"在一起办公,觉悟社成为学生运动的领导核心。

　　为了冲破男女授受不亲的封建传统观念,同时便于统一领导,觉悟社社员决定,建立男女学生联合的"新学联"。12月10日,在南开学校礼堂召开"新学联"成立大会。"新学联"改会长负责制为委员会制,谌志笃被选为总务委员会委员长,兼任评议部主任。自此,男女学生联合,共同行动。此举,受到李大钊先生的高度评价和支持。

　　1920年1月,天津发生了"一·二九"血案,这是"五四"运动以来天津发生的最大的流血案件。"新学联"成立后，男女校学生合力查禁日货。北马路魁发成灯具店等老板勾结日本浪人出面干涉学生检查，并打伤了几名学生。"杨梆子"(警察厅长杨以德)不仅不惩办奸商，反而大肆逮捕"各界联"会长马千里及马骏等多人；同时还封闭了"各界联"及"学联"，"学联"被迫转入地下。为此，觉悟社社员秘密集合在"维斯理堂"(在旧法租界)地下室开了三天会研究对策，并准备奋斗牺牲与反动政府流血拼命。1月29日，觉悟社领导人周翔宇、谌志笃、邓文淑、张若茗等决定再一次在省长公署门前举行请愿大会，要求释放被捕的各界代表，并要求启封各界联合会和"学联"。这时，反动政府的狰狞面目更加凶恶地暴露无遗，当场又逮捕了周翔宇、郭隆真、张若茗和于兰渚(即于方舟)等代表，并打伤50多名请愿学生，金钢桥头到处血迹斑斑。这就是"一·二九"血案。至此，天津警厅已先后逮捕了各界代表24人。

形势急转直下，多数学校声明退出"学联"，只有谌志笃、邓文淑等少数"学联"骨干坚持狱外营救。他们在狱外征集24人签名，要求替换坐牢，警察厅不准。4月7日，警厅以刑事案将被捕代表移送天津检察厅，罗织"罪状"准备依"法"审判。谌、邓等及时请到天津律师张务滋、钱俊、兰兴周，又请到北京名律师刘崇佑作辩护人，律师们在辩护书中谴责当局的违法行为。迫使检察厅和地方审判厅无可奈何地以拘押期间已经抵足刑期为遁词，当庭"宣判"释放全体代表。代表获释时间是1920年7月19日。五四运动在天津，至此也告一段落。

1920年9月16日，天津觉悟社召开年会，在津社员14人参加。谌志笃虽于暑假毕业，但因营救被捕代表，并未离津，坚持参加了年会。根据运动发展的形势，觉悟社社员决定自动解散，社员分别进行活动，以寻找救国的途径。为了便于社员之间的联系，社员们用自然数拈阄，其谐音作为社员的代号：邓文淑抽得1号，谐音"逸豪"；周翔宇拈得5号，谐音"伍豪"；谌志笃拈得50号，谐音"武陵"……10月初，周翔宇决定到欧洲勤工俭学，谌志笃陪送周翔宇到汉口，并作《别的疑问》长诗一首相赠，两人挥泪作别。"伍豪"在欧洲，与"武陵"常有书信往来。

谌志笃送走周翔宇后，便回贵州故乡，曾出任贵州省实业厅技正(主任工程师)，后又任贵州省国货陈列馆馆长。1949年中华人民共和国成立，周恩来任政务院总理，得知老朋友谌志笃仍在贵州，曾邀谌志笃和谌小岑等到北京工作。谌小岑到国务院任参事；而谌志笃自称年届花甲，执意留在贵州省工作，直至退休。

1919年7月中旬，谌志笃在东马路青年会，会见周翔宇(即周恩来)并邀其主编《天津学生联合会报》，翔宇欣然应允。9月12日，"全国联合会"天津总干事谌志笃、马千里在"维斯理堂"开会,组织第二次进京请愿团,本校学生黄爱(亦名黄正品)参团。

黄爱(1897—1922),原名正品,号建中,常德县芦荻山小井港人。湖南工人运动领袖,革命烈士。

黄爱少时入德山求实小学、清真高小读书,后因家庭贫困而辍学,到商号当学徒。1913年秋考入湖南甲种工业学校机械科,毕业后到湖南电灯公司当技工。他有志于工业救国,又考入天津直隶公立工业专门学校。

黄爱(右一)

五四运动爆发后,在天津参加反帝爱国斗争。在天津学联执行部、《天津学生联合会报》工作,与周恩来、谌志笃等一同战斗。加入觉悟社,成为觉悟社首批成员之一,随觉悟社和天津学联请愿团赴京向北洋政府示威,要求释放被捕代表、惩办卖国贼。他在北京加入工读互助团,继续在北京、天津等地从事工人斗争。

1920年9月回到长沙,与庞人铨等组织湖南劳工会,以"团结工人,改造物质的生活,增进劳工的知识,谋求工人福利"为宗旨,发动工人起来为争取自己的权利和自由而斗争。11月22日《大公报》报道了湖南劳工会成立的盛况,参加的会员有两千人,公推他为大会主席,宣读了湖南第一纱厂劳工会简章,并任湖南劳工会驻会干事和教育部主任,在发动湖南第一纱厂工人进行正义斗争时,被反动军阀政府关押42天。他出狱时向工友们表示:"我的生命,终必为劳动运动一死!"湖南劳工会在湖南首次纪念五一国际劳动节,发动了上万工人,打出了"劳工神圣""不做工者不得食"的口号,产生了很大的社会反响。湖南劳工会创办了《劳工周刊》、工人夜校、女子职业学校,以促进劳工们阶级斗争的觉悟,实行劳动组合,团结起来争取工人的幸福,会员发展到7000人。

1921年中共一大之后,在毛泽东的帮助下,他和庞人铨由倾向无政府主义转而信仰马克思主义,加入了中国社会主义青年团。他接受毛泽东的建议,对湖南劳工会进行改组,并任执行委员会书记部委员。湖南劳工会从此纳入中共湖南省支部指导的工人团体之列,标志着湖南工人阶级由自在的阶级转为自为的阶级。

1922年1月13日,湖南第一纱厂工人发动大罢工,遭到反动军阀政府的残酷镇压,他和庞人铨闻讯后立即赶到现场指挥,代表工人向反动军阀政府交涉。反动军阀政府对他长期以来从事工人运动恨之入骨。1月16日夜,赵恒惕便派军警包围劳工会,将黄爱、庞人铨逮捕。因他和庞人铨在工人中享有较高威望,军阀当局未经审讯,第二天(1月17日)清晨,即将黄爱和庞人铨在长沙浏阳门外惨杀,他被砍三刀后仍奋力高喊:"大牺牲,大成功!"时年25岁,遗体公葬岳麓山。

黄爱和庞人铨殉难的消息迅速传遍全国,引起工人阶级和全国人民的无比愤怒。毛泽东立即在长沙举行两次追悼会,发行纪念特刊,迅速把湖南工人运动和群众斗争推向高潮,同时还策动在上海等地进行追悼烈士、抗议暴行斗争。中国社会主义青年团发表《为黄、庞被害事对中国无产阶级宣言》。1922年5月1日第一次全国劳动大会特作出决议,把每年1月17日定为黄爱、庞人铨殉难纪念日。中国共产党总书记陈独秀向共产国际报告:"因反对太平洋会议,鼓吹承认苏维埃俄罗斯的示威游行及参加纱厂罢工,青年团员黄爱、庞人铨二人被督军所杀。"邓中夏称颂他们是工人阶级牺牲的英雄。周恩来在德国得知黄、庞二烈士被害,愤怒地写下《生死别离》一诗,决心用鲜血来浇灌"共产花开",让"赤色的旗儿飞扬"。李大钊在《黄庞流血记序》中写道:"黄、庞两位先生的死,不是想作英雄而死,亦不是想作烈士而死;乃是为救助他的劳动界的同胞脱离资本阶级的压制而死,为他所信仰的主义而死。因此我乃对他们的殉死表无限敬意。""中国社会运动史的首页,已由黄、庞两先生用他们的血为我们大书特书了一个新纪元!"

1922年3月12日,中国社会主义青年团天津支部成立,本校学生吕一鸣当选为出版部主任;并于5月5日代表天津赴广州出席了中国社会主义青年团第一次全国代表大会。

1923年5月4日,中国社会主义青年团天津支部在本校礼堂组织纪念"五四运动"四周年公开讲演大会。蔡和森作"发扬五四精神"的学术报告。

1924年3月9日,中国社会主义青年团天津地方执行委员会成立大会在本校学生餐厅举行。本校学生李廉棋当选为执行委员;卢硕棠(又名卢绍亭)当选为候补委员,主持地委日常工作。本校支部书记为杨凤楼(学生),时有团员5人,4月即转为中共党员。秋,卢硕棠在下瓦房耦耕里创办"平民学校",发展裕元纱厂工人司呈祥等入党,并组织红色工会。11月24日,中国社会主义青年团本校支部组织百余名学生参加迎接孙中山先生北上欢迎大会。

卢绍亭,直隶公立工业专门学校的学生。

1901年5月12日,卢绍亭出生在京东平原中部的直隶省宁河县(今河北省丰润县)岳实庄一个世代农耕的贫穷家庭。1916 年,就读于丰润县车轴山中学。四年的中学生活,使卢绍亭成长为一个意志坚强、思想进步的热血青年。他和同学一起,常以温习功课之名,秘密集会,学习和宣传马克思主义。由于卢绍亭思想激进,为人正直,博览群书,口才出众,因此常常发表演讲,自然地就成为了学生领袖。

卢绍亭

1919 年五四运动爆发,震动了车轴山中学。卢绍亭听到这个消息,毅然投入到这场轰轰烈烈的斗争当中。他在进步学生的秘密集会上振臂疾呼,号召大家组织起来,开展声势浩大的反帝爱国运动。毕业前夕,他曾向同学坦言自己的理想:到北京、到天津等大都市上大学,投身到火热的社会生活中去。正是在这火热的氛围中,卢绍亭带着家人的殷殷嘱托,带着他的美好理想,考入直隶省立工业专门学校,成为机械系的一名大学生。入学不久,他便积极投身于五四运动之中,成为天津学联成员,与同乡好友于方舟一起,组织领导学生参加示威游行,发动各界人士抵制日货。卢绍亭以他果敢的行动和进步思想赢得了同学和战友们的爱戴和尊敬,并作为学校代表参加了天津学联的领导工作。在于方舟的影响下,卢绍亭加入了新生社,1920 年冬,改组为于方舟领导的社会主义青年团,他与安幸生、李培良、张太雷、谌小岑等同志一起成为天津最早的一批团员。

1924 年 3 月 9 日,中国社会主义青年团天津地方执行委员会成立大会在卢绍亭的母校直隶公立工业专门学校礼堂举行,于方舟、邓颖超、卢绍亭等十人分别被选为执行委员和候补委员,卢绍亭分工驻机关负责联络工作。同年 4 月,中国共产党天津地方执行委员会成立,卢绍亭此时加入党组织,继续驻机关负责联络工作。

在革命斗争中,党的领导是无所不在的。卢绍亭在做好机关工作和工运工作的同时,还担任着反帝国主义联盟天津分会、天津国民会议促成会、国民外交协会等团体的领导人。

1925 年 9 月,根据中共北方区委的命令,卢绍亭被派往京绥铁路线东段开展铁路工运,公开身份是京绥铁路总工会南口分工会秘书(领导职务)。他奔走于南口、昌平、延庆、北京郊区等一些农村,建立起一批农村党的基层组织。

1926年,北京"三一八"惨案后不久,因工作需要,卢绍亭调到张家口工作,任中共张家口地方执行委员会职工运动委员会书记,负责张家口地区总工会工作。

1926年,根据革命的需要,包括李大钊在内的200多位共产党人先后参加冯玉祥部国民军联军,后转战于内蒙古、宁夏、甘肃、陕西等地。

1927年7月,冯玉祥下令"清共",根据党组织安排,卢绍亭和一批共产党员脱离冯部潜入陕西关中东部农村从事地下工作,改名廉益民。后来辗转于三原、高陵、蓝田一带。

1928年5月,中共陕西省委领导的渭华起义烈火点燃,卢绍亭坚决执行省委决定,随部队到达起义中心地区——华县高塘原。部队整编成立了工农革命军,卢绍亭任军委委员兼工农革命军政治部主任。6月20日,部队向秦岭山区撤离,卢绍亭随司令部一起为中路,沿山路边打边退,因敌众我寡,伤亡较大,卢绍亭呼喊战斗口号,鼓励战士振作精神,顽强战斗。不料,身负重伤,他考虑到情况紧急,拒绝用担架抬他后撤,说服前来为自己包扎伤口的卫生员,把他隐蔽在附近的草丛中,等天黑夜幕降临时爬出去,但终因失血过多而光荣牺牲。

三、五卅运动

1925年1月,党的四大提出了无产阶级在民主革命中的领导权问题,决定加强党对工农群众运动的领导。四大以后,革命群众运动,特别是工人阶级反帝斗争迅猛发展。

1925年2月起,上海22家日商纱厂近4万名工人为反对日本资本家打人和无理开除工人,要求增加工资而先后举行罢工。中共中央专门组织了领导这次罢工的委员会。

1925年5月间,上海、青岛的日本纱厂先后发生工人罢工的斗争,遭到日本帝国主义和北洋军阀的镇压。上海内外棉第七厂日本资本家在5月15日枪杀了工人顾正红,并伤工人十余人。29日青岛工人被反动政府屠杀8人。5月30日,上海二千余学生分头在公共租界各马路进行宣传讲演,一百余名遭巡捕(租界内的警察)逮捕,被拘押在南京路老闸巡捕房内,引起了学生和市民的极大愤慨,有近万人聚集在巡捕房门口,要求释放被捕学生。英帝国主义的巡捕向群众开枪,打死打伤许多人。这就是震惊中外的五卅惨案。6月,英日等帝国主义在上海和其他地方继续进行屠杀。这些屠杀事件激起了全国人民的公愤。广大的工人、学生和部分工商业者,在许多城市和县镇举行游行示威和罢工、罢课、罢市,形成了全国规模的反帝爱国运动高潮。

1925 年 6 月,自 4 日起,本校学生参加"五卅运动",响应"学联"紧急会议决定,立即罢课。6 月 7 日,"学联"第九次代表大会在本校物理化学实验室召开,28 所大中学校的 80 余名代表到会。6 月 9 日,本校学生会在《益世报》上发表"高工后援会宣言书"以声援沪案;并派代表 16 人去省长公署请愿。6 月 30 日,杨凤楼等组织学校全体学生参加天津"各界联合会"组织的"六三〇总示威",以追悼沪、汉、湘、粤惨死同胞。8 月 16 日,直隶警务当局,悬重赏缉捕学生领袖杨凤楼等"各界联"骨干。

第四章　泽惠朝阳　风雨沧桑

第一节　天津解放恢复开学

一、中华人民共和国的文化教育为新民主主义的，即民族的、科学的、大众的文化教育

1949 年 9 月 29 日中国人民政治协商会议第一届全体会议，一致通过了《中国人民政治协商会议共同纲领》（以下简称《共同纲领》）。《共同纲领》总结了我国近现代革命斗争的历史经验，集中反映了我国各族人民的意志和利益，在我国历史上起了临时宪法的作用。同年 10 月 1 日，中华人民共和国正式成立，同日毛泽东主席发布政府公告，宣布中央人民政府一致决议接受《中国人民政治协商会议共同纲领》为本政府的施政方针。

《共同纲领》关于新中国文化教育的性质任务、方针政策的表述和规定，反映了在新的历史条件下党中央和毛泽东关于文化教育的一贯思想。《共同纲领》第五章文化教育政策规定："中华人民共和国的文化教育为新民主主义的，即民族的、科学的、大众的文化教育。人民政府的文化教育工作，应以提高人民文化水平，培养国家建设人才，肃清封建的、买办的、法西斯主义的思想，发展为人民服务的思想为主要任务。"

二、天津解放恢复开学

1949 年 1 月 15 日，天津解放。中国人民解放军天津市（区）军事管制委员会成立。黄克诚任主任，谭政、黄敬任副主任，并发布第一号布告，宣告奉行中国共产党的城市政策，遵照解放军平津前线司令部《约法八章》，对本市实施军事管制。军管

《人民日报》关于庆祝天津解放的报道

会为军事管制时期全市最高权力机关,统一全市(区)军事、政治、经济、文化等管制
事宜。

中国人民解放军天津市军事管制委员会文教部派程懿武、赵进田(均为工学院
校友、解放战争中参加人民解放军)为军代表接管河北省立工学院。全校师生敲锣
打鼓、载歌载舞列队欢迎。

1949年1月21日,军管会文教部邀请本市各国、省立大学、专科及中学教职员
举行座谈。该会由文教部部长黄松龄、副部长王阑西主持。

河北省立工学院院长路荫枬与南开大学秘书长黄子坚、南大政经学院院长鲍
觉民、北洋理学院院长陈荩民、法商教务主任沈矩如、水专制造科主任刘伦及省立
天津男中、女中、省师、女师、保定高工等校二十余人应邀参加。

首先由各校负责人报告各校的情况与复课时所遇到的困难。在发言中,大家
谈及各校在战争中所受损毁情形,其中以南开、法商、省立天津中学等较重,其他大
部学校亦复如此。其次,教职员工一月份薪资大半未发,因此目下生活甚感困难。

最后由黄松龄同志讲话。他首先向大家致以亲切的慰问，继阐明中国共产党对于文化教育及知识分子的政策。他说：我们对于文化教育工作是极其重视的；对于教授、专家、作家、知识分子，是一贯抱着欢迎、尊重、团结的态度的。这些人都是国家的财富，为建设一个新民主主义的中国所不可缺少的。因为培养一个大学生或是一个教授和专家，都需要很长的时间，所谓"十年树木，百年树人"，绝非易事。同时，我们希望教授、专家和一切知识分子，能以其所学为人民服务，为支援战争，彻底打垮蒋介石的反动统治和培养后一代贡献出自己的全部力量。关于文教部对各文教机关学校所采取的原则，黄部长指出：我们的主要原则是维持原校；但少数的为国民党所设立的特务学校，决予以解散，不能容许其继续存在。过去各校之反动课程，如公民、党义、伦理学等一概不能教授。各校的训导制度和军训，为束缚同学思想的工具，应予以取消。总之，我们要力求是非分明。最后黄部长说："我自己过去曾在北平教过很长时间的书，与各位先生可算同行，今后各位如有问题，希望能多谈。至于教职员，一律保持原职原薪，各校现有负责人一律照旧，希望认真地负责下去筹划各校复课事宜。"

天津解放后，在军事管制委员会领导下，全市公私立大、中、小学校三百九十四处，截至 1949 年 2 月 5 日，已有三百五十余处正式复课，到校学生据不完全统计，已达十三万，约占原有学生数百分之九十。在已经复课的学校中，包括北洋大学、河北省立工学院、省立女师等六个公立专门以上学校，私立达仁学院和省中、市中等九个公立中学，南开、耀华等三十四个私立中学以及三百多个公私立小学。南开大学已定七日复课，河北医学院、私立津沽大学等校，也定本月内陆续开学。各公立大、中学校到校的教职员学生，占原有人数的百分之九十左右。河北省立工学院原有教职学生，已全体到校。省立水产专科学校及省立男中学生，也已全部到校上课。许多私立大、中、小学校，正纷纷招生。

三、教职员发表宣言"拥护毛主席八项主张"

1949 年 2 月中旬，河北省立工学院、法商学院、女师学院、医学院、水产专科学校教职员 272 名，联名发表宣言，一致拥护毛主席 1 月 14 日所发表的对时局声明，原文如下：

平津解放，南京上海不久解放，全中国不久也就解放，从此脱离了黑暗的地狱，重见了光明的太阳。

当人民解放军在东北树立了光辉的战绩,入了榆关,逼近平津时,国民党大字号的战犯蒋介石,被迫的在元旦发出了文告,提出了伪装的和平。他希望骗取时间延缓人民解放军的强大进攻,暗中积极布置残余军事,以图实现侥幸的阴谋。这套旧戏法,早已无人愿意看它,不过又宣示自己手法的卑鄙与龌龊而已。

我们毛主席为了实现真正的和平,使国民党匪军放下武器,停止顽抗,得以早日建设新中国,于十四日发表对时局宣言,提出八项正义光大的主张。在反动政府将要走入尚未走入绝路以前,明示出一条正路,使它有所遵循,绝不可能再有丝毫的宽假。

八路军抗日,八年血战,完成了历史上未有之光荣,平津两大都市反为无耻的国民党军攫取了胜利的果实,卖国的蒋介石又与美国帝国主义勾结,枪口向北,以美国新式的装备武器,残酷的向人民进攻。我们又陷在黑天暗地之中,所见的无非是骑在人民脖子上的强盗官僚,反人民,反民主的豪横罪行,一直又被压迫了三年。东北锦州、长春、辽西、沈阳解放已使我们闻讯色喜了,继而人民解放军包围了天津,我们心里替英勇的武士们向市内打枪,解放,解放好似洪流奔向南方,为了永久和平,从此以后再也没有战争,我们一致拥护毛主席的八项主张,将革命进行到底,彻底消灭土崩瓦解的蒋匪军,使其残渣余滓,不要再有浮泛的机会。大胜利即将完成,解放不久普遍全国的时候,我们以为部分的意见集合即成全国人民意见,特再对毛主席的八项主张郑重表示拥护到底。

四、天津市学生联合会成立

1949 年 4 月 1 日,天津市学生第一届代表大会在甘肃路南开女子中学校大礼堂隆重揭幕。昨日下午二时在南开女中举行大会预备会,到南开大学、北洋大学、河北省立工学院等大中学校 62 个单位,代表 122 名,全国学联指派的代表丁力、顾光顺二人亦出席指导。开会后,学联筹备会常务委员会主席杨用尧即首先宣布"天津市学生联合会筹备会"即日起结束,并宣布"天津市学生代表大会"正式成立。继由常委会代表报告从 2 月 18 日筹备会成立到现在的筹备经过。旋即转入议程,对大会的议事日程、议事规则、会场规则及代表资格审查条例,皆经各代表讨论通过,并选出北洋大学、南开大学、河北省立工学院、私立广东中学、私立南开中学、市立女子中学和市立第一中学等 7 个院校为大会主席团。

4 月 4 日,天津市学生第一届代表大会闭幕。在过去 4 天中,大会通过了"天津学生运动的当前任务"和"天津学生联合会章程"，并民主选出执行委员会，正式成立天津市学生联合会。

大会选出之天津学生联合会执行委员名单如下（以票数多少为顺序）：刘焱（南开大学）、吴隆文（北洋大学）、徐淑珍（塘沽中学）、任本则（广东中学）、李振馥（河北省立工学院）、李寿晋（南开中学）、毋兴元（津沽大学）、王文秀（圣功中学）、禹明武（扶轮中学）、吴向梅（志生中学）、杨景芬（省立女中）、郑鹤仪（女师附中）、宋云茹（市立女中）、刘铁锋（市立一中）、杨玉琳（耀华中学）、杨绍康（省立男中）、宋蓬（志达中学）。

后补执委 2 人：张捷英（中央护校），孙以瑜（河北省立医学院）。

五、任命赵今声为河北省立工学院院长

1949 年 3 月 31 日，军管会文教部已准河北省立工学院原任院长兼附属高职校长路荫楱辞职，并派该院水利系主任教授赵今声暂兼教务主任，并暂行代理院务；数学教授李鉴波暂兼总务主任，原总务主任黄怀信解除职务。制图羡书剡暂兼附属高职部主任。7 月，天津军管会文教部任命赵今声为河北省立工学院院长。

赵今声，原名玉振，男，汉族。1903 年 6 月 14 日生于直隶省（今河北省）束鹿县（今河北辛集）。

1921 年保定育德中学毕业后，赵今声考入天津北洋大学预科。1922 年考取直隶省公费留学香港大学土木工程系，1926 年毕业，获一级荣誉工学士学位。1927 年到北加里曼丹的沙捞越油田公司任测量员。

1930 年回大陆后，先后到沈阳东北大学、保定育德中学、河北省立工业学院任教，1934 年聘为副教授。1937 年七七事变后，到西安西北临时大学任土木系教授。1938 年 9 月任西北工学院教授兼总务长。

1946 年初，由西北工学院选派赴美国密执安大学研究院进修港口工程，1947 年秋回

赵今声

国后,任河北省立工学院水利工程系教授、系主任。

天津解放后,1949 年 3 月由天津市军事管制委员会文教部任其为河北省立工学院教务主任、代理院长;7 月,被任命为院长。

1951 年 8 月,河北工学院与北洋大学合并为天津大学,任校务委员会副主任兼秘书长;1952 年,任水利工程系水道及港口水工建筑物教研室主任;1964 年,国务院任命为天津大学副校长。"文化大革命"后,1978 年仍复职天津大学副校长。1982 年,退居二线,专任教授。

赵今声是有名的水道及港口工程专家。多年来,他为解决天津新港回淤、秦皇岛港扩建工程、渤海石油公司基地码头改造、南海石油勘探指挥部广西铁山湾连港工程以及连云港、石臼港、岚山港、马尾港、厦门港东渡码头等的改造工程,均作出了很大贡献。并曾主编《港口工程》教材,出版《海湾及河口动力学》专著。他指导研究生关于波浪潮流作用下的流沙运动、沿岸输沙、海洋及河口港的淤积问题和防淤减淤措施等,写成论文 25 篇,出版《赵今声论文集》。

1952 年加入中国民主同盟,历任民盟中央常委、天津市主任委员。

1978 年加入中国共产党,是中共天津市第四、第五届代表大会代表;中共天津市政治协商委员会党组成员。

曾任全国人民代表大会第三、五、六、七届代表;河北省第一、二、三届代表及第三届人民政府委员;河北省政协第一、二届常务委员;天津市政协第一届常委、第二、三届秘书长,第四、五、六、七、八届副主席。

曾担任天津市水运工程学会理事长,天津市水利学会副理事长,天津市自然辩证法研究会主任委员,天津市科学技术协会副主席,全国科学技术协会第三届常务委员,中国海洋学会第二届副理事长等职务。

1949 年 8 月 6 日,本市河北省立工学院及水产专科学校,原归军管会文化教育部领导。兹奉华北人民政府令:决定将该两校拨归华北高等教育委员会领导,该会即派员前来接收。

1949 年 5 月 1 日,赵今声院长在当年编辑出版的毕业纪念册序言中写道:

一九三七年七月暴敌入侵,本校陷于中断。一九四五年日本投降,本校重光。复校后,有学生毕业,这还是第一次,所以特别值得纪念。尤其当着南京已经打下,全国解放在望之际,使我们更为兴奋。但是毛主席指出:"从中国境内肃清了帝国主义、封建主义、官僚资本主义和国民党的统治(这是帝国主义、封建主义和官僚资本主义三者的集中表现),还没有完全解决建立完整的工业体系问题,只有待经济上获得了广大的发展,由落后的农业国变成了先进的工业国,才算最后地解决了这个问题。"所以今后的中心任务,是建设工业。除了完成上述任务,每个国民都须节俭生活,努力生产,才能累积下资本,树立起工业。我们吃苦的日子,亦还许有十年到十五年。但苦尽甘来,到那时我们就可过着较比舒适的生活了。我们都是学工程的,更应该多分担一点工作,本着本校一贯的勤俭朴素作风,努力人民服务。并且要知道在学校所学的书本上知识,是很有限的,万不可骄傲自满,到了工厂工地,应该继续虚心地学习,然后慢慢地才能把自己训练成一个好技师,而提高了工作的效率。

第二节　更名河北工学院

一、教育部批复更名"河北工学院"

1950年3月30日,中央人民政府教育部召开第一次全国高等教育会议,院长赵玉振与会。会议确定了高等教育的方针、任务;同时,就领导关系、院系调整等问题进行了研究。

1950年9月8日,中央人民政府教育部发高一字第735号文批复:河北省立工学院更名"河北工学院";原附属之高级工业职业学校改名为"河北工学院附属工业学校"。

二、"第一个国庆日"全体师生"上书毛主席"

天津市河北工学院全体师生上书毛主席,保证搞好学习练好身体,争取在新中国建设工作中作一个坚强的干部。原信如下:

敬爱的毛主席:

我们河北工学院全体师生员工在全国人民欢欣迎接第一个国庆日的时候,谨向你致以最崇高的敬礼,并保证搞好教和学及一切应该做的工作。

一九四九年十月一日,你用震撼世界的声音,庄严地宣告中华人民共和国的成立。从此,中国人民站立起来,真正作了主人。一年来,全国大陆已基本解放,经济逐渐走向好转,并开始进行了全国范围的土地改革运动,这些光辉成就,都是由于你的英明领导所换得的胜利果实。在这里,我们再一次地坚决保证:一定加强技术和政治的学习并搞好身体,全心全意为人民服务。

现在我校全体师生员工都投入紧张学习工作的热潮中,把学得的理论用之于实践。在暑假期间,全校四十余位工友,自动为学校修缮了学生宿舍和漂染实验室,给国家节省了七千多斤米。教授们也根据高等教育会议的决议,在开学以前,作完了本学期的教学计划,并分别开始组成教学研究指导小组。全校同学上学期的成绩平均增加了 1.75 分,以后将以更高的努力和决心,搞好学习,练好身体,争取在新中国建设工作中作一个坚强干部,用这些实际行动来答谢你对我们的关怀。

一年来,我校在中央人民政府教育部的领导下,各方面都有了很大改进,从本学期起,校名正式改为"河北工学院",当此新校名发表以后,全校师生都以热烈的心情愿把这新的校徽及校匾恭请毛主席题字,并以此引为光荣,因此我们谨请毛主席在工作百忙中,抽暇题写"河北工学院"及"河北工学院附设工业学校"字条各一份。这对于我们将是更有力的伟大鼓励。谨致崇高敬礼并祝健康!

河北工学院全体师生员工同启

三、进行必要与可能的改革

根据中央人民政府教育部发布的《高等学校暂行规程》,天津市南开大学、北洋大学、河北省立工学院等公立大学和专门学院,在课程标准、教学组织、行政组织等方面,已进行了某些必要与可能的改革。

首先,在课程标准方面,为使学习更加专门化,各系培养的重点均更加明确起来。河北工学院化工系为培养染料工业人才,增加了"染料工业"和"染厂设计"为必修课;机械系确定重点为培养机器制造人才,增加了"接焊学""铸工学"的选修课。师范学院则根据培养师资的特点,加重了政治思想教育的比重;同时为了贯彻理论与实际相结合的原则,并增设了"参观见习""教学实习""集中实习""教材教法研究"及"教学问题研究"等五课为公共必修科,其他课程据此调整。此外,一些不足轻重的课程,各院校则予以合并。大学一年级课程过去各校均多讲授一些普通内容,没有重点。本学期,各院校也有所改变。河北工学院化工一年级为了集中学好"普通化学",已把"工程画"挪到二年级来学。

其次,在教学组织方面,为逐步实行计划教学,各院校均已开始组织教学研究指导组,作为教学的基本组织,由一种课目或性质相近的几种课目之全体教师组成。其任务为:领导本组全体教师,讨论及制定本组课目的教学计划与教学大纲;领导及检查本组的教学工作和研究工作;领导与组织本组学生的自习、实验及实习。河北工学院已成立了纺织、染化两组。这些小组的成立,在开始时,由于经验不足,难免要遇到一些困难,但对整个教学的推动,发挥了作用。

第三,在行政组织方面,南大、北洋校委会进行改组。河北工学院为院长负责制,筹组院务委员会,一俟教育工会成立并选出代表后,即可正式产生。

四、"进一步贯彻新民主主义的学习方法"

1950 年春季学期开学初期,河北工学院的党团支部与学生会由于忽视了正课领导,学习上曾一度表现了松懈散漫的现象。春假前后,总结出这一教训,根据学校党委及团市工委的方针,及时扭转,加强了业务课的领导,一般同学均已抓紧春假,赶齐了拖欠的功课。春假后,又结合复查人民助学金,领导同学作了学习检讨,开始端正了学习风气。在这一基础上,为使学习提高一步,于是发动同学通过学习检查,制订学习计划,以进一步贯彻新民主主义的学习方法。这一工作,对于学习起了一定的推动作用,值得各校参考推广。

首先了解情况 展开学习检查

学习中到底存在一些什么具体问题呢?这是必须深入了解的。党、团、学生会缜密研究讨论的结果,决定通过学生会学习部与各系工会,展开学习检查运动。学习部根据各班的不同情况,制订了几种不同检查重点的表格,发给每人认真填写。检查内容,一般为学习、生活及担任课外工作的时间分配,学习方法及遇到哪些困难,工作方法与生活内容(包括文娱体育活动)等项。学生会并直接掌握各类重点班,以深入掌握具体情况,一般则由系会负责。开始时,不少同学对此不够重视,个别党、团员也缺乏信心,认为功课多、工作忙这是一个实际问题。检查出来不也是不能解决吗?党、团支部发现这种情况后,遂分别发出号召,并以实例启发诱导,首先打通党、团员的思想,动员他们带动同学,彻底检查。经过一周的时间,终于总结出不少问题。发现了一般同学对于时间的运用极不科学,浪费很多;大部分同学均很少抓紧白天的空堂及零星时间学习功课,而消耗于无谓的聊天和游逛;不少同学这样检讨说:"空堂的这几十分钟,总觉得做不了多少事情。上课也够紧张的了,不如干脆玩一玩倒痛快。总以为晚上的时间还长着呢!"结果到了晚间,时间遂不敷应用,一般总要到十二时甚至下一两点以后才能熄灯。个别缺乏自觉的学习态度的同学,则只有拖欠下来,堆积实在过多时,最后用突击的方法去补救;如果赶上开会,则一般同学也要把功课积累下来。这样的结果,学习当然不会深入和埋头于探讨原理的透彻了解,而形成盲目赶题和应付考试,成了一种任务观点。另一方面,也相对的促使了生活上的散漫与无规律,同时又因为晚间睡得晚,白天上课时就不能集中精力听讲,有些同学又不能抓紧午睡时间休息,所以下午迟到现象很多。纺织系的同学则检查出某些课程学习不深入的主要原因,是在于思想上的轻视,而并非没有时间;如对于棉纺学、有机化学等,因为没有算题,看上一遍即认为"完成任务了"。在与教授的联系上,一般的都不够密切,学生与教授间互不了解情况,一年级有的教授以为学生学习态度都很自觉,留下学题很多(每周有达五十题以上者),结果使学生无法深入钻研。同学方面则很少主动的反映情况,互相研究;部分同学更把学习不好完全归咎于教授。此外,担任课外工作的同学,在工作方法上也检查出很多毛病,如学生会的各部工作,什么事都要提到常委会上去讨论(常委会包办一切,每周至少要开会两次,每会多半在三小时以上)。一般工作也缺乏科学的工作方法,日前曾为筹备"五七"在宁园开办青年茶馆,竟开了一星期的会,这都是不大必要的。

大家订计划　保证兑现

通过这次学习检查的总结,除了思想上的松懈散漫以外,时间运用得不科学,是一个重要症结。在该院党、团、学生会发动同学讨论后,在不违背学校的作息时间内,规定每日正课学习时间(包括课堂、自习、讨论),最少为八小时,最多不超过十小时。并统一划定了作息时间,严格规定学习时间不得从事非学习的活动,号召同学充分珍惜白天的空堂时间,从学习上与老师加强团结。紧跟着,有的以班为单位,有的以小组为单位,根据自己的实际情况,纷纷订立了具体的学习计划。一年级的同学在全校是比较散漫的,这次一乙班首先订出计划,提出在不丢掉现在功课的原则下,在两周内赶齐以前丢下的功课,加强小组间的督促作用。机二同学则提出不迟到、不早退的保证,并建立每周开一次生活检讨会的制度,加强批评与自我批评;在学习方面,强调搞清原理,反对死套公式、应付交题的学习态度。有的小组并在寝室内创造出"学习检查日历"的办法,每人把当日的学习情况(包括学习时间)都必须作具体登记,这样,很自然地形成了互相的督促。有的同学看到公布表格里,自己比别人学习差,第二天立刻就加起油来。党、团员和担任工作的同学,总结出这一天开会过多,就会自行检讨哪些时间是浪费了。电二一个小组,并很具体地统计了几天时间的分配,然后订出每天着重学习那门课程的时间。这样使重要课程如电工原理、交流电路、材料力学等,逐渐被重视起来了。各班并都普遍提出"一周事一周毕"的计划,互相督促。为了加强师生间的联系,总结一下教学中的意见和问题,"五四"那天,各系普遍召开了师生座谈会,师生间都互相做了检讨,交换了意见。因为学习计划是经过大家讨论的,是通过大家的修正制订的,同学们都非常珍重它与爱护它。有的小组明确提出:这就是我们的誓言,我们一定保证兑现。

冀工的学习兴趣更浓了,这是该院同学近月来的共同感觉。这并不是空话,你到冀工去看吧! 每班的空堂、自习时间,已变散乱而为安静。

初步收获

宿舍里,自习室里,人们都在温习功课。假如你再到操场走一遭,再也不见有人在那里闲聊天了。中午时,除了特殊事故,人们都在午睡休息,上课迟到已成为极个别的现象了。晚上到了十一点左右就全部熄了灯。更重要的是时间显得充沛了,学习深入了一步,学习效率也就提高了一步。现在各系图书室里看书的人逐日增多,该院纺织系教授张兆麟先生为了帮助毕业学生解决参考书的困难,把自己的很多书籍借给学生。这次机二材料力学的月考,大部分同学成绩在八十分以上(过去多在七十多分),九十多分者在十人以上(过去最多五六个人)。在教学法的改进上,电二的电话学,过去教授因为在课堂上画图太费时间,便只按书本讲理论,同学往往搞不清楚,现在经过师生的研究,他们在晚上利用幻灯将电话构造图放大讲解,学生极易理解。机三的一个学生过去整天打球,功课越拖越多,索性不管了。这次他订了赶补计划,并适当的分配好时间,现在已经补齐了很多。但是,如果要总结一下这些成绩的根源,那就并不是有了计划,它自己就兑现了。记者曾经问过一个同学,他说:"党、团员的保证、带头作用,小组间的互相督促,是很重要的关键呢!"

第三节　与北洋大学合并成立天津大学

一、第一次全国高等教育会议提出：改革旧教育

1950 年 6 月 1 日至 6 月 9 日,中央教育部召开了第一次全国高等教育会议。会议讨论了改造高等教育的方针和新中国高等教育的建设方向。会议指出,新中国高等教育必须以理论与实际相一致的方法,培养具有高度文化水平的、掌握现代科学和技术成就的、全心全意为人民服务的、高级的国家建设人才。其制度、内容、法则等各方面,都必须密切适应国家政治、经济、文化、国防建设。高等学校必须进行系统的基本的科学理论知识的教育,必须进行科学研究工作,不断提高教师和学生的水平,以便掌握现代科学和技术的最新成就。会议提出,努力克服脱离实际的教条主义偏向,也要防止轻视理论学习的狭隘的实用主义经验主义偏向。会议指出,要吸收工农干部和工农青年进高等学校,以培养工农出身的新型知识分子,加入国家建设的行列。关于教育改革,会议提出,要坚决地同时是有步骤地和谨慎地改革旧的高等学校。实行这种改革的关键是教师的提高和培养。教育的改造属于思想领域,不能用急躁的方法来进行。改革旧教育,并非全部否定旧教育。列宁说,新的人民文化是人类一切知识积累的自然发展的结果。改革旧教育是需要团结一切爱国的知识分子共同努力才能完成的一件大事,这种改革也是知识分子自我改造的过程。

二、中央人民政府政务院关于改革学制的决定

《中央人民政府政务院关于改革学制的决定》(以下简称《决定》)(1951 年 8 月 10 日政务院第九十七次政务会议通过,1951 年 10 月 1 日公布)中提出,我国原有学制(即各级各类学校的系统)有许多缺点,其中最重要的,是工人、农民的干部学校和各种补习学校和训练班,在学校系统中没有应有的地位;初等学校修业六年并分为初高两级的办法,使广大的劳动人民子女难于受到完全的初等教育;技术学校没有一定的制度,不能适应培养国家建设人才的要求。这些缺点亟须改正。在全国

学制的完全统一虽然还有一些困难,但是确定原有的和新创的各类学校的适当地位,改革各种不合理的年限与制度,并使不同程度的学校互相衔接,以利于广大劳动人民文化水平的提高,工农干部的深造和国家建设事业的促进,却是必要的和可能的。《决定》中对"我国目前时期的学制"都作出了具体"规定",其中有关高等教育,强调实施高等教育的学校为各种高等学校,即大学、专门学院和专科学校。高等学校应在全面的普通的文化知识教育的基础上给学生以高级的专门教育,为国家培养具有高级专门知识的建设人才。大学和专门学院修业年限以三年至五年为原则(师范学院修业年限为四年),招收高级中学及同等学校毕业生或具有额外学力者,入学年龄不作统一规定。专科学校修业年限为两年至三年,招收高级中学及同等学校毕业生或具有同等学力者,入学年龄不作统一规定。各种高等学校得附设专修科,修业年限为一年至两年,招收高级中学及同等学校毕业生或具有同等学力者,入学年龄不作统一规定。大学和专门学院得设研究部,修业年限为两年以上,招收大学及专门学院毕业生或具有同等学力者,与中国科学院及其他研究机构配合,培养高等学校的师资和科学研究人才。各种高等学校得附设先修班或补习班,以便利工农干部、少数民族学生及华侨子女等入学。高等学校毕业生之工作由政府分配。

三、教育部部长马叙伦解读改革学制的决定

关于学制改革,教育部部长马叙伦进行了解读。

中华人民共和国中央人民政府成立以来,中央人民政府教育部即根据中国人民政治协商会议共同纲领所规定的文化教育政策,领导全国教育工作者在全国范围内有计划有步骤地进行改革旧的教育制度、教育内容和教学法,并积极创办符合于国家建设需要和广大人民要求的新教育事业。两年来新中国的人民教育获得了显著的发展和提高,规模宏大,朝气蓬勃,为迎接我们祖国的文化高潮做了一定的准备。

改革旧的教育制度的主要任务之一,就是改革学制。我们两年来沿用的旧学制,有许多严重的缺点,其中最主要的是:工人农民的干部学校以及各种补习学校和训练班,在学校系统中没有应有的地位,小学修业年限定位,六年并分为初级小学和高级小学两级的办法,妨碍广大劳动人民的子女,首先是农民的子女,受到完全的初等教育;为培养国家建设人才所迫切需要的各种技术学校,又没有一定地位

和制度。为了顺利推进新中国的人民教育事业和实践《共同纲领》所规定的提高人民文化水平和培养国家建设人才的任务,这种旧学制必须加以改。中央人民政府政务院文化教育委员会于今年五月下旬召开了第四次全体委员会议,对中央人民政府教育部所草拟的改革学制方案详加研讨。拟定了《关于改革学制的决定》的草案,后经中央人民政府政务院第九十七次政务会议核定。现在正当全国人民欢欣鼓舞庆祝我中华人民共和国成立两周年之时,由政务院公布实行。这是中国人民教育事业上一件重大的事情,是值得庆幸的。

中央人民政府政务院今天所公布的新学制是完全适合于中华人民共和国初期的情况和需要的,它是根据新民主主义的教育的方针政策,当前国家各方面的需要以及长时期内我中国教育工作的经验,特别是老解放区教育工作的经验而制定的。它明确地和充分地保障了全国人民,尤其是工农劳动人民和工农干部受教育的机会,使城乡人民群众的子女能够平等地受到完全的基础教育,使青年和成年人能够学习专门的科学技术知识和受到补习教育,使青年知识分子和旧知识分子能够受到革命的政治教育,使一切工作干部有机会得到再教育。这个学制的实行,将促进我国人民的文化水平迅速提高,使国家教育事业与国家各项建设事业的需要密切配合,从而将促进我国文化的高涨,并加速我们国家从农业国到工业国的转变。因此政务院今天公布这个决定,对于全国人民,首先对于全国劳动人民和全国教育工作者,是一个极大的鼓舞。我希望全国教育工作者切实地从当前国家的实际情况出发,用革命的精神和办法,努力实行这个新学制,以完成上述的光荣任务。

新学制必须根据各地区政治、经济、文化发展的具体情况,特别是少数民族地区的特点,有计划、有步骤、有准备、有重点地来推行。我们这次改革学制的重点是工农干部教育、技术教育和小学教育,我们的准备工作应该集中于各级学校师资的培养和各类学校教材的编印工作。我们的实施步骤,应该从城市向乡村,从平原向山地,从中心地区向边远地区。对于小学五年制的实施,应在一九五二年开始,从小学一年级改起,以后按照各年级程序,逐年改革,最迟须在五年内全部完成。对于中等专业教育、专门学院和专科学校的整顿与发展,除各级人民政府教育部门应加以领导外,各有关部门和企业机关应以大力负责进行。中央人民政府教育部将协同各大行政区、各省、市教育行政部门按照各地情况,根据上述原则,制定具体可行的计划。首先在全国范围内进行广大的宣传,使全国人民都了解这次改革学制的重大意义和基本精神,然后逐步实施,争取从一九五二年到一九五七年在全国基本上完成学制改革的巨大工作。

我希望全国教育工作者坚决地站在毛泽东的旗帜下，团结一致，奋勇前进，克服一切困难，为胜利地完成这一具有重大历史意义的艰巨工程而奋斗。

四、河北工学院与北洋大学合并成立天津大学

为了迎接新中国经济建设的发展，根据第一次全国高等教育会议精神，对各级学校进行"调整、统一、整顿、巩固"的工作。

解放以后，北洋大学、河北工学院院系发展很快，学生人数增加很多，但限于校舍设备、师资力量，影响着两校教育事业的大力发展，满足不了新中国急需建设人才的要求。1951年，中央教育部根据第一次全国高等教育会议精神，重点进行院系调整与合并的工作。根据可能与需要，中央教育部拟将北洋大学与河北工学院合并。两校相近咫尺，系科设置重复，教师相互兼课和来往频繁，教育设备各感不全，这些都是两校合并的条件和基础。

1951年4月14日，中央教育部(51)高一字第338号文，"为通知定期开会讨论北洋大学与河北工学院合并问题由"。文中说："兹定于四月十八日(星期三)上午九时在我部办公楼会议室召开座谈会，讨论河北工学院与北洋大学合并问题，希你校委会主席、教务长、秘书长、学生会及工会代表准时出席。"河北工学院由院长、教务主任、总务主任及学生会、工会代表出席会议。由于事先有一个时间酝酿，两校党组织做了大量工作，起了重要作用，使并校条件比较成熟。中央教育部召集两校行政、工会、学生代表商讨，经过一个多月工作，确定组成并校筹备委员会及下设的专门委员会具体领导并校工作。

1951年6月2日，中央教育部部长马叙伦签发教育部(51)高三字第533号文件分别通知北洋大学、河北工学院：

关于北洋大学与河北工学院合并问题，业经我部决定如下，希即遵照实行：

1. 北洋大学与河北工学院合并，自一九五一年八月一日起正式成立新校，初步意见拟定名为天津大学，已呈请文委批核。

2. 自即日起组织筹备委员会，办理两校合并前之各项筹备事宜，筹备委员包括北洋大学校务委员会主席、教务长、秘书长、河北工学院院长、教务主任、总务主任及两校工会代表、学生代表、党支部代表各一人、天津市文教委员会派员一人。

3. 筹备委员会中设常务委员会委员五人。

4. 在筹备委员会下，按照实际需要组织各种专门委员会研究院系编制及调整、

人事、经费、招生等具体问题。

5.我部派高等教育司副司长周钟歧及高等教育司第一处副处长付克经常就近协助上述筹备委员会之工作。

中央教育部1951年6月2日来文后,立即组成并校筹备委员会,并召开第一次筹委会议,决定成立:

1.编制委员会,由刘锡瑛为召集人。

2.科组调配委员会,由赵玉振为召集人。

3.计划委员会,由张国藩、李鉴波为召集人。

4.校产清理委员会,由刘之祥、陈行健为召集人。

1951年6月7日,并校筹备委员会第三次会议决定,定于明日(8日)上午8时在河北工学院礼堂召集两校师生员工报告有关并校各问题。中央教育部副部长曾昭伦来校参加大会,由刘锡瑛委员、赵玉振委员报告。6月9日上午8时,在北洋大学饭厅报告各专门委员会工作进行情况,会后分组讨论。两校于6月8日至11日停课停工四天。经过动员、讨论,在党团、工会、学生会有力配下,使并校筹备工作进展顺利。经过二个来月的努力,并校筹备工作已基本就绪。

1951年9月22日,中央教育部(51)高一字第1192号来文——《为通知天津北洋大学与河北工学院合并并定名为天津大学一案业奉政务院批准由》:"天津大学:北洋大学与河北工学院合并,并定名为天津大学一案,经我部于一九五一年五月三日以高三字四〇四号文报请文化教育委员会转报中央人民政府政务院鉴核在卷。

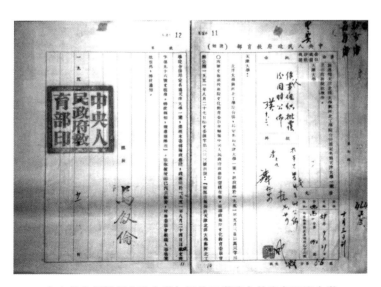

中央教育部批复北洋大学与河北工学院合并定名天津大学

兹奉政务院文化教育委员会办公厅一九五一年八月二十七日(51)文委调字第三三三号函开：'你部前报拟将天津北洋大学与河北工学院合并定名为天津大学一案，业经本委转报政务院于一九五一年八月二十四日以政文齐字第九十六号文批准，特此转知，请遵照办理。'除你校校印已刊制颁发，校务委员会组织人事另案批复外，特此通知。"

五、举行天津大学成立开学典礼

1951年9月26日，天津大学师生员工三千余人，举行庆祝该校成立大会。中央人民政府教育部部长马叙伦、水利部副部长张含英以及燃料工业部、轻工业部的代表均赶来参加。天津市人民政府市长黄敬、文教委员会主任委员黄松龄等亦前往祝贺。

该校校务委员会主席刘锡瑛致开会辞后，继由马叙伦部长讲话。他说：北洋大学和河北工学院正式合并成立天津大学，这是件大事，它引起了全国高等教育工作者的重视与关怀，并在全国理工学院院系调整工作中起了推动和示范作用。它达到了集中人力物力，有效地大量地培养高级工业建设人才，以适应国家经济建设的需要。对于今后建校工作，马部长提出三项指示：第一，广泛展开马克思列宁主义和毛泽东思想的学习，贯彻爱国主义教育，提高全体师生员工的政治水平，发展为人民服务的思想；第二，密切配合国家建设需要，推进课程改革工作，提高教学水平，提高学生知识水平；第三，学习苏联先进的科学经验，结合学校的具体情况，确定发展计划。时任市长黄敬、水利部副部长张含英、燃料工业部代表袁溥之、北方交通大学校长茅以升、南开大学教务长吴大任等相继讲话，向该校师生员工祝贺。

六、天津市长黄敬寄望：把天津大学的旗帜高举在祖国的疆土上

时任天津市长黄敬在天津大学成立暨开学典礼上的讲话中勉励大家加强团结，搞好经常性的正规化政治学习，学好课程，练好身体，准备参加祖国的各项建设事业。摘文如下：

昨天和今天两天中，天津市就产生了两个新型大学。昨天国立津沽大学成立了，今天又产生了天津大学。这象征着天津市文化教育事业的兴盛气象，因此大家都很兴奋。津沽大学的成立是把帝国主义分子办的学校接收回来，并经过该校爱

国的董事们决议把它改为国立大学。天津大学的成立是为适应祖国伟大建设的需要，把北洋大学、河北工学院两个有悠久光荣历史的学校合并成为更伟大的天津大学。

北洋和冀工都有自己的光荣历史，培养过很多人才，今天为了祖国的建设，为了新民主主义教育政策的实施，在中央人民政府教育部的领导下决定合并，这合并一定会产生新的力量。他绝不是单纯的合在一起，像数学上的一加一等于二，而是要发生更大的新的力量。

我们国家正在进入大规模的建设时期中，解放以来，生产建设大大的恢复了，而且在许多方面有着很多的发展。可是，更大的发展还在不久的将来。所以人才的准备是非常重要的。在这种情况下，这个新型的工业大学的成立是祖国建设事业中有重大意义的事件，所以我特别祝贺你们，祝贺新的大学成立，祝贺新的大学的发展。

两校合并后，首先，最要紧的一个问题是团结问题。过去在旧社会里，两校合并是不容易乃至不可能的事，可是今天，中央教育部一经提出合并问题，就获得大家一致的拥护，并且顺利地实现了。这是只有在新中国才会有的新气象。因此，我们也有信心在合并以后会团结得很好，互相取长补短，以求更好的发展。

其次天津大学在祖国的建设上负担的责任是很重大的。学校一定要办好，同学们要学好，教师们也要教好。希望天津大学全体师生把教学搞好，贯彻马部长的指示，每个人都成为德才兼备、身体健康的优良学生。

马部长讲话中谈到要重视政治学习，这是很重要的。我们学习理工的同学容易忽视政治学习，这是很危险的倾向。我们知道，有很多有单纯技术观点的人，可以为人民服务，造福人民，也容易为敌人利用，去危害人类。所以学习技术而没有明确政治方向的人，常常是眼光狭窄，是盲目的愚蠢的人。唯有学习了政治，思想觉悟了的人，才会知道怎样正确地运用自己的能力，才会知道自己的生活和工作的意义。这样的人生才会生活得更有意义，才能有高度的服务精神。你们不仅要注意学习功课，要注意理论和实践的结合，还应该特别注重锻炼你们的身体。学习理工的同学，课程大都是比较重的，每天不是在图书馆里就是在实验室里，很少有做体育活动的机会。往往到毕业时，知识学好了，身体却很弱，未老先衰，这样是不能满足祖国建设的需要。在祖国建设事业中，不仅要有为人民服务的精神、强大的本领，还要有健康的体格。要精力充沛，才能充分发挥你的本领。

要实现"德才兼备、体魄健全"的方针，就必须严格实行教育部所规定的每周学习时间(包括自习在内)应在五十至五十四小时之内的规定。应该把带有突击性和上大课方式的政治学习,转化为经常性的正课学习,应该把政治学习、课外活动、业务学习三者互相干扰的现象加以澄清,使是一切学习正规化起来。这样不仅可以从容支配学习时间,建立正常的学习秩序,而且也可以有充分的时间进行体育活动和休息。如此,我们才可以把"德才兼备、体魄健全"的教育方针彻底实现出来。

最后,天津大学以天津为名,对天津市来说是一个荣誉。天津市人民政府将尽力给你们以帮助。希望同学们努力学习,教职员工努力工作,把天津大学的旗帜高举在祖国的疆土上,把它举得更高、更高。

七、并校后天津大学概况

天津大学校务委员会在第二次会议确定《天津大学校务委员会组织规程》,并呈报中央教育部批准实施。

《天津大学校务委员会组织规程(草案)》共十三条。简要内容如下。

第一条:为秉承中央人民政府文教政策,加强集体领导,提高教学及行政效率,建立适合国家建设需要的综合性工业大学,依据中央人民政府教育部所颁布的《高等学校暂行规程》中有关行政组织的原则,结合本校情况制定本组织规章。

第二条:校务委员会由中央人民政府教育部任命委员十七人,由工会推选委员四人,学生会推选委员二人,共二十三人组成之。校务委员会设主席一人,副主席二人,由中央人民政府教育部就委员中指定之。

第三条:校务委员会受教育部领导,采取民主集中制领导全校,为本校最高权力机关,执行下列职权:

(1)议决本校重要教学设施、系组研究部及附设机构之设立与变更。

(2)通过本校各种重要规章。

(3)议决本校预算和决算。

(4)议决本校建筑及其它重要设备的计划。

(5)批准行政会议所提出的各处、部、系、科工作计划,并随时检查其进度。

(6)议决有关学生重大奖惩事项。

(7)处理其他重要校务。

第四条:校务委员会就工作需要以主席、副主席、教务长、教务长及秘书长、副秘书长组织行政会议,执行下列职责(略)

第五条:校务委员会主席之职责如下:

(1)对外代表学校。

(2)召开并主持校务委员会及行政会议。

(3)执行校务委员会及行政会议之决议。

(4)聘任全校教师、职员、工警并核定其工资。

(5)领导全校教师、学生、职员、工警的政治学习。

(6)处理日常校务。

第六条至第十三条(略)。

天津大学校务委员会第三次会议就建立各专门委员会及人选做出决定:

(1)建校计划委员会,由11人组成:赵玉振、杨天祥、卢实、吉金标、潘承孝、刘之祥、王治梁、甘怀新,工会、学生会代表各1人、工程室主任1人。

(2)合理化建议委员会,由11人组成:张兆麟、魏寿昆、张远谋、张克庸、工会代表4人、学生会代表2人、校委会秘书1人。

(3)图书购置委员会,由9人组成:潘承孝、李恩波、张米山、张湘琳、谢家兰、刘云浦、王翰辰、苏良赫,图书馆主任1人。

开校以后,全校共设立11个系、1个水利专修科、1个宿业研究所、1个附设工业学校和1个附设职工子弟小学。

学校建立9个专门教学研究组、4个公共必修课教学研究组。

全校教职员工703人,其中教师254人(教授、副教授111人,讲师31人,助教112人)、职员138人、工警271人、附设工业学校职员32人、附设职工小学教员8人。

全校设立18个实验室、3个实习工厂。

在校本科学生1911人,专修科学生38人,研究生4人。校舍分为两处,原北洋大学西沽校舍为北院,原河北工学院黄纬路校舍为南院。

第四节　重建河北工学院

一、恢复重建河北工学院

1958年7月,根据河北省委指示,决定恢复重建河北工学院,办事处设在天津大

169

学。时任天津大学教务长的潘承孝被任命为首任院长。

潘承孝

潘承孝,字永言,男,汉族,1897 年 3 月 7 日生于江苏省吴县 (今江苏省苏州市)。1958 年任河北工学院院长,河北工学院名誉院长、教授。

潘承孝是我国享有盛名的汽车、内燃机专家,机械工程教育家和社会活动家。

在从事工程教育六十多年中,创建了我国最早的一批内燃机专业和内燃机研究所,是我国内燃机和汽车工程教育的奠基人之一。他培养出一大批国内外知名的内燃机专家、教授,其中不少人是我国重点大学校长、中国科学院学部委员、研究所所长等高职务领导者。在中华人民共和国成立后,于 1950 年重工业部组建"汽车工业筹备组"时,筹委成员十二人中有四人是潘承孝的学生。在从事机械、内燃机、汽车工程和教学、科研第一线的科技人员和教学人员中,他的学生更是"满天下"。

在他六十多年执教中,主张理工结合,强调基础理论教育和实践能力培养,坚持教学、科研、生产三结合的办学道路。他素以治学严谨、务实求新著称。他为人勤奋好学、谦诚待人、唯贤是举、甘为人梯,虽耄耋之年,仍壮心不已,为党和人民的教育事业辛劳。1979 年 12 月,八十三岁高龄的潘承孝实现了他多年的夙愿,光荣地加入了中国共产党。

潘承孝是有名的社会活动家。多年来,他曾当选为天津市人民代表大会第一届代表,河北省人民代表大会第二至第七届代表和第五、六届常委会副主任,全国人民代表大会第三至第六届代表;当选为天津市和河北省政治协商会议第二、第三届委员,全国政协第二届委员;他是天津市民主促进会第一、二届副主委,第三届主委,河北省民主促进会主委、顾问、名誉主委;是民主促进会中央委员、常委和民进参议委员会第一、二届副主委;他还是中国机械工程学会常务理事,中国内燃机学会顾问,中国汽车学会名誉理事长,河北省和天津市机械工程学会名誉理事长等。

1958 年 7 月,根据河北省委指示,河北工学院筹备组在天津大学建立。天津大学副校长丁仲文任筹委会主任,河北省机械局局长王世煜任副主任。校址选定天津河北区元纬路石油学校使用的原河北工学院校址(石油学校已决定迁往承德)。

1958 年 8 月 20 日,河北工学院正式成立。由河北省机械局主管。河北省机械局党组转发河北省委任命:潘承孝任院长;史辉任副院长;冀广民任党委书记。

1958年10月14日，天津市委批准河北工学院建立党委会，由市委直接领导。冀广民任党委书记，于有才任党委副书记。

冀广民，原名冯朝贵，男，汉族。1921年12月出生，河北省广宗县人。1958年至1969年任河北工学院党委书记。

冀广民于1937年在本县高小毕业。在高小读书期间，加入了中国工农红军平汉线游击队，后改编为冀南人民抗日讨蒋救国军第一师。在此期间，他们宣传、组织、带领群众开仓、分粮、吃大户开展斗争。

冀广民

七七事变后，他接受革命思想，于1938年3月加入中国共产党，后被派到太行山晋东南区党委党校学习。1939年，他作为冀南工作队成员，回冀南开展工作。后由地委派到冀县，组建了冀县工作委员会，担任工委委员兼三区区委书记。

1939年，敌人疯狂扫荡、"清剿"，为适应形势需要，工作转入地下，他们一直在冀县坚持抗日对敌斗争。1940年8月，担任冀县县委工委委员、组织部长，坚持对敌斗争。

1942年到1943年，冀广民担任冀县、代县委书记。1943年到1945年3月，到太行山冀南区党委后梯队，参加整风。1945年，太行山整风结束后，担任河北省冀县县长。1947年9月，任冀县县委书记直到全国解放。

解放后，1950年担任河北省衡水地委委员，宣传部副部长。1952年调河北省石家庄地委任地委委员、宣传部副部长、部长。1953年至1958年任河北省石家庄地委副书记、地委书记处书记兼副专员。

1958年，任河北工学院党委书记。1962年，担任天津工学院党委书记。

1966年后，冀广民受到残酷迫害。

1969年12月，担任天津工学院革委会委员。同年任天津市教育系统革委会副主任。1971年调到天津市教育局任市教育局党委副书记、局长。

1979年4月调到天津市地震局任党组书记，地震局局长。

1986年退居二线，离休。

关于师资问题，由天津大学抽调了包括原来就在河北工学院任教的19名正副教授、讲师和30名青年教师，并挑选50名毕业生从事教学工作。

根据国内外科学技术的发展形势，学院明确了重点发展机械系、化工系、电力系等系,并结合学校的师资和其他一些实际情况,确立了船舶制造、机械工艺、化学生产设备机器、机床制造、合成橡胶、石油炼制、化学肥料、电机电器制造等 8 个专业。

经过一番紧锣密鼓的准备,当年就招收新生 755 人。

但因当时房屋一时准备不出来,新生不得不分两处报到。化工系新生在本院即现在的红桥校区北院报到,机械、机电系新生在天津大学河北工学院办事处报到。

河北省委关于新建高等学校组成

筹建领导小组的通知

河北省机械工业局转省人民委员会

任免潘成孝等三人职务的通知

1958 年 8 月 31 日《河北日报》发表的《河北工学院启示》

二、天津机器制造学校下放并入

新成立的河北工学院校址最开始选定在天津市河北区元纬路原河北工学院的老校址(现河北区美术中学处)。1958 年 8 月初,原一机部所属天津机器制造学校下放河北省,河北省委决定将该校并入河北工学院,于是校址又改在了天津机器制造学校的校址,即现在的红桥校区北院(丁字沽 8 号)。

河北工学院大门

天津机器制造学校简况

重工业部(后改为一机部)1952 年 8 月 7 日转发政务院财经委员批复,批准在北京开办北京拖拉机工业学校。该校校址选在北京衙门村附近,校长为白耀卿,由一机部汽车工业管理局主管。

当年招生 200 名,设拖拉机工程、机械加工、铸造、锻压四个专业,学制三年。1953 年 4 月校长白耀卿调出,李宗海、牟政出任副校长。1953 年 8 月 1 日,汽车管理局根据一机部工教司指示,将北京拖拉机工业学校与在津新建的天津汽车工业学校合并,定名为天津汽车拖拉机工业学校。并于当年 11 月 30 日迁津上课。同年12 月,学校更名为天津拖拉机制造学校,专业调整为拖拉机制造和金属切削加工专业。

1954 年 5 月,时任副校长李宗海调出,闫云山被任命为副校长。

1955 年副校长牟政调走,10 月张淼调入学校任校长兼党总支副书记。1956 年3 月,伍克宽任副校长,4 月兼党总支副书记,原副校长闫云山同期调出。后刘鸣刚调入,任党总支副书记。

1956 年 4 月 20 日,一机部决定,学校名称改为"第一机械工业部天津机器制造学校",并在洛阳另建拖拉机制造学校,学校不再设拖拉机制造专业。

当年暑假,原拖拉机制造专业学生迁至洛阳新校址。学校专业调整为金属切削加工、工具制造、机床修理与安装三专业。

1957 年 3 月,燕杰调入学校任副校长;11 月,刘全茂被任命副校长。1958 年 4

月，教育部根据中央关于下放高等学校和中等技术学校精神，天津机器制造学校下放河北省。1958年8月，该校与恢复重建的河北工学院并校。

三、进行教育改革，"办好共产主义的河北工学院"

在1958年12月26日发行的《河北工学院》创刊号上，全文刊登了学院党委发布《中共河北工学院委员会关于进行教育改革的意见（草案）》对学校的现状以及未来发展提出了指导性意见。

中共河北工学院委员会关于进行教育改革的意见（草案）
1958年12月19日

在政治战线和思想战线上的社会主义革命取得伟大胜利的基础上，在全国社会主义建设全面大跃进的形势鼓舞下，和在党的鼓足干劲、力争上游、多快好省地建设社会主义总路线的光辉照耀下，根据党的全党全民大办教育的方针，为了适应河北省工业发展对技术人才的需要，河北省委于今年七月份决定筹建河北工学院，八月廿日与原天津机器制造学校正式合并成立。设置机械、化工、电机等系。预计到1962年发展成为有一万名学生的多科性的高等工业学院，为社会主义和共产主义建设，培养高级的工业技术干部。

按照上级的指示，既要培养一定数量的高级技术人才，又要保证第二个五年计划期间中等技术人才的需要，我院现行学生会分为大学本科、大学专科、六年制大学（初中毕业生）、大学工人班和中技班等五个部分。大学本科部分分机械、电机、化工三系，六年制大学部分原拟待学完高中课程后升入大学本科，大学专科、大学工人班和中技班皆属机器制造专业。全院共有学生为2629名。

在物质基础方面，我们有一定的教学实验室及生产设备，计有：物理、化学、金相、电工、金工实验室各一个。供生产和实习用的津沽机床厂一座，其中有机工车间（共有机床81台，其中有17台精密机床组成工具车间）。装配车间、铸造车间、锻工车间各一个。五吨冲天炉一座，半吨转炉两个，土法炼焦窑两个，图书馆目前藏书二万余册。

我院自开学以来，全体师生员工，在党委的正确领导下，在贯彻党的各项方针政策，尤其是在贯彻党的教育方针方面，进行了许多工作，并且取得了一定成绩。

根据党的教育方针和结合当前形势的发展，党委决定把劳动作为本学期的第

《中共河北工学院委员会关于进行教育改革的意见》(草案)

一课,全体师生员工参与了根治海河和炼钢的劳动,海河劳动前后达六次,共参加近五万人次,先后炼钢共一百余吨(其中转炉炼钢46吨)。转炉做到91炉不修的高寿命。以上这些劳动,使全体师生员工,提高了劳动观点,锻炼了思想,受到了市、区委的好评。

接着开始了第二课,开展了共产主义教育运动和学习了人民公社化运动,进行了教育方针的学习,批判了资产阶级个人主义和资产阶级法权残余观念,解决了各种模糊思想,提高了认识,逐渐树立了正确的观点,提高了觉悟,知道共产主义的实现已经不是遥远可望而不可即的事情。因此更加鼓舞了全体师生的革命干劲,努力学习，积极劳动，提高思想，灭资兴无，为社会主义建设付出自己的一切，为共产主义的早日到来创造条件，为人民公社化而欢呼。

通过对党的教育方针的学习，特别是贯彻党的教育方针所取得的光辉灿烂的成就，使大家更加认识到党的教育方针的伟大和正确。批判了资产阶级教育观点和教育方法，以及教育脱离政治、教育脱离生产的错误道路。对观潮派、怀疑派、算账派也是一个有力的回击，初步解决了教育战线上两条道路的问题，树立了教育为无产阶级的政治服务，教育与生产劳动相结合的明确方向。但是，这些还仅仅是第一步，在教育、生产劳动和科学研究工作三者如何紧密结合？我们还缺乏经验，还需要在实践中不断地总结和改进。在教育工作上的两条路线和两种方法的斗争，还需要在今后的实际工作中继续加以解决。

我院在工厂生产和学生参加生产劳动方面的收获是显著的，成绩是很大的。一年来生产总值达一百二十余万元，利润为六十三万余元。生产出皮带车床、手摇鼓风机、减速器、拔丝机等产品，并试制成功 C616 车床。这些都有力地支持了工农业建设，充实和扩大了生产的物质基础，为今后的生产创造了更有利的条件。特别应当指出，学生参加生产劳动，受到了极为深刻的教育和锻炼，资产阶级爱逸恶劳和轻视劳动人民的思想少了，逐渐树立了与劳动人民的共同感情，同时，在生产劳动中不仅获得了与自己专业有关的实际知识，而且也获得了理论知识，提高了操作技能。例如，专二同学一般已达到 3~5 级工水平。

在科学研究工作方面，由于师生员工思想大大解放，已初步研究成功了内燃水泵，受到了党和国家的重视和支持，受到了农具展览会的奖励和表扬。特别值得提出的是，向国庆节献礼展开的技术革新、大办工厂运动，取得了极为可观的成绩：试制成功了 C616 车床，钟表磨床、砂轮、电焊条等等。虽然这不是什么大的尖端和国际水平的项目，但是应该认识到，若不是在党的领导下，发挥了敢想敢干的共产主义风格，这是过去连想也不敢想的事情。

为了贯彻党的教育方针，我们采取了边教边改的方针。必须指出，我们几乎所有的教师，对教改的态度都是积极的、主动的。他们千方百计的想办法进行教育改革，到外校参观访问，有的课到实验室去讲，特别是李国群同志创造了以讨论进行复习和测验的数学方法。虽然这些都是在摸索和不成熟的东西，但是必须看到这是新生的东西。虽然在教改中还存在着大走群众路线和密切结合生产实际不够的问题，但这只是前进道路中存在的问题，不值得大惊小怪。当然，这些问题，也必须加以克服和改进。

我们认为,开学以来,我院在省、市委和学院党委的直接领导下,教学质量特别是通过参加劳动,学生各方面都取得了一定的成绩,这就为继续深入地贯彻党的教育方针,进行教育改革创造了更加有利的条件。为了坚决彻底地贯彻党的"教育为无产阶级的政治服务,教育与生产劳动相结合"的教育方针,彻底地进行教学改革,办好共产主义的河北工学院,我们认为必须:

一、巩固和加强党在学院的绝对领导是办好学院的根本保证。

为了办好学院,为了贯彻党的教育方针,培养能文能武、文武双全的合乎规格的高级技术人才,在学院必须树立和加强党的绝对领导权。必须反对和批判那些认为"党不能领导学校"的极端错误的思想,必须树立党能领导一切的观念。

为此,必须实行政治挂帅,使学院的各项工作,在学院各级党组织的领导下,贯彻执行,必须坚决地服从党的领导,坚决执行党的各项方针、政策和决定。在学院全部工作中,应以共产主义教育为纲,以教学工作为中心,以生产劳动为结合点,大搞科学研究工作,走群众路线。只有这样,我们才能更好地完成党和国家交予的任务。

二、培养能文能武、文武双全的高级技术人才。

根据省委的指示,我们的任务是"迅速"和"普及",面对工厂生产部门,多快好省地培养出能文能武、文武双全的高级技术干部。所谓"迅速"和"普及",是贯彻全党全民大办教育的方针精神。当然有普及也就有提高,就是在普及的基础上进行提高,在提高的指导下进行普及。我们的培养目标应该是:具有共产主义觉悟的、能够掌握和运用本专业的科学技术知识、掌握本专业生产劳动技能、体魄健全的普通劳动者。也就是,在政治上具有坚定的工人阶级立场和共产主义觉悟以及高尚的道德品质,具有工人阶级的阶级观点、群众观点、劳动观点、辩证唯物主义观点;在业务上,不但能一般地掌握专业知识,而且要能够解决生产中的实际问题,具有独立工作的能力;在操作技术上,精一通多,本专业工种应达到四级工左右,其他有关工种应达 1 至 3 级;在军事体育方面,应具有健康的身体和一般的军事知识和技术,并达到二级劳卫制、三级运动员的标准。就是说,我们培养的是全面发展的共产主义新人。为了达到这样的培养目标,我们认为现行的三年制,进行教育改革以后,时间紧了一些,按照邓小平同志对高等学校的指示,"可以适当延长学制"的精神,我们的意见以四年为宜。

三、教育、生产、科研和生活必须进行全面规划和统一安排。

根据党的教育方针和我院的任务,对教育、生产、科研和生活必须进行全面规划和统一安排,以使各项工作有节奏地、协调地、有机地进行。为此,我们的意见是,除今年所招高中毕业生的机械、电机、化工三系由暂行的三年制改为四年制外,其他各年级学制皆不变,所招初中毕业生六年制的大学本科,改变原先的"先读二年高中,再升入大学本科"的安排,而在六年中统一安排教学计划,大学工人班实行1∶2∶9制,其他各年级原则上都实行1∶3∶8制"一三八制",即是寒暑假一个月、生产劳动三个月(其中包括义务劳动二周左右,而生产劳动不要太集中或太分散,而以小集中为宜)、政治科学技术教育为八个月,这八个月的时间大体安排是:政治课约为22%,其中包括整风两周,军体课每周半天,或一、二年级每周半天,三、四年级不排课,而加强体育活动;其余时间为科学技术课和复习课各占二分之一,以加强复习,巩固所学知识,提高教学质量,贯彻"学少点,学好点"的精神。而科学技术课中,为了加强基础课,专业课与基础课的比例是1∶3左右,但不同专业不同要求,可以有伸缩,每学年考试两周。

另外,在师生员工的生活问题上,也必须全面规划统一安排。在院党委、院行政和各党总支及各系(科)的领导下进行妥善安排。必须保证师生员工每天有八个小时的睡眠时间,有一定的文体和政治活动时间。每周教师有不少于四个晚上或四个半天的备课时间和改作业的时间。总之,在现有条件下,要让师生员工工作好、学习好、生产好、生活好。

四、进行教育改革,必须彻底地进行以下几个方面的改革。

1.实行政治挂帅,贯彻灭资兴无的方针,把政治思想教育提高到首要地位。在教学计划的安排上,必须防止片面强调科学技术教育重要,而忽视政治思想教育的倾向,必须把政治理论教育、时事政策教育、党团活动、整风等全部政治思想教育都纳入教学计划。使学生领会和理解党的教育方针,明确学习目的,端正学习态度,和逐步树立无产阶级的阶级观点,劳动观点,群众观点和辩证唯物观点。根据这个精神,四个学年都要安排政治教育课。其主要内容包括:(1)培养目标和教育方针;(2)哲学;(3)政治经济学;(4);科学社会主义(现阶段是共产主义思想教育)或社会主义教育课程的阅读文件汇编;(5)时事政策教育。

为此,要在马列主义教育中坚决贯彻以学习和研究中国革命和建设实践为中心,以马克思列宁主义基本原理为指导的方针,以学习毛主席的著作为主,并使政治理论教育紧密地与对学生进行政治思想工作相结合,而且在全部教学过程中必须继续贯彻灭资兴无的方针和贯彻培养有共产主义觉悟的普通劳动者的要求。

2.把生产劳动教育列入教学计划,并成为一门正式课程。学生参加生产劳动不仅有利于知识分子的思想改造,增强体质,而且能够获得包括理论知识和感性知识在内的全面知识,并具有一定的操作技能。这样,使学生毕业时既是脑力劳动者,又是体力劳动者,使他们成为手脑并用,能文能武,又红又专,全面发展的高级技术人才。

贯彻执行教育与生产劳动结合的方针,首先要结合专业大办工厂。根据勤俭办厂的方针,因陋就简,克服困难,先土后洋、土洋并举,在全院各系(科)掀起一个群众性的大办工厂运动。办厂本着"白手起家",自筹资金、自筹设备和由院拨给部分资金的办法进行。各系(科)必须考虑所办工厂与专业结合、根据专业学生人数多少来考虑办厂大小以及考虑原料供应和产品销售等问题。此外,还可以向市委联系拨给我们几个与所设专业有关的小型工厂,来满足进行生产劳动的要求。

学生的生产劳动应该包括与专业有关和与专业无关的两部分,其与专业有关的部分列入教学计划。在劳动的安排上应以与专业有关的劳动为主,与专业无关的为辅。与专业有关的劳动应以在自办的工厂劳动为主,去外厂为辅。

学院所办的工厂和生产企业工厂在任务上是有所区别的。学院中工厂的任务应该是:

(1)成为师生或干部进行与所学所教专业相结合的生产劳动、并在劳动中进行思想锻炼的基地。

(2)成为科学技术研究的实验工厂,是试制新产品、创造新设计、新工艺、猛攻科学技术尖端的研究所。

(3)生产固定产品,为国家创造财富,支援工农业生产,并为改进学院工作、学习和生活条件创造物质基础。

为了使教学、生产和科学研究三者紧密结合,学院除保留一二个主厂外,新办的工厂原则上都交给系(科)来领导。各专业应订出生产劳动教育大纲。该大纲要体现出学生通过生产劳动如何改造思想及提高操作技能,并且要提出具体要求和办法,确定考核方式,并规定出与科学技术课紧密结合的措施。各系在每年规定的时间内如何安排,可自行考虑,但以每学年都有生产劳动教育课为宜。

3. 在科学技术教育课方面,要贯彻理论联系实际的原则。同时,必须加强基础课。为了既要学生掌握较广泛的理论基础知识,又能深入钻研和创造性地应用所学专业,学生必须掌握一般自然科学的规律和工程技术科学的特殊规律,又必须掌握本专业的独特规律和生产经验。因此,基础课不但不能削弱,而且必须加强。我们认为,学生在学好基础的前提下相应地才能学好专业科学技术知识。同时,也才能在毕业后在工作和实践中迅速地提高业务能力。根据学以致用、学后会用、学用一致的原则，其中与专业有关的必须讲深讲透，关系较小的要做一般讲解，关系极小的可以不讲，重复的部分、可有可无的或是脱离生产实际的部分，应大胆地合并和削减，同时也要改进课程的衔接。根据需要，打破旧框框，建立新系统。同时还要增加新的科学技术成就和群众创造的"土"办法，以及其他必要的内容。对于工艺性和叙述性的课程，可以实行现场教学专题讲授。对学生已获得感性知识、自学易懂的课程，可采取发讲义自学、讲授、辅导、答疑相结合的方式进行。我们的教学原则是"能者为师"，任何片面强调教师的作用和把教学工作神秘化的观点，都是错误的。因此，要打破那种认为"只有教师才能讲课"的片面观点，请有经验的技术工人做专题讲授，请领导干部、老工人、农民、英雄、劳模讲政治课，因为他们在实际工作及革命斗争中有丰富的经验和知识。

我们在教学中的公式是实践—理论—实践，而不是理论—理论—理论，也不是理论—实践—理论。这个公式在教学工作中具有特别重要意义，它是安排教学计划、决定教材内容、教学方法和考试方法的重要根据。

在教学计划上，应该改变多科并进的做法，应以一二门或二三门课并进为宜。在安排上可以有灵活性，必要时也可以单课独进，但必须在规定的时间内完成规定的教学任务。

4.全面地考核学生的成绩。考试是全面地考查和巩固、提高学生学习成绩的过程。因此，不能纸上谈兵，也不能只凭一时成绩和只凭教师主观判定，更不能只重视科学技术而忽视政治思想和生产劳动，必须全面地考核学生。不同的课程采用不同的考核方法。但是，学生的政治思想情况和生产劳动的表现，应该是学生全部成绩的重要部分，是决定学生升级或留级的主要标准之一。

政治理论课，采用整风的方式全面地考核学生的政治思想、政治理论学习水平和共产主义觉悟程度。

生产劳动的考核，可结合整风，根据学生的劳动态度、思想表现和生产知识、操作技能的提高情况以及平时抽查成绩或考工等方法进行考核其成绩，但其主要依据应是学生平时所生产的工件质量和劳动表现。其结果可作为学生升级或留级的标准之一。

其他课程应以学生解决实际问题的能力和平时所学情况为评定成绩的主要依据。不同的课程可以采用总结、学业鉴定、口试、笔试等不同的或相结合的办法进行。并且可以考虑试行在各级党组织的领导下，由教师、技工、学生组成评判学生各项学业成绩的小组来进行这一工作。

5. 改革旧的教学方法,创造新的教学方法。

现场教学主要系指,在与专业或所学课程有关的劳动现场结合生产实际进行讲授,解决问题。这种办法必须进行摸索,及时总结经验,逐步推广。在一定的时间内对现场教学在教学、生产劳动、科学研究和文娱宣传工作上摸索出一套综合利用的经验来。

同时要改变过去学生复习的方法,要加强学生创造性的学习、独立思考刻苦钻研与加强课外辅导相结合。采取讲授、复习、讨论、辩论、总结、再复习的方式,巩固学习成绩,提高教学质量。

6. 加强军体锻炼问题。学生在四年中都要有体育课程和民兵训练。鉴于中、大学在大搞放射体育"卫星"在中学就可能全部达到劳卫制一级或二级水平。那么,高等学校体育课如何搞? 普及提高如何结合? 尚待研究。我们初步意见是,体育和军训要结合生产劳动,达到全面锻炼、单项提高的要求。一年级(高中毕业生)除病弱者外都要达到劳卫制一、二级,毕业时达到三级运动员的标准,除课内体育外,必须经常开展群众性的体育活动、组成各种体育代表队,做到周周天天有比赛,以使学生中不断出现等级运动员和运动健将。

民兵训练:每周都要安排一定时间进行基本训练,以达到国家对民兵要求的标准。做到行动军事化,生活集体化,加强学生的组织性和纪律性。

7. 放手发动群众编写教学大纲和教材。各系在党总支的领导下,彻底发动群众、组织群众,以大鸣大放大讨论的方法,订出教学大纲、教学计划和教材的改革计划。

一定要使"教育为无产阶级的政治服务、教育与生产劳动相结合"的教育方针的精神在新的教学计划,大纲和教材中具体化。鼓励群众发扬共产主义风格,以分析、批判的态度对待旧的东西,对新的大胆尝试和创造,应该欢迎和支持。还有不同的意见,应充分发扬民主,用讨论、鸣放、辩论的方法求得解决。

目前应选择一、二门课进行教材试编的试点工作,及时总结经验。同时要抓紧下学期使用的教材的编写工作。在这项工作上,必须贯彻在党总支的领导下,教师、学生、工人三结合的方法。

8. 大搞科学技术研究、猛攻尖端。这是高等学校的主要任务之一。通过科学研究活动,使学生进一步掌握和运用所学到的科学技术知识,培养学生独立进行科学研究的能力,以及培养学生团结互动、互相支持、协作的集体主义思想和敢想敢干敢创造的共产主义风格。在生产过程中所遇到的科学技术问题,应启发学生去钻研解决。特别是学生的毕业设计,必须克服过去一般大学纸上谈兵的做法,应真枪实刀地进行科学研究。可以一个人或几个人结合进行解决与专业有关的工农业生产中存在的实际问题,可以独立设计、制造和装配试验新型的仪表、机器或工具,也可以去公社设计安装,工厂或在学院改编大纲和教材。

9.为了适应新的教学任务,改变教学组织形式,系建立在党总支领导下的由师生工人参加的系务委员会负责的领导制度。系的各专业,建立在党支部领导下的由师生工人参加的专业委员会负责的领导制度。

关于行政组织和生产组织可能不适应当前形势的要求,有的可以立即改变,不成熟的意见,则须经大家讨论酝酿提出意见后,再作研究。

彻底贯彻党的教育方针,进行教育改革,实行教育与生产劳动相结合的过程,是教育战线上两条道路斗争的过程,也是对全院师生员工进行共产主义教育的过程。对于师生参加生产劳动,还有观潮派、怀疑派、算账派。因此,必须彻底地放手发动群众,大鸣大放、大辩论、鸣深辩透,以先务虚,后务实,以虚带实,虚实结合的方法,搞好教育大革命,彻底地深入地进行教学大改革,为办好共产主义的河北工学院而奋斗。

四、河北科技学院并入

1961年4月,河北省委决定,河北科技学院停办,在校职工和全部学生暑假后转入河北工学院。7月中旬,河北科技学院在校教职工及417名学生转入河北工学院工作和分别编入相应专业、班级学习。河北科技学院校舍移交学院使用,学院河北区元纬路校舍拨给河北省科学院分院。

同年8月15日,学院有本科学生40名、附属中专部学生55名,响应政府号召,报名服兵役。9月底,学院本科已发展为四系十三个专业。机械系设机械制造工艺及装备、精密机械仪器、化工机械及设备、铸造工艺及设备四专业;农机系设内燃机、农业机械二专业;化工系设无机物工学、高分子工学、硅酸盐工学、燃料化学、有机染料及中间体五个专业;电力系设电机电器、工企电气化自动化二专业。本科学制改为五年;中专部只设机器制造专业,学制四年。

五、潘承孝院长在全国人民代表大会作专题发言

1960 年 4 月,潘承孝院长在出席全国人民代表大会作专题发言,谈了学院结合教学生产进行科学研究的情况。

各位委员,各位同志:

我完全拥护陈叔通副主席的第三届全国委员会常务委员会工作报告,李富春副总理的关于 1960 年国民经济计划草案的报告,李先念副总理关于 1959 年国家决算和 1960 年国家预算草案的报告。

现在我想谈谈一个新建院校开展科学研究,大搞技术革命的几点体会。

我在河北工学院工作。即就这个学院开展科学研究,大搞技术革命的情况来谈一谈。河北工学院是在 1958 年 10 月成立,是一个多科性理工学院,现有机械,电机,化工等三个系,设置九个专业,还有一个四年制中技部,现有学生共三千人,本科只有一二年级,专业实验室正在筹备建立,有一个比较完备的实习工厂。河北工学院跟许多其他新建院校一样,学生多,教师少,教学任务特别重,教师中青年教师多,老年教师少,绝大多数教师过去没有搞过科学研究工作。当去年初提出科学研究的时候,首先遇到的问题是:一个新建院校有没有开展科学研究的条件,能不能开展科学研究,大搞技术革命的问题。我院党委针对着这种思想加强了党的领导,贯彻了党的教育、生产劳动、科学研究三结合的方针,明确了科学研究为我国社会主义建设服务的正确方向,破除了迷信,解放了思想,大搞群众运动,扫除了思想障碍,把研究工作列入了院的计划。1959 年我院就承担了省科委下达的三项重要任务,其中内燃水泵的研究与农业机械部农业机械研究所合作,于去年国庆节前完成了提高性能的研究工作,经国家鉴定已推荐交付生产使用;还有积木式机床的研究,我院是在哈尔滨创造的积木机床的基础上,加以总结提高,设计一套"中型机床制造系列积木式机床",并于去年国庆节前完成了第一组包括由龙门刨床、导轨磨床、搪床、长丝杠车床等四台机床组成。这四台机床由十一个部件组成,试制成功后,曾在天津市展出,受到了好评。除以上两个紧密结合生产的研究外,还进行了硅酸盐方面新材料的研究并取得了成绩。

党的八届八中全会决议和有关文件在我院学习后,大大提高了师生员工的觉悟,促使我院的科学研究工作形成了一个跃进的高潮。在去年的最后两个多月中,所进行的科学研究项目和参加的人数都远远超过 1959 年的上半年。1959 年全年

共完成了大小课题一百四十八项研究。在这个基础上举办了元旦献礼展览会，大大鼓舞了师生的干劲。

1960年在全国更大更全面跃进形势的鼓舞下，特别是在党提出了争取尽快地把我国建成为一个具有现代工业、现代农业、现代科学文化的伟大的社会主义强国的号召的鼓舞下，全体师生干劲倍增。全院在教学，科学研究，生产劳动等方面出现了一个更大跃进的局面。在科学研究工作上开始形成了一个与教学与生产建设紧密结合的，以大搞尖端科学、大搞工农业生产中的重要科学技术问题为中心的群众运动高潮。不仅90%的教师投入了科学研究工作，一部分职工和学生也投入了研究。本年初列入院研究计划的已有二百七十九项。

在支援工业的技术改造方面，今年3月份在天津市委的统一领导下，我院抽出了应届中技四年级学生四百三十五名和三十七位教师投入了天津市工业系统大搞机械化、半机械化、自动化、半自动化的技术革命运动，共与十七个工厂建立了协作关系，承担了三百八十六项研究设计任务，其中生产自动线三十一条、运输线十三条、单机自动三十七台、专用机床四十四台、程序控制机床四台、专用设备五十四项、工夹具设计二百零三项，在工人、技术人员、下厂教师的指导下和学生努力，工作进行得很快。根据头二十天的统计，已经完成了三百四十二项的设计任务，其中三十九项已投入生产。在完成的三百四十二项中包括生产自动线的设计二十条，四条已投入生产；单机自动的设计二十八台，九台已投入生产；运输线的设计十三条；专用机床的设计四十台，四台已投入生产；程序控制机床的设计二台，一台已投入生产；专用设备的设计四十一项，八项已投入生产；夹具设计一百九十八项，十三项已投入生产。这种速度在过去是没有的，而且设计质量也比较好。

在支援农业技术改造方面，今年我院也承担不少研究任务。教师们都是深入农村进行实际调查研究，我院为农村设计的综合式机床受到了中央和省的重视，最近即将投入试制。农用滚珠轴承的设计也很有成绩。经过两个多月努力，已完成了一套年产十五万套农具轴承的全部工艺设计。其他如农村动力方面的研究都有一定的成绩。

在攻尖端方面今年有了不小的进展。现在进行研究的尖端项目比1959年增加了六到七倍。

河北工学院的科学研究工作，在党委的直接领导下发动了群众，明确了方向，把研究课题紧密地结合了教学，结合了建院工作，结合了工农业生产，已经蓬蓬勃勃地开展起来了。这也说明了一个新建院校不仅能搞科学研究而且还可以大搞。

通过一年来的实践对于开展科学研究有以下几点肤浅体会。

一、必须依靠党的具体领导,相信群众,要政治挂帅,千方百计地想办法,在技术上,物质上遇到的问题是可以解决的。

二、要树雄心,立大志,大胆承担重大研究任务。

三、要坚持自力更生,因陋就简先上马,边研究、边创造条件。等待条件具备后再搞,一定要落空。

四、教学与科学研究工作必须全面统一安排,组织力量,大搞校外协作,以克服人力物力的不足。

以上发言有不妥之处,请同志们指正。

六、召开河北工学院首届党员大会

1960 年 5 月 7—8 日,学院召开首届党员大会,学院党员 296 人,除因事因病外出席大会的党员 233 人,列席人员 118 人。冀广民致开幕词,于有才代表上届党委作工作报告,燕杰代表党委作 1960 年工作纲要报告。大会选举出 15 人为新的一届党委委员,最后冀广民进行总结并通过大会决议。

第五节　合并成立天津工学院

一、与天津工学院合并改称天津工学院

河北工学院刚刚恢复重建,又于 1962 年 7 月与天津工学院合并改称天津工学院。原天津工学院系 1962 年 1 月由天津机电学院(现在的丁字沽校区东院)、天津化工学院(红桥区三号路左侧机械工程研究所至化工部化工研究院范围)、天津建筑工程学院(现在的丁字沽校区南院)。

天津机电学院、天津化工学院的前身为天津工业学校。

天津工业学校是由天津市立工业职业学校发展演变而来。天津市立工业职业学校 1948 年 1 月筹备,9 月 16 日由天津市教育局批复正式成立,校长闫仪三。地址为天津西站邵公庄新春街。当年招生 227 人,设机械科、织染科。1949 年 9 月,

根据天津市教育局转发市政府民秘公字第 3289 号指令，天津市立工业职业学校与天津特一中合并，改名为天津市立工科职业学校，派宋谦光为校长、郝季高为副校长。设化工、土木两科。1950 年 8 月增设电机、纺织、机械三科，随之宋谦光、郝季高相继调出，吴开文受任副校长。1951 年 7 月 12 日天津市教育局同意将学校名称更名为天津市工业学校，增设电气、动力两科。1952 年 9 月将学校土木科、纺织科和机电科的一部分分出独立办学。现有专业调整为电机、机械、化工三科。校址迁至西沽北洋桥畔原北洋大学旧址。

1953 年 9 月，学校领导关系划归地方国营工业局领导，张一到校任副校长。同年 11 月，张淮三兼任学校校长。1954 年 8 月，学校领导关系改由市政府地方国营重工业局领导。1955 年，北京、哈尔滨、济南、太原等工业学校的机械、电机科先后并入天津工业学校。

1957 年 4 月，工业学校建立党总支，张一任总支书记，吴开文任总支副书记。同年，天津市农业学校并入。1958 年 3 月，田奇调学校任校长，张一调市委另行安排工作。

1958 年 7 月，天津市委常委会研究讨论，决定在天津工业学校的基础上分建天津机电工业学院和天津化工学院。

天津建筑工程学院前身是天津土木工程学校。

天津土木工程学校是 1952 年 8 月由天津工业学校土木科和河北工学院高职部土木科合并而成立的。校长陆征愈，校址在北洋桥原北洋大学旧址，学校设市政和建筑两科，由市政工程局领导 1953 年 9 月改由天津市建筑工程局领导。1954 年，河北省水利土木工程学校的工业与民用建筑专业并入天津市土木工程学校，改由天津市建设委员会领导。所设专业有给水排水、道路桥梁、房屋卫生技术设备、厂房民房设计四专业。1955 年 10 月由北洋大学旧址迁至丁字沽光荣道，1956 年正月，学校领导关系改为中央城市建设总局(后改城建部)，校名改为"城市建设总局天津城市建设工程学校"。同年 8 月，改为城市建设部天津城市建设工程学校。专业调整为工业与民用建筑、房屋卫生设备、给水排水、城市测量四专业，学制四年。城建总局并派洪泽任学校第一副校长代理校长，陆征愈为副校长。1957 年 5 月，建立党总支，由洪泽兼任总支书记。当年专业调整为工民建、暖气通风与煤气供应、城市测量三专业。1958 年 8 月扩建为天津建设学院。

1962 年 7 月 16 日，河北省高等教育厅公布河北省委、省人委报经中央和华北局批准的关于下达"河北省大专院校和中等专业学校进一步调整精简的修订方案"

决定:河北工学院与天津工学院(天津机电学院、天津建筑工程学院、天津化工学院)合并,改名为天津工学院。

二、专业学制调整

1963年1月1日,经上级批准,学院专业设置如下。

机械工程系:设机械制造工艺及设备、精密机械仪器、化工机械专业。

农业机械工程系:设农业机械、内燃机、铸造工艺及设备、金属热处理工艺及设备专业。

化学工程系:设无机物工学、基本有机合成工学、高分子化合物工学、中间体及其制品合成、燃料化学工学专业。

电气工程系:设工业企业电气化及自动化、电机与电器、无线电技术专业。

土木建筑系:设工业与民用建筑、给水排水、供热供煤气及通风、道路与桥梁、建筑学专业。

调整合并后的天津工学院设立机械工程、农业机械工程、电机工程、化学工程、土木建筑工程5个系19个专业,学制为5年。

《天津工学院关于建立留学生
管理机构的通知》

三、首次招收留学生

1966年4月27日,中央和教育部作出安排,1966年暑假后将接收十六名越南留学生来院学习。这也是学校首次招收留学生。

9月16日—17日,分别在天津、上海两地学习一年汉语的越南留学生入院,进校后组织到工厂、公社参观、访问后开课学习。因全国高等学校正进行"文化大革命",干部、教师不便给外国留学生单独上课,中国政府决定休学一年。同年10月31日,十六名越南留学生启程回国。

四、师资力量进一步增强

这次合并后，学校迎来了校史上又一辉煌时期——师资力量很强，专任教师达978人。教师队伍中有著名的汽车、内燃机专家、硅酸盐专家、电机专家等一批老一辈的名师。此外，年轻教师多是20世纪50年代各名牌大学毕业的，这也是后来学校在天津高校教师队伍中最具优势的一点。后来教师队伍中涌现多位国家级有突出贡献的专家和享受国务院政府特殊津贴者，还有一批河北省有突出贡献的中青年专家、享受省政府特殊津贴者。

五、开门办学，半工半读

1965年1月27日，院党委在十七级以上党员干部中传达"二十三条"，28日向全院干部、教师进行传达，29日向学生工人进行传达。会后，进行了讨论。1965年2月10日，中央高等教育部确定学院为全国十六所高等工业学校中试行半工半读教育制度之一。同年8月10日，根据河北省统一部署，学院有干部、教师、学生2800余人，分赴邯郸、邢台两个地区、八个县、六十四个公社参加"社会主义教育运动"（即"四清运动"）。

1968年8月，根据中央指示，天津市革命委员会派遣解放军和工人毛泽东思想宣传队进驻学院。学生和教职工一起编成专业连队。连队设连长、政治指导员（支部书记）。学生的思想政治工作由指导员负责，主要是组织学习毛主席著作，清理阶级队伍，进行反修防修教育等。曾召开多次院、系、连队的学习毛泽东思想讲用会，进行"四好"和"五好"评比。经过工人、解放军宣传队的帮助教育，全校实现了大联合。

1969年3月4日，天津工学院革命委员会成立，驻军组训三师师长陈长庆任革命委员会主任。

1970年1月10日，根据河北省革委会指示院核心组研究决定，学院一千余名师生、干部（其中教师、干部四百人）到河北省永年县参加农村斗、批、改。1970年1月18日，河北省派出由邯郸工人组成的工宣队36人进驻天津工学院，其中26人去邯郸学院各点；同时，由河北驻军组成的军宣队也先后进驻天津工学院。至此，由天津派驻的工、军宣队陆续回撤。

1975年1月10日—1976年7月,遵照河北省革委会指示,学院干部、教师分期分批到河北省邯郸地区农村蹲点劳动。其间,共有三批近600人分别到该地区鸡泽县、邯郸县、永年县蹲点劳动。第四批蹲点劳动人员因唐山地震波及天津,经请示省革委同意批准,参加本院抗震救灾劳动(搭盖简易平房)。

1976年6月,上半年中,为落实毛主席"五七指示",全院学生53个班中的47个班,共1497名学员,369名教师、干部分布在校内、外85个工厂、社队。为做到开门办学、半工半读,1976年7月,学校招收工农兵大学生360名,当年毕业534人,在校学生达1969人。

六、冀津省市合分,属地多次更改

1958年2月,中共中央决定将天津市由中央直辖市改为河北省省辖市。1967年1月,党中央又改变这个决定,将天津市由河北省省辖市仍改为中央直辖市。

1958年8月20日,河北工学院正式成立,由河北省机械局主管。

1960年2月29日,河北省委、省人委决定:河北工学院改由河北省教育厅主管。

1969年10月1日,经河北省革委会、天津市革委会协商,天津工学院(包括所有附属单位)领导关系隶属河北省革委会。

1972年1月28日,学院划归河北省领导以后,由天津派驻学院的工、军宣队全部撤走。

七、搬迁邯郸

1959年12月29日,河北省委、省人委指示:河北工学院决定迁往邯郸。校舍计划于1960年暑假前基本完成。学院规模定为7000人,中专生2000人。

1960年2月26日,校址选点会议在邯郸市人委交际处召开,院长潘承孝、邯郸市副市长蔡志杰等参加会议。确定校址于邯郸市规划中心广场的东北角横轴以北,光明大街以东,沁河以南,滏阳河以西范围内。

同年9月24日,因邯郸新校址基建工程未能如期完成,河北省教育厅指示,学院附属中技部全体干部、教师及1200名学生迁往邯郸已建好的校舍内,本科部分缓搬迁。

1962 年 2 月 13 日,河北省决定,河北工学院在天津部分暂不迁移邯郸,停建后邯郸基建工程按下马项目处理。

1969 年 11 月 5 日,根据天津市革委会、河北省革委会关于天津工学院搬迁疏散的指示精神,驻院双宣队带领学院师生员工 1597 人,由津出发,当晚九点全部到达邯郸地区涉县索堡公社天津工学院驻地。由于涉县索堡校舍太少,人员居住和生活安排困难。同年 12 月 20 日,部分师生疏散到武安中学、无极粮食干校、马头机电专科学校、永年县原人委大院和洺关中学。

1972 年 11 月 7 日,根据河北省委决定,河北工学院由天津迁往邯郸建校。校址选定在邯郸市逻城头村东南。

1977 年 4 月 23 日,河北省文办主任崔哲就河北工学院迁校、办学问题在院党委常委会上指出:天津部分要办好,长期办下去,邯郸工学院有准备地建起来。

1978 年 12 月,根据河北省委"天津要长期办下去,邯郸要积极建起来"的精神,学院对天津、邯郸两地的专业设置提出调整方案:

天津专业设置:八系二十八个专业;

邯郸专业设置:五系十三个专业。

1979 年 6 月 11 日,河北省委研究决定:河北工学院继续在天津办学,邯郸部分调整撤销。

第六节　更名河北工学院

一、更名河北工学院

1971 年 11 月 29 日,河北省革命委员会决定天津工学院更名为河北工学院。至 1976 年,学校共招收 6 届工农兵大学生。

当时,学校贯彻党的教育方针,坚持"教育必须为无产阶级政治服务,必须同生产劳动相结合"的教育路线,实行开门办学,培养大学生在又红又专的大道上前进。

大学生们打破传统观念,毕业后积极响应号召,到艰苦地方去,到基层去,到边疆去,为祖国建设奉献青春。

1972 年 4 月 19 日《河北日报》曾刊登学校工农兵学院的专访文章《他们在又红

又专的大道上前进》。

《他们在又红有专的大道上前进》（《河北日报》）

一九七〇年十二月，来自全省各地的五百多名工农兵学员，怀着上大学、管大学、用毛泽东思想改造大学的豪情壮志，斗志昂扬地跨进了新型的社会主义大学——河北工学院。

一年多来，这个学校在毛主席无产阶级革命路线指引下。斗、批、改不断取得新成绩，学校面貌发生了深刻变化。第一代工农兵学员，在又红又专的大道上茁壮成长。这里记述的，是我们最近访问这个学校的一些见闻。

（一）

广大工农兵学员怀着深厚的无产阶级感情，奋发图强，为革命学习马、列的书和毛主席的书，刻苦钻研和努力掌握科学知识的生动情景，给我们留下了深刻的印象。

在农机系，我们访问了43岁的老工人学员刘兴善。

刘兴善出生在一个贫农家庭里。在旧社会，他从小就挎着篮子要饭，十几岁就下了煤窑，受尽了人间的苦难，是伟大领袖毛主席和共产党，把他从苦海里救出来。万恶的旧社会，夺去了刘兴善上学的权利。解放后，他获得了新生，当家作了主人，这次又走进了社会主义新型大学。

刘兴善这个"大老粗"学习大学课程，困难之大是可以想象的。但是他深深懂得，他来上大学是阶级的重托，是巩固无产阶级专政的需要，是毛主席赋予的伟大历史重任。学习上的困难再大，也没有他誓为无产阶级掌好文权的决心大。他把旧社会的阶级苦，化为攀登文化科学高峰的勇气，他把毛主席的教导，化为打开文化科学宝库的金钥匙。他以惊人的毅力，突破了学习上一个又一个难关。

学数学刘兴善遇到了很大困难。开始，他分不清正负数，更不懂得什么开方，什么A、B、C、X、Y，见都没见过。尽管老师耐心地反复给他讲解，他还是感到听不懂，记不住。这样的学员能不能学好高等数学？刘兴善对老师们说："老师你放心，我一定能够学好数学。"教师十个劲地教，刘兴善十个劲地学。遇到困难，师生就共同学习毛主席的光辉著作《愚公移山》，共同背诵"下定决心，不怕牺牲，排除万难，去争取胜利。"师生紧密联系教学实际，认真学习毛主席的光辉哲学思想，正确解决教学中的理论联系实际问题。刘兴善是一个具有二十多年工龄的老工人，有较丰富的实践经验，他在学习中就尽量多联系生产实际。学习正负数四则运算，他根据正负符号变化复杂的特点，集中精力寻找出它们之间的变化规律。他的记忆力较差，学过的东西容易忘，他就把学过的公式、定义和作过的习题系统整理起来，经常复习，巩固提高。他常常是天不亮就起床，晚上很晚还不睡，连星期天也常常是坚持刻苦学习。在教师的热心帮助下，经过刘兴善这样艰苦努力，终于掌握了高等数学的基础知识和运算技能。后来，他在外语学习中也取得了可喜的成绩。

我们来到化工系合成专业班，师生们正在热烈地进行评教评学。在座的有热情洋溢的男女学员，也有精神焕发的中老年教师。从他们那坦率的发言，热情的鼓励，耐心的帮助中，我们看到一种崭新的师生关系。

一次，一位老教授结合一项新技术给学员讲化工机械基础课，尽管他有教好学员的良好愿望，但是由于讲起课来仍然是从概念到概念，费了好大劲，学员们还是听不懂。有的就退出课堂，干脆不听了。

老师的课没讲好，究竟应该如何对待呢？是耐心地把课听完，帮助老师找出失败的原因，上好社会主义文化课，还是听不懂就打退堂鼓，只是批评埋怨呢？针对这个问题，党支部及时组织学员学习毛主席有关教导，展开了热烈的讨论。学员们认识到，这次老师讲课没能理论联系实际，课没有讲好，但这个老教师带领学员进行现场教学，还是积极的。有的学员不遵守纪律，随便退出课堂，这是不对的。革命师生应该团结合作，不断提高教学质量，共同办好社会主义大学。后来，学员们听说这个教授病了，都主动地到家里看望他。有的学员还主动和他交换意见，并就退出课堂的做法，认真做了自我批评。这使老教授非常感动，他激动地说："我教了几十年书，还没遇到过像你们这样好的学生！"他为了让学员真正学到化工机械基础知识，病还没全好，就又一次到工厂，虚心向工人师傅请教，并再次借来那项新产品的技术装置，重新登上讲台讲了这一课，受到了学员的赞扬。

从此以后，学员们对教师更加尊重了，对专业课程的学习更刻苦了，学习成绩显著提高。

（二）

这一天，我们来到了某扩建中的钢铁基地，参观这个学校的"大课堂"。

远处，一座座高炉巍然屹立，浓烟滚滚，近处。一排排脚手架高耸入云，大吊车把几十吨重的钢筋混凝土构件轻轻吊上半空，建筑工人们正在紧张地劳动着。

"那个高个子的女青年就是河北工学院土建系的学员郝桂琴。"带领我们参观访问的工人教师李师傅指着高高的脚手架对我们说。我们顺着他指的方位仰头看去，一个年轻姑娘，头戴安全帽，推着小车奔来奔去。李师傅说她虚心好学，也很能干，现在她不但学会了放线刨槽，垒砖砌墙，而且连测量计算，设计绘图的技术也基本掌握了。李师傅继续向我们介绍说。

"起初，有的学员认为，我们上大学是来学科学技术的，整天和泥呀水呀的打交道能学到啥名堂？针对这个问题，学校和工地领导从路线教育入手，组织学员和工人一起，认真学习毛主席的教育革命思想，认识到只有坚定不移地贯彻落实'教育必须为无产阶级政治服务，必须同生产劳动相结合'的方针，才能把学员培养成为又红又专的革命接班人。郝桂琴带头斗私批修，决心更自觉地把书本理论和生产实践紧密结合起来。"

李师傅的介绍，使我们对郝桂琴的事迹产生了很大兴趣。第二天，我们在工地上找到郝桂琴。谈话中，她深有体会地说："伟大领袖毛主席让我们工农兵上大学，就是为了让我们掌握社会主义革命和社会主义建设的本领。这个本领怎么才能学到呢？事实证明，离开了实践那些理论学不懂，学得再多也没用，只有结合实际学，学了才能用。"

在这个学校的教学、生产、科研三结合的教学基地上，我们参观了工农兵学员亲自动手建设成功的一座波浪式屋顶新型建筑，参观了工农兵学员同工厂领导、工人师傅和教师相结合试制成功的科研项目和技术革新。从这里我们看到了一支无产阶级的知识分子队伍正在迅速成长。

（三）

伟大领袖毛主席教导我们："抗大的教育方针是：坚定正确的政治方向，艰苦朴素的工作作风，灵活机动的战略战术。"河北工学院的工农兵学员，之所以能够在又红又专的大道上奋勇前进，最根本的是，他们始终坚持坚定正确的政治方向，正确处理政治与业务、理论与实践等方面的关系。一年多来，广大工农兵学员牢记阶级的重托，认真读马、列的书，读毛主席的书，自觉改造世界观，做到环境变了，艰苦奋斗的作风不变，地位变了，继续革命的思想不变。

一天晚上，我们到机械系机制专业一班学员宿舍去座谈。一进门，就被他们那种革命气氛浓厚的战斗生活吸引住了：有的在看书学习，有的在理发，有的在钉鞋子，有的在缝补衣服……

经过互相介绍，我们认识了，坐在我们对面床上的那个学员叫刘防修。他正在缝补一条褪了色的蓝布裤子，裤子上已经补了好几块补丁。我们问他："这都是你补的？"他"嗯"了一声，回答说。"一针一线，防修防变。缝缝补补这是俺们班的传统。"原来这个班的男女学员，人人都有针线包。另一个学员抢先说："刘防修是俺们班艰苦朴素的标兵。"

刘防修原来是生产大队会计，他牢记毛主席的教导，怀着高度责任感，当好红管家。他对生产队的一粒米、一分钱，都十分珍惜。他当了四年多会计，连一支钢笔都没买，一直使用着自己制作的那个"圆珠笔"。大队打算给他买一支钢笔，他认真地说："我用这支笔管家记账，不但管得好，而且越管越有劲。"硬是没让买。

来到大学里，他用这支"圆珠笔"，刻苦勤奋地记下一页页学习毛主席著作心得体会，完成各门专业课程的习题作业。在刘防修的带动下，全班四十四名学员，都把防修防变作为上大学的重要一课，他们发扬我党艰苦奋斗的光荣传统，始终保持以贪图享乐为耻，以艰苦朴素为荣的道德风尚。

去年十二月，电机系新学员王会英的父亲来到学校看望她。老人家看到社会主义大学里那生气勃勃的动人景象，感动得热泪盈眶，嘱咐女儿说："这是毛主席给咱们的幸福，希望你不辜负毛主席的期望，别忘了你是贫下中农的后代，为革命好好学习本领。"王会英激动地含着热泪说："爸爸，你就放心吧，我一定听毛主席的话，时刻想着贫下中农，努力上好大学，学好本领，为革命、为人民作出贡献。"

二、科研成果荣获"全国科学大会奖"

从河北工学院到天津工学院再到河北工学院,学校充分发挥多科性工科大学的优势,调动广大教师和技术人员的积极性,在完成教学任务的同时,积极开展科学研究工作,取得多项成果。

河北工学院标准部件拼合万能机床试制成功合影纪念

1959 年 5 月 13 日,学院"中型机床制造系列积木式机床""单缸二冲程内燃水泵""工频磁性瓷""交流变速磁放大器"四项科学研究列为河北省重点科研项目,并拨款十万元作为研究经费。9 月 30 日,自行设计九部件,可拼合镗、车、铇、导轨磨四种功能的"中型机床制造系列积木式机床"试制成功。附属工厂试制的六立方米空气压缩机获成功,并生产出第一批产品七台。

1960 年 4 月 28 日,学院积木式机床研究又有发展,一套三台件组成的"标准部件拼合万能机床"试制成功。机床的成功试制受到省市委的重视,时任河北省委书记处书记张承先和副省长王力亲临学院参观,张承先参观后给予高度评价。同年 4 月 29 日,天津市科委在本院召开有天津市工厂厂长、工程师、技术人员、老工人等 2000 人参加的现场会,参观学院新试制成功的"标准部件拼合万能机床"。当晚,这套机床送往北京展出。

学院与一机部农机研究所合作研制的"φ50 型单缸二冲程内燃水泵"试制成功。经国家科委、一机部、农机部、农业部及中国科学院动力研究室联合鉴定,认为这一水泵运转稳定,被国家推荐生产。学院与河北省机械研究所合作研制成功的简易双缸蒸汽水车成功后,因结构简单、成本低、易制造,很受欢迎,已在全省推广应用。

学院与天津电器研究所合作的"铝—铬电阻熔焊和铝铜导线冷压焊的研究"完成后,国家经委、国家科委、一机部等6个单位于1963年11月在上海召开的"铝线焊接技术会议",对研究成果进行了鉴定,认为:"瓶式熔模电阻熔焊法,可以在电机的小截面铝线连接中推广使用,在市内电话电缆中也可以试用。"

"动力水车的设计、试制、试验"课题是与河北省农机研究所、天津专署工业局合作进行的。1963年7月,河北省机械厅在廊坊举行评比会,被评为最佳之一。天津专署批准试制10台,试销结果很受欢迎。随后又生产了200余台,仍供不应求。

1963年底合成成功"杀螟松(Sumithion)农药"。送天津市劳动卫生研究室进行毒理分析,送天津市蔬菜研究所、河北省植保研究所进行药效试验,并从中分离出国产混合甲酚(制取间甲酚的原料),进一步完善了合成"杀螟松"的工艺路线,为中间试验作好了准备。

1964年,院党委为加强科研工作,采取了控制会议,减少教师的社会活动等一系列措施。上半年,除对1963年已取得第一阶段成果的项目:"杀螟松农药""铝铜焊技术机理的研究""曲轴修复技术的研究"等课题继续研究外,新增加"农村供电电压水平的研究""稀土单体活塞环""简易载波通讯装置的研究"等12个课题。

1964年6月,学院部分教师参加了天津市七年科学技术规划会议,承接任务。其中,"石油烃催化裂化的研究"受到天津市和化工部领导的重视。它对于解决人民的吃、穿、用、支援农业、巩固国防和为尖端技术提供特种材料等方面有极为重要的意义。

国家十年科学技术发展规划安排的项目"农机修理厂专用设备、工具及测量仪器的研究",1964年已完成箱体孔的同心度检查仪、箱体孔的垂直度检查仪、曲轴平行度检查仪、连杆大小头孔平行度检查仪、活塞检查仪等。

"喷镀曲轴修复工艺的研究",针对已修复的拖拉机曲轴易断、脱层、打圈三大毛病,进行喷层附着力、硬度、疲劳强度、拉伸强度的试验。同时,进行了金相、化学分析和喷液温度、喷镀金属颗粒的测定。这些试验分析为研究现行工艺问题提供了依据。此外,学院除完成"潜水电机轴承的设计",并将设计方案交天津市新安电机厂试用外,还提出"拖拉机主要零件配件生产工艺的研究"第一设计方案。"小马力热球式柴油机的研究",已完成调研、装好样机进入试验阶段,并取得初步成果。

"简易可靠性砺磁调节器"的试验研究部分,已与天津发电设备厂试制的40kva移动电流进行试验。完成"跨类通用化农机修配多能机床的研究",并写出专题报告。

1965年,提出科研项目"可机动稻田耘稻机""稀土镁球墨铸铁曲轴""聚氯乙烯新溶剂戊酮的合成""等离子堆焊"等23项。

1969年9月,研制成功"可控硅无极调速万能铣床",经试验效果良好。

1970年10月12日,建立一台"15吨工频炉"。

1969年底建立"单晶炉科研组"后,又相继建立了"射流科研组"和"可控硅科研组",形成了专职科研机构和教师兼职搞科研的新体制。1970年,河北工学院研制成功"液压传动单晶炉",是我国第一台自制单晶炉,并拉出了合格的单晶,影响很大。到1971年,学校先后举办了二十余期短训班,为全国和河北省上百个单位培训了专业技术人员四千余人。1971年河北省和全国一千二百多个单位的三千余人来学院参观。该项目获河北省科学大会奖和全国科学大会奖。

自1971年以来的三年时间里学校共进行了78项科研,有为国防建设服务的"固体燃料""聚硫醚""窥膛仪""高炮瞄准镜";有为生产建设服务的"可控硅立式钻床""射流控制元件及用液压射流元件控制的半自动组合机床""可控硅铣床""合成氨新型催化剂"和"高强度模壳精密铸造"等。其中和兄弟单位合作研制的"多籽晶杆液压单晶炉"参加了1971年的广交会。同时,有11项研究成果参加了全国工业展览会,24项科研成果参加了河北省工业展览会。

"聚苯硫醚防腐涂层的应用",系承担的化工部项目,1974年由天津市二轻局组织专家鉴定,评审意见:"技术先进,属国内首创。"后该项目获河北省科学大会奖。

学校与天津华光电子器件厂合作研制的项目"IC制各中热应力滑移位错的产生、危害与消除技术",经过两年努力,于1977年通过鉴定后,在天津市及全国有关厂家推广应用。该成果能将IC制备中产生的热应力滑移位错降至103个/cm^2以下,从而提高了产品质量与成品率。仅天津市华光电子器件厂使用后,年纯增收100万元。该项目获天津市科技优秀成果二等奖。

1976年,有3项科研成果通过鉴定,经专家评审意见,国内首创1项、国内先进2项。

1977年有3项科研成果通过鉴定。河北省科委项目"He-Ne激光电源""激光治疗机"分别于1977年6月和10月通过河北省科委组织的鉴定。工厂委托项目"聚酰亚胺生产过程中排废气中溶剂的回收",由一机部第八设计院组织鉴定,1980年获河北省科技四等奖。

三、首届党员代表大会召开

1976年11月4日至6日，河北工学院首届党员代表大会召开。正式代表235人，列席代表110人。院核心组副组长、工宣队长贾春奎致开幕词，院核心组组长、院革委员会主任崔涛做工作报告，并致闭幕词。大会选举产生新的党委会，由32人组成。

11月6日，召开首届党委会全会。会议选举了书记、副书记和常委。常委由崔涛、刘抗生、贾春奎、王士本、刘金柱、燕杰、董启萌、洪泽、黄志光、胡文亮、李小学、田巧茹十二人组成。由崔涛任书记，刘抗生、贾春奎、王士本任副书记。河北省委1977年1月26日批复：同意书记、副书记、常委、委员人选。

崔涛，男，汉族。1920年3月出生，河北省任邱县人。1938年7月参加革命工作，1943年加入中国共产党。1976年至1978年任河北工学院党委书记。

崔涛读初中二年级时因发生七七事变而休学。1938年7月到河北抗战学院受训，10月毕业，在任邱县七区文会工作。1942年夏至1943年10月在晋察冀边区抗大二分校受训。1943年10月至1945年春任文安县城乡区中共区委书记、县委秘书。1948年春至1951年春在八地委组织部任干部科长。1951年春至1952年春任任邱县委副书记。1952年春至1960年春任中共河间县委书记。1953年为沧州地委委员，1958年地委与天津市合并，为中共天津市委委员。1960年春到年底任河北省委农村工作部副部长。1960年底至1964年春任静海县委书记。1964年4月至1972年8月，任河北省天津专员公署专员。1972年8月任河北工学院党的核心组组长（当时院党委还未成立，核心组代行党委职权）兼革命委员会主任。1976年11月召开学院党的第一次代表大会，当选为院党委书记。1978年8月任院党委副书记。1983年8月离休。

四、《人民日报》头条报道学校坚持开门办学经验

河北工学院的做法在社会上引起广泛关注，1975年12月1日，《人民日报》在头版头条位置刊登了学校教务处的署名文章。文章共写了三部分，第一部分"依靠工人阶级培养革命事业接班人"，主要介绍学校坚持开门办学，教育工农兵学员与工农相结合，培养甘当新型劳动者的思想感情，并通过参加生产实践，丰富知识、增

长才干,还专门以机制专业部分师生到唐山柴油机厂开门办学作为典型事例;第二部分"为巩固和发展社会主义经济基础服务",主要介绍工科院校要为农业机械化作贡献,学校曾为承德地区拖拉机厂试制成功适合山区需要的拖拉机,推动各专业为工农业生产作贡献,特别是农机、无机、机制、热处理等专业派出师生奔赴全省各地搞化肥和拖拉机等的研制工作;第三部分"更多到县社工业企业去办学",主要介绍学校到县社工厂开门办学,结合工业支援农业组织教学,开展支农产品项目的科学研究,并派出分队为工业生产服务的经验做法。

《人民日报》头条文章

坚持开门办学　搞好教育革命
(河北工学院教务处)

在学习毛主席关于理论问题的重要指示中,我们联系实际,总结了几年来进行教育革命的经验,体会最深的是,教育革命是无产阶级"文化大革命"的重要组成部分,教育是无产阶级专政的工具。要把学校改造成无产阶级专政的工具,就必须遵照毛主席的指示,认真贯彻执行教育必须为无产阶级政治服务,必须同生产劳动相结合的方针，坚持开门办学，使学校适应三大革命运动的需要。

依靠工人阶级培养革命事业接班人。教育要适应三大革命运动的需要，首先就得使学校所培养出来的人具有社会主义觉悟，适应社会主义经济基础发展的需要。

从一九七〇年以来，我们遵照毛主席的"七·二一指示"，招收了几届工农兵大学生。这些学员来自三大革命运动第一线，思想觉悟比较高。他们在上大学、管大学、用毛泽东思想改造旧大学方面是一支重要力量。但是，另一方面，正像伟大导师列宁指出的那样："工人和旧社会之间从来没有一道万里长城。"我们必须警惕"智育第一""知识私有""读书做官"等修正主义流毒对一些学员的影响。不把转变学员的思想放在首位，就培养不出有社会主义觉悟的有文化的劳动者。为此，几年来，我们引导师生走"五·七指示"的道路，坚持开门办学，充分发挥工人阶级在培养革命事业接班人方面的作用，教育工农兵学员和工农相结合，培养他们甘当新型劳动者的思想感情，并通过参加斗争实践，丰富知识，增长才干。

我院机制专业的部分师生，在唐山柴油机厂开门办学的收获，就是一例。他们是去年七月到柴油机厂的。厂校双方商定：为当地在一九八〇年基本上实现农业机械化的目标服务，共同承担凸轮轴自动线、主轴承盖、后盖流水线的十二台机床的设计、制造、装配任务，以这些任务带动教学。厂校实行工人、学员、教师三结合，参加设计、制造、装配全过程。十几名工人带领三十名学员，一边搞设计、制造和装配，一边负责做转变学员思想的工作。如开始时，有的学员学习技术的目的性不够端正，厂党委和工人便立即用本厂技术人员的两种表现和两种结果为例，教育大家：有些技术员几年来一直能为革命而钻研技术，能和工人相结合，先后搞成了四条机体流水线和一百多台专用机床，受到了工人的欢迎；而有些技术员钻研技术的目的不端正，脱离工人，脱离生产，关门搞设计，结果搞出的四台组合机床全部报废了。厂领导和工人师傅严肃地指出：技术人员能不能为革命的需要而使自己的技术精益求精，能不能同工人、生产劳动相结合，是能不能走好"七·二一指示"道路的大问题。学员受到教育后表示：一定通过参加生产劳动和工人相结合，把自己锻炼成为革命事业接班人。

通过参加劳动，同工人相结合，学员们的思想面貌发生了很大变化，丰富和加深理解了所学的知识，提高了解决实际问题的能力。他们在教师、技术人员的指导下，为工厂设计、制造、装配了十二台机床的三条自动线，单是凸轮加工自动线就提高工效六十倍，减少七个工人的劳力。大家说：这次下厂，是做有社会主义觉悟的有文化的劳动者的必修课。

为巩固和发展社会主义经济基础服务

党的发展国民经济的总方针,反映了社会主义革命和社会主义建设的客观需要,教育必须自觉地贯彻落实党的发展国民经济的总方针。工科院校不仅应该关心工业战线的两条路线斗争,关心工业生产的发展,而且应该积极为农业学大寨多作贡献。马克思说过,"超越于劳动者个人需要的农业劳动生产率,是一切社会的基础"。毛主席也指出:"农业和轻工业发展了,重工业有了市场,有了资金,它就会更快地发展。"脱离农业去发展工业是行不通的。因此,作计划、办事、想问题,要想到人口的大多数——农民。但是,"文化大革命"前,教育阵地在修正主义路线统治下,实行关门办学。就是下厂学习,也很少考虑农业现代化的需要。

经过文化大革命和批林批孔运动,通过学习无产阶级专政的理论,我们提高了认识。对于围绕工科院校要不要为农业生产多作贡献的问题,我院展开过一场辩论,辩论的结果,坚定了教育必须为巩固和发展社会主义经济基础服务,包括为农业生产服务的决心。这场辩论最先是在农机系农机专业设置问题上展开的。我院教育革命开始不久,就有人说:工科院校还搞什么农机专业,应当把这个专业的"农"字取消,改名为"动力机械系"。当时,我们学习了毛主席的有关教导,想到发展国民经济的需要,坚持办农机专业。后来,农机专业在去不去承德的问题上又展开了斗争。承德地区拖拉机厂准备试制山区用的拖拉机。师生们了解到这种情况,很受鼓舞,决心去参加试制工作,为广大山区的农业机械化贡献力量。但有人却说什么,"这种产品不典型""不够世界水平""不符合生产发展方向"。党支部及时组织师生讨论,使大家认识到:自力更生制造适合我国山区急需的新农机,是符合社会主义生产的发展方向的。于是,师生背起行装到了承德地区的拖拉机厂,和工人、技术人员一起,大干了四十多天,搞出了山区拖拉机的设计图纸,并于去年十一月份试制成功。从此,各个专业都争着为工农业生产,特别是为支援农业学大寨多做贡献。农机、无机、机制、热处理、铸造等专业还派出师生,奔赴全省各地大搞化肥和拖拉机的研制工作。

要多到县社工业企业去办学

工科院校开门办学,要更多地到县、社工业点上去。这是加强工农联盟和逐步缩小三大差别的需要,也是巩固无产阶级专政的需要。

我们是这样做的：到县、社工厂开门办学，结合工业支援农业组织教学，开展支农产品项目的科学研究，并派遣服务队为农村工业生产服务。

　　几年来，我们先后派出了近百个小组，参加了河北省大搞拖拉机的工作。我们在邢台拖拉机厂参加了中型拖拉机研制工作，搞了变速箱壳体流水线的设计；在抚宁县参加了柴油机"长腿"的研制工作，搞了专用机床、组合机床、用普通钢代替优质钢制造齿轮、球墨铸铁履带等产品的试制。师生们既为支农项目进行了科研工作，为县、社工业大搞土设备，赶制收割机、脱粒机、扬场机等，还协助县、社举办了"五·七"业余大学和多种类型的短训班。我们向大城、任丘两县派遣的服务队，和贫下中农一起自力更生修建了电器厂，在严寒的冬天和贫下中农一起竖杆、架线，铺设农村电力网。由于电压低，电机一开动就被烧坏，曾经严重地影响了春耕排灌。他们急贫下中农所急，因陋就简，经过一个月的努力，制成了简易升压器，及时地解决了问题。同时，他们还举办了农村电工短训班，培训了三百多名农村电工，编写了农村电工教材。这些工作受到了贫下中农的欢迎。

第五章　改革开放　欣欣向荣

第一节　河北工学院迎来"新生"

一、党的十一届三中全会胜利召开，为中国高等教育注入新活力

1978 年春天，中央先后召开了全国科学大会和全国教育工作会议，开始在科学和教育领域进行全面的拨乱反正。1978 年 12 月 18 日至 22 日，中共十一届三中全会在北京隆重召开。全会以邓小平的《解放思想，实事求是，团结一致向前看》重要讲话为指导，作出把全党工作着重点转移到社会主义现代化建设上来、实行改革开放的历史性决策。

1983 年全国高等教育工作会议提出："从中国的实际情况出发，努力为社会主义现代化建设服务，逐步形成具有中国特色的社会主义高等教育体系。"在这一目标体系的引领下，开始了从培养目标到专业调整，从课程设置到教学计划和大纲修订等一整套高等教育改革。

改革普通高等教育本科培养目标。高等工程本科教育的培养目标，由以培养"工程师"改为"获得工程师的基本训练"；高等理科类本科专业的培养目标，由培养"自然科学的理论研究、科学实验和教学人员和工作者"改为"培养具有能够从事本专业教学、科研和有关专业的实际工作能力"的人才；文科类本科专业的培养目标，由培养"从事研究或教学工作的专门人才"改为培养"从事实际工作和教学、研究工作的高级专门人才"；农林科、医药科等专业本科培养目标也根据科技发展和人才需求情况进行了合理调整。

此后，开始了专业目录和专业设置、教学计划和教学大纲的修订和调整，对高等院校的教材建设、实践教学环节、教学体制、教学仪器设备和图书资料、师资队伍

建设等方面都作出了明确要求。

随着高等教育工作的全面恢复和发展，特别是"高等院校办成既是教学中心，又是科研中心"思想的确立，高等院校的科学研究工作也随一系列政策的制定和实施逐渐成为高等教育事业的一项重要工作：

第一，恢复研究生教育，建立学位制度。1978年7月，恢复招收了首届研究生，并就研究生的培养制定了多项规章制度。特别是1980年，全国人大常委会审议通过的《中华人民共和国学位条例》和1981年国务院批准的《中华人民共和国学位条例暂行实施办法》，标志着我国学位制度的正式建立。

第二，确立高等院校科学研究经费保障机制。为逐步把一批重点高等学校办成教学、科研两个中心，经国务院批准于1982年从国家总预算费中，对中央各部门所属88所重点高等学校增拨科研经费，地方所属重点高等学校的科研经费，按照"分灶吃饭"的财政体制，由有关省、自治区、直辖市视财力情况统筹安排。

第三，科学技术进入国民经济建设主战场。1981年4月，中共中央、国务院转发了国家科委《关于我国科学技术发展方针的意见》。在转发的通知中强调："科学技术要走在生产建设前面""坚定不移地贯彻执行科技工作为经济建设服务的方针""大力抓好科学技术成果的推广应用"。

二、改革开放后河北省高等教育的调整与重构

1978年到1985年是河北省高等教育在恢复和建设中重构新的教育体系时期。在这个过程中河北省高等教育的发展除依据国家有关的指示精神，以及河北省经济和社会发展总的目标要求外，还根据河北省高等教育的实际，推出了系列有关促进高等教育发展的政策和措施。

1978年，河北省科学技术委员会制定了《1978—1985年河北省科学技术发展规划纲要草案》，明确提出普通高等院校要积极参与河北省重大科技项目的研究，甚至有些科研项目由高等院校直接承担。

1979年11月2日，《河北日报》发表省高教育局的文章《加强基础教学》。文章指出：加强大专院校基础课教学，提高学生基础理论、基本知识和基本技能的水平，这是提高教学质量以适应四个现代化建设需要的关键。

1981年4月12日，河北省文办、省高教局《关于办好省属5所重点学校、重点专业的意见》确定，河北工学院及其自动化工程系工业电学自动化专业、化学工程

学高分子化工专业和基本有机化工专业、农机系金属材料及热处理专业和铸造工艺及设备专业，为省重点学校和重点学科及专业。

1983年2月17日，河北省编制委员会，关于河北大学等5个院校建立研究中心一事批复河北教育局，内称："根据既为教学服务，又为全省科研生产服务和'专兼结合'的原则，同意建立河北大学理化分析研究中心，河北工学院材料研究中心、河北农业大学作物种质研究中心、河北医学院基础医学研究所、河北师范大学电教技术研究中心。"上述五个中心分别由院校领导、省教育局主管，省科委协助管理。

1985年8月12日，中共河北省委发出《关于贯彻落实〈中共中央关于教育体制改革的决定〉的通知》，称：从河北省实际出发，积极地有步骤地搞好教育体制改革，在经济发展的基础上加强教育事业前进的步伐。要求，要紧抓经济工作那样抓教育；有步骤地实行九年制义务教育；继续调整中等教育结构，加速发展职业技术教育；改善高等教育以适应经济和社会发展的需要；加强师资队伍建设；加强教育体制改革的领导。

改革开放后，河北省普通高等院校的数量由1978年的17所增加到1985年的38所，其中按照办学层次分本科院校22所，专科院校16所。按照办学的属性分，理工科院校6所、财经院校2所、医学院校4所、农林院校3所、师范院校13所、综合大学1所、体育院校1所。在校生人数由1978年的2.90万人发展到1985年的5.82万人，年平均增长36.5%，专职教师人数由7823人增长到11987人。

三、邓小平批示：搬迁要慎重

自1958年恢复重建之后，随着国家政策的调整和河北省天津市的分分合合，河北工学院几次被要求搬迁，学校的教学、科研、生产均受到一定程度的影响。

1978年4月15日，邓小平同志就潘承孝老校长反映的河北省委决定该院由天津迁往邯郸一事，作出批示："请教育部与河北省委联系，了解情况，一般说来，搬迁要慎重，弄不好，要耽误几年时间。"

1978年12月，河北省委提出"天津要长期办下去，邯郸要积极建起来"的调整方案。1979年6月，河北省委研究决定：河北工学院继续在天津办学，邯郸部分调整撤销。

根据河北省委、省革委关于河北工学院继续在津办学的意见，天津市委办公厅、市革委办公厅按照天津市委常委议定意见，联合向有关单位发出通知，河北工如此。守纪律很重要，要从小学抓起。从小学起树立起新风气，就可以影响整个社会风气。

4 月 14 日　阅《人民来信摘报》，就旅美科技人员钱宁、孙良方为运送仪器和提供科技情况要求回国一次一事，作出批示："请方毅同志酌处（要回信——用科学院或哪个人名义都可）。"十七日，面告方毅：可欢迎他们回来。

4 月 15 日　就《来信摘要》刊登的天津河北工学院教授、全国人大代表潘承孝反映河北省委决定该院由天津迁往邯郸一事，作出批示："请教育部与河北省委联系，了解情况。一般说来，搬迁要慎重，弄不好，要耽误几年时间。"

邓小平同志关于学校搬迁的批文（《邓小平年谱》）

学院按驻津单位对待，要在物资供应、参加会议、阅读文件、保健医疗等方面给予照顾。

1980 年 6 月 13 日，河北省高教局通知学院，邯郸部分基建列为停建项目。河北省人民政府与煤炭工业部于 1980 年 3 月 13 日签订"关于河北工学院邯郸校址转交给河北煤矿学院的协议书"。即日河北省人民政府转发该《协议书》和协议书的实施办法。

四、恢复高考后首批招收 843 名本科生

1978 年 12 月 18 日，党的十一届三中全会的胜利召开，为中国高等教育注入了新的活力，河北工业大学沐浴明媚春光，发生了前所未有的变化。经过多年努力，学校已由单一的本科生教育，发展形成了由本科生、硕士研究生、博士研究生教育和成人高等教育、留学生教育构成的比较完整的高等教育人才培养体系，并由单一的工科向着以工为主，工、理、经、管、文、法、艺多学科结合渗透的方向发展。

1977 年，粉碎"四人帮"后，高等学校统一招生考试制度得到恢复。河北工学院当年招收了本科生 843 人，经过充分的准备，1977 级新生于 1978 年上半年 4 月正式入学上课。从此，学校走上了新时期正规办学道路。

五、国务院批准：首批可授予学士学位高等学校

1982年1月12日，经国务院批准，学院被列为首批可授予学士学位高等学校之一。

（一）国务院学位委员会、教育部关于下达首批授予学士学位的高等学校名单的通知（〔82〕学位字001号）

国务院有关部、委、总局，各省、市、自治区高教（教育）厅（局），各有关高等学校：

我国首批授予学士学位的高等学校名单，已于一九八二年一月十二日经国务院批准，现正式下达。这个名单还将在国务院学位委员会公报上公布。

一九八一年十二月十九日国务院学位委员会和教育部已联合发出〔81〕学位字022号《关于做好应届本科毕业生授予学士学位准备工作的通知》。上述通知中所提的各项要求，请认真贯彻执行。

对高等学校本科毕业生授予学士学位，是一项重要的工作，各校应当认真对待。在今后几年内，要积极采取措施，把有权授予学士学位的高等学校切实办好，保证学位质量。各主管部门要加强领导，注意及时总结交流经验，注意推动各校做好学士学位的授予工作。

学士学位证书的格式，已由教育部设计。因时间关系，七七、七八级毕业生的学士学位证书由教育部统一印制，约于三月底发出。请各校将这两届毕业生所需学士学位证书数字，尽快报教育部学生司。

附件：1.首批授予学士学位高等学校名单

2.关于审定首批授予学士学位的高等学校工作情况的说明

一九八二年一月十五日

首批授予学士学位高等学校名单（节选）

河北省

河北大学　河北地质学院　河北矿业学院　华北水利水电学院　华北电力学院　河北工学院　河北矿冶学院　河北机电学院　河北化工学院　河北建筑工程学院　河北师范大学　河北师范学院　河北农业大学　河北医学院　唐山煤矿医学院

（二）关于审定首批授予学士学位的高等学校工作情况的说明

经国务院批准，国务院学位委员会和教育部最近联合下达了我国首批授予学士学位的 458 所高等学校名单，并附有《关于审定首批授予学士学位的高等学校工作情况的说明》。现将这个说明的内容摘登如下。

一、关于审核，首批授予学士学位的高等学校的原则

（一）凡经国务院批准建立并已在 1978 年以前（含 1978 年）招收本科学生的高等学校，其本科所设专业，按教育部关于大学本科教学计划的原则规定，达到以下要求者，可确定为首批授予学士学位的高等学校。

（1）能开出全部课程，其中多数课程由具有讲师以上职称的教师讲授，教学质量较好。

（2）实验课程能基本开齐，具有一定的质量。

（3）有一定数量的讲师以上职称的教师指导学生做毕业论文（毕业设计或其他毕业实践环节）。

（4）各项考核制度健全。

凡不符合上述规定的条件和要求的高等学校，暂不授权。

（二）由于目前高等学校正在进行调整、整顿工作，这次审定的首批学士学位授予单位，只由教育部复核汇总首批授予学士学位的高等学校名单，报送国务院学位委员会提请国务院批准。至于这些高等学校首批授予学士学位的专业名单，暂由各有关学校组织的学位评定委员会，根据教育部以及有关主管部门批准设立的专业和第（一）条所提的四点要求，审核确定，并由学校报主管部门和教育部备案，以便检查。如有主管部门对所属高等学校授予学士学位的专业，有不同意见，可通知学校作适当变动。

（三）经批准有权授予学士学位的高等学校，其师资班本科（四年制）毕业生，达到学士学位学术水平者，应当授予学士学位。可以授予学士学位的师资班名单，由各有关学校组织的学位评定委员会审核确定，并由学校报主管部门备案。

（四）高等学校分校，1982 年尚无本科毕业生，暂不考虑授权问题。

（五）有权授予学士学位的高等学校所举办的函授大学和夜大学本科毕业生，达到学士学位学术水平者，原则上可以按照规定授予学士学位。由于这方面的情况比较复杂，俟高等学校学士学位授予工作取得一定的经验后实行。

（六）军队系统学士学位授予单位，请中国人民解放军学位领导小组参照上述

有关规定和意见,进行审核,报中央军委审批。

二、首批授予学士学位的高等学校审核的结果

目前全国共有全日制本科高等学校 517 所。经中央有关部、委和各省、市、自治区高教(教育)厅(局)初审同意授予学士学位的高等学校共 471 所,经教育部汇总复核同意列为首批授予学士学位的高等学校共 458 所,其中有关部、委主管的首批授予学士学位的高等学校 228 所,各省、市、自治区主管的首批授予学士学位的高等学校 230 所。

首批授予学士学位的高等学校 458 所中,按学校类别分,综合大学 31 所,占6.8%;理工院校 169 所,占 36.9%;师范院校 57 所,占 12.4%;语文院校 10 所,占2.2%;财经院校 18 所,占 3.9%;政法院校 3 所,占 0.6%;体育院校 8 所,占 1.7%。艺术院校 22 所,占 4.8%;民族院校 9 所,占 2%;农业院校 42 所,占 9.2%;林业院校9 所,占 2%;医药院校 80 所,占 17.5%。

第二批学士学位授予单位的申报和审批工作,将在 1982 年暑期前进行。各有关高等学校和有关主管部门,可提前进行准备工作。

六、招收首届硕士研究生

1980 年,学校开始招收硕士研究生工作。1981 年,教务处设立师资研究生科,并于 1982 年上半年在机械制造、化学工程两个学科内首次招收了 5 名研究生。下半年又在上述两学科招收 5 名研究生。以后逐年招生人数不断增加,招生学科不断拓宽。1983 年,有五个学科招收研究生 10 名。1984 年,有 15 个学科招收 24 名研究生。1985 年由于生源充足,且高等学校、科研单位人才需求量大,所以委托培养研究生的单位增多。在此形势下,学院招生规模空前扩大,招生学科达 22 个,招生人数达到 74 名,其中委托培养 27 名。1985 年之后,国家教委对研究生教育过热发展采取了适当控制,同时随着高校师资和科研单位人才的不断补充,委托培养单位也随之减少,学院招生数量逐年减少。稳定控制在年招生人数 37 人左右规模。自1985 年试行免试推荐条例以来,按每年应届本科毕业生总数的 1%推荐免试入学研究生。

1988 年根据按需招生原则,扩大定向培养研究生比例,在机械制造、电器、管理工程三个专业招收技术开发型研究生班,于 1989 年开始招生。1989 年,关于在职人员培养工程型硕士学位研究生意见也得到省教委的批准,考生可以不完全脱产,

河北工学院首届硕士研究生学位论文答辩会

结合本岗位工程技术课题进行研究,做学位论文。这样既可以解决企、事业单位工程技术课题,又能培养出高级专门人才。

七、设立首个博士点

1993 年 12 月 11 日,国务院学位委员会批准公布学院为博士授予权单位,电器专业为新增博士点,金属热处理专业为硕士点。至此,全校有一个博士点,十一个硕士点。

八、举办函授部(专科)和夜大学

1983 年 1 月 24 日,经河北省批准,教育部审定,同意河北工学院举办函授部(专科)。2 月 3 日,报经河北省高教局同意,恢复"建筑学"专业,从 1983 年暑期开始招生,学制拟为五年。经省教育厅请示教育部于 1984 年 5 月 26 日同意改为四年。5 月 30 日,教育部继续公布普通高等学校举办的函授部和夜大学名单,同意河北工学院增办夜大学。

(一)夜大学

1983 年 9 月河北工学院夜大学经中央教育部审核批准开始招生。招生专业有机械制造、工业电气自动化、高分子化工、铸造等四个专业,学制为四年。共招收学生 234 名,其中机制专业 91 名学生自秦皇岛市招收,办学地点设在秦皇岛市职工教育中心。其余三个专业在天津市招收 125 人,办学地点在本校。

1986 年招生 171 人,1990 年招生 37 人,1993 年招生 141 人,学生均是在职职工,分别来自沧州、石家庄等地。参加成人高考,按当地录取分数线录取,学制仍为四年。业余授课,由学院派教师在当地授课。招生专业有电气自动化、高分子化工、铸造、机制、无线电技术、电机与电器、工业管理、计算机及应用等。

(二)函授专科班

1984 年,河北工学院主要接受新疆、山西、天津、山东等外省市企业事业单位的委托培养,举办了函授专科班(住校面授)。1984—1993 年,逐年都有新生入学。入学者须经成人统一高考,按当地录取分数线录取,学制三年。招生专业有电气自动化、电器、石油加工、内燃机、汽车、拖拉机、计算机及应用、工业与民用建筑、电气技术、电机、化学工程等。

(三)函授普通大专班

1989 年,学院举办的函授普通大专班是以应届高中毕业生为对象,参加全国统一高考,学生来自河北省内。当年招生 99 人,学制三年,招生专业有汽车、机制、工业管理、化工机械、电气技术等。

(四)乡镇企业大专班

1988 年,学院受河北省乡镇企业委托举办的二年制大专业班,招应届高中毕业生,参加全国统考,按河北省录取分数线录取。招生专业有工业与民用建筑工程、化工机械、有机化工、无机化工、机械制造等,当年招收 31 名,于 1990 年毕业。

(五)干部专修科班

1985 年,受河北省委组织部委托,培养工业管理干部人才,河北工学院举办学制二年的工业管理专修科班。当年招生 10 名,学生参加全国成人高考,按河北省录取分数线录取,于 1986 年毕业。

(六)进修专科生班

1983 年、1986 年、1988 年先后接收新疆等地企业单位职工进修专科生共 160 名,学制 1—2 年不等。

(七)专业证书班

1988 年始,学院举办河北省内 35 岁以上在职干部专业证书班,当年招生 205 人。1989 年招生 565 人,1990 年招生 285 人,三年在校生共达 830 人。学生须经全省统一抽题考试录取。学习年限:全业余为两年,半业余为一年半,全脱产为一年。

总学时为 1000 学时。

学习以专业为主,结业时颁发大专层次专业证书。招生专业有机械制造,建筑学、结构抗震、热能工程、化工机械、工业分析、精细化工、工业管理、焊接、电气技术等。

(八)代培学生

1990 年,学院为天津纺织局职业大学代培学生 52 名,学习热能工程专业三年,毕业后学院不负责发放学历证明。

以上不同办学层次均由成人教育处统一组织实施。为满足社会需求,学院所属各系、部、中心在不同时期也举办过各类成人短训班,为科技开发、提高科技人员的科技水平作出一定贡献。

第二节　全面深化教学改革

一、积极调整专业设置,修订教学计划

"淡化专业"是改革的关键。"能统则统,不能统则留,多统少留,以便实现"船小调头快",能及时根据社会需求、调整专业方向。学校一是把同学科的相近专业合并;二是拓宽原有专业的业务范围;三是部分专业实行隔年招生。最后,将全院 25 个专业调整为 15 个大专业类。经过多年努力,各大类教学计划已基本定型。由于专业类中基础课、技术基础课、专业基础课是相同的、通用的,其共同部分的学时可以达到 90%,从而为增强毕业生的适应能力奠定了基础。这期间还对院管课程的大纲进行了修订,统一了教学要求、学时和开课学期,以减少开课类型,提高了课程的规范化程度,便于检查评估,提高教学质量。

恢复高考制度后,1978 年教育部印发了《关于高等学校理工科教学工作若干问题的意见》,学校对教学计划的修订做了规定,即学制一般为四年;保持"以学为主,兼学别样"的原则,主学时间为 146 周,兼学及其他活动 34 周。1980 和 1981 年教育部印发了机械制造工艺设备及自动化、电力系统及其自动化、无机化工、化学工程学、无线电技术、建筑结构工程、电厂热能动力、金属材料、工业自动化、内燃机、工程热物理、水利水电工程等十二种专业教学计划供高等学校修订教学计划的参

考。学院根据教育部上述意见规定，并参照 12 种参考教学计划修订了 18 个专业的 1980—1984 年度教学计划，并从 1980 年开始执行。

计划具有以下特点。

（一）体现了培养目标和规格要求

四年制本科生在校时间 201 周，寒暑假 34 周，毕业教育 1 周，入学教育 1 周，平均每学年周数约为 41 周；在计划中安排了思想教育课、马克思主义理论课和体育课，每个专业开设必需的公共课、基础课、技术基础课、专业课、选修课，安排了实践教学环节；院管的公共基础课和通用技术基础课 99% 的学时数都符合各课程指导委员会规定的学时范围，每个专业的英语课后安排了 80 学时的专业外语阅读。

（二）教学内容及其结构具有完整性、科学性

1. 实现了学期规范化

实行两学期制，每一学期实行标准教学周数制，除一年级第一学期和四年级第二学期外，每一学年第一学期教学周数为 21 周，第二学期为 20 周，其余周数被列为机动周数。

2. 科学、合理的课程结构

计划设置的公共课和基础课约占总学时的 40.19%，技术基础课平均约占 40.76%，专业课与选修课学时之和约占总学时的 17.7%，多数专业都能开出 250 学时以上的选修课，有少数专业开出 400 学时的选修课。

3. 注重加强实践环节

对机械类专业增设了金工实习，分别安排在 8 周内，每周两天。对有条件的课程实验单独设课、单独考核。有 9 个专业实践环节达到 40 周以上，9 个专业达到 35 周以上。

4. 教学计划具有相对稳定性和灵活性

教学计划中全部课程分为院、系两级管理。院管课如需变动须经主管院长批准，系管课经系主任批准。

二、有计划地进行课程建设

课程建设是教学的基本建设，搞好课程建设是提高教学质量的基础。学校着重抓了以下工作：

第一，除完善各项教学文件外，重点抓了教学大纲的修订和制订，对院管 48 门

类的基础课和技术基础课提出了修订大纲的基本要求,并配合各系完成院系管课程教学大纲的修订。

第二,提倡和鼓励教师在多年教学实践基础上编写出较高水平的教材。1977年恢复高考制度招收四年制本科学生后,教育部提出努力做到1978年秋季新生入学就有新教材使用,1980年以前编审出版一套质量较高的通用教材。在此期间,学院有经验的教师,有的应邀参加了教育部委托有关部委组建的教材编审委员会,有的承担了部分主编教材任务;另一些有经验教师根据学院长期与近期的需要编写自用教材,截至1990年,教师自编正式出版教材58种,仍在使用的35种,其中荣获原国家教委二等奖教材2种、获原国家教委三等奖4种、获原国家教委优秀奖1种、获部级二等奖3种、获部级三等奖1种、获部级优秀奖2种。

学院自1978年—1988年自编教材由本院印制,均在使用的75种,多数使用效果良好,符合教学要求和学生水平,有的在课程体系上有所突破;专业课的自编教材大都能结合生产实际,反映新兴技术,反映新的科研成果。学院在教材使用上,各专业按教学计划规定的课程都有符合教学大纲要求的正式教材,部分还配有习题、练习、实验讲义、实验指导等辅助性教材。1990年,学院配备正式教材和辅助教材1054种,其中,出版社正式出版教材708种。

第三,深化包括内容和方法两方面的教学改革。内容的改革是依据专业培养目标及各课程在教学计划中的地位确定的。内容确定之后,关键是方法的改革。这方面取得了明显效果。如化工工艺类专业课体系优化,建筑设计融教学、实践、能力于一体的改革等。涌现出了一批国家、省、校级的优秀教学成果。

第四,建立科学的课程质量评价制度。1984年开始,学院着手研究并试验课堂教学质量的量化评价方法,几年的实践表明,课堂教学定量的评价方法是基本成功的、是有实用价值的。

第五,制定教师队伍建设规划。师资队伍建设,逐渐从主要是对中年教师的进修提高转入对青年教师的培养、提高。1987年制定了中短期的师资规划,以教研室为单位,确定学术带头人,学术梯队建设的人员结构规划,并根据该规划确定人员的选、留、培养。对新从教的教师,须经职前培训,并建立见习期考核制度;讲课前,有指导教师制度、取得授课资格的试讲制度、教学效果的检查制度等。建立有效的奖励制度,为促进课程建设于1987年设立了“河北工学院教学优秀奖评奖办法”,调动了广大教职工的积极性,推动了教学改革工作。

三、探索"产学结合"途径

对于以工业生产为背景的工程训练方面,一是进行金工实习改革,强化实习环节;二是通过产学结合的方式,多方开辟工程实践基地。学校进行产学结合的做法可分为参加教师承担的国家、省、市的科研项目或新工艺、新产品的开发工作以及参加实际的工程设计、设备改造及技术革新等项目。

按工程实践中的教学方式可分为以教师指导为主、产学双方共同指导、以产方指导为主等三种方式。就产学结合的工作范围而言,可分为项目合作(工作的时限、范围以工程项目的时限和内容为准)以及较长时间的全面合作(一般依据互利互惠原则,双方承担一定义务)。

四、开展高等工程教育理论研究

学校高教研究室负责编辑出版《高等教育研究》刊物,定期出版,每季一期,到1993年已出版32期,与全国200所高校及有关部门进行交流。1987年始,推行教学研究课题立项制度,实行《河北工学院教学研究和教学改革成果奖评奖办法》,1988—1993年教学研究与改革课题立项483个,参加研究近千人次,获院级奖141项。其中省级一等奖5项、二等奖9项、国家级优秀奖1项。

五、强化科学管理意识,提高教学管理水平

为强化教学管理、保证整个教学系统的高效化、规范化运行,学校首先抓了管理手段的现代化。在确定管理目标,建立健全各种规章制度的基础上1984年选用了 DbaseIV 数据库系统,对全院的教务工作进行了计算机管理的研制和应用。依据教务工作的职责和需要共确定了十类功能,基本覆盖了教务管理的各项常规工作。

学校先后制定了一系列规章制度,汇集成册,广为宣传,其中有《学生手册》《研究生手册》等。为切实有效地贯彻执行各项规章制度,在实施过程中,一手抓执行校规校纪,一手抓优化育人环境,倡导优良的学风。对德、智、体综合考核;单科学习成绩优秀,省、市竞赛和英语四、六级考试成绩优良者,除给予一定的物质奖励

外,都以通报、光荣榜,致中学母校函等多种形式予以表彰。

六、多种途径提高师资水平

学校自 1980 年始,逐年派出教师参加教育部统筹安排到全国重点高校进修。在校内的中青年教师中,举办了数学、外语、计算机应用及计算机算法语言等各种专题教师进修班,有效地提高了教师的业务水平。

1984 年至 1985 年,学校面临着科学技术发展和经济改革不断地深入的形势,要求高等工程教育要"面向现代化、面向世界、面向未来",迎接新技术革命的挑战,加速教育改革步伐。同时也面临教师队伍年龄老化、高级职称过少、中级职称过于集中、学历构成复杂、"近亲繁殖"知识老化等问题。为适应这种要求和解决这些不合理现象,学院采取分层次培养方式。

对中老年教师,注意发挥他们自学能力强、业务基础厚的特点,强调知识更新和学术开拓。除公共的新兴学科,如算法语言、数值分析、微机应用外,基本上不由学院组织集中进修,而以各系、各教研室为主,针对自身特点,选择进修内容。

对青年教师,既看到他们基础不牢固、水平不齐的弱点,又同时看到他们年纪轻、精力充沛,有一定工作经验的优点,鼓励他们安心本职工作,强调在教学科研中压担子,结合工作进一步提高。对其中政治思想好、业务水平高的尖子,积极提供出国或到重点院校进修的机会,并鼓励和支持一些教师攻读硕士研究生课程和报考助教进修班;对有特殊贡献的坚持破格晋升。为提高他们的外语水平,学院举办了三期英语提高班,以帮助他们适应教学和科研工作的需要。

1984 年和 1985 年,学校先后制定了"加速青年教师培养的几点意见"和"关于青年教师进修培养的暂行规定"。文件规定,青年教师培养执行导师制度,坚持正规、定向培养。要求青年教师在 3—5 年内,在履行职责的同时制定业务提高规划,修完硕士研究生主要学位课程。进修方式以坚持在职进修自学为主,采取自学考试的办法进行考核。根据需要,选派部分青年教师到国外或重点院校进修。为使这项工作能顺利进行,自 1984 年始,先后举办了"研究生英语""数值分析""数理统计与随机过程"等研究生课程进修班,并为准备出国青年教师举办"托福"提高班积极创造进修条件。

自 1982 年始,学院注重调进具有研究生学历的教师,每年调进 10 名左右。学院培养出硕士毕业生后的 1985 年始,每学年留、进 30 名左右。近几年,学院为了更好地提高教学科研水平、挖掘师资潜力、活跃学术气氛,着重加强了学术梯队的建设。

1979年根据教育部《关于1979年下半年高等学校教师确定和提升职称几个问题的通知》精神,开始对教师职称进行确定和提升工作。当年经教研室、系、评议组评议、院评议委员会讨论通过,院党委常委批准,确定和提升了512名教师为讲师职称;经河北省政府批准提升为教授职称2名。自此,高、中、初三级职称逐年都有评定和提升。

1984年教育部公布了《高等学校学术委员会章程》,学院于1985年相应成立"学衔委员会",凡对教师的职称评定须经院学衔委员会讨论,审定后报批。1986年实行教师职务聘任制,河北工学院是国家教委批准的试点单位之一,也是河北省职称改革的试点单位之一。同年,学院学术委员会随之改为教师职务评审委员会,并拟定了河北工学院"教师聘任工作实施办法"和"任职资格评审工作实施办法"。在聘任工作中,教师职务评审委员会确定,除1983年以前批准的职务继续聘任外,新聘任并经省教委批准的教授13名副教授115名,讲师80名。(初级职称不实行聘任制)

1990年,河北工学院教师职务评审委员会改建为教师职务评聘委员会。到1993年底,学院有教授、副教授365人、讲师430人。

七、加强学生思想政治工作,促进全面发展

党的十一届三中全会以后,在党的基本路线和教育方针的指引下,学生思想教育工作步入正轨。

1982年1月2日,学院党委制定了《关于加强学生思想政治工作的意见》,提出了学生思想政治工作的任务、内容、方针和方法。1985年1月19日,院党委对《关于加强学生思想政治工作的意见》修订重新印发。

为了加强学生思想政治工作,1984年实行聘任兼职班主任的制度。制定了班主任工作条例和专职政治辅导员工作条例(试行稿),各系陆续配齐班主任。1984年9月,全院共有专职辅导员18人,兼职班主任113人。

1986年9月20日,学院党委制定《关于在学院学生中深入开展形势政策教育的安排意见》,并成立了思想政治教育研究会并编辑出版相关刊物,系统研究学生的思想工作。

1989 暑假，学院党委决定所有学生党员、学生干部提前三天返校集中学习。首先提高认识，后再做广大学生工作。

1992 年来，为加强政治学习的领导，成立了马列教师、干部组成的理论班子，围绕中心工作，结合学术特点，编写理论文章，组织宣讲队伍，采取专题讲座形式，在广大学生中进行形势教育、爱国主义教育、社会主义教育等，反响良好。

八、加强政工队伍建设

1981 年，院党委在《加强学生思想政治工作意见》中重申了思想政治工作队伍的建设。

（一）加强、改善党对学生思想政治工作的领导

党委组织和动员党、政、工、团各方面的力量积极开展思想政治工作，充分发挥党组织的战斗堡垒作用和党员的先锋模范作用，院党委每学期专门研究一两次学生思想政治工作。系党总支每月要研究一次学生的思想工作。学校每年要召开一次学生思想政治工作会议，总结经验、树立典型、表彰先进。

（二）成立学生工作领导小组

院党委一名副书记和宣传部、政治课、团委各一名负责同志组成学生工作领导小组，在党委领导下，负责全院学生思想政治教育的领导工作。

各系设学生工作组，组长由主抓学生思想政治工作的党总支副书记兼任，副组长由团总支书记兼任。

（三）建立健全学生政治辅导员制度

根据河北省委〔1981〕45 号文件精神，以系的年级为单位，原则上 100—120 名学生配备一名政治辅导员，挑选思想觉悟高、工作积极、作风正派、有一定政治理论水平和工作能力、文化知识比较丰富的党员担任。

1990 年下半年，为进一步落实高校党建会议精神，加强学生思想政治工作，党委出台了《关于加强学生政治辅导员队伍建设的意见》。同时制定了政治辅导员工作条例和班主任工作条例。规定政治辅导员属教师编制，享受教师待遇，一般按教师系列评聘晋升专业职务，在政治待遇上与马列教员同等对待。在辅导员岗位连续工作四年并且成绩突出者可提前晋升。

（四）在校友中聘请思想政治教育兼职教师

为了加强和改进思想政治工作，探索思想政治教育的途径，把思想教育同改革

实践相结合,探索在新形势下开展形势教育的有效形式。聘请不同年代毕业的校友为学院思想政治教育兼职教师。

九、广泛开展社会实践

根据原国家教委和共青团中央发出"关于组织学生参加社会实践活动"的号召,1987年暑假组织了一百余人的四支社会实践考察队,分赴河北省辛集市、平山县木厂乡、卢沟桥、狼牙山、兴隆县和天津电焊条厂等地进行考察、支教、参加农业生产劳动等社会实践。

自1988年以来,参加社会实践的规模越来越大,参加的人越来越多。活动方式多由团委、学生处、各系组织,到重点访问地区或回学生原籍进行活动。有访问、支农、义务劳动、兴修水利、维修机电设备、搞综合规划设计和技术革新等。实践结束后,写出调查报告、见闻录、心得体会等,并在学生中进行交流、办简报、图片展览,使没能参加实践活动的广大同学也能受益。

几年来,先后有50多个小分队,2500人次参加,写出调查报告、论文400余篇。编辑出版《社会实践专辑》。有两个集体、一名个人出席了河北省大学生社会实践经验交流会,有三个集体和五名个人的调查报告或论文发表在《河北省大学生社会实践经验交流会资料选编》上。

十、文体活动丰富多彩

1977年恢复统考招生,校园文化建设纳入党委议事日程,社团组织逐步建立,艺术团、乐队、文学社、书法社、绘画社、摄影社和读书会、研究会等相继成立,学校在经济上给予支持。

1983年以来,在金秋季节,由学生会承办四届大学生文化艺术节,内容丰富多彩,形式生动活泼;歌手大奖赛、吉他演唱会、大型歌舞和各种文艺竞赛活动,高潮迭起,陶冶了大学生情操;高等数学、英语、计算机等学科竞赛,促进了学风建设;举办主题演讲、党的知识竞赛、革命历史回顾电影周、颂祖国歌咏比赛等,寓教育于娱乐之中。

学生社团活动也日益活跃,先后成立马列读书会、英语协会、围棋协会、影评协会、艺术爱好者协会等十几个院级社团组织,并积极开展活动。

1979 年 4 月，河北省体委、高教局、共青团省委联合召开了大专院校体育工作座谈会，会后河北工学院提出了《关于加强体育工作的意见》，并成立了河北工学院体育运动委员会。决定每学期进行一次评选体育活动先进集体（系、班）和院代表队优秀运动员，对先进集体和个人给予精神和物质奖励。

学校建立健全了足球、篮球、排球、田径、体操、游泳等男、女各项代表队，定期进行训练。1980 年学院游泳池建成，承办了河北省大学生游泳邀请赛。院游泳队获团体总分第一名。1992 年 4 月，学院主办河北省第 7 届大学生运动会，49 所院校56 个代表队，近千名运动员参加 43 个项目角逐，学院男队获甲组第 8 名，女队获甲组第三名。学院获优秀承办奖。

自 1985 年以来，学院相继建立了武术、桥牌、围棋等协会，不定期举行活动，院象棋代表队、围棋代表队参加天津市高校比赛获得团体第二名。

十一、优化研究生培养方案

1982 年，在借鉴外校经验基础上，学院制定了机制和化学工程两学科第一套研究生培养方案。

1983 年 5 月，制定了金属材料热处理、化学工程、机械制造、半导体物理与器件等四个学科的研究生培养方案，以后逐渐拓开，其他专业也参照制定。培养方案中体现了研究生的培养目标，坚持德智体全面发展的方针，坚持四项基本原则，强调理论联系实际、贯彻质量第一的原则。对各专业的教学进度计划、教学实践、科学研究、学位论文、论文答辩，以及课程设置及学分分配均作了具体安排。学习年限为三年（全学程为 149 周），大体应用一年半时间学习硕士学位必修课和选修课；经过阅读文献和调查研究的准备后，应有一年左右时间完成研究课题，撰写硕士学位论文和通过论文答辩。

1985 年，随着研究生招生专业的不断扩大，对全院培养方案进行一次大的修订。明确了学位课，规定了总学分数，增加了体育、教学实践、学术报告训练及文献检索四门必选课程。学制均为二年半，课程学习时间略多于一年，科学研究工作和撰写学位论文时间一般为一年。1987 年成立研究生部，在对各专业培养方案实行统一管理后，进行了专业培养方案的审理，强调了按二级学科设置课程，要求各专业确定出能代表本专业特点的较稳定的几门课程作为学位课。经过调整，大部分专业的课程设置，特别是对学位课进行了规范，避免了课程设置的随意性。在统筹考虑下各专业又制定和修订了各专业新的培养方案。

硕士生的课程学习实行学分制。课堂讲授一般按 20 学时为 1 学分。讲授和自学相结合或以自学为主的课程,一般课内外 60 学时为 1 学分,每门课最多不超过 3 学分(第一外国语除外)。硕士生的课程分学位课和非学位课两种,学位课是必修课,非学位课包括选修课和必选课。总学分为 30 至 36 分。

硕士生的培养实行导师制。采取导师负责和教研室(学科组)集体培养相结合的方式。

自 1982 年以来,学校先后制定了《河北工学院攻读硕士研究生培养工作暂行规定》《河北工学院攻读硕士学位研究生暂行学则》以及《河北工学院研究生学习成绩考核试行办法》。1984 年 9 月,经学院学术委员会讨论通过,制定了《河北工学院学位评定委员会暂行工作条例》《河北工学院硕士学位授予工作暂行细则》。1984 年 10 月经院学术委员会扩大会议讨论通过了《河北工学院 1985 年研究生免试入学推荐条例》。1987 年 8 月成立研究生部,按其工作内容大致可分为招生、学位、学籍、教学行政、生活管理以及政治思想工作等。当年设立了招生、教学与学位管理两个办公室,管理机构趋于完善,改善了管理现状。

1990 年为研究生工作的科学管理,进一步完善各项规章制度,修订了《研究生学则》《研究生培养工作暂行规定》《硕士学位授予细则》以及《硕士生考试、考核办法》并制定了《河北工学院导师工作条例》等。

十二、毕业生质量逐年提高

学院一贯重视理论与实践的紧密结合,着重抓好对学生的基础理论教学和基本技能的训练,使其成为既通晓现代科学技术理论,又具有生产实践能力的人才。为培养高质量的、优秀的毕业生,学院加强思想政治工作,不断整顿教学秩序、工作秩序和生活秩序,使学生成为有理想、有道德、有文化、有纪律的社会主义建设人才。从 1958 年至 1993 年为国家培养了合格的本专科生 24239 人,硕士学位研究生337 人。

从河北省人才需求出发,学院逐步调整专业的设置,改造老的长线专业,创办国家急需的新专业,拓宽专业面,增强毕业生的适应能力。

河北工学院 1958 年以来本、专科历年招生毕业生情况一览表

年限	招生	毕业生	在院学生	教职工数	毕业生累计
1958	1960		3182	1490	
1959	1617		3846	2121	
1960	1398	330	5638	2598	330
1961	578	735	5513	2554	1065
1962	702	1053	4884	2387	2118
1963	812	1219	4354	2130	3337
1964	817	958	4144	1976	4296
1965	833	1161	3847	1866	5456
1966			3847	1814	5456
1967			3852	1789	5456
1968		2142	1710	1782	7598
1969			1710	1777	7598
1970	519	1710	519	1859	9308
1971			518	1926	9308
1972	1073		1611	2024	9308
1973	520		2143	2042	9308
1974	507	514	2129	2090	9822
1975	680	1085	1717	2092	10907
1976	800	522	1969	2126	11429
1977	743	496	2302	2162	11925
1978	634	670	2259	2277	12595
1979	704	784	2215	2428	13379
1980	616		2825	2377	13379
1981	491		3313	2027	13379
1982	814	1494	2626	2108	14873
1983	870	704	2787	2114	15577
1984	985	603	3160	2122	16180
1985	980	489	3353	2182	16669
1986	928	802	3673	2224	17471
1987	1031	897	3826	2190	18368
1988	1035	993	3847	2156	19361

年限	招生	毕业生	在院学生	教职工数	毕业生累计
1989	966	884	3933	2181	20245
1990	981	1045	3884	2174	21260
1991	1016	1123	3762	2176	22383
1992	2089	1013	4829	2131	23396
1993	1771	837	5660	2314	24233

历年研究生招生、毕业情况（1982—1993 年）

年度	在校人数	招生-国分	招生-委托	毕业生人数	指导教师数	机械制造	应用数学	理论物理	工程机械	化工机械	电器	半导体材料	工业管理工程	化学工程	金属材料与热处理	半导体物理与器件	机械学	铸造	内燃机	信号电路与系统	电力拖动与自动化	道路工程	一般力学	电机	高分子材料	建筑结构	计算机应用
1982（上）	5	5				3									2													
1982（下）	10	5					2					1			2													
1983	20	10					1					2			2	3	2											
1984	39	24			5	45	2	5	1		1	2			3	1	1	1	1	1		1		2	1	1		
1985	108	47	27		5	57	3	4	4	2	4	5	2	10	6	4	1	3	3	1	4	4	1	2	2	4	2	3
1986	151	52			91	62	4		3	2	1	6	2	5	5	3	1	1	4		3	2	1	1	1	4	1	2
1987	181	60			30	97	3	11	2	1	3	7	1	6	4	3	2	2	2		2	2		2	1	3		2
1988	149	40	1		73		4		3	1	2	5	2	9		2	1		2		2	2			1	3		
1989	130	29			48	77	1	3	1	1	2	2	1	7		1					1	2			1	1		5
1990	104	35			61		4	5	1	3	1	4	1	6		1	2		1	1	1				1	1		2
1991	100	37			41		1	3	1	3	2	5				1	1		1	2	1	2				2		3
1992	109	37			28	48	5	3	2	4	3	10	1	5								2				2		
1993	123	46	3		37		7	1	4	3	2	14		7	1		2					2				6		

第五章 改革开放 欣欣向荣

十三、加强国际交流与合作

自 1978 年以来,随着我国实行对外开放政策,学院外事活动增多,开始向国外派出留学研究生、进修生、访问学者、考察专家,参加国际学术会议和进行技术协作。截至 1993 年学院共派出考察、访问学者 15 批 24 人,讲学、任教 9 次 6 人,参加国际学术会议 53 次 64 人,学习进修 28 人,留学研究生 17 人,出国进行技术磋商和技术服务 8 次 10 人。在国际刊物和国际学术会议上发表论文 134 篇;同时,通过各种渠道邀请外籍专家、学者来院讲学、参观访问、学术合作共 15 批 21 人,任教 3 人。

1981 年 9 月,邹仁鋆教授应邀参加在英国利兹举行的"英国皇家化学会秋季学术会议",用英语在会上作石油裂解方面的学术报告。英国皇家化学会授予邹仁鋆教授"特许化学家"称号,同时被接纳为英国皇家化学会高级会员。1984 年 11 月至1985 年 1 月,学院基础课部刘文副教授应邀赴加拿大里贾纳大学数学统计系讲学、并与该校王中烈教授合作研究论文,课题是"强大数定律中的分析方法"。

1986 年 9 月 10 日至 26 日,党委书记林牧随河北省职业教育考察团赴联邦德国进行考察。其间,林牧与慕尼黑高等专科学校校长瓦尔特·凯斯勒商谈,建立校际联系,互派人员进行学术交流。1988 年 11 月 18 日至 12 月 4 日,院长张闽和机一系晋学曾教授、机械二系王健安教授,土建系蒋志仁教授赴联邦德国访问。与德国慕尼黑高等专科学校签署友好合作协议;考察德国巴伐利亚州各高等学校教学、科研情况,访问了海得堡大学、埃森大学、波恩大学;与我国驻波恩大使馆教育参赞艾南山进行了座谈。

1983 年 8 月 4 日至 9 日,基础课部杨国琛教授应国际轻子、光子会议组织委员会主席米斯特里博士的邀请,随中国科学院代表团赴美国康奈尔大学参加 1983 年轻子、光子高能作用讨论会。1985 年 6 月,科研处处长颜威利教授,应邀在美国科罗拉多州柯林斯堡参加第五届国际电磁场计算会议,向大会提交论文《积分方法与微分方程法混合应用解二维和三维磁场分布问题》《二维静磁场、静电场和涡流场计算对话式软件包 DEZP》。1986 年 7 月 20 日至 25 日,机械二系俞颐秦副教授应邀在奥地利维也纳参加第六届世界氢能会议,被选为国际氢能应用学会八位委员之一。他向大会提交论文《一种新型氢能动力装置及其热力学分析》。1989 年 5 月3 至 7 日,电气工程系教授孟庆龙、颜威利和讲师王赞明等 5 人,参加了在西安举行的第一届电接触、电弧、电器及其应用国际会议,向大会提交论文《电器辅助设计

（CAD)》《电器数值计算》。孟庆龙教授被会议选为组织委员会成员。

1984 年 6 月，美国哈佛医学院微生物和分子基因系教授林继俭来院访问，并拜会了名誉院长潘承孝教授。1985 年 9 月 10 日至 24 日，邀请日本大阪大学清水谦一教授、日本筑波大学大冢私弘教授来院讲学。清水谦一教授讲授题目《马氏体相变和形状记忆材料》，大冢私弘教授讲授题目《马氏体相变和记忆合金》。1987 年 3 月，联邦德国慕尼黑高等专科学校校长凯斯勒、秘书舒尔曼博士来院参观访问，协商校际交流事项。是年 8 月 31 日，慕尼黑高等专科学校校长凯斯勒与河北工学院草签了两校合作研究协议（意向）书。

1987 年 4 月 20 日至 24 日，美国密西西比州新技术开发研究所首席科学家约翰·科罗里斯应邀来院讲学，讲学内容为"磁场计算及磁铁的计算机仿真""交互式图像技术（硬件激光录像等）""交互式图像技术（软件应用）"。除讲学外，双方进行座谈、技术交流和洽谈技术合作等。

1986 年到 1989 年，来自英国的罗达·伊丽莎白·霍齐森和来自美国依阿华州立大学的约翰·雷格、葛里高利·查尔斯·布鲁克，到校教授英语。

第三节　教学、科研、生产一体化

一、加强"三基"，走教学、科研、生产一体化道路

潘承孝认为工程人才应是高素质的社会人，有社会责任感和高尚的社会道德情操、有深厚的科学理论底蕴、有广博的相关知识还要有较强的工程意识、动手实践能力和工程实现能力。所以他提出了"加强'三基'（加强基础理论、基本知识和基本技能）、走教学、科研、生产一体化道路"的办学思路。在"学"的方面，学校要突出加强数学、物理、外语等基础课的教学，并十分重视实验教学，他们不仅要有理论分析、逻辑思维功底，也要有实践经验和工程直觉，应提高学生的实验能力、动手能力和设计能力。在"工"的方面，学校根据"教学为主导、科研为关键、生产为基础"的办厂方针，大力加强学校工厂建设，选派骨干教师与工厂的技术人员共同研讨教学改革、制定实践教学计划，为学生开展实验、实习和科研创造了条件。学校在原有金工实习的基础上进行改革创新，根据"大学本科学生实践教学四年不断线"的

要求，实行了多层次的实践教学。

二、加强实验室建设

学校不断加强实验室建设。1985 年建成语音室、电教中心室、热工、计算机应用实验室等。1986 年新建精细化工、计算机软件实验室。1989 年新建生产过程自动化实验室。1990 年新建微机原理实验室。截止到 1992 年，共建有各类实验室 52 个，实验设备包括 2 万倍电子显微镜、英国进口吸收光谱、捷克进口 X 射线衍射仪、日本进口光栅红外分光度计、精密万能测量机、双功能微型反应装置、信号处理机、光学多层镀膜机、电子计算机、液压直拉单晶炉等。

1992 年实验室设置情况

序号	实验室名	所属系（处）教研室
1	物理	基础部实验物理教研室
2	语音	基础部外语教研室
3	金工	材料系金工教研室
4	机原机零	机械系机原机零教研室
5	精仪	机械系精仪教研室
6	测试技术	机械机制教研室
7	液压	机械系机械自动化教研室
8	切削	机械化机制教研室
9	控制工程	机械系机制教研室
10	计算机绘图	机械系制图教研室
11	材力	动力系材力教研室
12	理力	动力系理力教研室
13	热工	动力系热工教研室
14	汽车	动力系车辆工程实验室
15	拖拉机	动力系车辆工程实验室
16	内燃机	动力系车辆工程实验室
17	铸造	材料系铸造教研室
18	热处理	材料系热处理教研室
19	电工学	电气系电工学教研室
20	电子学	电气系电子学教研室

序号	实验室名	所属系（处）教研室
21	电工基础	电气系电工基础教研室
22	器件	电子系器件教研室
23	无线电	电子系无线电教研室
24	电气自动化	电气系电气自动化教研室
25	电机	电气系电机教研室
26	电器	电气系电器教研室
27	电系计算室	电气系教研室
28	生产过程自动化	电气系过程自动化教研室
29	无机化学	化工系过程自动化教研室
30	有机化学	化工系无机化学教研室
31	分析化学	化工系分析化学教研室
32	物理化学	化工系物理化学教研室
33	化工原理	化工系化工原理教研室
34	化工仪表	化工系化工仪表教研室
35	化工机械	化工系化工机械教研室
36	无机化工	化工系无机化工教研室
37	有机化工	化工系有机化工教研室
38	石油加工	化工系石油加工教研室
39	精细化工	化工系精细化工教研室
40	高分子	化工系高分子教研室
41	土力学	土建系中心实验室
42	建筑材料	土建系中心实验室
43	建筑结构	土建系中心实验室
44	公路	土建系中心实验室
45	建筑物理	土建系建筑物理教研室
46	测量仪器	土建系测量仪器教研室
47	计算机应用	计算机系
48	计算机软件	计算机系
49	工管实验室	工管系
50	计算站	计算中心
51	微机原理	计算中心

第五章　改革开放　欣欣向荣

227

序号	实验室名	所属系(处)教研室
52	电教室	教务处

三、建立产学研基地

多年来,学校遵照河北省委、省政府的指示,把"为河北省经济建设服务,用高新技术改造传统产业,实现高新技术产业化"作为学校的历史责任和办学目标。通过政府和企业合作,建立产学研基地,以人才培养、成果转化和共同开发新产品、输送优秀毕业生等多种形式进行运作。

学校根据河北省工业结构调整方案,围绕冶金等五个支柱产业和电子信息等三个高新技术产业建立产学研结合基地。如与邢台冶金轧辊厂合作,共同组建技术中心,开发深硬化层冷轧辊技术,取代企业引进比利时的深冷技术;又如学校与宁晋县合作投资30万元建成省内最大的单晶硅生产企业,被评为河北省产学研先进单位。

学校还围绕河北省政府实施的"抓大放小"战略,以现有的重点学科专业、研究所和工程中心为基本单位,与河北省大型企业集团和骨干企业建立产学研合作基地。如学校与田野汽车集团合作,共同组建科教中心,成为该集团核心层成员单位。

为更好地为地方经济建设服务,围绕河北省实施环京津和环渤海"两环开放带动"战略,与地处"两环"的6市(地)、35县(市)建立产学研基地。校外产学研基地的建设,不仅为学校培养工程技术人才提供了更为广阔的工程实践环境和条件,而且为地方经济建设发展和提高学校教学科研水平起到了重要的作用。

四、校办工厂同教学、科研单位紧密合作

教学厂将机械类专业的金工实习分成实习内容和要求不同的两个阶段,分别对应于大一、大二的同学;同时,结合学校工厂定型产品的批量生产,每年安排2—3个专业的大三的学生,进行生产实习,对于大四的学生,结合工厂的新产品研制或工厂自身的技术改造,与教师合作,每年承担一部分机、电和管理类专业的同学搞

毕业设计,让他们在"真刀真枪"的"实战"中进行综合训练,学会理论联系实际,提高分析问题和解决问题的能力。此外还学习清华大学的经验,利用假期开设"机械工程操作选修课"。

在机电类学科建设上,以校办工厂和机电一体化工程中心为依托,基本实现了产学研一体化。在具体实施上,校办工厂同教学、科研单位紧密合作,分三个层次承担起学校的实践教学任务:

第一层次是金工实习。金工实习是对工科学生进行基本动手能力培养的必备内容,在工程教育实践教学环节中举足轻重。学校将机械类的金工实习分成两个阶段,一年级学生以集中方式进行"金工实习Ⅰ",主要学习基本工艺知识,训练基本操作技能;二年级学生以分散方式进行"金工实习Ⅱ",拓宽学生生产实践知识,为他们后继专业课程和生产实习打下基础。在具体操作上,工厂选取生产任务中的部分零件作为学生车、钳、铣、刨综合操作训练的内容,质量标准完全按实际生产要求。学院这样安排,学生普遍认真对待实习,提高了操作技能,保证了教学质量,同时又完成了一定的生产任务。

第二层次是结合生产和新技术开发的实际,安排高年级和毕业班的学生进行生产实习和毕业设计,继续深化工程实践能力的培养。如电工厂安排电器专业学生参加电站励磁屏的装配,使学生通过生产实践掌握了机电工业生产的工艺流程、调试技术、产品性能检测和质量管理方法等。另一方面,工厂结合新产品设计和技术改造,指导学生的毕业设计和论文。这样的工程实践,大大提高了学生进行工业设计和创新的能力。同时,工厂则通过对学生提出的多种方案优选,促进了企业的新产品研制和技术改造。

第三层次是校办工厂结合高新技术产品的开发研制与硕士点和博士点联合培养工程型硕士和博士。校办工厂自1986年起,专门成立由教授和高级工程师组成的"产学研专家指导小组",其成员作为科技开发项目的负责人,常年在工厂工作,边搞科研,边指导研究生、让研究生在真实的工程环境中边学、边干、边研究,完成具有一定理论水平和实用价值的毕业论文。从1986年至1995年,校办工厂结合生产中一些比较重大的课题,与教学部门合作,联合培养了数十名研究生。这样的产学研结合,促进了教学、科研和生产上质量、上水平。

校办工厂的机械产品,行销国内20多个省市。HZC系列轴承专用车床和HDM-20系列电机端盖精加工车床,为国家骨干企业一瓦房店轴承厂、哈尔滨轴承厂、上海红星轴承厂、兰州轴承厂、洛阳拖拉机厂、长春第一汽车制造厂等轴承、电机、汽车、拖拉机及工程机械等行业的几十个大中型工厂的技术改造,提供了具有20世纪80年代前期国际水平的高质量、高效率的先进技术装备。

校办工厂的电工产品提供国家及省内重点建设项目的装备计有为葛洲坝电厂17万 kW 水轮发电机组提供可控硅励磁装置2套;为广西大化电厂10万 kW 水轮发电机组提供可控硅半导体静止励磁装置2套;为河北省潘家口电厂15万 kW 水轮发电机组提供励磁装置1套;为辽宁清河电厂21万 kW 汽轮发电机组提供微机励磁装置1套;为东北白山电厂30万 kW 水轮发电机组提供微机巡检及数据处理系统3套;为湖南东江电站12万 kW 水轮发电机组提供微机励磁装置2套;为青海龙羊峡电站32万 kW 水轮发电机组提供微机巡检及数据处理系统4套。

仅励磁装置,至1993年已有3000多套正常地运行在全国1600个大、中、小型水力及火力发电厂、站;同时,还有62套配合国产主机远销亚、非、欧、美等12个国家。

校办工厂利用高等工科学校的科学技术优势,大力开展科学研究和新产品开发。1984年以后开发的共43项。其中,有16项经省、部级以上单位鉴定,达到国内先进水平;有10项获得国家、部、省级科技成果奖、科技进步奖和优秀新产品奖。

河北工学院等单位所获奖状

葛洲坝17万 kW 水轮发电机组获国家科技进步特等奖,其中 BLZ-30 型可控硅静止励磁装置为河北工学院提供。辽宁清河电厂21万 kW 大型汽轮发电机组微机控制自并激励磁系统,经国家能源部,机电工业部两部专家鉴定,评为国内首创,技术上领先,填补了国家空白。1989年研制成功的 HZC 系列电脑控制中型轴承专用全自动车床,被国家机电工业部确定为第八个五年计划期间,全国轴承行业重点技术改造同规格车床中唯一的推荐产品。这一产品代替了1987年国家批准上海引进日本的轴承加工自动线,也是1986年自美国引进微机开发系统后,自动化装置研究所高科技开发的重点成果。

校办工厂注重横向经济联合与协作。1987年,附属工厂总厂同天津市静海县机床厂建立了横向联合,签订了整机扩散协议:由总厂提供HZC系列轴承专用车床全套工程图纸和技术文件,负责技术指导、质量把关及产品销售,静海机床厂按工艺要求组织生产。同时,还向具备HZC系列轴承专用车床零部件生产能力的3615工厂等6个厂家扩大了零部件的生产,使附属总厂机床厂在不增加人员和设备的情况下,整机生产能力提高了40%,年产已达120台。

1987年与天津新技术开发公司共同投资,建立了"天新磁性材料公司",引进新技术,试制成功永磁吸盘,1988年即形成生产能力。

五、科研工作坚持"两面向、两结合"

党的十一届三中会全以后,学校认真贯彻执行了中央关于"调整、改革、整顿、提高"的方针,科学研究工作有了长足的进展,每年进行的科研课题100余项,争取到专项科研经费年超过100万元。科研项目中应用研究、应用基础研究、开发性研究课题一直稳定在90%~95%。科研工作坚持了两个面向、两个结合。两个面向是:面向社会主义经济建设和面向教学;两个结合是:教学、科研、生产相结合和科研育人、学科建设、完善实验基地相结合。这一时期,科研立题、进行方式、提高水平方面都出现了一些新特点。

(一)随着科研的深入发展,为争取多立项,除承担国家有关部委、河北省和天津市科委的课题外,积极加强横向联合,请进来、走出去,到经济建设中去找课题。"小氮肥厂合成系统双塔串联工艺"是1981年化工系讲师金锡祥带学生在河北省玉田县第一化肥厂实习中,发现该厂生产中合成工段存在一些亟待解决的问题而提出研究的。经过改进工艺,减少了设备投资和运行费,降低了原料气消耗和动力消耗,使每吨氨的成本降低20%,节煤100公斤。先后有河北、天津、江苏、广西、湖南等二十多个省、市采用了此工艺。据河北省化肥公司1983年统计,采用此工艺的36个厂每年共节能折标准煤20413吨,增加收入543万元。

学校机床厂为填补市场急需的短缺产品,1981年研制、成功HZC系列轴承专用车床,已扩大为五种产品、九个型号,被全国九个省、自治区的 17 个厂家使用。厂家普遍认为该产品加工的零件精度高、质量稳定,生产率高于其他同类机床 20%。1982 年 11 月在襄樊召开的全国轴承工作会上该系列车床得到首肯,列入轴承行业的预选设备。

(二)20 世纪 70 年代初,学校围绕我国、我省微电子和电力电子工业的发展,即着手半导体材料和半导体器件工艺的研究工作。半导体材料研究室的研究方向为:晶体生长、半导体材料质量与器件性能关系、半导体中杂质与缺陷及相互作用。该室先后产出十余项科研成果,多项获得国家自然科学基金资助。"液压传动单晶炉"1978 年获全国和河北省科学大会奖;"高压单晶炉"1980 年获河北省科技二等奖、电子工业部科技一等奖;"直接硅氧的控制"等 8 个项目获天津市科技一等奖 2 项、二等奖五项,获河北省科技三等奖 1 项,获天津市优秀发明奖五项,获北京国际发明展铜牌 1 项。其中年利税超过一百万元的科研成果 4 项,"大规模、超大规模集成电路用中子辐照直拉硅技术"年实验性利税超过一千万元,被河北省确认为 1989 年省六大科研成果之一。已获专利权 2 项。在半导体"缺陷工程"方面的研究水平处于国内、外领先地位。围绕科学研究先后发表 28 篇学术论文,2 篇被国际会议采用。

(三)科学研究的广泛深入开展,不仅将成果应用到教学中去,而且让学生直接参加科研,在科研中发挥生力军作用。学院每年学生的毕业设计课题达 150 多项,充分利用毕业设计这一环节,开设科研课题,不仅为国家经济建设作出直接贡献,而且也为国家培养高水平、高质量的科技人才奠定了基础。

自动化工程系和电工厂共同研制的"ZXC 自动巡检数据处理装置"是东北白山电站自动化装置之一。该装置的研究先后有八一、八三两届,共 19 名毕业生进行设计。此装置采用微机处理控制,增加数据处理能力,可以通过分析参数的变化趋势,比较对承各点的参数变化规律,在故障发展到尚未越限之前,提前发出报警信号,使操作人员提前采取措施,消除事故,保证安全生产。仅这个项目就为电工厂增加 45 万元产值,约占全年产值的 30%。

河北工学院1981—1993年科研项目统计

任务来源 年份	国家有关部委课题	省科、经、建委课题	省教委（厅局）课题	天津市科委课题	其他横向课题	院内自立课题	省其他课题	合计
1981	8	5		16		39		68
1982	8	6	5	18		41		78
1983	12	14		21		66		113
1984	13	23		26	2	72		136
1985	11	15	10	22	1	93		152
1986	11	27		21	22	87		168
1987	20	38	5	17	8	81		169
1988	17	39	10	19	7	71		163
1989	11	31	7	18	12	55		134
1990	14	40	17	21	10	56		158
1991	8	54	11	20	35	31		164
1992	7	67	15	20	41	45	45	195
1993	12	46	24	26	27	46	37	218

从1978年至1993年全校共完成并通过技术鉴定的项目352项。其中,国际首创15项、国际先进56项、国内首创128项、国内先进126项、其他27项。这些项目获国家及省市级奖励的168项。

在理论研究方面,有如下研究成果:邹仁鋆教授对轻烃裂解反应的化学热力学和动力学研究;刘文教授对概率论、一类连续函数方面的研究;杨国琛教授对高能物理的研究;颜威利教授对电磁场方面的研究等。他们的研究成果和论文先后在英国、加拿大、美国和日本等国的国际会议上宣读或学术刊物上发表,并应邀到国外讲学和合作进行科学研究。从1978年至1990年,全院共发表论著、译著80册;主编或参加撰写全国通用教材45种,其中5种获奖。截至1993年在国际学术刊物或会议上发表论文149篇;国内各学术刊物(二级以上)发表论文1506篇;国内各种学术会议上发表或宣读论文1426篇。

许多科研成果被编入新的教材,引到课堂教学中,如"半导体工艺原理"课吸收了科研中被验证的理论,收到意外的效果。

1985 年 12 月,当年共有 22 项科研成果进行了鉴定,其中五项成果获得奖励。金锡祥研制的"小氮肥双塔串联新工艺"继 1984 年获科技进步特别奖后,本年又获国家科学技术进步三等奖。

1986 年 10 月 21 日,在武汉举行的第二届全国发明展览会上,学校有四项科研成果参加展出。其中"硅外延 BC 技术"和"高速钢萘状断口预防、消除新工艺"获银质奖章;"钢的中等磁场强度、磁场热处理工艺"获铜质奖。当年有 15 项科研成果进行了鉴定,1 项理论成果进行了评审,有 15 项科研成果分别获得国家、省、市的奖励。其中刘玉岭发明的"带有保护膜的硅抛光片与外延片"除获中国发明协会银质奖外,被国家专利局批准为实用新型专利;杨国深"粒子物理理论的研究"获河北省科技进步一等奖。

六、推出科技开发与科技服务

学院的科技开发和科技服务工作始于 1982 年,1985 年成立科技服务部(归科研处领导)。当年技术服务接待来人来函二百余人次,学院与河北省衡水地区、冀县、故城县等签订了全面技术合作协议,成交合同 76 项,合同成交金额 61 万元,转让方收入 30 万元。

1985 年,成为天津市科技市场经营服务机构成员,是天津市高等学校智力开发中心成员,是天津市新技术开发集团(5 家发起人之一)常务董事单位。"851 型珍珠岩铁水聚渣保温剂的研究"的成果在全国 13 个省、市 100 多个工厂推广使用,在北京、天津、石家庄设有代销点。1985 年,科技服务共签合同 36 项,总收入 60.4 万元。

1986 年,参加了国家科委举办的全国首届"火炬杯"展评会和天津市举办的新材料展示会,沟通了科技成果转让的渠道,成交合同 64 项,总收入 63.78 万元,纯收入 53.58 万元。

1988 年,学校进一步修订了《技术服务创收分配办法》,增大了系里的权益,调动了广大教师开展技术服务活动的积极性。当年签订合同 36 项,履行合同 34 项,实际收入 48.6 万元,技术转让 5 项,共 20.8 万元。

为了开拓技术市场,开展有关市场的理论研究,学院先后参加了"全国高校知识产权研究会""天津市技术市场研究会""天津市科技成果推广研究会"等学术团体。每年都有论文发表,其中《技术市场发展基金——社会主义计划经济与市场调节相结合的需要》《对高等学校专利许可证贸易若干问题的探讨》等学术论文获天津市优秀科技论文三等奖。

第四节　入选河北省"双重工程"

一、列为河北省重点建设的两所大学之一

1994 年 6 月 2 日,河北省在实施"双重工程"建设中,省委省政府经研究后决定同意将河北工学院、河北大学列为省重点建设的两所大学;将河北工学院应用数学、电器、半导体、材料、高分子材料、金属材料、机械制造、汽车与拖拉机、工业自动化、机械电子工程、热能工程及应用物理等学科都被确定为河北省重点学科建设专业,拉动了学科整体实力和水平的提高。

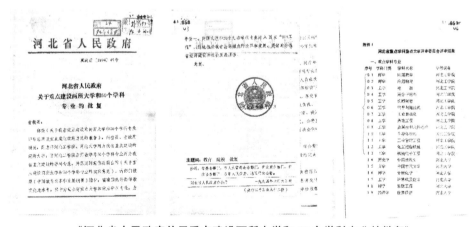

《河北省人民政府关于重点建设两所大学和 60 个学科专业的批复》

二、在廊坊设立分院

根据河北省经济发展需要,河北省政府于 1992 年 5 月 20 日省长办公会决定,在河北省廊坊市原农机学校校址扩建河北工学院分院,并委任河北省教委任组长、河北工学院和廊坊市政府为组员,组建分院筹备小组,积极进行筹建。

1992年6月，由河北省政府办公厅、省教委主持，廊坊市政府和河北工学院联合会议，对分院办学规模、办学体制、资产移交和人员安置等问题达成一致意见。同年7月1日建立分院领导小组，小组由五人组成，李树群任组长，高洪、杨久宏任副组长。分院领导小组下设分院办公室、教务办公室、学生工作办公室、总务办公室和财务室。

经过积极筹备，学院于当年9月扩大招生939人，600余人安排分院，并于10月14日召开分院首届开学典礼。时任副省长顾二熊、省科教工委副书记赖祖德、省教委副主任何长法及廊坊市委、市政府、市人大、市政协及各局办出席会议。潘承孝、林牧、马家齐、冯其标等新老领导参加开学典礼。时任副省长顾二熊在大会讲话中提到：工学院创名牌学校最有可能，最有希望，最应支持。

分院坐落廊坊市东北郊，占地310亩，建筑面积22000平米。1992年11月23日建立分院临时党委，由五人组成，李树群任书记，高洪任副书记。

三、中国共产党河北工学院第二次代表大会召开

中国共产党河北工学院第二次代表会于1992年4月10日至12日召开。正式代表186人，列席代表26人。

中国共产党河北工学院第二次代表大会

1992年4月10日下午，大会执行主席刘志明同志宣布大会开幕，李树群同志致开幕词。中共河北省委科教工委副书记焦福岩同志代表省委科教工委对大会召开表示祝贺，并就如何开好本次大会提出了希望。中共天津市委教卫工委组织处

长靳南征同志出席了开幕式。开幕式上,院工会、团委、学生会和民主党派负责人先后宣读贺词。

受马家齐同志委托,冯其标同志代表上届党委作了题为《加强党的建设深化教育改革为把我院办成具有地方特色的综合性工科大学而奋斗》的工作报告。林金铭同志代表上届纪委作了纪委工作报告。

会议期间,与会代表对"两委报告"进行了认真的讨论,并提出了一些有益的修改意见;代表们还听取了刘志明同志所作的关于深化院内管理改革方案的说明和谭以津同志所作的关于"八五"计划的说明,对改革方案和"八五"计划进行了认真审议;大会还审议通过了关于加强党组织自身建设的决定。

会议审议通过了党委工作报告、纪委工作报告、深化院内管理改革方案、学院"八五"计划及加强党组织自身建设决定。

通过民主选举产生了河北工学院新一届党的委员会和纪律检查委员会。党委委员 19 人,马家齐当选党委书记,冯其标、刘志明、李树群当选党委副书记;纪委委员 7 人,林金铭当选为纪委书记。

中共河北省委科教工委副书记焦福岩与会祝贺并在闭幕式上讲话。

四、庆祝潘承孝教授从教六十五周年

1992 年 9 月 11 日,学院隆重举行大会,热烈庆祝知名工程教育家,95 岁高龄的名誉院长潘承孝教授从教六十五周年。河北省委、省政府发电祝贺。省委书记邢崇智献了花篮,省人大、省科教工委、省教委、天津市政协、市教卫工委、市教育局,民进天津市委等领导同志及 6000 余名师生冒雨参加大会。天津电视台、河北电视台、天津广播电台、河北广播电台、《河北日报》《今晚报》就此次大会进行报道。

河北省委、省政府贺电

河北工学院转潘承孝同志:

欣闻河北工学院为您举行从教六十五周年庆祝会,中共河北省委、河北省人民政府特向您表示诚挚的问候和热烈的祝贺!

1927 年,正当我们的国家满目疮痍、人民饱受苦难之时,您满怀报国之情,毅然从美国回到祖国,来到当时的河北工学院任教。半个多世纪以来,您一直耕耘在教育这块园地上,把献身教育、培养人才视为人生宗旨,把发展汽车内燃机事业作为

庆祝潘承孝教授从教六十五周年会场

自己毕生追求。抗日战争时期，您带领流亡学生，走遍大半个中国，在艰难漂泊中坚持办学。新中国成立后，您以更加饱满的热情，把全部精力倾注到河北工学院的建设和发展上。您治学严谨，教育有方，为人师表，对工作一丝不苟，对学生严格要求，尤其注重实践，加强基本功训练，把教学、科研、生产紧密结合在一起，您举贤荐能，知人善任，为办好学校提高教育质量，作了不懈的努力，为祖国的社会主义建设培育了一大批专门人才。您的学生遍布海内外，桃李满天下，不少人已成为学术造诣很深的知名人士，有的当了大学校长，有的担任了学部委员。您衷心拥护党的十一届三中全会以来的路线、方针、政策，虽届九十有六的耄耋之年，仍然壮心不已，潜心研究和著述，关注学校的改革和发展，为贯彻"一个中心，两个基本点"的基本路线竭尽全力，体现了老一辈科学家、教育家奋斗不止，终身报国的崇高品格。您为人正直、师德高尚。不仅是人民教师的楷模，而且也是广大科技人员乃至所有知识分子的楷模。

当前，全国人民正在认真学习贯彻邓小平同志南巡重要谈话精神，进一步深化改革，扩大开放，为我国社会主义经济建设上新台阶而奋发努力。出现了令人十分振奋的可喜局面。教育工作在改革开放和经济建设中担负着光荣而艰巨的任务，发挥着极其重要的作用。"科技兴冀"，教育为本。全省广大教育工作者要以您为榜样，忠于和热爱人民教育事业，为振兴河北、振兴中华，为培养更多的合格的社会主义建设者和接班人而辛勤耕耘，努力奋斗！

祝您健康长寿！

中共河北省委　河北省人民政府

1992 年 9 月 11 日

河北省委、省政府贺电潘承孝教授答谢词

各位领导、各位来宾,工学院全体同学和教职员工同志们! 你们好!

今天学院举办这样隆重庆祝大会,祝贺我从教六十五周年,我的心情非常激动,这是党赋予我们从事教育的知识分子的巨大荣誉。我谨向党表示衷心感谢。

教育是立国之本,教书是光荣的事业也是辛苦的工作,我深有体会。所以我热爱教学工作。我从教65年,34年在河北工学院工作,可以说学校的成长、壮大、前途与我的思想感情早已融在一起了,我也衷心地热爱工学院。

河北工学院是一所历史悠久、有光荣传统的高等院校,成立于1903年。是我国工业高校中最早创办校办工厂的高校,也是首先明确"教学、科研、生产"三结合的教学方针的工科院校之一。

抗日战争期间,天津沦陷,工学院被迫停办,部分师生组织游击队在冀东抗击日寇,使日军遭到严重伤亡,获得党中央的褒奖。日本投降后工学院复原,在水利专家赵今声院长领导下,复校工作迅速就绪,并做了发展工作。这位九十岁高龄的老院长就坐在我的左边,让我们热烈鼓掌,欢迎他光临,以表示对这位老教育家的尊敬!

1951年夏全国高等院校进行了院系大调整。1952年夏,天津北洋大学和天津的河北工学院合并成立天津大学。1958年,在全国"大跃进"的形势下,河北省委提出恢复河北工学院,并指定天津大学丁仲文副校长为筹备主任。在天津大学和南开大学大力支持下为工学院配备了整套教学系统的骨干教师,使复校工作顺利进行,如期于1958年9月开学。今日天大、南大领导都来了,让我们热烈鼓掌,表示感谢。工学院复校已经三十四年了,在省委的领导和亲切关注下,已是一所人才济济、成果累累、力量雄厚、大有可为的工业高等院校了! 河北省委寄予殷切的希望,同意把我院改为河北工业大学。这对于我们是极大的鼓舞和鞭策! 我们应抓紧时机,上规模,上质量,尽快把我院办成一所有自己特点的高等学校。

同志们! 我今年九十六岁了,身体尚健,还有余热可释,愿与全体师生员工一起团结一道把我校改成一所国内外一流的工业大学而努力奋斗!

谢谢。

第五节　庆祝建校八十五周年

一、河北省教委批准举行八十五周年校庆

河北省教育委员会于 1987 年 12 月 12 日批复,同意河北工学院举办建校八十五周年庆祝活动。省教委指示,根据国家教委有关精神,校庆活动应从简从俭。希望通过校庆活动借以检阅全院教学、科研、生产等各方面的成绩,全面推动学院的各项工作,发扬优良传统,激发广大师生员工的奋发进取精神,在党的十三大所确立的基本路线指引下,加快和深化各项改革,提高教育质量和科研水平,为河北省的社会主义建设事业作出更大贡献。

1987 年 9 月 29 日,就河北工学院历史沿革和原河北工学院档案材料等问题,学院名誉院长潘承孝、院党委书记林牧、副院长冯其标等邀天津大学常务副校长朱磊等进行商谈,取得一致意见,并印发"商谈纪要"。两校同意,并经河北省教委批准,河北工学院历史沿革从 1903 年创建时算起,原河北工学院档案材料仍由天津大学保管,为河北工学院借阅、复制等,提供方便。

二、全国人大常委会副委员长雷洁琼等出席庆典大会

1988 年 10 月 9 日,河北工学院隆重举行八十五周年校庆。全国人大常委会副委员长雷洁琼,河北省人大常委会主任郭志、副主任河北省科学院名誉院长邹仁鋆,天津市人大常委会副主任李原、杨坚白,天津市副市长李振东、钱其敖,天津市政协副主席、天津大学党委书记杨辉,河北省顾问委员会常委杨远,民政部原副部长袁血卒,原冶金部副部长李非平,原核工业部副部长姜圣阶,河北省人大副主任、河北工学院名誉院长潘承孝,天津市副市长李中垣等时任领导出席大会,来自全国各地校友和在校师生齐聚红桥校区院部校庆会场。

时任党委书记林牧同志首先致欢迎辞。他代表全院师生员工向来参加庆祝大会的各位领导、来宾和校友代表,表示热烈的欢迎和衷心的感谢!

他指出,河北工学院是河北省属重点院校,自 1903 年创办以来,她已走过了八

庆祝河北工学院建校八十五周年活动现场

十五年的光辉历程。在这几十年的发展过程中，虽遭受过破坏、停办和严重干扰，但是，在党和人民的热情关怀支持下，学院得到了健康的发展。经过各个时期师生员工的不懈努力，已经发展成为包括机械、化工、自动化、计算机、工业管理、土建等七个系、二十五个学科专业的综合性工科大学，目前在校学生四千多人，教职员工两千多人。

他强调，河北工学院素有优良的革命传统，有作风朴实、学习刻苦、积极进取的优良学风，注重理论与实践的结合，学生与工农的结合，建校以来培育了大批优秀人才。有不少校友在社会主义现代化建设中展示出了聪明才智，已经成为专家、教授和各级领导干部，发挥了骨干作用，取得了可喜成绩，受到社会上的欢迎。工学院为有这样的校友而感到自豪，感到骄傲！

他表示，"百年大计，教育为本"。工学院是高等工科院校，负有培育高级科技人才的使命。我们一定遵循"坚持教育为社会主义现代化建设服务的方针"的办学方向，继承和发扬优良好传统，努力改善办学条件，不断提高教学质量，大力开展科学研究，办出工学院的特色来。

时任院长张闽在讲话中说，八十五年来母校历尽沧桑，经历三个历史时代，培育了三万二千名人才，他们之中有在反帝反封建、反侵略中作出特殊贡献的先锋爱国战士，也有在四化建设中从国外捧回国际大奖、金奖的后起之秀；有在中央和地方担任重要职务的领导干部，也有奋战在各个岗位上默默作出贡献的科技工作者。他们之中有的赢得了国际荣誉，有的已掌握了当代某一领域内最先进科学技术。母校为有这样的校友而感到光荣。他们是母校的骄傲，母校欢迎他们满载着收获归来，在一起温旧情，谈改革，话前途。全体学生应以校友为榜样，以热爱事业为动力，以为人民服务为理想，以我院勤奋、严谨、求实、进取的校风为自己治学精神，学好每门功课，锻炼好自己的身体，爱护学校一草一木，遵守学校一切规章制度，在短暂的四年中牢牢打好基础，掌握科学技术，将来为祖国、为人民、为党的事业贡献自己的力量。

他强调，八十五年前的十月学校只有学生一百余名，讲堂、教务办公室只有数十间，教员13人，两个专业。而八十五年后，已占地650亩，建筑面积20万平方米，有25个专业。在校教职员工与各类学生之总数已达6857人，正在为党的事业、国家前途、河北省四化建设贡献自己的力量。

在热烈的掌声中，时任河北省人大常委会主任郭志同志致了贺词。

他代表河北省委、省人大、省政府向全校师生员工表示热烈祝贺！向长年辛勤工作在教学第一线的同志们表示亲切的问候，向前来参加校庆的各位来宾表示热烈地欢迎和感谢！向刻苦攻读、奋发学习科学知识的同学们表示亲切慰问！河北工学院位于天津市，学校各项工作都经常地得到天津市委、市政府及有关部门的关怀和帮助，解决了很多困难，为工学院办学创造了很多有利条件。在此，他代表河北省委、省人大、省政府表示衷心感谢！

他说，河北工学院是我省培养专门人才的基地之一，有着良好的学风和优良的传统，治学严谨、勤奋好学，学术研究气氛浓厚，成果显著。几十年来，为我国，尤其为我省培养了大批专业人才，包括专家、教授、高级科技人才。有不少老校友担任了国家机关的领导工作。有不少同学已成为河北省各条战线的骨干，为振兴河北经济发挥着重要作用。

他说，同志们、同学们，学校是培养四有新人的重要阵地，希望学校在培养学生掌握科学知识的同时，要加强政治思想工作，引导学生参加社会调查，接触改革、开放的实际，开拓视野，丰富思想，了解全局，把青年一代培养成为拥护、支持改革、立志献身祖国四化的一代新人。十三届三中全会提出了治理经济环境、整顿经济秩序，全面深化改革的指导方针和政策，希望同志们要把思想认识统一到三中全会精神上来，使全校师生在我省治理经济环境、整顿经济秩序中发挥积极作用。

他热诚地期望河北工学院在深化教育改革中，在如何使高等教育为经济建设服务的办学过程中，创造出好的经验，走出新的路子，为河北省培养更多更优秀的人才，为河北省经济建设作出更大的贡献！

校友代表，时任天津市副市长李振东发表讲话。他代表全体校友向母校建校八十五周年校庆表示最热烈的祝贺！向为培养学生们成才付出辛勤劳动的历届院领导、全体教师致以崇高的敬意和衷心的感谢！同时，也向关心教育，前来致贺的全国人大常委会副委员长雷洁琼同志及国家各部委、河北省及各省市的领导同志表示深切的感谢！

他说，母校历经沧桑，走过了八十五个年头。正是由于众多忠诚于教育事业的历届院领导、老师们的努力，培养出一批批毕业生，使数以万计的理想青年成长为国家建设的栋梁之材。而他们的学生们，也没有辜负母校的期望和恩师的教诲，绝大多数人都成为各条战线的骨干，成为专家教授、厂长、经理，作学问的尽其所长，搞事业的施其所能，共同为祖国四化事业奋力作贡献。每当自己工作有点进步，总难忘是党的培养，是母校的哺育。谁也不否认，在自己的工作成绩里，都凝聚着学校老师们的知识、汗水和心血。饱含着他们辛勤劳动的结晶。

他说，作为校友，虽然大多数人都不搞教育工作，但是却对教育事业有着特殊的感情。因为教育是造就人才的摇篮，是关系到国家未来兴旺发达的超前性事业，是国家最根本的"基本建设"。近年来，党和政府十分关心教育，把教育列为我国经济发展的战略重点，教育事业受到全社会的关注。但是，清醒地讲，我国的教育事业还不够发达，身处工作第一线的校友也从大量工作实践中感到，教育工作有待加快改革步伐，适应国家四化建设对知识人才的需要。校友们也寄希望于母校，遵照邓小平同志提出的"要面向现代化，面向世界，面向未来"的指示，使教学不断跟上四化建设发展的需要，注重现代科学知识的学习，搞好学校的教育与生产实践衔接，致力于学生探索创新能力的培养和思想道德素质的提高。我们相信在党和政府的重视下，母校定将焕发出新的青春，在发展工科高等教育事业上，展现更加可喜的局面。同时，我们也期待着母校以八十五年校庆为新起点，肩负着民族振兴、中华腾飞的重任，能够尽快成为国内具有一流办学规模，一流师资队伍，为我国四化大业多育英才。让全体校友，和在校师生员工共同努力，为祖国的繁荣昌盛作出更大的贡献！

香港校友代表姚春福先生、教职工代表徐岳生副教授，分别在会上讲了话。

最后，副院长谭以津宣读了贺电、贺信和校友馈赠纪念品的名单。

大会后，中央、省、市领导，参观了"教学科研生产成果展览"，出席了天津土木校友会栽种"刺柏"植树仪式，视察了校园的建筑和校容校貌。在电教室看了"今日河工"电视录像。晚上他们出席了学院举行的答谢宴会，会后出席了文艺晚会观看了演出。

这次校庆主要为了继承和发扬母校的光荣传统和优良学风,中心是以学术交流、科技协作、进行人才交流洽谈等。9日下午学院举行了人才交流、科技协作发布会。10日上午,学院聘请了28位在各条战线上做出突出成绩的校友为兼职政治思想教师,其中有著名的青年发明家李昌副教授。

各系也请校友参观了教学设施。校友们为母校有长足发展而欢欣鼓舞,各系主任、书记与校友促膝交谈,并举行座谈会、晚宴等招待校友,重温师生的深情厚意。还请校友作改革、成才、形势等报告,与毕业班座谈等活动。

三、河北工学院校友总会成立

1988年10月8日,河北工学院校友总会正式成立。

在成立之前,校友总会筹备小组与河北省各地、市、县及津、京、内蒙古等地区的校友联系,先后成立了张家口市、天津市(纺织、化工、机械、土木、二轻),石家庄、邢台、沧州、保定、唐山、内蒙古、衡水等校友分会。

校友总会理事会上通过了校友总会章程,推选了总会名誉会长、会长、副会长和理事等共27人,校友总会共61人。确定名誉会长为潘承孝、赵今声、林牧、袁血卒、李非平、安振东、李振东、王成怀、邹仁鋆、冀广民、崔涛;会长为张闽以及副会长为刘文藩、刘玉麟、孙永生、钟清杰、张铁成、冯其标(常务)。

第六节　庆祝建校九十周年

一、万余人参加建校九十周年庆祝大会

1993年10月10日,河北工学院举办建校九十周年纪念活动,来自全国各地、海外、香港地区的校友和全校师生万余人参加了庆祝大会,时任全国人大常委会副委员长王光英专程来院参加大会,时任全国人大常委会副委员长雷洁琼发来贺电。

参加庆祝大会的还有原建设部副部长、校友李振东,时任河北省人大常务副主任张震环,河北省副省长刘作田,时任天津市委常委、教卫工委书记王鸿江,时任天津市人大常委会副主任、校友王成怀,时任天津市人大常委会副主任、校友刘文藩,

河北工学院建校九十周年活动现场

原院领导民政部原副部长袁血卒,原冶金部副部长李非平,黑龙江省委原书记、省顾委主任王路明,时任天津市政协副主席杨辉、何国模、赵今声,名誉院长、省人大原副主任潘承孝及河北省科教工委、教委,天津市教卫工委、高教局等部门负责人和兄弟院校负责同志。

院长冯其标代表全院师生员工,向前来参加今天庆祝大会的国家领导人王光英副委员长、国家有关部委的领导同志、河北省、天津市的领导同志、兄弟院校的负责同志以及来自全国各地、各条战线的来宾、历届校友代表、旅港、旅美校友表示热烈欢迎和衷心的感谢。他简要回顾了学校 90 年的办学历史和现在的办学成绩,表达了学校争进"211 工程"再上新台阶的信心和决心。

刘作田同志代表省委、省人大、省政府、省政协,向全院师生员工表示热烈的祝贺和亲切的问候!向专程前来参加河北工学院校庆活动的王光英和各位来宾表示热烈的欢迎!向多年来给予河北工学院多方支持和帮助的天津市委、市政府表示衷心的感谢!

他指出,河北工学院是河北省一所历史悠久的重点工科大学。自 1958 年重建以来,特别是党的十一届三中全会以后,在省委、省政府的领导下,在老一辈教育家潘承孝教授的关心指导下,学院的办学事业得到了长足的发展,取得了很大的成绩。经过几十年的努力,学院建起了与河北省经济建设需要基本适应的学科专业体系,建设了一支实力雄厚的教学和科研队伍,改善了办学条件和育人环境,培养了大批德才兼备的建设人才,已成为一所以工科为主、理工结合、工经结合的多科性工业大学,为河北省的社会主义现代化建设作出了很大贡献。最近,国务院学位委员会已将河北工学院作为新增博士学位授予单位进行了审议。这件事的成功，不仅会填补河北省工科院校没有博士学位授予单位的空白，增强河北省培养高层次人才的能力；而且也会为学院的建设和发展创造新的条件。

当前，河北省改革开放和现代化建设事业进入了一个新的阶段。全省人民正在按照省委、省政府的部署、抓住机遇，加快发展，为振兴河北、建设经济强省而努力奋斗。经济的快速发展，社会的全面进步，必然要求教育加快发展。希望河北工学院遵循党的十四大精神，以建设有中国特色的社会主义理论为指导，按照《中国教育改革和发展纲要》的要求，为迎接 21 世纪的挑战，为适应发展社会主义市场经济的需要，加快改革和发展的步伐，努力提高教育质量、科研水平、管理水平和办学效益。要逐步扩大办学规模，提高研究生和本科生的培养能力。要努力建设一支素质优良、结构合理、相对稳定的教师队伍，造就一批学术造诣较深、在国内外有一定影响的学术带头人和骨干教师。要调整学科、专业结构，加强学科建设，深化教学改革，努力形成自己的优势和特色。要努力改善整体办学条件，加强教学科研基础设施和技术装备，加强实验室和实践基地建设，增强科研实力。要从严治校、从严执教，加强思想政治教育，树立良好的校风学风，努力提高学生的全面素质。要注意改善校容校貌，形成良好的育人环境和学术环境。要注意吸收国外先进经验，加强国际交流，扩大国际影响。总之，要通过不懈努力，使工学院成为河北省高质量的人才培养基地、先进的科学实验基地、高新技术的开发基地的提供高校办学经验的基地，为河北省社会主义现代化建设作出更大的贡献。

刘文藩同志受王鸿江同志和天津市各有关部门历届校友的委托借此机会向母校表示最热烈的祝贺！向为培养学生们成才付出辛勤劳动的历届院领导、全体老师致以崇高的敬意和衷心的感谢！向关心教育、前来祝贺的王光英同志及国家各部委、河北省及各省市的领导同志表示衷心的感谢！

他说，院领导、老师和同学们，母校历经沧桑，走过了九十个年头。正是由于众多忠诚于教育事业的历届院领导、老师们的努力，培养出一批批毕业生，使数以万计的青年成长为国家建设的栋梁之材，而你们的学生们，也没有辜负母校的期望和恩师的教诲，绝大多数人都成为各条战线的骨干，有的成为专家、教授、厂长、经理，做学问的尽其所长，搞事业的施其所能，共同为祖国四化事业奋力奉献。每当我们工作有点进步，取得一点成绩，总难忘党的培养和母校的哺育。谁也不否认，在学生们的工作成绩里，都凝聚着母校老师们的汗水和心血，饱含着教师们辛勤的结晶。他再次代表历届校友向历届校领导、各位教职员工及其家属表示衷心的感谢和慰问。

他表示，他们这些当年和母校领导、老师朝夕相处的校友们今天重返学校，大家的心情无比感慨。尤其是看到在我们离开这里十几年或几十年后，特别是八十五周年校庆后的五年里，学校取得了较快的发展。现在已成为拥有九个系、三十一个专业，八千名师生员工的大型工科大学。他们为母校日新月异欢欣鼓舞，也为国家的教育事业不断发展而喜悦。校友们虽然大多数人不搞教育工作，但对教育事业有着特殊的感情。因为教育事业是造就人才的摇篮，是关系到国家未来兴旺发达的超前事业，是国家最根本的"基本建设"。"百年大计，教育为本"，党和政府十分关心教育，把教育事业列为振兴中华的战略重点，教育事业受到全社会的关注。但也要清醒地看到，我国的教育事业还不够发达，身处第一线的校友从大量的工作实践中感到，教育要适应四化建设的需要，教育工作有待加快改革步伐。所以他们寄希望于母校遵照邓小平同志提出的"教育要面向现代化，面向世界，面向未来"的指示，使教学不断跟上四化建设发展的需要，注重现代科学知识的学习，搞好教育与生产实践的结合，致力于学生探索创新能力的培养和思想道德素质的提高。相信在党和政府的关怀下，母校定会展现更加可喜局面，在实施"211工程"上迈出更大步伐。校友们期待着母校以九十周年校庆为起点，肩负民族振兴、中华腾飞的重任，为祖国四化大业多育英才。让全体校友和在校师生员工共同努力，为祖国的繁荣昌盛作出更大的贡献！

原国家教委陈天初同志，河北省校友代表、时任秦皇岛市副市长刘塑全同志，山西校友代表、山西省人大常委会常委、原建设厅厅长李树森同志，香港校友代表缪林康先生，海外校友代表杨明辉博士以及在校师生代表夏振海副教授分别在会上讲了话。

学校以校庆为契机，开展科技服务。10月8日至10日，举办了"93高校经济技术、人才交流洽谈会"。来自天津、河北十六家高校和科研院所参加了成果展示和洽谈，参展项目达420项。来自天津、河北的160家企业和单位的500余人到会洽谈，仅8日一天就签订意向合同达150项，其中学院的苯甲酸、医用高分子绷带、保健吸尘板擦、铸铁磨球、小食品包装机、摩托车充电器等项目与企业签订了意向书。

"河北工学院建校九十周年成果展览"于10月10日如期展出。王光英为展览剪彩。时任河北省人大常委会主任吕传赞题词："根深叶茂，桃李满园"。这次展览内容丰富，全面反映了十一届三中全会以来学院各方面的成就。整个展览包括历史回顾、教学科研及科技服务、校办产业、党建和思想政治工作等五个部分。

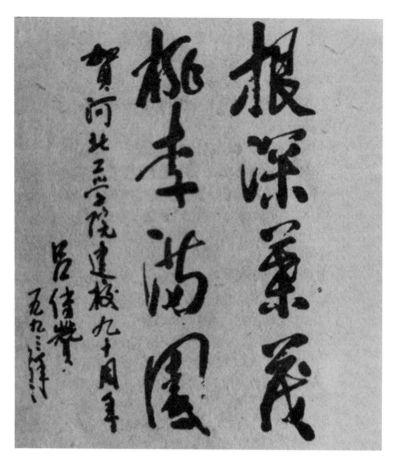

时任河北省人大常委会主任吕传赞为校庆题词

二、全国人大常委会副委员长雷洁琼贺电

在学院建校九十周年之际，时任全国人大常委会副委员长雷洁琼专门发来贺电表示祝贺。

雷洁琼非常关心学院的发展建设。1988年，在学院建校八十五周年时，雷老专程从北京赶来参加校庆活动，并进行视察指导。1992年9月，雷老在百忙之中又亲笔为我院《河北工学院报》复刊200期题词。这次九十周年校庆，雷老因公务不能参加，特致电表示祝贺。贺电全文如下：

欣逢河北工学院建校九十周年，谨电表示热烈祝贺，祝贺贵校为祖国培养出更多更好的建设人才。

三、国家教育委员会贺信

国家教育委员会为学院九十周年院庆致贺信。贺信全文如下：

河北工学院：

值此你校建校九十周年之际，谨向全校师生员工致以热烈祝贺！

河北工学院是我国一所历史悠久的高等学校。建国以来，特别是党的十一届三中全会以后，在党和国家教育方针指导下，你校广大教职员工开拓进取，勤奋工作，培养了大批合格的高级专门人才，取得了一系列科研成果，为地方的工业建设和社会发展作出了应有的贡献。

希望你们在新形势下，继承发扬学校的优良传统，继续认真贯彻执行党的基本路线和《中国教育改革和发展纲要》，抓住当前加快改革开放的有利时机，进一步深化教育改革，提高教育质量，为进一步把学校办出特色，办出水平，培养出更多的优秀人才继续努力，为社会主义现代化建设作出更大贡献。

四. 中共中央委员、福建省省长、校友贾庆林，福建省外贸总公司副总经理、校友林幼芳贺电

学院福建省校友代表亦为九十周年院庆发来贺电。贺电全文如下：

河北工学院

马家齐书记、冯其标院长：

值此河北工学院隆重举行九十周年校庆之际，谨向母校致以热烈的祝贺！因公务缠身，我们不能接受母校的盛情邀请参加校庆，深表歉意。我们衷心地祝愿并充分地相信，母校在你们的领导下一定能够借改革开放的强劲东风，再登新台阶，再攀新高峰，为推进建设有中国特色的社会主义伟大事业培养更多的人才，作出更大的贡献。

五、教学厂新厂房落成、动力实验中心奠基

恰逢建校九十周年纪念日，1993 年 10 月 9 日上午，学校科产处举行了教学厂

新厂房落成典礼及纪念碑揭幕仪式。时任河北省副省长刘作田、名誉院长潘承孝教授出席典礼并剪彩，时任省教委主任田洪波为纪念碑揭幕。

新落成的教学厂坐落在东院，建筑面积为 1760 平方米，共两层。上层为办公室、会议室、教室，下层为车、钳、铣、包、磨金工实习车间，从而解决了学院长期以来金工教学、实习场地不足的矛盾，保证了教学任务的顺利完成。厂房楼前，在鲜花层层环绕中央耸立着山石纪念碑，镶嵌着黑色大理石板，上书首任总办周学熙老先生的办学宗旨："学堂为人才根本，工艺为民生至计，二者固宜并重，而讲求之道亦属相资。工艺非学不兴，学非工艺不显。"除办学宗旨外，另书潘老的题词："育人为主导，科技为关键，生产为基础，走教学、科研、生产一体化的道路。"金色的大字在鲜花的映衬下熠熠闪光。典礼仪式在时任常务副院长谭以津主持下隆重举行，原民政部副部长袁血卒及夫人马磊前来祝贺。

10 月 10 日下午 3 点，三百多名校友聚集一起，参加了动力系在南院召开的"动力实验中心"奠基典礼。时任动力系副主任董锡强在致辞中说："今年三月二日，叶连松省长来我院进行现场办公，在视察了我系内燃机实验室后，当场决定拨款 160 万改建动力实验中心，另有 50 万元筹建新专业。省长的支持给我系师生以极大鼓舞，我们决心以此为契机，把我系教学科研推上一个新台阶。"动力实验中心建筑面积近 3000 平方米，含有车辆工程、热能工程、轮机管理等多种实验设备的实验基地。该中心建成后，将成为集教学、科研、实验于一体，又能为有关单位进行技术服务的多功能实验中心。在喜庆的鞭炮声中，时任院长冯其标为动力实验中心剪彩。在校友们热烈的掌声中，院系领导和校友代表为新的实验大楼奠基。

第六章　与时俱进　传承创新

第一节　更名河北工业大学

一、河北省高等教育进入快速发展时期

1993 年以来,河北省高等教育伴随自身科技创新能力的渐进增强和教育体制改革的深入而逐渐加快。从 1994 年到 2000 年,全省将涉及到的 59 所高等院校,调整合并为 20 所。与此同时,先后有 9 所部属院校被划归河北省管理,使河北省高等教育资源得到了明显加强。此后,河北省又迎来学校升格的高峰,中专升大专、大专生本科、本科争办学位点,高等院校数量不断增加。从 1998 年到 2005 年,河北省全日制普通高校由原来的 47 所增加到 86 所,河北工学院更名河北工业大学,并跻身国家"211 工程"建设高校序列,省级重点学科由 50 个滚动发展至 185 个,国家级重点学科从无到有,发展到 8 个,博士点 91 个,硕士点 421 个,博士后科研流动站 24 个。1998 年后,河北省高等教育进入了大规模的扩招时期,2003 年,河北省高等教育的毛入学率已经达到了大众化目标。

河北省各高等院校广泛开展科学研究和社会服务工作。高等院校的科学研究力量在增强,从基础建设到人力资源投入,从政策支持到经费保证等方面均比 1992 年之前有了很大提高。这极大促进了高等院校的基础研究、应用研究和开发研究工作,也提高了高等院校的社会服务能力,"以学术服务于社会"开始兴起。如河北工业大学建立起科技园区,不仅加速将科学研发尽快转化为生产力,而且还衍生了一批高新技术企业,有力推动了地方经济建设和社会发展。

二、国家教委批准河北工学院更名为河北工业大学

国家教委教计〔1995〕17号文《关于河北省高等学校布局结构调整有关问题的通知》中，正式批准我院更名为"河北工业大学"。批文如下：

"鉴于河北工学院已基本符合《普通高等学校设置暂行条例》和《普通高等学校申请更改名称问题的规定》要求，同意河北工学院更名为河北工业大学。"

1986年12月15日国务院发布的《普通高等学校设置暂行条例》中要求，设置普通高等学校，应当根据学校的人才培养目标、学科门类、规模、领导体制、所在地等，确定名实相符的学校名称。称为大学的，须符合下列规定：

（一）主要培养本科及本科以上专门人才；

（二）在文科(含文学、历史、哲学、艺术)、政法、财经、教育(含体育)、理科、工科、农林、医药等八个学科门类中，以三个以上不同学科为主要学科；

（三）具有较强的教学、科学研究力量和较高的教学、科学研究水平；

（四）全日制在校学生计划规模在五千人以上。但边远地区或有特殊需要，经国家教育委员会批准，可以不受此限。

三、中共中央总书记、国家主席江泽民为学校题写新校名

1995年7月7日上午，学校举行隆重的更名揭牌仪式。河北省省长叶连松、副省长刘作田、天津市人大常委会副主任刘文藩、副市长庄公惠、学校名誉校长潘承孝等出席了揭牌仪式，并为中共中央总书记、国家主席江泽民为学校亲笔题写的"河北工业大学"新校牌揭牌。

河北省副省长刘作田在揭牌仪式上对学校更名表示祝贺，对学校92年来取得的发展建设成就给予肯定。他希望工大全体师生员工要团结奋斗，努力实现争进国家"211工程"的目标，为科教兴冀、建设经济强省作出更大的贡献。

天津市副市长庄公惠代表天津市政府和天津各高等院校，向全校师生表示热烈祝贺，希望学校办出特色、办出水平，争取早日进入国家"211工程"行列。

校长颜威利在揭牌仪式上讲话，他代学校党委和行政对河北省、天津市及各有关部门的领导在百忙之中莅临大会表示热烈的欢迎和衷心的感谢。他说，我们全

河北工业大学揭牌仪式

校师生员工决不辜负江泽民总书记和省市领导对我们的期望,要以更名河北工业大学和江泽民总书记题写新校名作为团结一致、争进"211 工程"的新起点,搞好学校的各方面工作。为河北省和天津市的经济发展作出更大的贡献。

参加揭牌仪式的还有河北省政府办公厅、省教委、省计委、省财政厅、省科委、省经贸委、省驻津办事处和天津市高教局、市教卫委、红桥区及团市委的负责同志田洪波、李曙光、韩树怀、张保生、张妥、李大民、邢元敏、张云间、王世新、王寒松等,学校原任、现任校领导及教师、中层干部代表近 200 人参加了揭牌仪式。校党委副书记、副校长刘志明主持了揭牌仪式。

四、河北省省长叶连松强调:努力进入"211 工程"

1995 年 7 月 7 日下午,河北省长叶连松为学校 1200 名师生员工作了题为"建一流大学、育一流人才、出一流成果,为建设教育和经济强省作出新的贡献"的长篇报告。

他在报告中指出,河北工学院更名为河北工业大学,这件事情对河北工业大学,对全省的高等教育都具有重要意义。这件事情也是河北省高等教育结构布局调整的一个重要步骤,因为河北省高等学校原来总数是五十四所,经过省委省政府研究报国家教委批准,有八所院校合并成三所,那就是:河北农业大学由两所并成一所新组建的河北农业大学;还有一个是河北经贸大学,是由三所学校组建成一所叫河北经贸大学;还有一个是由三所医学院校组成了河北医科大学。所以由八所院校变成三所，这是河北省高等教育布局结构调整的一个重要步骤。同时，河北工学院经过专家们考察论证，然后经过国家教委批准，更名为河北工业大学。所以这次更名也是调整的一个重要步骤，由河北工学院变成河北工业大学，并且由江泽民总书记题写校名，具有重要意义，这体现了党中央对河北省高等教育、对河北工业大学的深切关怀，所以这次更名，必将会使河北工业大学的全校师生员工受到鼓舞。总书记题写校名也标志着党中央、河北省政委、省政府对河北工业大学寄予厚望。

对于河北工业大学未来的发展，他提出："河北工业大学是一个老学校，要按照现在计算，1903 年建校，到现在是 92 年了，算是一个老学校了。到了 2000 年，希望经过全校师生员工的努力，河北工业大学能够进入'211 工程'。"根据建设教育强省、经济强省的要求和河北工业大学的实际，在今后的五年或者更长的一段时间内，学校要在教育质量和办学效益方面取得显著提高，达到一个新水平，登上一个新台阶，逐步成为规模较大、学科优势集中、科研能力和科技开发能力较强，多学科渗透和办学要素优化配置的、运行机制更加充满生机活力的省属骨干大学，进入全国一流大学的行列，这是对河北工业大学的总的要求。

第二节 跻身国家"211 工程"建设序列

一、国家"211 工程"概况

为贯彻落实《中国教育和发展纲要》，实施科技兴国的战略，迎接世界新技术革命的挑战，国家决定实施"211 工程"，即面向 21 世纪，重点建设 100 所左右的高等学校和一批重点学科。

国教委于 1993 年印发《关于重点建设一批高等学校和重点学科点的若干意见》的通知，国家计委、国家教委、财政部 1995 年 11 月 18 日发布关于印发《"211 工程"总体建设规划》的通知。归纳起来有以下几点：

（一）总体建设目标及任务

面向 21 世纪，在"九五"期间重点建设一批高等学校和重点学科点，并在此基础上经过若干年的努力,使100所左右的高等学校以及一批重点学科点在教育质量、科学研究、管理水平和办学效益等方面有较大提高,在高等教育改革特别是管理体制改革方面有明显进展,成为立足国内培养高层次人才、解决经济建设和社会发展重大问题的基地。其中,一部分重点高等学校和一部分重点学科点,接近或达到国际同类学校和学科的先进水平,大部分学校的办学条件得到明显改善,在人才培养、科学研究上取得较大成绩,适应地区和行业发展需要,总体处于国内先进水平,起到骨干和示范作用。

(二) 工程建设的主要内容

"211工程"的建设内容主要包括学校整体条件、重点学科点和高等教育公共服务体系建设三大部分。

学校整体条件建设就是要造就一大批学术造诣较深、在国内外有一定影响的学术带头人和骨干教师,特别应加速青年学术带头人的培养,保持一支政治业务素质优良、结构合理、人员精干、相对稳定的教师队伍和管理干部队伍;深入进行教育、教学改革,优化学科(专业)结构,促进学生德智体全面发展,确保教育质量有较大提高;加强教学、科研必需的基础设施建设、实验室建设等;为培养及吸引优秀人才创造必要的条件;提高办学规模效益;加强科学研究工作,努力实现科研成果产业化,加快科学技术转化为现实生产力的步伐;推进办学体制改革,深化学校内部管理体制的改革;增强高等学校国际交流与合作,扩大我国高等教育在国际上的影响。

重点学科建设主要是增加科技前沿领域高层次人才培养的能力。在部分有条件的学校中选择一些对国家经济建设、科技进步、社会发展和国防建设等领域产生重大影响,能够解决本领域的重大科技问题,并有望取得突破性成果的重点研究基地,加强培养人才的实验条件,拓宽学科面,形成一批学科基础相关、内在联系紧密、资源共享、具有特色和优势的学科群、学科基地,以持续培养本领域高水平的骨干人才。要努力形成覆盖我国经济建设和社会发展主要行业和领域、带动学科和科技发展、分工合理、相互配套的重点学科体系。

高等教育公共服务体系建设:主要包括中国教育和科研计算机网、图书文献保障系统、现代化仪器设备共享系统等建设内容。中国教育和科研计算机网将连接全国主要高等学校,并与国际网络联网,为我国教育、科技和社会各界提供信息服务。图书文献保障系统以中国教育和科研计算机网为依托,设立全国综合文献中

第六章 与时俱进 传承创新

255

心和一批学科文献中心，与国内外文献系统广泛联网，建立文献信息子网。根据地区优势，在全国高等学校比较集中的中心城市，结合高等学校重点学科的建设，设立现代化仪器设备共享服务中心，提高设备的使用效率。

（三）"九五"期间"211工程"建设规划任务为：

1. 首先重点建设2所高等学校，使其在教学、科研和人才培养的整体水平上，接近和达到国际先进水平，并在国际上确立较高的声誉和地位。

2. 着重提高和改善25所左右与我国社会主义建设密切相关、重点学科比较集中、承担较多公共服务体系建设任务的高等学校的教学和科研基础设施条件，使其在人才培养质量上有显著提高，一些重点学科接近或达到国际水平，并在高等学校中起到骨干和示范作用。要注重支持与基础产业、支柱产业密切相关院校和重点学科点的建设，加大国家急需的高级专门人才和应用技术人才的培养力度，以体现"211工程"建设面向经济建设主战场。

3. 加强300个左右与经济社会发展、科技进步和国防建设密切相关的重点学科点，增强持续培养适应社会主义市场经济需要的相关领域高水平人才的能力。

4. 完成高等教育公共服务体系的基本框架建设。

（四）"211工程"建设程序

"211工程"建设程序分部门预审、预备立项、评审、国家批准四个步骤。

（五）国家对预审的要求

1. 对主管部门（省）的要求

①应有对我国经济建设、社会和科技发展具有重要意义，学术水平居于国内同类学校领先地位的高等学校。

②已经开始进行高等学校管理体制改革，并取得较好成绩，学校自我发展的能力较强。

③有关主管部门已对所属各级各类教育，特别是高等教育，作了全面规划与安排，措施得力，经费落实。

④有关主管部门具备进行重点建设的实力，以主管部门为主的重点建设投资比较充足和落实。

有关主管部门的预审工作,要在本行业和本地区经济建设和社会发展规划、教育事业发展规划以及全面安排高等教育建设的基础上进行。在预审工作中,要强化学校论证环节,通过论证,使学校的各项工作有明显的提高。主管部门的预审,要始终贯彻实事求是的原则,努力建立社会客观评论和监督机制。

2.对重点建设的高等学校,按不同学校类型,在具备一定前提条件的基础上择优遴选。

前提条件是:办学实效端正,领导班子团结有力,改革取得一定成效;教学、生活等基本设施较好,本科教育水平较高,学校所在地区、部门有统筹合理的教育发展规划。

遴选条件是:有一支质量较高的师资队伍;教学科研水平较高、条件较好;具备一定数量的硕士点、博士点和重点学科点,高层次专门人才培养的数量较多、质量较高;科研经费较多,成果显著,对国家建设贡献较大;能多渠道筹措办学经费,办学效益较高;在国内外有一定的学术影响;学校建设和综合改革的目标明确,建设经费充足到位。

高等学校重点学科点的选择原则是:学科发展方向意义重大、具有特色和优势;有国内公认、国际上有一定影响的学术带头人和梯队合理的高水平学术队伍;教学科研水平处于国内领先地位,在国际上也有一定的影响,人才培养和科学研究成绩突出;有良好的教学科研条件和国内外学术交流基础。已经国家教委批准的高等学校重点学科点,按照评选、建设重点学科点的有关规定和本工程要求进行重新认定。根据工程建设需要,将分批增补部分重点学科点。经认定和批准的高等学校重点学科点,列入本工程。

二、学校进入"211 工程"面临的形势

1993 年 12 月 17 日—19 日,在国家教委驻京 2 所重点大学 20 多位知名专家学者的直接指导和参与下,河北省政府经过反复论证和认真评审,于 1993 年底确定河北工学院和河北大学为省重点建设的两所大学,确定河北工学院应用数学等 13 个学科为省级重点学科。

学校党委和行政根据国家"211 工程"计划和政府的要求,认真开展调查研究,广泛听取校内专家和各方面人士的意见,于 1995 年底编制了《河北工业大学"211工程"建设提纲》,就学校争进"211 工程"和"九五"期间的发展建设的基本思路,学

科建设、师资队伍建设、本科教育与研究生教育,科技工作基础设施建设,办学体制和管理体制改革,党建和思想政治工作等作出具体规划并提出了相应的措施。学校还制定了《94—95两年分项目建设实施计划》。

根据国家教委"211工程"的预审工作到1996年底结束的要求,河北省决定4月份,检查两校预审的准备工作,并聘请有关专家,按照国家预审程序,对两所学校进行试预审,提出对预审学校评价,9月份正式预审。

在九十多年的办学实践中,学校形成了自己的优势和特点。

1.办学历史悠久,校风学风优良。

学校自1903年创立以来,虽然历经坎坷,饱经风霜,但始终励精图治,积极进取,到1996年,形成近万名师生的多科性工科大学。建校93年来,学校为国家培养了4万余名毕业生。一大批专家、学者科技人员和在党政军各级领导层工作的校友为我国经济建设和社会发展作出了重要贡献。

2.人才培养体系健全,教育质量在全省享有盛誉。

当时学校已经建立起学士—硕士—博士人才培养体系,对专业结构不断进行调整,对本科生通过加强基础、拓宽专业、按需定向等措施,使同一专业的学生具有不同的知识结构,为增强学生的适应性和创造性打下了坚实的基础。广大同学学习勤恳努力,学风优良,学生参加各类竞赛成绩在全市、全省居先进水平。人才培养的高质量,使学校毕业生广受社会的欢迎和好评,毕业生就业工作已实行国家中期改革方案,学校是河北省唯一一家试点单位。

3.学科设置适应经济需求。

学校近三十个学科专业鲜明的特点是对河北经济需求的适应。几十个专业组成的七个相对稳定相互关联的学科群体,与河北的主导产业密切相关。不仅有很强的技术工程学科为主体,也有很强的应用数理学科的支持。

4.学校师资水平实力雄厚。

当时学校有教师860多人,其中教授88人,副教授近300人,有一批国家级和省级有突出贡献的中青专家和一批富有成就的知名教授、学者。为了优化师资结构,提高整体素质,学校选留和接收了一批优秀毕业生,吸引了一批留学回国和外地人才补充师资队伍。教师队伍中,博士达二十多人,在职进修博士学位的教师七十多人,居全省高校前列。

5.科研水平稳步提高。

学校科学研究已有良好的工作基础,在部分学科的科学研究已达到较高水平,科学研究已经成为各硕士、博士学科和主干学科的重要任务。学校承担并完成了一批重大科研项目,取得了丰硕的研究成果,其中"电器可靠性技术""自并激励磁装置""高分子功能材料""中子嬗变直拉硅技术""高精度轴承专用车床"等十几项成果达到国际先进水平。1994年学校科技论文被国际三大文献检索系统收入量及在全国高校排名有重大突破。SCT全国排名93位,EI排名76名,ISTP为48名,在河北省高校中高居榜首。

6.有教学、科研、生产能力很强的校办科技产业。

学校附属工厂是全国高校首家校办工厂,其教学、科研、生产能力同国家重点大学校办企业并驾齐驱,年产值几千万元,利税500万元,技术辐射全国、产品出口十几个国家和地区。学校附属工厂承担培养研究生任务,承担对本专科生的生产实习和有些专业毕业设计和毕业论文指导工作。学校被列入长江三峡电站工程攻关四个单位之一,为我国这一重大建设项目做出重大贡献。

7.校内改革逐步深化,办学效益不断提高。

1992年,学校在全省高校率先进行了管理体制、人事制度、校内分配制度改革,学校被省教委列入综合改革试点单位。近几年来,在教职工数量没有大的增加的前提下,学校在校学生增加了70%,大大提高了办学效益。

8.党建、思想政治工作不断强化。

多年来,学校各级党组织注重加强和改进党建和思想政治工作,重视各级领导班子建设与基层党组织建设,1992年学校被省政府授予全省先进单位,1993年,学校被河北省授予"党建、思想政治工作先进单位"。党建、思想政治工作有力地促进和保证了其他各项工作的开展,学校教学管理工作先进,被国家教委授予"高校先进教务处"称号,学校毕业就业工作优秀,学生处被国家教委授予"毕业生分配工作先进单位"。

9.有良好的地域优势。

学校地处天津,工业发达,高校云集,信息灵通,与首都近在咫尺,为开展学术交流与合作创造了良好的条件与氛围,便于发展自我,更好地服务河北。

三、全校上下齐动员,打好"211工程"河北省试预审攻坚战

由于河北省"211工程"试预审工作提前进行,使学校各项准备工作时间紧、任务重。为此,校党委、校行政决定,全体中层以上干部寒假不休息,全体教职工提前

一周开学上班。这一决定得到了全校教职工的积极响应,加班加点,努力完成各自所分担的任务。

1996年2月3日、11日和24日,学校分别召开中层以上干部和全体教职工动员大会,就做好"211工程"试预审前的各项准备工作进行全面动员。

河北工业大学迎接"211工程"预审动员大会

2月11日的中层以上干部动员会,由常务副校长张留成同志主持,党委书记冯其标同志传达了省委、省政府关于提前进行"211工程"试预审工作有关精神。校长颜威利同志部署了调整以后的各项准备工作,刘志明、李树群、马良骏在会上作了动员讲话,并要求全体干部树立必胜信心,加强团结,顾全大局,以只争朝夕的精神打好"211工程"试预审攻坚战。

经校党委和行政研究决定,迎接"211工程"试预审的工作任务共有15大项108个子项,这些任务都明确了负责单位和负责人,限期完成。学校成立了"211工程"办公室、校园建设整治办公室、改革工作办公室、财务保障监控办公室和综合督办办公室等,以保障各项工作的顺利进行。

在2月24日的全校教职工动员大会上,党委书记冯其标介绍了国家"211工程"总体建设规划,并就学校面临的形势以及如何打好这一仗作了动员讲话。校长颜威利进一步部署了各项工作任务,党委副书记、副校长刘志明做了动员报告,大会要求全体干部教师特别是各级领导干部增强使命感和责任感,要以良好的精神状态,务实的工作作风迎接"211工程"预审。同时,发扬"爱我河工,校兴我荣,自强不息,共创工大辉煌"的主人翁精神,敬业奉献,团结拼搏,为学校的建设献计出力,为学校顺利通过"211工程"预审作出我们应有的贡献。

四、河北省委省政府决定学校作为申报"211工程"部门预审学校

1996年5月7日至9日,河北省专家组及工作人员一行16人来学校检查指导工作,对学校争进"211工程"进行试预审。

这次河北省争进"211工程"试预审专家组及工作人员由省教委主任田洪波任组长,由省教委、省计委、省财政厅、省"高校双重工作"办公室等有关部门的领导及北京理工大学、北京科技大学、北京大学、东南大学、国家教委、北京市高教局等单位的专家组成。

试预审期间,专家组听取了校长颜威利作的《河北工业大学申请"211工程"部门预审的自评报告》的汇报,观看了《求实进取,培育英才,面向未来,争创一流》的"211工程"部门预审的汇报片,考察了图书馆,分两组实地考察了学校的学科群、校办产业及实验室建设,观看了《河北工业大学建设成果展》。专家组还在学校分别主持召开了"学术带头人"和"中青年学术骨干"两个座谈会。

5月8日上午,学校名誉校长潘承孝教授在图书馆会见了专家组一行。

省委省政府根据专家组试预审的意见研究决定,向国家教委申报河北工业大学进行"211工程"部门预审,并于6月6日就此意见向省教委做了批复。

省委省政府对学校近几年工作中取得的成绩和为争进"211工程"所付出的巨大努力给予了充分肯定。指出,学校按照"211工程"的要求,加大校内综合教育改革力度,学科建设、师资队伍建设、基础设施建设和学风校风建设等方面均取得了可喜的成绩,学校面貌发生了很大变化,特别是学术带头人和中青年骨干教师的培养和引进,重点学科和重点实验室建设成效显著。

省委省政府要求学校今后要进一步找差距,定措施,加紧各项准备工作,确保通过"211工程"部门预审。要充分认识自己肩负的重任,切实发挥在河北高等教育中的龙头作用,要团结一致,努力奋斗,为河北教育事业和经济社会发展作出更大的贡献,不辜负省委、省政府和全省人民的期望。

6月16日,省教委领导同志刘永瑞、周治华来学校传达《河北省人民政府关于对河北大学、河北工业大学试预审报告的批复》,并就学校迎接"211工程"部门预审,进行重点建设问题发表了重要讲话。

省政府的批复,充分肯定了河北大学和学校为争进"211工程"所付出的巨大努

力和近几年工作取得的成绩;鉴于国家教委只允许我省申报一所大学进行"211 工程"部门预审,省委、省政府研究决定,向国家教委申报河北工业大学进行"211 工程"部门预审。

6 月 17 日上午,刘永瑞、周治华等省教委领导同志出席了学校召开的党政联席扩大会议,分别发表了重要讲话;下午,与校党政领导班子成员一起研究了学校迎接"211 工程"部门预审的各项准备工作,提出了很多高起点、深层次、远见卓识的意见和举措。

刘永瑞、周治华两位领导同志说,国家教委对地方院校进"211 工程"是从严掌握的,够条件,就进,不够,就抹掉,宁缺毋滥。如果不从高标准出发,没有新举措,没有独创性和特色,要进"211 工程",相当困难。现在全省 6400 万人民把重担放在工大肩上,你们没有任何退路,任务十分艰巨。一定要按照"上水平,上质量,促改革,增效益"这个条件来衡量,来准备,在"确保"上做文章。希望工大党政领导要把师生员工紧紧地团结在一起,三个月内,完成预审前的各项任务,不辜负省委、省政府和全省人民的期望。

6 月 21 日下午,学校在南院礼堂隆重召开了迎接"211 工程"部门预审动员大会,表彰了试预审工作中先进集体和先进个人,部署了迎接预审的工作任务。

大会由校党委副书记、副校长刘志明同志主持。首先由刘志明同志宣布省委省政府关于向国家教委申报河北工业大学进行"211 工程"部门预审的决定。接着校党委副书记李树群同志宣读了学校关于表彰"211 工程"试预审工作中先进集体和先进个人的决定,这次受表彰的共 40 个先进集体和 407 名先进个人,校领导向他们颁发了奖状和证书。

校党委书记冯其标和校长颜威利分别在会上讲了话。冯其标在讲话中首先概述了学校自 1992 年重点建设以来取得的一个个可喜成果,然后从四个方面总结了试预审工作中的成功经验:群众是胜利的源泉;团结协作是取得胜利的关键;真抓实干是取得胜利的根本;省领导的高度重视和大力支持是取得胜利保证。他说,试预审的通过,只是我们在通向"211 工程"道路上迈出了可喜的一步。今后的任务非常艰巨,路还很长。为此,他就迎接下一步"211 工程"的部门预审向全校教职员工提出了三点要求和希望:一要保持清醒的头脑;二是工作上一定要高标准;三是保持学校的稳定。

颜威利在讲话中首先通报了全国"211 工程"建设的形势,然后对照国家"211 工程"的目标和条件,从师资队伍、学科建设、科研经费、教学科研仪器设备总值、本科教学水平、校园面貌、教室食堂宿舍状况、实验室及附属用房等基础设施八个方面进行分析,找出了学校存在的差距。颜校长从 10 个方面讲述了当前的工作思想与任务后指出,为了确保学校部门预审的顺利通过,将这些工作以任务书的形式下发给各单位和有关负责人,希望大家能积极主动地,创造性地工作,保质保量按时完成任务。颜校长最后说,争创国家"211 工程"是河北省委、省政府对我们工大的殷切希望,也是全省 6400 万人民的重托,我们只有以只争朝夕的精神拼搏努力,才能保证学校"211 工程"部门预审的顺利通过。

五、全力以赴迎接国家"211 工程"部门预审

1996 年 9 月 17 日下午,学校在南院大礼堂召开"211 工程"部门预审动员大会,校党委副书记、校长颜威利对广大教职工进行了动员,校党委副书记李树群主持了大会并讲了话。

颜威利首先向大家宣读了国家教委发给河北省申报学校进行"211 工程"预审的批复函,通报了全国"211 工程"预审的进展情况和学校各项准备工作。颜威利指出,即将到来的预审,使我们面临着新的挑战,我们要好好把握这千载难逢的绝好时机,抓稳定,讲政治,顾大局。会上,颜校长还分析了目前学校存在的一些不足和问题,希望大家继续发扬试预审过程中空前团结的精神,把工作做到细而又细,确保"211 工程"部门预审顺利通过。

李树群在讲话中希望大家认真学习领会上级精神,积极贯彻落实,加强领导,工作到位,加快步伐,结合本部门任务依靠群众创造性地完成工作,确保预审工作圆满结束。

9 月 17 日下午,学校在东院科技楼报告厅召开了全校学生干部会议,就有关迎接国家"211 工程"预审的工作进行了动员部署。全校各班班长、团支部书记和校系学生会、各系分团委部长以上的学生干部以及全校专兼职辅导员参加了这次会议。

在会上,校党委副书记、副校长刘志明同志作了题为:齐心协力再拼搏,确保进入"211 工程"的动员报告。刘志明在报告中分析了学校"211 工程"所面临的形势;介绍了学校全体师生员工为迎接"211 工程"预审所作的各项准备工作以及学校工作中的一些困难,并对广大同学提出了几点希望。

刘志明指出:进入"211 工程"是学校全体师生员工和历届校友盼望已久的事情,是学校发展史上一件具有重要意义的大事。在谈到学校的形势时,刘志明认为

学校的形势喜人，我们的优势较为突出，这主要体现为领导集体团结，政治保障有力；办学指导思想明确，教学效果显著；办学有特色，工学并举，产、学、研相结合，办学效益明显；学校有较强的自我发展的能力；预审的各项准备工作规范。

经过近几年的努力，学校在学校综合改革、重点学科建设、教学工作、科研成果推广、师资队伍建设、校园文化建设、宣传工作及学生政治思想工作等方面都取得了突出的成绩。在肯定成绩的同时，刘志明还分析了学校在发展过程中存在的一些困难和不尽如人意的事情，如学生活动设施落后、房屋维修、更新缓慢及学校管理上存在问题等，最后，刘志明对同学们提出了5点要求：1、加强对"211工程"的再认识，继续广泛宣传"211工程"的重要意义。2、顾全大局，保持学校的稳定。3、努力创造浓厚的学习氛围，树立良好的学习风气。4、树立良好的道德风尚，做文明大学生，按照学校有关部门制定的文明管理"十五条"和"十要十不许"的要求严格约束自己。5、积极行动起来，用我们的双手建设我们的校园，使她更美丽。为学校进入"211工程"，通过国家预审作出我们的贡献。

为迎接"211工程"部门预审，校领导冯其标、颜威利、李树群、马良骏、林金铭、孟卫东等同志带领总务处、基建处、保卫处及有关部门负责同志到东院、南院检查校园卫生和校园建设工程进展情况，现场办公解决存在的问题，当场拍板确定近30个大小项目，限期保质保量完成，每项任务落实到有关部门，并提出了具体要求。

六、专家组"一致同意"学校通过国家"211工程"部门预审

经国家教委批准，1996年10月3日至5日，河北省政府组织专家组对学校进行了国家"211工程"部门预审。河北省省长叶连松、副省长刘作田、省政府秘书长张群生及省教委、省计委和省财政厅等有关部门的领导出席了开幕式。10月3日上午的开幕式由刘作田主持。叶连松代表省委、省政府作了重要讲话。省教委主任田洪波作了书面汇报。专家组全体成员和国家教委的代表参加了开幕式。

预审期间，叶连松等省领导与专家组全体成员听取了学校校长颜威利作的题为《坚持"工学并举"，走产学研结合道路》的汇报，观看了学校制作的《迈向新世纪，放眼写华章》专题录像片。专家组全体成员认真地审阅了学校"211工程"自我评估、整体建设规划和改革思路的报告以及重点学科建设规划等，分别召开了学术带头人和中青年学术骨干座谈会，并进行了实地考察。

专家组经过评议对学校办学思路、办学模式、办学特色以及学校领导班子建

河北工业大学"211工程"部门预审

设、学科建设、师资队伍建设、综合实力和总体发展目标等给予很高的评价和肯定。最后专家组一致同意:通过河北工业大学"211工程"部门预审。

专家组还结合学校实际,对学校"211工程"整体建设规划就发挥区位优势,进一步办出地方特色,学科建设应突出重点、提高质量和办学效益及进一步论证和调整某些规划指标等问题提出了很好的建议。

在10月5日上午举行的闭幕式上,每位专家就我学校进行"211工程"建设对河北省及学校的发展起促进作用等方面谈了自己的看法,并根据几天来的考察情况对学校今后的建设和发展提出很多很好的建议和意见。接着刘作田作了总结讲话,他首先代表省委、省政府向参加预审工作的各位专家及国家教委的同志表示感谢。他说,应邀参加河北工业大学"211工程"部门预审的各位专家,都是全国的知名学者、教授,有很高的学术威望和丰富的高校教育管理经验。在预审中,专家们对河北工业大学的基础条件和优势特色、整体建设规划和项目设计给予了充分肯定。同时也指出了不足,提出宝贵的意见和建议。我们要认真研究,逐项落实。河北工业大学能够通过"211工程"部门预审,既是工大的一件大事,也是全省6400万人民关注的一件大事,这对于加快工大自身的发展,带动河北高教整体水平的提高,具有重要作用。他希望学校按照"211工程"建设的要求,进一步强化办学特色,更好地发挥地处天津的区位优势,为省"两环开放带动战略"服务,为本省经济建设服务;进一步加大校内综合改革力度,加强师资队伍建设、学科建设、公共服务体系建设、校园基本建设、学风校风建设,确保学校总体建设目标的实现。

"211 工程"部门预审闭幕式

七、评审专家组意见

预审专家组对河北工业大学申请进入"211 工程"的建设规划进行了认真的评议，提出如下意见：

一、河北工业大学是一所历史悠久、学科门类比较齐全的高等工科大学，具有优良的办学传统和良好的校风。新中国成立以来，河北工业大学在中国共产党领导下，始终坚持社会主义办学方向，认真贯彻落实党的教育方针，为河北省和国家培养了大批高级专门人才，取得了一批具有较高水平的科技成果，为河北省的经济建设、科技进步和社会发展作出了重要贡献。

改革开放以来，河北工业大学党政领导团结务实，带领全校师生员工艰苦奋斗、开拓进取，在长期的办学过程中，坚持以本科教育为主、以工科为主、以服务河北省地方经济建设为主的办学思路，形成了"工学并举、产学研结合"的办学模式和明显的地方特色。近年来，河北工业大学作为河北省高等学校综合改革的试点学校之一，坚持以改革促发展，不断深化办学体制和内部管理体制改革，使学校的发展连上新台阶。学校致力于加强学科建设、师资队伍建设和基础设施建设，推动学科专业协调发展，形成了一批有自身特色和优势的学科；人才培养质量和科学研究水平有较大提高；对外交流与合作日益扩展；党建和思想政治工作得到加强。河北工业大学已经成为一所工科门类比较齐全、特色较为明显、综合实力较强，在国内有一定影响的地方工科院校。

二、河北工业大学围绕申请进入国家"211工程"做了认真的准备。学校的自我评估报告,以及对"211工程"建设规划的构思是实事求是的。所提出的经过十五年左右的建设,将河北工业大学建设成为"主动适应河北省经济建设、科技进步和社会发展需要并能为之有效服务,具有鲜明办学特色的国内一流地方工业大学"的总体发展目标及阶段性任务是明确的、合适的,指导思想是正确的。学校围绕建设目标的实现所确定的发展思路和相应措施是可行的。在河北省政府强有力的支持下,通过全校师生员工的共同努力,学校建设的总目标是可以实现的。

三、根据学校发展建设的总体目标,结合学校的实际情况,专家组对河北工业大学"211工程"整体建设规划提出建议如下:

1. 河北工业大学应继续坚持以本科教育为主、以工科为主、以服务河北地方经济建设为主,进一步突出地方特色;注意发挥地处天津的优势,为河北省的经济建设和社会发展服务。

2. 在学科建设上,应进一步突出重点,相对集中,避免分散。特别在资金使用上,要保证重点,以重点学科建设带动学校整体建设和发展。

3. 学校建设要注重内涵发展,在现阶段宜相对稳定规模,着重提高质量和办学效益。

4. 根据学校现有的基础和条件,对学校整体建设规划中的某些指标希望进一步论证和调整。

专家组经过认真评议,一致同意通过河北工业大学"211工程"部门预审。

一九九六年十月五日

八、河北省长叶连松:这是河北人民期盼已久的大事

河北省长叶连松在部门预审开幕式上发表讲话。他指出,国家教委批准对河北工业大学进行"211工程"部门预审,这是河北人民期盼已久的大事。

中央决定实施"211工程",是推进科教兴国战略的重大决策。这项跨世纪的工程,对提高我国高等教育水平,立足国内高层次人才培养,促进科学技术发展,推进两个文明建设,加快社会主义现代化进程,具有十分重要的意义。河北是京畿大省,可以说是教育大省,但还不是教育强省,在各级各类教育的协调发展、层次结构、教育质量和办学效益上,与我省经济、社会发展水平还不相适应。

为进一步强化高等教育的龙头作用,河北省加大了高校管理体制改革力度,制

定并实施了高校布局结构调整总体方案,计划将原有 55 所各类高校调整合并为 18
所,使全省高校布局结构得到整体优化。与此同时,重点建设河北工业大学、河北
大学和 50 个重点学科的高校"双重工程"正在加快推进,随着各项措施的逐步到
位,两所重点大学办学条件明显改善,学科建设和师资队伍建设得到加强,综合教
育改革步伐大大加快,教学质量进一步提高,学校面貌开始发生可喜的变化。

国家教委批准,河北工学院于 1995 年 2 月更名为河北工业大学,江泽民总书记
亲笔题写了校名。该校以工为主,理工管结合,学科专业基本涵盖了全省工业的基
础产业和支柱产业,在长期办学过程中,形成了工学并举、学研产结合的综合办学
模式和比较明显的办学特色。多年来,该校培养了大量专门人才,在科教兴冀、建
设经济强省中发挥了重要作用,不仅为河北也为国家的经济建设和科技进步作出
了积极贡献。

河北工业大学拥有 13 个省级重点学科、4 个省级重点实验室,是全省重点学科
最多的大学。其中电器学科在电站励磁技术、电器可靠性技术、电磁场数值计算研
究等领域居国内先进水平,所研制的电站励磁装置,在全国许多大中型电站包括葛
洲坝电站建设中发挥了重要作用,并远销海外许多国家和地区。被国务院"三峡
办"列为三峡工程电站装备四个重点攻关单位之一。在全省工业技术改造、科技进
步、产品更新换代方面,河北工业大学发挥了重要作用,对化工制药、机械、电子、能
源交通等关键行业的改造提高作出了很大贡献,许多科技成果在河北各地已转化
为生产力,取得了显著的经济和社会效益。重点建设河北工业大学、河北大学并进
入国家"211 工程",已列入《河北省国民经济和社会发展"九五"计划和 2010 年远
景目标纲要》,是省委、省政府落实科教兴冀战略的重要举措,反映了全省人民的共
同意愿,得到了各方面的大力支持。河北工业大学进入"211 工程",不仅会大大加
快学校本身的发展,而且对改变全省整个高等教育的薄弱状况,促进各级各类教育
协调快速发展,将起到极大的推动作用。

对河北工业大学的改革与发展,省委、省政府一直十分关心和大力支持,特别
是该校被列为申报进入"211 工程"重点大学后,我们进一步加大了支持力度,制定
并采取了一系列政策措施。

第一,切实加强了对学校建设的领导。省委、省政府明确,对河北工业大学、河
北大学两所重点大学的建设,由省领导亲自抓。省政府还成立了以刘作田副省长
为组长,由省委、省政府有关部门负责同志组成的高校"双重工程"建设领导小组,
有效地保证了重点大学建设各项政策措施的落实。

第二，帮助学校进一步修订完善了建设规划。根据国家"211工程"建设的要求，我省高校"双重工程"建设规划自制定以来，省委、省政府先后组织了多次修订完善。今年三月，在河北工业大学名誉校长潘承孝教授百岁华诞之际，我们邀请了100多位海内外知名专家、学者和国家有关部门领导，召开了高校"双重工程"建设规划座谈会，邀请了全国40多位著名学者和高教管理专家，对河北工业大学的建设规划提出了宝贵的修改意见，使这一规划更加臻于完善。

第三，落实了"211工程"建设专项资金。为确保"双重工程"建设资金需求，我们将在保证学校正常教育事业费和基本建设经费的情况下，通过增加财政预算安排和开征"高等教育附加费"等措施，到2000年前筹措资金6亿元，其中用于河北工业大学"211工程"建设的资金不少于2亿元，重点支持学校的师资队伍建设、学科建设、实验室建设和博士专家楼、公共服务体系等基础设施建设，确保按国家两委一部(计委、教委、财政部)《"211工程"总体建设规划》要求落实资金投入。

第四，在政策上给予必要的倾斜支持。省政府将对该校内部体制改革、重点学科建设、工程研究中心建设、科研立项、国内外学术交流与合作、人才引进、教师国外进修培训和职称评定等方面，给予政策上的倾斜和支持，并按照优先考虑、特事特办的原则，全力支持学校的改革和发展，努力为其创造良好的外部环境。我们坚信，在国家教委和有关部委的精心帮助指导下，在兄弟省市、高等院校、科研单位和广大专家教授学者的热情关心、大力支持下，通过河北工业大学自身的不懈努力，我们一定能够将该校建成培育和凝聚高层次人才的基地，科学研究和科技开发的基地，解决我省发展中关键和重大技术问题的基地，为全省高等教育提供改革与发展经验的基地，使其早日跻身国内一流地方大学行列。

第三节 "211 工程"一期建设成就卓著

一、学校"211 工程"建设项目可行性研究报告论证及立项审核通过专家论证

根据国家计委、国家教委、财政部《"211 工程"建设规划》的要求，1997 年 10 月 5 日至 6 日，河北省人民政府组织并邀请以中国工程院院士左铁镛教授为组长、中国科学院院士杨叔子教授为副组长的九人专家组，对《河北工业大学"211 工程"建设项目可行性研究报告》进行了论证和审核。河北省计委副主任韩生雨主持了立项论证审核会的开幕式和闭幕式。河北省副省长刘作田参加开幕式并作重要讲话。省教委主任田洪波、副主任刘永瑞，省财政厅副厅长齐守印及国家教委"211 工程"办公室负责同志参加了论证审核工作。

河北工业大学"211 工程"立项论证审核会

刘作田首先对专家组表示欢迎。他说，河北工业大学"211 工程"建设项目可行性研究报告论证及立项审核既是河北工业大学的一件大事，也是河北教育界的一件大事。各位专家教授光临河北工业大学，对学校建设是一个很大的支持。省委、省政府十分重视河北工业大学"211 工程"的建设，准备到 2000 年投入专项资金 2 亿元，并已作出分年度拨款计划，保证了专项资金按时到位。希望各位专家对河北

工业大学的"211工程"建设多加指导和帮助,也希望各位专家对河北省的教育多加指导和帮助。

在审核工作中,专家组听取了学校校长颜威利教授关于学校"211工程"建设项目可行性研究报告的汇报与说明;审阅了有关文件和材料,并进行了现场考察;学校领导和有关学科带头人就专家组关心的问题作了进一步说明和汇报。

专家组认为:河北工业大学在1996年10月通过"211工程"部门预审之后,根据预审专家组的意见,调整了建设规划,明确了"九五"期间的建设任务和重点建设项目,编制了《河北工业大学"211工程"建设项目可行性研究报告》,为立项审核作了充分的准备。报告实事求是地反映了学校的优势和特色,"211工程"建设的总体目标,特别是"九五"期间的建设目标,思路清楚,定位准确,层次分明,重点突出,项目设计基本可行;通过努力,可以达到预期目标要求,这将使学校办学质量和效益有明显提高。专家组原则同意报告中的资金总体安排方案。在资金筹措上,体现了地方政府投入为主与学校自筹相结合的原则。省委、省政府对学校"211工程"建设的资金安排和分年度拨款计划已经落实到位。学校对建设资金的使用安排比较具体,重点建设项目的投入具有一定力度。

专家组同时认为,省委、省政府对学术"211工程"建设高度重视,建设资金落实,在执行中可根据需要,在可能的情况下,进一步增加重点学科建设专项资金,以保证建设得到更好的发展。专家组建议,学校在建设资金的安排上要留有余地,要妥善处理好学科建设与整体条件建设的关系,处理好教学与科研的关系,处理好重点学科建设与相关学科、基础学科建设的关系,处理好学科当前建设与学科长远发展的关系,处理好重点学科内各方向间的关系,学校可根据实际需要对资金作适当调整,保证以重点学科建设带动学校整体建设与发展。专家组还就工大学科建设、博士点建设等具体问题提出了意见和建议。

专家组全体成员一致同意通过《河北工业大学"211工程"建设项目可行性研究报告》。建议学校根据专家组的意见和建议,尽快作适当修改,报省政府批准实施,并将立项材料报国家计委和国家教委备案。

二、"211工程"一期建设目标明确

学校"九五"期间的总体建设目标是:坚持以教学为中心,坚持"工学并举",走"产学研相结合"的道路,通过内涵发展,着力提高教学质量和办学效益。办学层次

以本科教育为主，积极发展研究生教育；学科结构以工程技术学科为主，适度发展应用理科、管理类学科，大力发展新兴学科和高新技术学科；学科设置以服务河北省经济建设和社会发展为主，要注重河北省基础产业、支柱产业和高新技术产业发展的需要，加强重点学科建设，努力提高学术水平。通过"九五"期间的建设，使学校逐步成为规模较大，部分学科在国内有明显优势，科研能力和科技开发能力较强，多学科渗透和办学要素优化配置，运行机制充满活力，教育教学质量、科学研究、管理水平、办学效益上一个新台阶，为21世纪初叶的更大发展打下坚实的基础。

三、专门成立河北省"211工程"建设领导小组加强管理

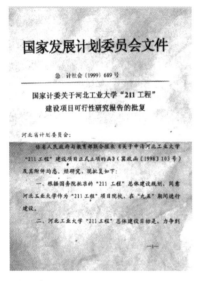

国家计委关于河北工业大学"211工程"建设项目可行性研究报告的批复

河北工业大学是河北省唯一进入国家"211工程"重点建设的高等学校，省委省政府高度重视，专门成立了由主管副省长为组长、省直有关部门主要负责同志参加的河北省"211工程"建设领导小组，并在省教育厅设立了"211工程"建设领导小组办公室。学校在党委领导下，建立了由学校党政领导参加的建设项目法人组织，确定了法人代表，对项目建设的全过程进行管理。同时，聘请25位"两院"院士组建了河北工业大学"211工程"建设专家咨询委员会，对项目建设的重要内容进行决策咨询，并将项目建设的进展情况及时进行通报，征求意见。

为加强对"211工程"建设项目的日常管理，学校设立了"211工程"办公室，制定了《河北工业大学"211工程"建设实施管理暂行办法》及财务、设备、审计等管理的具体规定，加强了对"211工程"建设专项资金的管理。为保证"211工程"项目建设的顺利实施，学校对建设项目进行了任务分解、责任分解，"211工程"项目法人代表与各子项目负责人签订了责任书，做到层层落实、层层负责。大型仪器设备的购置，学校在充分调研的基础上进行论证，公开招标，择优选优，并组织严格的验收。基础设施建设工程，学校严格按照基建程序办理立项报批和开工报建手续，通过招标的形式，经过评审，确定承包公司，并签订施工合同，严格工程监理及竣工验收。

"九五"期间,为实施河北工业大学"211工程"建设,省政府筹措专项资金2.03亿元,制定了分年度拨款计划,并做到了足额按时到位,其中用于四个重点学科建设项目的资金3300万元,教学基础与公共服务体系建设的资金5940万元,基础设施建设的资金11060万元。学校自筹资金2400万元也按时足额完成,全部用于各子项目建设。五年来,学校在经费使用上,是严格按原计划安排执行的,并取得了预期效果。

四、校园建设新开工建筑面积达11万平方米

"211工程"一期建设期间,校舍基本建设开工建筑面积达11万平方米。7800平方米的学术交流中心、6100平方米的单身教工宿舍,已于1997年交付使用;32000平方米的教学实验主楼一期工程告竣启用;学生宿舍改建工程18000平方米,一期工程已经交付使用;博士专家楼和教工住宅建筑面积达30000平方米,已经入住;其他工程仍在建设中。这些基本建设工程的完成,缓解了教学、科研、实验室用房紧张的状况,初步满足了大幅度扩大招生规模的需要,进一步改善了师生工作、学习和生活条件。同时,学校加强了校园整治,不断优化育人环境。

红桥校区东院大门

学校为全面提高本科生和研究生的教学质量,着重对涉及面广的公共基础课及技术基础课的教学环境进行了重点建设,完成了项目规划的7个教学实验中心

(基地)的基本框架建设,增加了教学仪器设备的投入力度,现代化教学手段有了新的提高,多媒体教室由过去的 2 个增加到 9 个。特别是围绕重点学科建设项目,学校购置了一批大型先进的仪器设备,如:环境扫描电子显微镜、全自动 X 射线衍射仪、六自由度机器人、快速融积成型系统、三坐标测量机、激光颗粒动态分析仪等,为开展高水平的科学研究工作提供了物质基础。经过"九五"期间的建设,学校可用仪器设备总值由"八五"末的 4573 万元增长到 7447 万元。

学校重视图书文献信息保障系统的建设,图书馆馆藏文献更加丰富,结构更加合理,图书文献总量由"八五"末的 81 万册增加到 92 万册,购置了信息资源库,初步形成了具有学校学科特色的馆藏体系。同时,建设了现代电子化图书馆信息网络系统,配置了先进的服务器和图书馆管理软件,具备了网上信息检索交换书目数据和馆际互借信息的能力,可与国际联机检索系统、国内光盘检索系统、Internet 专业数据库检索一起构成较为完整的电子信息检索系统,实现了文献信息管理和服务的计算机网络化,并且建设了先进的电子阅览室和视听阅览室。

学校加快了校园计算机信息网络系统的建设,到 2000 年底,已经建立起一个覆盖天津三个校区主要教学、科研、实验及管理建筑的高速光纤主干网,实现了与廊坊校区的网络互联,总信息点数超过 1000 个,联网计算机达到 1000 台,基本上形成了一个设备先进、布局合理、功能齐全、服务便捷、高速传输和完全共享的校园计算机网络,可为校内及河北省有关单位的教学、科研提供文字、图像、音频、视频等多媒体信息服务,推进了学校教学、科研和管理的现代化进程,改善了学校工作的运行环境,提高了工作效率和办学效益。

五、实行学院制改革

1998 年 10 月 8 日下午,学校党委召开中层以上干部会议,传达贯彻河北省高校党建会议精神,通报学校学科调整有关问题。

学校党委书记冯其标首先传达了河北省高校党建工作会议精神,部署了学校党委贯彻会议精神所做的安排。他强调,学校继续贯彻"中国共产党高等学校基层组织工作条例",进一步坚持和完善党委领导下的校长负责制,围绕学校学院制改革,抓好党建工作,保证学院制改革顺利进行,促进学校跨世纪的大发展。校长颜威利介绍了实行学院制的指导思想、原则和实行学院制的总体规划。他指出,建立学院制的基本框架是:学校下设若干学院,学院下设若干系、所(中心);学校对全校实施宏观调控;学院是学校领导下的教学科研实体;系、所(中心)是组织教学和科研的基层组织。结合我校实际,拟设立电气信息学院、机械学院、化工学院、土建学院、材料学院、管理学院、文理学院、继续教育学院八个学院。随着学院制的建立,要进行机构改革,首先从机关开始改革,进行精减。

1998 年 10 月 23 日下午,学校召开科长以上干部会议,部署实行学院制改革工作。

会上,校党委副书记孟卫东首先宣布了党委对所建八个学院主要干部的任命安排。校长颜威利教授讲话,指出实行学院制是根据学校实际,结合学科调整所进行的内部管理体制改革。是适应"211 工程"建设,加快学科建设步伐,为把学校建设成为教学科研型地方一流多科型的大学创造条件。几个系合并建立学院,党总支建立在学院,系不是行政单位,属于教学单位,这样精减了机构和人员,有利于学校的发展。在机构调整合并的过渡时期,工作不能停,只能是做好各方面工作。党员干部要发挥作用,做好过渡时期的行政、教学、学生管理等各方面工作。

主管教学工作的副校长任宝山对做好全校的教学工作提出了要求。他说,实行学院制,不是机械组合,我们要用更宽的视野,组织好教学改革,从学院制的角度规划教学改革,开创新局面。要转变思想观念,使资源得到优化配置,教学费用要向学院制改革好的单位倾斜,全力支持学院制改革。教学工作是百年大计,当前要加强管理,顺利过渡,使大家的认识统一到党委的决策上来。

党委书记冯其标对这次学院制改革,机构精减和干部任命调整等做了一些说明。他指出,要在办学规模方面有一个大的发展,要办成万人大学,正确处理好数量和质量的关系问题。要正确处理教学和科研的关系,要教学科研并重,通过实施学院制改革,既要把教学搞上去,又要使科技工作有一个大发展。要在学校自我积累发展方面下功夫,加快学校产业发展,加大为地方经济服务的力度。学校学院制改革还仅仅是开始,下一步要进一步深化内部管理改革,机关要精减压缩,后勤改革要逐步实行社会化。校办产业也要改革,按照现代企业制度进行改革。通过人事制度的改革,促进学校"211 工程"建设,加快学校的发展。

根据学校关于实行学院制改革方案,在各学院上下结合、反复征求意见的基础上,经党委常委会研究同意,各学院业务机构设置如下:

一、电气信息学院

计算机科学与技术系、电子信息工程系、电气工程及其自动化系、自动化系、河北省电器研究所、自动化研究所、微电子研究所、电工电子教学与实验中心。

二、机械学院

机械设计制造及自动化系、河北省机电一体化技术研究中心、工程力学教研室、工程图学教研室、机械原理机械设计教研室。

三、化工学院

化学工程与工艺系、过程装备与控制工程系、生物工程系、制药工程系、基础化学教学与实验中心、化学工程与工艺研究中心、化工仪器分析中心。

四、土建学院

土木工程系、交通工程系、建筑学系、艺术设计系、结构工程研究所、公路工程中心、建筑设计研究院。

五、材料学院

材料科学与工程系、材料成型与控制工程系、河北省材料研究中心、金工教研室。

六、管理学院

工商管理系、管理科学与工程系、国际经济与贸易系、管理科学研究所、集成化管理与信息、系统研究所、综合实验室。

七、文理学院

数学系、物理系、外语系、公共外语教学部、高等数学教研室、工程数学教研室、普通物理教研室、物理实验中心、数学研究所、物理研究所、现代化教学研究室。

另外，还设立继续教育学院，保留热能动力工程系，在廊坊分部设立公共管理系，保留研究生部、社会科学部、体育部，计算中心电教室合并组建现代化教学中心。

六、新增工程硕士、MBA、博士后流动站

"211工程"一期建设期间，根据国家计委和省计委批准的《河北工业大学"211工程"建设可行性研究报告》，学校突出建设了电器现代技术与工程应用、材料物理与技术、机械设计制造一体化技术、高效传热与燃烧工程等四个重点学科建设项目，加大投入，购置了一批大型先进的仪器设备，引进了高层次学科带头人，使该项目涵盖的电机与电器、半导体材料、金属材料、高分子材料、热能工程、机械制造、机械电子工程等7个省级重点学科，在学术水平、师资队伍建设、高层次人才培养能力和科技贡献等方面有了显著提高。

学校突出建设的四个重点学科项目,带动了应用数学、应用物理、工业自动化、管理科学与工程、化工过程机械、汽车与拖拉机等六个省级重点学科的建设,并推动了微电子学与固体电子学、计算机科学与技术、土木工程、化学工艺等校级重点学科的发展,使这些学科在学术水平、高层次人才培养能力和科技贡献等方面有了较大提高,学位点建设取得了突破。

"八五"末,全校只有电机与电器1个博士点,硕士点数量少,覆盖面也不够宽。"九五"期间,通过"211工程"建设,新增了材料物理与化学、电工理论与新技术、材料学、机械制造及其自动化、管理科学与工程、微电子学与固体电子学等6个博士点,新增了电工理论与新技术、机械电子工程、测量技术与仪器、控制理论与控制工程、计算机应用技术、结构工程、企业管理、物理电子学等8个硕士点。新增为工程硕士学位授予单位,并在电气工程、材料工程、机械工程、动力工程、化学工程、工业工程等6个领域获得工程硕士学位授予权。

学校还成为全国唯一的培养工商管理硕士(MBA)的地方工业大学。博士后科研流动站实现了突破,经批准设立了2个博士后科研流动站。通过"211工程"一期建设,学校已初步形成了由本科生教育、硕士研究生教育、工程硕士研究生教育、工商管理硕士(MBA)教育、博士研究生教育以及博士后科研流动站所构成的比较完整的高等工程教育人才培养体系。

学校根据河北省经济建设与社会发展的需要和全面推进素质教育的要求,加快了学科结构调整的步伐,增加投入,引进人才,注重了新兴学科、交叉学科和人文社科经济类学科的建设,有计划有步骤地建设了一批新的学科专业,新增了信息与计算科学、电子信息工程、通讯工程、生物工程、制药工程、海洋技术、应用化学、无机非金属、环境工程、工业设计、城市规划、国际经济与贸易、信息管理与信息系统、工业工程、法学、艺术设计、日语等学科专业。经过几年的努力,新兴学科、交叉学科和人文社科经济类学科的建设取得了明显成效,生物化工、应用化学、建筑技术科学、数量经济学已经获得了硕士学位授予权,从而为河北省高新技术产业发展和传统产业的改造提升提供了人才和技术的有力支撑。

七、具有博士学位的教师增长 14 倍

在"211工程"建设期间,学校在充分发挥老教师作用的同时,积极引进了一批高层次的教学骨干和学术骨干,重点培养了一批中青年学术带头人,顺利实现了新

老交替,中青年教师已成为教师队伍的主体,具有博士、硕士学位的教师比例大幅度提高,一支政治素质好、业务水平高、结构合理、整体优化的师资队伍基本形成,为学校进一步发展奠定了坚实的基础。

"八五"末,学校有专任教师900人,其中具有博士学位的有9人,占专任教师总数的1%;具有硕士学位的有217人,占24.1%。具有正高级职称的有66人,占7.3%,具有副高级职称的有237人,占26.3%。经过"九五"期间的建设,到2000年底,学校专任教师有877人,具有博士学位的教师与"八五"末相比增长14倍,达到128人,占14.6%;具有硕士学位的教师达到286人,占32.6%。具有正高级职称的有127人,占14.5%,具有副高级职称的有366人,占41.7%。正、副高职的平均年龄分别由"八五"末的61岁、58岁下降到2000年的50岁、45岁,45岁以下的正高职由"八五"末的零增长到2000年的56人,师资队伍的职称和年龄结构趋于合理,更加适应学校建设与发展的需要。

学校通过实施跨世纪人才工程,重点培养、选拔学术带头人和中青年学术骨干。到2000年底,学校已有84人次获得国家级、省级突出贡献的中青年专家、骨干教师称号或享受政府特殊津贴。博士生导师人数由"八五"末的2人增加到2000年末的20人。在重点学科建设的基础上,经教育部"长江学者奖励计划"评审委员会评定,学校材料物理与化学学科、电机与电器学科被批准设立特聘教授岗位,现正面向国内外招聘优秀人才。

为适应跨世纪发展的需要,学校着力加强了青年教师队伍的建设,严把青年教师入口关,坚持青年教师持"双证"(岗前培训、试讲)上岗制度,组织开展青年教师教学基本功竞赛。近五年经过层层选拔,先后推荐32名青年教师参加天津市高校青年教师教学基本功竞赛,其中有28名获奖,获奖率在天津市高校名列前茅。为全面提高教师的教学水平,教书育人,学校加强了对教学质量的过程管理,每年对教师的课堂教学质量进行检测评估。"九五"期间,学校有12名教师获得天津市"教学楷模"称号。

学校还加强与国内高校和科研机构的合作与交流,主持和主办各种学术会议30余次,并与乌克兰国立工业大学、德国德累斯顿工业大学、日本甲南大学、美国明尼苏达州WINONA大学、法国瓦朗西尼大学等12所大学建立了合作关系,聘请外籍教师15人,邀请来校讲学及接待来访共130余人次。2000年9月学校首次成功主办第四届国际电磁场问题与应用国际会议,国内外近200名专家学者到会,其中国外专家学者30余名,取得了积极成果,扩大了学校的对外影响,提高了学校的知名度。

八、在校生人数超额完成原定 8000 人规模指标

"九五"期间,通过"211 工程"建设,加大投入,进一步改善了办学条件,特别是根据河北省经济建设和社会发展的需要,积极创造条件,挖掘潜力,大幅度扩大招生规模。1995 年招生 1610 人,2000 年扩招为 3118 人,增长了近一倍,使在校本、专科生达到 8890 人,其中本科生 8165 人。"八五"末,学校在校研究生 164 人,其中博士研究生 8 人,硕士研究生 156 人。"九五"期间,学校研究生教育实现跨越式发展,到 2000 年,在校研究生达到 767 人,其中博士研究生 42 人,硕士研究生 725 人。国家计划全日制在校生人数由"八五"末的 6724 人增加到 2000 年的 9657 人,提前并超额完成原定 8000 人规模的指标。

"八五"末,学校各类成人高等教育在校生为 1619 人。"九五"期间,为适应社会需要,学校采取多层次、多形式办学,使成人教育取得较大发展,到 2000 年成人教育在校生已达 4929 人,增长了 2 倍。

为培养高素质、高层次创新人才,学校着力为学生营造良好的思想教育氛围、业务学习氛围、素质教育氛围、校园文化氛围、严谨管理氛围,明显提高了学生的综合素质。学校学生在重大政治事件中表现良好。业务水平不断提高,英语四级通过率和计算机等级考试通过率逐年上升,在数学建模竞赛、电子设计竞赛和建筑设计竞赛等比赛中,学校学生获奖等级和数量也不断增加。毕业生质量也明显提高,本科生考硕率为 23.9%,硕士生考博率达到 43%,2000 年学校被教育部评为"全国普通高等学校毕业生就业工作先进集体"。

九、科研经费成倍增长,学术成果居全国高校排名百强行列

"九五"期间,经过"211 工程"建设,学校整体科研实力明显增强,通过多学科间的知识互补、资源共享、联合攻关,承担重大科研项目的能力明显提高,并首次承担国家 973 计划重点研究课题。"九五"期间学校新立科研项目 683 项,其中国家级项目 30 项,到校经费累计 5162 万元,相比"八五"期间的 1640 万元提高了 2 倍多,年到校科研经费也有了大幅度增长,1995 年为 339 万元,2000 年达到了 1725 万元,增长了 4 倍。在经过专家鉴定的 124 项科研成果中,5 项达到国际领先水平,71 项达到国际先进水平,34 项达到国内领先或国内先进水平,并有 95 项科研成果获

"九五"期间河北工业大学毕业生

奖,其中国家级奖励 3 项,省部级奖励 57 项,获专利 34 项。出版专著 195 部,发表论文 5000 余篇,其中被 SCI 收录 55 篇,EI 收录 98 篇,ISTP 收录 61 篇,居全国高校排名百强行列。

学校结合重点学科建设项目,加大投入,购置了一大批先进的仪器设备,显著改善了科研条件,重点建设了河北省材料研究中心、河北省机电一体化工程技术中心、河北省电器研究所和电站装置工程中心,新增了河北省电器实验室、河北省磁技术与磁材料研究中心和河北省新型功能材料实验室 3 个省级重点实验室,重点建设的电机控制研究所、化学工程研究所、半导体材料研究所等也已成为学校科学研究的主体,具备了承接大型科研项目的能力,年科研经费都在百万元以上。学校在积极争取校外科研经费的同时,还在校内设立了"青年科研基金""50 工程基金""基础研究基金"和"开发基金",鼓励中青年教师进行科学研究,制定并实施了《河北工业大学科研工作管理暂行规定》等一系列规定和政策,对科技队伍和科技工作上水平起了积极的引导和促进作用,形成了一支规模较大、水平较高、相对稳定的科技队伍。

十、科研成果转化创直接经济效益达 50 亿元

"九五"期间,学校充分利用人才和技术优势,注重高新技术成果向现实生产力的转化和对传统产业的技术改造,加快了科技成果转化进程。由学校多学科联合承担的国家 863/CIMS 应用示范工程项目,在我省保定天威集团和石家庄制药集团

实施,使企业的经营决策、生产计划管理与控制、综合统计分析能力明显提高,新产品开发能力、市场竞争能力显著增强,并已通过国家验收;应用于省内外传统产业改造的"新型传质塔板技术"已在医药、化工、石油等行业广泛应用,累计创经济效益超过 10 亿元;学校研究开发的"以煤为原料的合成氨生产蒸汽自给技术",在全国化肥行业推广,大幅度降低了合成氨生产的能耗和成本,节能效益达 10 亿元;学校研制的 KZJ-系列智能型、数字型交流电动机软起动器技术,已推广到河北、天津、浙江、江苏等八个省市的 15 家企业投入生产,实现利税 5000 万元;学校开发的蓝宝石单晶制备技术,由于其广泛的市场前景受到多家企业的关注,学校以高新技术参股的形式(占股本 35%)与河北冀州电力局签约,拟投资 2000 万元建厂生产大直径蓝宝石单晶,将填补河北省光电子材料生产的空白。"九五"期间,学校共与省内外各类企业签订科技合同 224 项,合同金额达 2233 万元,创直接经济效益达 50 亿元。

在巩固原有产学研基地建设成果的同时,学校又与 9 个设区市人民政府、76 个县(市)人民政府和 20 多个大型企业签订了全面合作协议,并与大型企业共建了 9 个企业工程技术中心和 3 个校内研究所,产学研基地建设取得了实质性成果,如学校与邢台宁晋县电力局共建的晶隆半导体厂成为亚洲最大的太阳能单晶硅生产基地,1997 年被河北省命名为"优秀产学研基地",2000 年经国家产学研办公室评选,列入"产学研成功案例 100 例"。同时,学校继续加强校内产学研基地建设,形成了校内外相结合的多层次的产学研合作网络。

十一、探索"通识+专业"、厚基础、宽专业的复合型人才培养模式

"九五"期间,学校结合参加教育部"面向 21 世纪一般工科院校人才培养素质的要求及培养模式的改革与实践"的课题研究,于 1996—1998 年连续三年召开了以"转变教育观念、加强素质教育、提高教学质量"为主题的教学工作会议,组织全校干部教师认真学习邓小平教育理论,开展"更新教育思想、转变教育观念"的大讨论,并邀请中国科学院院士杨叔子教授及教育部高教司的负责同志做加强素质教育的报告,提高认识,统一思想,在人才培养目标、综合素质培养、改善知识结构、加强创造性培养、学生个性发展等问题上取得了共识,提出了人才素质应包括做人素质和做事素质,在全面素质教育中,注重人才智能水平和发展潜能的培养与提高,特别是创新与发展潜能的培养,并提出了地方工科院校的人才培养应是"通识+专

业"、厚基础、宽专业的复合型人才的培养模式。

学校在教育观念大讨论的基础上，改变了原来编制培养计划主要考虑知识连续性的旧思路，打破了原有的基础课、技术基础课、专业课的三层楼框架，形成了知识、能力、素质综合培养的新思路，设计提出了由通识教育与专业教育两大平台和九大模块构成的新的培养计划。九大模块是：人文社科、体育与心理卫生、数学与自然科学、工科基础、工程基础、工程设计、工程实习、实验教学、专业课。加大了人文社科、经济、艺术等类选修课的比例，纳入了培养计划，并把学生实践能力的培养贯穿到教学的全过程。四年制本科总学时由 2800 左右压缩到 2400 左右，以减轻学生负担，给学生留有更多的自由空间，利于学生的个性发展。新的培养计划从 1998 级试运行，1999 级正式运行，取得了良好的效果。

为了适应新的培养计划的需要，实现对学生的全面素质教育，学校将教学管理模式由原来的单一学年制，改为"学年+学分"制，四年制本科低年级实行学年制，高年级实行学分制。低年级实行学年制，可使基础课有比较严格的规范，保证工程基本技能训练不被削弱，达到"厚基础"；高年级实行学分制，有利于学生自由选课，充分实施因材施教，利于学生个性发展，达到"宽专业"。这种管理模式具有一定的创新性，它既有别于学年制、学分制，又有别于学年学分制，而是扬学年、学分制之长，避二者之短的一种复合型的管理模式，初步运行后效果良好。同时，还实施了主辅修制、双学位制、等级证书制等，努力为学有余力的学生脱颖而出创造条件。

为适应教育教学改革的需要，结合国家对高等教育专业结构的调整，按学科门类，将原有的 12 个系调整合并为 7 个学院，优化了教学管理体制，大胆选拔任用了一批年富力强的学术骨干担任学院的教学科研领导工作，使基层教学单位增强了活力，推动了学校教育教学工作的发展。同时，加大了人事分配制度改革的力度，引入了公开、平等、竞争的选人用人机制，实行竞争上岗，岗位责任聘任制，把责权利紧密结合，进行动态管理，调动了广大干部教师的积极性，并建立了一整套校内教学质量监控体系，以保证教学工作的正常运转和教学质量的不断提高。后勤管理体制改革在"九五"期间初步实现了规范化剥离，向后勤服务社会化迈出了实质性的一步。

十二、"211 工程"一期建设项目顺利通过省专家组验收

2001 年 4 月 24 日，由学校聘请的 37 名校内外知名专家组织的 7 个专家组对学

校"九五"期间"211工程"建设的8个子项目进行了验收。通过听取汇报、查阅资料、实地考察和认真讨论,各验收专家组一致认为,8个子项目的建设资金使用情况良好,项目建设管理工作规范,建设成效显著,取得了一批具有较高显示度的标志性成果。

按照国家计委和省计委批复的学校《"211工程"建设项目可行性研究报告》,此次验收共分为电气现代技术与工程应用重点学科建设项目、材料物理与技术重点学科建设项目、机械设计制造一体化技术重点学科建设项目、高效传热与燃烧工程重点学科建设项目、教学基础条件建设项目、校园计算机信息网络系统建设项目、图书文献信息保障系统建设项目、基础设施建设项目等8个子项目。学校分别聘请了以中国科学院院士清华大学卢强教授、中国工程院院士中国科学院半导体所梁骏吾教授、西安交通大学原校长史维祥教授、中国工程院院士清华大学过增元教授、中国工程院院士天津大学王静康教授、天津大学原网络中心主任丁润涛教授、天津大学土木系主任王铁成教授为组长的37名校内外知名专家,组成了7个专家组,其中校园网和图书文献2个建设项目由一个验收专家组负责验收。

在验收过程中,各验收专家组分别听取了各子项目负责人的汇报,审阅了有关的文件和资料,并通过实地考察,最后验收专家组对各子项目的任务完成情况、建设质量和效益作出全面的评价,专家组认为,重点学科建设项目在学术水平、师资队伍建设、高层次人才培养能力和科技贡献等方面有了显著提高;教学基础条件与公共服务体系建设,明显改善了教育教学和科研环境,提高了实验室装备水平,建立了较为完善的图书文献信息保障系统和计算机信息网络系统;基础设施建设项目完成了计划建设的工程,改善了师生工作、学习和生活条件。各子项目均完成了《河北工业大学"211工程"建设项目可行性研究报告》中提出的各项建设任务,使学校教育教学质量、科学研究水平、科技开发能力、管理水平和办学效益上了一个新台阶。专家组同时对各子项目的建设提出了宝贵的意见和建议。

在学校组织的八个子项目验收的基础上,河北省人民政府聘请18名有关专家组成验收组,于4月24日至25日对学校"211工程""九五"期间建设项目进行了验收。验收专家组听取了校长颜威利的报告,观看了学校建设成就的录像片和展览,审阅了有关资料,还对所有重点建设项目进行了实地考察。

经过认真评议和研究,验收专家组一致认为,学校严格按照国家计委和省计委批复同意的《河北工业大学"211工程"建设项目可行性研究报告》和国家"211工程"部际协调小组的要求,科学组织、精心实施、规范管理,完成了建设目标,取得了

河北工业大学"211 工程"一期建设验收会

显著成效。重点学科建设在学术水平、师资队伍建设、高层次人才培养能力和为地方经济建设服务的能力等方面有了显著提高,取得了一批标志性成果;教学基础条件与公共服务体系的建设,明显改善了教育教学和科研环境,提高了实验室装备水平,建立了较为完善的图书文献信息保障系统和计算机信息网络系统,大型仪器设备的购置严格按规定办理,使用运转情况良好;基础设施建设完成了计划任务,改善了师生工作、学习和生活条件,工程质量良好。通过"211 工程"建设,使学校在教育质量、学科建设、科学研究、管理水平和办学效益等方面上了一个新台阶。

根据国家"211 工程"部际协调小组办公室提出的"211 工程""九五"期间建设验收的标准,验收专家组一致认为学校已经如期完成任务,具备了国家验收的条件。

第四节 "十五""211 工程"建设再上新台阶

一、学校"十五""211 工程"建设项目通过专家论证

2003 年 2 月 28 日至 3 月 1 日,河北省人民政府邀请专家组对《河北工业大学"十五""211 工程"建设项目可行性研究报告》进行论证。河北省副省长龙庄伟出席论证会开幕式,并在闭幕式上做了重要讲话。省计委副主任侯志明主持了论证会开幕式和闭幕式。学校党委书记刘志明教授先后在开幕式、闭幕式上致欢迎词和答谢词。

河北工业大学"十五""211 工程"建设项目可行性论证会

论证专家组由八位专家组成。组长是中国工程院院士、华中科技大学校长樊明武研究员,副组长是太原理工大学校长谢克昌教授。成员有中国工程院院士、天津大学王静康教授,中国科学院院士、清华大学李衍达教授,中国科学院院士、宁波大学校长严陆光研究员,中国工程院院士、上海理工大学姚福生教授,中国工程院院士、中国科学院半导体研究所梁骏吾研究员,北京航空航天大学副校长唐晓青教授。

专家组组长樊明武院士主持了论证会,河北工业大学校长高峰教授在论证会上做了关于《河北工业大学"十五""211 工程"建设项目可行性研究报告》的汇报和

说明。学校领导及有关项目负责人对专家提出的问题进行了答辩。

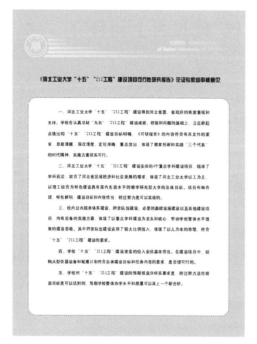

《河北工业大学"十五""211 工程"建设项目
可行性研究报告》论证专家组审核意见

专家组对《河北工业大学"十五""211工程"建设项目可行性研究报告》进行了认真的审核与评价,一致认为学校在认真总结"九五""211 工程"建设成就、经验和问题的基础上,立足新起点提出的"十五""211 工程"建设目标明确,《可研报告》的内容符合有关文件的要求,思路清晰,层次清楚,定位准确,重点突出,体现了教育创新实践"三个代表"的时代精神,实施方案切实可行;"十五""211 工程"建设安排的 4 个重点学科建设项目,瞄准了学科前沿,结合了河北省区域经济和社会发展的需求,体现了河北工业大学以工为主,以理工结合为特色,建设具有国内先进水平的教学研究型大学的总体目标,项目布局合理,特色鲜明,建设目标和内容恰当,经过努力是可以实现的;校内公共服务体系建设、师资队伍建设、必要的基础设施建设以及其他建设项目,均有完备的实施方案;学校"十五""211 工程"建设资金的投入安排基本恰当,拟购大型仪器设备和配置计划符合总体建设目标和任务内容的要求,是合理可行的;预期效益分析实事求是,经过努力是可以达到的,预期学校整体办学水平和质量可以再上一个新台阶。同时对《可研报告》提出了中肯的意见和建议。专家组经过认真讨论,一致同意通过《河北工业大学"十五""211 工程"建设项目可行性研究报告》的论证,并建议学校进一步修改完善后,抓紧时间报批立项,以便尽快组织实施。

龙庄伟在闭幕式讲话中充分肯定了河北工大在"九五"期间"211 工程"建设中取得的显著成就,明确表示,省委、省政府已将河北工大的"十五""211 工程"建设列入全省"十五"计划,并安排了 1.3 亿元的专项建设资金。省委、省政府将一如既往地高度重视、大力支持河北工大的"十五""211 工程"建设。省有关部门也将在各方面继续对学校给予热情指导和大力支持。

龙庄伟对河北工业大学今后一个时期的建设和发展提出了五点希望和要求:第一,要抓住机遇,开拓进取,努力使学校的整体办学水平再上一个新台阶;第二,要进一步调整优化学科专业结构,切实加强重点学科建设;第三,要大力加强学科梯队建设,进一步提高师资队伍的整体素质;第四,要坚持规模、结构、质量和效益相统一的方针,切实注重并努力提高人才培养的质量;第五,要进一步加强科技创新和产学研结合。

龙庄伟确信,在省委、省政府的正确领导下,在教育部等有关部委的关心支持下,在各位专家和省有关部门的指导帮助下,河北工业大学一定能不负厚望,高质量地完成"十五""211工程"建设的目标任务。

省政府副秘书长李靖、省委教育工委副书记杨建广、省财政厅副厅长郭秀堂及有关处室的同志出席了论证会的开幕式和闭幕式。河北工业大学全体校领导、中层干部、教授及各项目负责人出席了论证会。

二、实现了学校国家重点学科零的突破

"十五"期间,学校加快了学位点建设的步伐。2002年,学校的电机与电器、材料物理与化学2个学科被批准为国家重点学科,实现了学校国家重点学科零的突破;省级重点学科现已拥有15个,电气工程、材料科学与工程、机械工程、化学工程与技术4个学科被批准为省强势特色学科进行重点建设;校级重点学科在"十五""211工程"建设的带动下,取得了积极进展,一批基础好、优势突出、发展前景好、有望晋升为省级重点学科的学科和一批适应21世纪科技发展前沿的新兴学科、交叉学科,经遴选确定为校级重点学科进行重点建设。

在国家两次学位授权审核中,学校电气工程学科、材料科学与工程学科被审定为博士学位授权一级学科;机械设计及理论、控制理论与控制工程、结构工程、化学工程、化学工艺、技术经济与管理学科被审定为博士学位授权学科专业;机械工程、仪器科学与技术、材料科学与工程、电气工程、电子科学与技术、控制科学与工程、土木工程、化学工程与技术、生物医学工程学科被审定为硕士学位授权一级学科;产业经济学、国际贸易学、马克思主义基本原理、思想政治教育、设计艺术学、计算数学、高分子化学与物理、生物物理学、工程力学、车辆工程、精密仪器及机械、电力系统及其自动化、高电压与绝缘技术、电力电子与电力传动、电路与系统、电磁场与微波技术、通信与信息系统、检测技术与自动化装置、系统工程、模式识别与智能系统、导航制导与控制、岩土工程、市政工程、供热供燃气通风及空调工程、防灾减灾工程及防护工程、桥梁与隧道工程、化学工程、工业催化、道路与铁道工程等29个学

科被审定为硕士学位授权学科专业。学校博士学位授权一级学科增至 3 个,博士学位授权学科专业增至 17 个,硕士学位授权一级学科增至 10 个,硕士学位授权学科专业增至 56 个,并有工商管理硕士(MBA)学位授予权及 13 个工程硕士专业学位授权领域和 17 个高校教师在职攻读硕士学位专业。博士后科研流动站增至 4 个。2005 年 10 月,在国家优秀博士后科研流动站表彰及博士后工作会议上,学校材料科学与工程博士后科研流动站被评为全国优秀博士后科研流动站,受到大会表彰。

学科建设和学位点建设的快速发展,增强了学校学科的整体实力。学科门类增加,学科结构和学位点布局更加合理,优势特色学科得到加强,初步形成了以工为主、以理工为特色的多学科协调发展的学科体系,为高层次人才培养和科学研究工作的快速发展奠定了良好的基础。

三、实现由"学分+学年"制向"学分制"的过渡

"十五"期间,学校加大了教育教学改革的力度,从更新教育观念入手,明确提出"育人为本、教育创新"的办学指导思想。根据自身办学的学科定位、类型定位和服务面向定位,进一步提出了学校"主要培养应用复合型的高素质专门人才"的培养目标定位。并在这一目标定位的指导下,积极实施了"按大类招生,按学科培养,按需求分流"以及"厚基础、宽口径、强能力、高素质"的人才培养模式,进一步整体优化了人才培养方案,构建了由"一个环节、四个支柱、两大平台"构成的相对稳定的课程体系。"一个环节"即实践与创新教育环节,"四个支柱"即数学与自然科学、工科基础课程、人文社科、体育心理卫生,"两个平台"即由整个课程体系构成的通识教育平台与专业教育平台。在这个框架内,学校修订了教学计划,加大选修课比例,加大实践教学比例,突出将创新精神培养、实践能力训练和创新素质教育融入新的教学计划之中,为提高教学质量提供了保证;加强了教学方法、教学手段和课程建设的改革。"十五"期间,学校共承担国家级教研项目 4 项、省级新世纪高等教育教学改革工程项目 5 项、省教育科学"十五"规划项目 10 项、校级教改项目 283 项,发表教学论文 200 余篇,获国家级教学成果奖 1 项,省级教学成果奖 15 项;设立了专项资金加强精品课建设,现已建设省级精品课 21 门、校级精品课 35 门,带动了现代教育技术的发展与研究,在自行开发的课件中,已获省部级以上奖励 7 项,双语教学、多媒体教学在教学实践中的比例不断加大;加快了教学管理改革的步伐,实现了由"学分+学年"制向"学分制"的过渡,建成了综合教育管理系统、网上评教系

统、学籍管理系统等,提高了教学管理的水平和效益;建立了以主管校长负责的、由教学指导委员会和教学督导委员会所构成的教学质量监控与保证体系,对教育教学质量提高起到了重要作用。

四、构建出由"四个层面"组成的实践教学体系

"工学并举"是学校在总结百年办学实践中提炼出的优良办学传统与特色,2002年在本科教学水平评估中得到专家组的肯定,其主要内容是强调了在高等工程技术人才的培养中,要坚持理论与实际结合、教育与生产实践结合,使学生既能动脑、又能动手,成为高素质的应用型复合型人才。"十五"期间,学校在构建人才培养体系中,突出强调了对学生实践能力的培养,充分利用"211工程"建设的成果,构建出由"四个层面"组成的实践教学体系,主要内容是"基础训练",包括仪器仪表的使用、数据处理、演示性验证性实验、工程基本操作训练、工程基础实践;"应用训练",包括课程设计、外语实践、工程实习、综合性实验;"创新训练",包括数学建模、电子设计、结构设计、化学实验设计、机器人设计、挑战杯竞赛、大学生创新实践、设计性实验;"综合训练",包括社会实践、科研训练、毕业设计,有效地加强了学生创新精神的培养和实践能力的训练,进一步丰富发展了"工学并举"的办学传统与特色。

五、创办河北工业大学城市学院

为满足社会需求,2001年经河北省人民政府批准成立,并于2004年经教育部重新审核予以确认,学校创办了城市学院。截至2005年,本科三批录取全日制在校生10499人。

与此同时,学校办学规模稳步扩大。截至2005年底,学校本科一批录取全日制在校生已达13317人;研究生教育得到了快速发展,在校研究生数已达2487人,其中,博士生280人。继续教育发展势头良好,现有继续教育生9862人。

在办学规模扩大的同时,学校十分重视规模、质量、效益的协调发展,使学生的全面素质教育得到加强。学校通过坚持不懈的思想政治教育,广大学生政治视野逐渐开阔,对国内外重大问题的分析日趋客观、理性,人生观、价值观日渐成熟,政治上要求进步的学生越来越多。学校通过加大教育教学改革的力度,学生的基础

知识、专业知识不断加深，知识结构日趋合理，查阅使用文献的能力、独立实验的能力、专业实践的能力、社会活动的能力以及外语和计算机的水平不断提高。学校通过必要的必修课、大量的选修课和丰富多彩的校园文化活动着力提高学生的文化素质，通过加强体育和心理健康教育，学生的身心素质不断改善。"十五"期间，学校共培养全日制各类毕业生 15609 人，其中研究生 1703 人，为国家输送了大批合格的专门人才。

六、2002 年教育部本科教学工作水平评估获优秀

受教育部委派，高等学校本科教学工作水平评估专家组一行 10 人，于 2002 年 11 月 25 日—28 日，依据《普通高等学校本科教学工作水平评估方案》对河北工业大学进行了现场考察。在考察之前，曾调阅该校 5 个专业 5 门课程的试卷、10 个专业的毕业设计（论文）。专家组在考察期间，听课 27 节、调阅了 176 份毕业设计（论文）、参观了 20 余个实验室（中心）、走访了 30 个院（系）、处，召开了 19 个干部、教师、学生参加的座谈会，考察了 3 个校外实习基地。

11 月 28 日，河北工业大学本科教学工作水平评估反馈意见会在燕赵学术交流中心四楼多功能厅成功召开。教育部高教司副司长刘凤泰和评估处副处长胡秀荣、河北省委教育工委副书记杨建广、教育厅高教处处长鲍继宏、全体评估组专家、全体校领导及相关人员参加了会议。评估专家组组长于德弘教授主持了会议。

首先，评估专家组组长于德弘教授代表评估专家组向大会反馈了专家组对学校本科教学工作水平的实地考察意见。于教授指出，经过几天的实地考察，河北工业大学的校园风貌、领导班子和教职员工的精神状态、学校建设的总体水平，以及以评促改、以评促建、学校面貌发生的显著变化给专家组留下了深刻的印象。

专家组将学校的主要成绩和特色归纳如下：学校定位准确，办学思想明确；坚持"工学并举"的办学思路，特色明显；统一思想、加大投入，整体办学条件和师资队伍建设成绩显著；稳步推进教学改革，教学质量不断提高；求真务实，勤学严教，校风学风良好。

教育部高教司副司长刘凤泰发表讲话，在对高等学校本科教学水平评估工作进行了回顾和展望后，高度评价了河北工业大学本科教学工作，对"四个坚持""四个地位"给予了高度赞扬，要求学校以后要认真落实，与时俱进，赋予学校办学指导思想以新的内容，学校的发展前景将会更加美好！刘司长对学校提出了以下几点

希望：一是希望学校领导认真贯彻落实十六大精神，以马列主义、毛泽东思想、邓小平理论、"三个代表"重要思想为指导，按照十六大提出的任务，积极进行学科建设。二是希望学校领导认真研究专家评估工作意见，对照自身，切实做好评估整改工作，推动学校更快的发展。三是以评估为契机，与时俱进，不断加强人才培养、学科建设，为推动社会进步作出更大贡献。

河北省委教育工委副书记杨建广在讲话中首先对教育部领导和专家莅临河北工业大学指导工作深致谢意，并表示，河北工业大学的本科教学水平评估工作是河北省高等教育发展的一件大事，对学校自身今后的发展同样意义重大，希望学校以评估为契机，团结奋斗，保持评估期间饱满的凝聚力、向心力和创造力，认真做好评估整改工作，河北省委、省政府、省教育厅将一如既往地关心和支持学校今后的发展。河北省政府计划为河北工大"211 工程"二期建设至少投入 1.3 亿。

2003 年 11 月 3 日，教育部发出通知，公布了关于 2002 年苏州大学等 32 所高等学校本科教学工作评估结论，学校的评估结论为优秀。这次评估的 32 所高校，有 13 所高校评估结论为优秀，7 所高校列为良好，12 所高校列为合格。教育部的通知还分学校公布了专家组对各学校本科教学工作的评估意见。

专家组在对河北工业大学的评估意见中，充分肯定了学校本科教学工作的主要成绩与特色。评估结论认为，河北工业大学的学校定位准确，办学思想明确。作为有近百年办学历史的地方院校，底蕴深厚。全校干部和广大师生在河北省政府的领导和大力支持下，继承和发扬了学校的优良传统，抓住"211 工程"建设的良好发展机遇，明确提出"三个为主"和"四个坚持"的办学思路，指导学校的各项教学建设和改革。

学校坚持"工学并举"的办学思想，特色明显。学校形成和坚持"工学并举"的办学思想和特色，在新的历史时期又有新的拓展，为国家特别是河北省培养了大批优秀的应用型人才，为河北省的经济与科技的发展作出了突出的贡献，得到了社会各界的认可和好评。

学校整体办学条件和师资队伍建设成绩显著。近年来，加大了购买仪器设备的投入力度和实验室重组、资源共享和实验教学方法的改革，给学生自主学习提供了良好的空间和条件；积极培养和引进优秀主讲教师和学科带头人，使师资队伍结构得到了明显改善。

学校稳步推进教学改革，教学质量不断提高。在人才培养过程中，以更新观念为先导、以改革创新为核心、以提高质量为目标，把人才培养目标定位于培养"高素质应用型人才"。1997 年以来,建立了由两个教育平台、九大教学模块构成的新的人才培养模式框架,不断加强教学管理,发挥教学质量监控作用,在提高学生的培养质量和适应性等方面已见成效。

学校领导班子和各级干部求真务实、开拓进取,带领广大师生加快学校的全面建设,学校工作展现了良好的发展势头。学校注重校风、学风建设,注重文化素质教育,广大教师坚持敬业爱岗、从严执教,着力培养学生勤奋踏实、刻苦钻研、求真务实的学习态度,成绩显著。学生生源质量逐年提高,考取研究生的比例也在逐年提高,就业率稳步提高。

专家组还对学校的本科教学工作提出了以下建议:一、继续做好学校发展的总体规划,进一步加大经费投入,改善办学条件,不断提高学校的整体实力和办学水平,确保学校的持续发展。二、深入研究教育教学规律,深化教育教学改革,进一步重视本科教学的质量建设,继续加强学生的基本理论、基本技能的培养以及教学方法的改革,确保本科教学质量的不断提高。三、保持和发扬光大教师和干部爱校敬业的优良作风,进一步完善和落实师资队伍建设规划,加快实现师资队伍的高水平建设。

七、实施"人才强校"工程

在"十五""211 工程"建设中,学校坚持以师资队伍建设为关键,通过加强重点学科建设和科研条件建设,制定并实施《中共河北工业大学委员会关于加强人才队伍建设实施人才强校工程的意见》,为培养和引进高层次人才和中青年学术骨干教师创造了良好的条件和政策环境。五年来,学校共引进博士及博士后 41 人,其中具有高级职称的 25 人,接收硕士毕业生 250 人,使师资队伍数量增加、结构进一步趋于合理。截至 2005 年底,学校共有专任教师 1039 人,其中 45 岁及以下人员占教师总数的 85%;具有副教授以上职称的教师人数占专任教师的近 50%;具有博士学位的教师 208 人,具有硕士学位的教师 424 人,具有硕士以上学位教师占中青年教师的 70%;非本校毕业的教师占专任教师的 63%,初步实现了师资队伍的年轻化,专任教师的职称结构、学历学位结构、学缘结构得到了明显的改善。外籍教师数量增加,2005 年达 12 名,他们大多来自国外知名大学,教学经验丰富,得到了学生的认可,基本满足了本科生、研究生的教学需要。

为加强师资队伍建设,学校非常重视师资队伍整体素质的提高,设计和实施了新教师的试讲制度、岗前培训制度,严把教师入口关;健全完善了职称评审制度,加强量化考核,规范操作程序,严把职称评审关;建立健全了校、院两级教学督导及教师评价制度,严把教学质量关;制定实施了教师行为准则和教师职业道德规范,严把师德关,从而使师资队伍的整体水平不断提高。专任教师中,现有博士生导师59人、硕士生导师365人;国家级有突出贡献专家5人、教育部新世纪人才2人、燕赵学者1人、省管优秀专家10人、省级中青年有突出贡献专家17人、"三三三"人才9人、省级教学名师2人;有21名教师享受国务院政府特殊津贴。"十五"期间,学校共有94名教师获省市级以上各种奖励称号;34名教师在天津市青年教师教学基本功竞赛中获奖,获奖率在天津市高校名列前茅。同时,有98人在国家级各类学会、研究会任职,副秘书长以上任职人员11人,有131人在省市各类学会、研究会任职,其中,副秘书长以上任职人员37人。

八、荣获"河北省十大优秀发明创造单位"

"十五"期间,学校共获科技成果232项,其中通过鉴定达到国际领先水平的25项;共有73项成果获奖,其中国家级奖励3项、省部级奖励71项;获得专利78项,其中已获发明专利授权53项,连续3年居河北省高校首位,在天津市名列第三;发表论文5277篇,其中被SCI、EI、ISTP三大检索收录的论文739篇,影响因子2.0以上的论文26篇,三大检索收录排名一直位居全国高校百名之内;出版专著150部,新编、修订、出版各种教材62部;2005年,学校被评为河北省十大优秀发明创造单位之一。

"十五"期间,学校共承担科研课题611项,其中,国家级项目72项、教育部各类计划项目15项、国家社会科学规划项目2项、省市自然科学基金项目138项、省市攻关项目120项、省市社会科学规划项目23项、省教育厅各类计划项目161项、其他厅局级项目80项。同时,横向课题也有了快速发展,共立横向课题754项,其中百万元以上的项目10余项。到校科研经费达2.58亿元。

其中,低压电器试验技术与检测技术的研究,在低压保护类电器典型产品漏电保护器、小型断路器、低压断路器及热过载保护继电器的可靠性等方面做了大量开创性的研究工作,研究了一套完整的可靠性试验方法,研制了系列自动控制电器产品试验与检测电器产品可靠性的试验装置,主要参数与总体水平达到国际先进水平,制订了相关行业的国家标准,发表学术论文近百篇,2002年度获国家科技进步奖二等奖,并先后获省级科技进步奖 7 项。

多功能绿色生态陶瓷材料的制备技术及其产业化应用是学校在绿色环境材料技术领域取得的系列高科技成果的凝练和总结,主要包括多功能健康陶瓷材料、汽车节能与环保功能关键材料、现代农业关键材料的制备技术以及应用技术。"十五"期间有 11 项成果分别通过科技部"863"专家组、天津市科委、河北省科技厅、山东省科技厅、浙江省科技厅、北京市科委组织的国家级和省部级技术成果鉴定或验收,实现了产业化应用。本技术申请国家发明专利 26 项,已获发明专利权 11 项。本成果获国家技术发明二等奖一项、省部级科技二等奖三项。

学校开发的具有我国原创性自主知识产权的离子筛法海水提钾高效节能技术,成功地突破了钾从海水中高效富集和节能分离的难题,在国际上率先实现了海水提钾技术过经济关,1 万吨/年海水提取硝酸钾示范工程已于 2005 年底建成投产,为解决我国农业急需的钾肥来源问题开辟一条全新的途径。在改性天然沸石离子交换理论研究的基础上,通过承担完成国家"八五""九五""十五"海洋资源与环境领域重点科技攻关项目以及省市重大科研项目,取得了一系列具有世界领先水平的海洋化学资源开发与保护的重要科研成果,并形成了以沸石离子筛法高选择性分离为核心技术的海水化学资源综合利用的研究特色。在海洋钾资源利用新技术开发方面,研制成功"海洋苦卤综合利用提取硫酸钾新技术",以及苦卤提取软钾镁矾和环保型融雪剂技术,在全国海洋化工行业推广后产生了巨大经济和社会效益,获国家技术发明三等奖。

"机械产品创新设计理论及应用"研究成果对苏联的发明问题解决理论(TRIZ)进行了全面的消化吸收,并与德国的普适设计方法学(P&B)、美国的公理设计(AD)、日本的质量功能布置(QFD)等融合,在产品创新过程与方法方面有所创新。对 2-6 自由度并联数控装置的基础理论进行研究,提出了该类装置创新设计理论,实现发明问题解决理论"中国化"。本成果所开发的六维鼠标已在北京航空航天大学、西安交通大学、香港中文大学工程学院等单位的多维机器人控制系统、虚拟机器人控制、虚拟现实控制技术上应用。本成果所开发的 CAI 软件 Invention-Tool2.0 已在中南大学、天津工业大学、石家庄阀门一厂等高校及企业应用。该领域已申请到国家杰出青年科学基金 1 项、863 项目 2 项、国家自然科学基金 3 项、省部级项目 13 项,获得河北省科技进步奖 4 项、发表论文 200 余篇,申请发明专利 25 项、软件著作权 2 项。

现代工程电磁场理论和新技术的研究与应用,提出了多项有关电磁场耦合问题与逆问题的创新点;将电磁场逆问题的研究成果应用于电工产品的开发中,取得了较好的经济效益;将永久磁铁磁场分析结果应用于医用 MRI 永磁体的设计和永磁起动器的设计,取得了良好社会效益;对三维涡流场问题和磁滞损耗问题的研究解决了变压器等电磁产品中的发热和损耗问题;学科交叉研究明显,超磁致伸缩功能材料的研究已取得阶段性成果。本项成果在保定天威集团、深圳科健集团有限公司、天津市技术物理研究所等单位获得应用,取得经济效益超过 2 亿元。本项成果获 2004 年度河北省科学技术突出贡献奖,成果部分内容还分别获得河北省科技进步三等奖 2 项。

通过深入研究信息材料的制备、结构与性能,在理论研究方面取得多项成果,在国内外知名学术期刊上发表有影响力的 SCI 论文 79 篇,共有 12 个课题得到国家自然科学基金的资助,得到国内外同行的认可。同时积极将这些成果转化为生产力,走产学研相结合的道路,推动了信息材料的产业化进程,有力支撑了产学研基地建设,为河北省信息材料产业发展作出了贡献。河北省宁晋晶龙半导体厂是学校产学研基地中的一个。通过"十五"期间的建设,该产学研基地的规模越来越大,综合实力不断增强,且带动了与半导体晶体生长相关产业的发展,孵化出 6 个大型企业,目前拥有大直径单晶炉 250 余台,产值 17 亿元,成为世界上最大的太阳能单晶硅生产基地;本方向另一研究成果——锗硅单晶制备,在河北宣化实现了产业化,一期投入 6000 万元建设锗硅单晶厂,对河北省区域经济的发展发挥了重要作用。

绿色合成与高效节能分离技术以化学理论与化工技术为基础,进行绿色化学品合成与绿色化学工艺的研究以及高效节能塔器分离技术的开发。开发出了具有自主知识产权的新型立体传质塔板技术 CTST 系列塔板。经专家鉴定,其结构为国际首创,主要技术性能达到国际领先水平。在推广应用方面,成果先后被列入国家和省、市的科技成果重点推广计划项目。几年来,新型立体传质塔板技术在国内 28 个省市的大中型企业广泛应用,设备已经超过 1000 座,有效地解决了生产中的瓶颈难题,对企业产品质量的升级换代具有极大的推动作用。同时,在降低原材料消耗、降低能耗、减少环境污染等方面的社会效益也十分显著,为企业创造的经济效益超过 10 亿元。本领域研究,先后获得国家重大基础研究前期研究专项、国家自然科学基金(4 项)、省、市自然科学基金(5 项)、河北省科技攻关计划等的资助。获得天津市科技进步奖一等奖、天津市技术发明二等奖和河北省自然科学三等奖各一项。获国家授权发明专利 9 项,在学术期刊上发表论文 81 篇,被 SCI、EI 收录 46

篇,出版学术著作2部。

学校在新型复合材料及表面工程的关键技术领域具有一定的理论和科技创新。采用磁悬浮熔炼制备出原位自生钛酸钾/钛合金人工髋关节样品,发现了材料表面钙磷层的纳米自组装现象;制备出系列纳米双相耦合磁性材料。在材料表面工程方面,完成了纳米及纳米复合陶瓷涂层材料、梯度涂层材料、耐蚀 Galfan 合金镀层及热镀锌内加热关键技术的理论研究、开发应用和产业化。纳米复合涂层材料成果已在河北唐山瑞德机械有限公司等单位成功应用。Galfan 合金镀层及热镀锌内加热技术已建成年产4000吨的单镀 Galfan 钢丝生产线及年产10万 KW 的热镀锌内加热装置,并在上海宝钢等13个省市的企业应用。这些技术的应用为企业创造经济效益近4亿元。本项目理论成果发表在 Acta Mater. 等国际权威期刊的论文被国内外同行引用106篇次,对提升本学科的学术水平和知名度产生了良好的社会效益。原位自生钛酸钾/钛合金人工髋关节可以经济有效地提升人工关节的质量,可替代进口产品,具有广泛的应用前景。本领域申请到国家级项目6项,省部级项目12项,发表收入三大索引的学术论文100余篇。培养博士后2名,博士生5名,硕士生39名。获省技术发明一等奖1项,天津市科技进步奖一等奖1项,省自然科学三等奖1项,省科技进步二等奖1项。

机器人化成套装备以机器人相关研究成果为基础,集成了机器人技术、多智能体控制技术、故障诊断技术、多位视觉识别与校验技术等多项先进技术于一体,研制出了具有较高显示度的虚拟鼠标、5自由度5轴并联虚拟轴加工中心、高速解耦4自由度并联机床等一系列并联机器人化装备。在国内首次研制完成了人民币生产用包装装箱生产线 PL-500A、PL-1000A 高速生产系统,实现了包装产品的零失误率;开发了具有国际先进水平的锂锰扣式电池自动生产线技术,替代了进口产品,目前已在多家电池厂应用;研制出了危险气体泄漏与监测综合预警系统和面向危险化学品泄漏检测与修补的移动机械手和应用于危险品大型管道对焊环形焊缝的自动焊接的管道外环焊全位置焊接机器人,实现了极限环境作业的机器人化;研制完成了具有自主知识产权的锂电池极片加工制造成套设备。本成果获得国家自然科学基金1项,国家863计划3项,河北省优秀教学成果一等奖2项,河北省技术发明二等奖1项,获得发明专利16项。依托该研究领域,2003年获得了机械工程博士后流动站。

校内科研机构和创新平台建设取得了长足进步。"十五"期间,学校在重点建设已有的河北省机电一体化工程技术中心的同时,新增了河北省电器实验室、河北省新型功能材料实验室、河北省磁技术与磁材料研究中心、河北省绿色化工与高效节能实验室、河北省土木工程研究中心等 5 个省级重点实验室。2002 年，成功建成了河北省第一个应用基础研究基地——电磁场与电工产品可靠性应用基础研究基地。经申请，该基地组成的"河北省电磁场与电器可靠性重点实验室"于 2003 年被国家科技部确定为省部共建国家级重点实验室培育基地，并已通过验收。2004 年，"河北工业大学企业信息化与管理创新研究中心"被天津市教委认定为普通高校首批人文社会科学重点研究基地，实现了学校人文社会科学研究基地零的突破。

九、构建多个科技合作和服务实体

"十五"期间，学校在服务河北、辐射全国中，构建了多个科技合作和服务实体，为解决企业产品开发与生产过程中遇到的技术难题做了大量工作。

如学校机械学院与石家庄阀门一厂股份有限公司共建的大型阀门密封与启闭工程技术研究中心，共同合作开展蝶阀、快速切断阀等技术研究，2002 年的快速切断阀系统的改进设计，取得专利 1 项；2004 年又帮助企业建立了面向客户的产品快速设计生产系统，使该公司生产总值大幅度提高，2005 年比 2002 年翻了一番。目前，双方在热核反应阀门等项目，继续进行着密切合作。又如，学校能环学院与保定天威集团共建的变压器热工研究所以及学校化工学院与河北省海洋局共建的海水资源利用研究院等，都采取了双方优势互补、共同发展的模式，取得了积极的进展。"十五"期间，学校加强了各种形式的产学研基地建设，使产学研基地达到 73 个，并与唐钢、保定天威集团等 20 多个省内大型企业签订了技术合作协议，与全国数百家企事业单位进行了技术合作与成果推广。

与此同时，河北工业大学科技园建设加快了发展步伐，目前已初具规模。截至 2005 年底累计完成投资 1.8 亿元，实现技工贸收入 5.1 亿元，在孵化企业 62 家，毕业企业 21 家，研发、中介机构 29 家，孵化转化科技成果 86 项，积极发挥了资源整合、成果转化、孵化服务和企业聚集的作用。

十、河北省首个获国务院学位办批准的中外合作办学项目

"十五"期间，学校的对外合作办学有了新的突破，经省政府和国务院学位办批准与法国高等计算机学院签订了本、硕连读项目，这是我省第一个获得国务院学位

办批准的中外合作办学项目,从 2003 年起,已连续招收了三届共 124 名学生,并与美国佛罗里达国际大学、英国布鲁奈尔大学达成了合作培养硕士研究生的协议。

"十五"期间,学校各类出国留学生达 203 人,接收外国留学生的工作也有了新的进展,共招收来自美、法、德、芬兰及韩国等国家的留学生 100 多名,2005 年在校留学生达 34 名,为历史上最多的一年。

"十五"期间,学校的国内外学术交流与合作有了进一步发展。共主办国内外会议 15 次、承办会议 18 次、参加会议 208 次、举办学术报告会 330 次、学术交流与合作 66 人次。积极开展了国际合作与交流,"十五"期间,学校参加国际会议人数逐年增加,达 70 余人,并于 2002 年承办了世界数学家大会的"算子代数及其应用"卫星会议;2004 年成功举办了"第一届电工产品可靠性与电接触国际会议"。同时,学校还采取"走出去,请进来"的方法,由校领导带队 18 次组团访问国外的合作院校与科研机构,派出访问人员 40 余人,接待了来自美、英、德、法、芬兰、日本等国家的专家学者共 370 余人来校访问。

十一、实现 3 个校区网络互联

"十五"期间,通过加强公共服务体系建设,使学校的教学基础条件和公共服务设施得到明显改善。校园计算机网络系统建设有了新的进展,实现了 3 个校区的网络互联,集成了综合教学管理系统、招生信息发布系统、查询设备、网上办公等多个管理和服务系统,"一卡通"工程顺利进行,部分实现了校内消费与身份认证的"一卡通"管理。

学校的各级各类实验室、研究所(室)、工程中心已达 86 个。装备水平不断提高,全校仪器设备总值已增至 21106.72 万元,其中 10 万元以上的大型仪器设备已增至 212 件;多媒体教室明显增加,现已有 123 间,语音室增至 25 间,大型计算机房增至 5 个,可供使用的计算机总量达到 5859 台,满足了教学科研的基本需要;图书文献信息保障系统及校园计算机网络系统功能提升,图书文献藏量大幅度增加,现已拥有 154.4 万册藏书,其中电子图书 50 万册,国内外期刊 2600 种,信息资源库得到了丰富与发展,完善了电子信息检索系统,实现了文献信息管理及服务的计算机网络化,并建立了先进的电子阅览室、视听阅览室和读者培训中心。

十二、北辰校区正式启用

2004年12月19日,学校隆重举行北辰校区一期工程竣工典礼。河北省教育厅副厅长刘教民、河北省建设厅副厅长曲俊义、天津市发改委常务副主任郝晓远、天津市教委副主任王璟、天津市北辰区区长张贵祥、副区长鞠连喜、张家明与河北工业大学在校的校领导出席了典礼。出席竣工典礼的还有河北省、天津市各级政府、各有关部门与各高校的领导、一期工程设计施工单位、学校各学院、各职能部门领导以及北辰校区教师、学生代表。典礼由学校党委副书记、副校长杨庆新主持。

校长傅广生发表讲话。他指出,北辰校区建设,是学校基于对我国科教兴国和高等教育大众化战略认真分析后,作出的重大决策;也是学校立足当前局势、面向未来发展的必然选择,是学校实现跨越式发展的重要机遇。

北辰校区占地面积164.5公顷(2467.5亩),规划建筑面积572900平方米,分三期建设,其中一期工程总建筑面积为171053.82平方米,包括图书馆、公共教学楼、及其他附属建筑。本次开工的项目为一期建设中的公共教学楼、中心实验楼及行政办公楼三个项目,其建筑面积分别为82000余平方米。

在省委、省政府,天津市委市政府正确领导下,在省市相关部门和当地政府的大力支持下,经施工单位与全校师生员工共同努力,河北工业大学北辰校区一期工程在建项目已经顺利完成,近5000名2004级新生已经在这片新校园开始了崭新的大学生活。

为此,他代表校党委、校行政和全体师生向出席今天河北工业大学北辰校区一期工程竣工并投入使用仪式的各位领导和嘉宾表示热烈的欢迎!同时,向省委、省政府、天津市委、市政府,向省市有关部门、北辰区委、区政府,向北辰区双口镇党委、镇政府,在北辰校区建设中给予的大力支持表示衷心的感谢!

随后,傅校长简要介绍了北辰校区整体规划、一期工程建设等方面的基本情况,对在北辰校区的建设和迎新工作中无私奉献、忘我工作的全体师生员工,对超常规、保质量如期完工的施工单位,表示衷心的感谢!

他相信:不久的将来,一座占地2500余亩,建筑面积达70余万平方米的布局合理、环境优美、学科专业结构优化、适应新世纪发展需要的智能化、网络化的一流特色校园将拔地而起,为河北工业大学在新世纪实现跨越发展提供有力的保障,为河北工业大学更好地服务河北省、天津市及区域经济建设和社会发展奠定坚实的基础。

河北省教育厅副厅长刘教民发表讲话。他指出，河北工业大学北辰校区一期工程顺利投入使用，是河北工业大学百年建设和发展史上的一件大事，也是河北省高等教育界的大事。他代表省委高校工委、省教育厅向河北工业大学全体教职员工表示热烈的祝贺，同时，向在河北工业大学北辰校区建设中给予大力帮助的天津市有关部门表示衷心的感谢！

他指出，目前河北工大已经很好地完成了新校区第一阶段的任务，希望学校在今后的建设中要进一步搞好新校区的硬件建设和服务、管理等工作。要立足长远，统筹规划，精心设计，质量第一，作好新校区的硬件建设；要以人为本，教书育人，管理育人，服务育人，作好新校区的管理和服务工作，全方位地营造学生成才、成长和全面发展的良好氛围。

同时，希望河北工大抓住发展机遇，尽快完成北辰校区建设，合理进行校区功能定位，充分利用办学资源，真正把北辰校区建设成为布局合理、环境优美、学科专业结构优化、教学和科研紧密结合、适应新世纪发展需要的智能化的一流特色校园。

此外，施工单位代表、绍兴建工集团总经理郭中朝、天津市教委副主任王璟、北辰区区长张贵祥在典礼上先后发言，对河北工业大学北辰校区一期工程如期竣工表示热烈的祝贺，并希望学校在今后的发展中更上一层楼，为河北省、天津市乃至全国培养更多的优秀人才。

随着新校区的启用，校园占地面积扩大到3460亩。学校的教学科研用房增加，文化体育设施和后勤服务设备日趋完备，校园环境发生了显著变化，育人环境进一步优化。2001年以来，学校连续五年被评为"天津市绿化先进单位"。

十三、学校"十五""211工程"建设项目顺利通过整体验收

2006年6月19日—21日，受国家发展和改革委员会的委托，河北省发改委聘请谢克昌院士等8位专家组成验收专家组，对学校"十五"期间"211工程"建设项目进行了整体验收。河北省副省长龙庄伟亲临指导并发表重要讲话。鉴于学校全面完成了"十五""211工程"建设任务，成效显著，专家组一致通过对学校"十五""211工程"建设项目的整体验收。

2004年6月，学校"十五""211工程"建设项目经国家发改委正式批复同意立

项建设,2004 年 11 月,根据国家发改委批复的要求,各子项目做了初步设计和工程概算,并开展了中期检查。2006 年 2 月 25 日,学校法人组织聘请校内外有关专家组成 5 个专家组,并邀请省政府有关部门领导出席监督检查,完成了 8 个子项目验收。

龙庄伟在整体验收开幕式上发表重要讲话,对学校"十五""211 工程"建设给予了充分肯定,并对"十一五""211 工程"建设作出了明确指示。他指出,在国家有关部委和专家们的关心、指导、帮助下,经过省有关部门和学校几年来坚持不懈的共同努力,河北工大的"十五""211 工程"建设取得了很大成效:学科专业建设实现新突破,师资队伍整体水平进一步提高,办学条件明显改善,综合实力大幅增强,教学、科研水平和为区域经济社会发展服务的能力都上了一个新台阶,已成为我省高层次人才培养和科技创新的重要基地。他强调,河北工业大学切实抓住和用好这一大好机遇,坚持科学发展观,按照国家有关部委和省里的部署与要求,着眼于建设高水平大学,认真研究制定"十五""211 工程"建设方案,进一步加强重点学科与学术梯队建设,进一步调整优化学科专业结构,进一步加强科技创新和产学研结合,努力在"十一五"时期实现更快更好发展,使学校的整体办学水平再上一个大台阶。

专家组由谢克昌院士任组长,成员有樊明武院士、梁骏吾院士、王静康院士、严陆光院士、卢秉恒院士、邓宗全教授、侯文强教授。验收期间,专家组听取了河北工业大学校长傅广生所作的《"十五""211 工程"建设工作总结汇报》,观看了相关录像片,进行了现场提问,并到实地考察了"十五""211 工程"建设项目,召开了学校"十五""211 工程"建设项目负责人和中青年学术骨干座谈会。专家组指出,通过"十五""211 工程"建设,河北工业大学综合办学实力进一步增强,办学特色更加鲜明,改革与创新迈出新步伐。在学科建设、人才培养、师资队伍建设、科学研究、成果转化等方面取得实质性进展。教学、科研装备条件明显改善。重点建设学科的学术水平显著提高,在"电气工程中高新技术研究与应用""新型材料的研究与应用"等学科建设项目上特色明显,优势突出。通过产学研结合,取得了"低压电器试验技术与检测技术""沸石法海水提钾产业化技术""信息材料研究与应用"等一批标志性成果。为国家特别是河北省的经济建设和社会发展作出了重要贡献。专家组建议:国家和河北省继续加大对河北工业大学"十一五""211 工程"建设的投资力度;学校进一步加大高层次人才培养和引进的力度,优化学科建设的结构布局,加快具有自主创新能力团队的建设。

在整体验收闭幕式上，校党委书记马树强代表校党委、行政向为学校"十五""211工程"建设、为此次整体验收工作付出辛勤汗水的各位专家和各位领导表示衷心的感谢！并致以崇高的敬意！他指出，在"十一五""211工程"建设中，将严格按照专家组的验收意见，严格按照各级领导指示精神，努力努力再努力，用扎实有效的工作，促进高水平大学建设，为国家和河北省经济建设与社会发展作出新的更大的贡献！

参加学校整体验收工作的还有国家"211工程"部际协调小组办公室副处长徐维清、河北省人民政府副秘书长李靖、河北省教育厅副厅长刘教民、河北省科技厅副厅长穆铁学、河北省人事厅助理巡视员王焕强以及省发改委、教育厅、财政厅、科技厅、人事厅等厅局的相关处室负责同志。

十四、中国共产党河北工业大学第三次代表大会召开

2006年10月21至22日，中国共产党河北工业大学第三次代表大会隆重召开。大会听取并审查了中共河北工业大学第二届委员会工作报告和中共河北工业大学纪律检查委员会工作报告，选举产生了中共河北工业大学第三届委员会和中共河北工业大学纪律检查委员会。

中国共产党河北工业大学第三次代表大会

21日上午，伴随着庄严的国歌，中国共产党河北工业大学第三次代表大会在学校南院礼堂隆重开幕。天津市委教卫工委常务副书记杨希禄、河北省委教育工委副书记李春沛等相关部门负责人和河北省、天津市部分兄弟院校主要领导出席了大会开幕式。开幕式由校党委副书记孙鹤旭同志主持。

校党委副书记、校长傅广生同志致开幕词。他说,这次大会,是我校进入新世纪以来召开的第一次党代会,也是一次承前启后、继往开来,在学校建设和发展的关键时期召开的极其重要的会议,必将对我校今后一段时期的高水平大学建设产生重要而深远的影响。

河北省委教育工委副书记李春沛发表重要讲话。他首先代表中共河北省委教育工委、河北省教育厅党组对大会的召开表示热烈祝贺。在高度评价了我校近年来在党的建设和学校事业发展等各方面取得的显著成绩后,他表示,省委教育工委、省教育厅将在省委、省政府的正确领导下,一如既往地为学校改革发展提供支持,做好服务。同时,他对大会提出三点希望:一是希望全体党员代表讲政治、顾大局,以饱满的政治热情和对党、对人民、对学校高度负责的态度,选好新一届河北工业大学党委、纪委;二是希望全体代表按着科学发展观的要求,认真讨论和审议会议报告;三是希望新一届党委领导集体按照社会主义政治家和教育家的要求,加强领导班子建设,团结带领广大党员和教职员工,全面贯彻落实十六届五中、六中全会精神,把学校各项事业再推上一个新的台阶。

在热烈的掌声中,校党委书记马树强同志代表校党委向大会作了题为《团结务实创新发展为创建高水平大学而努力奋斗》的工作报告。报告全面回顾了十四年来学校的各项工作和主要成绩:办学规模有了大的扩张,办学水平有了大的提高,办学实力有了大的增强,办学条件了大的改善,办学环境有了大的改观;总结出了七条主要经验,即党建强方能事业兴、占先机方能占鳌头、立足稳方能行千里、求突破方能动全局、有特色方能有优势、行改革方能增活力、讲团结方能求发展。

报告指出,今后十五年,学校教育事业发展的战略目标是:通过十五年的建设与发展,到2020年前后,把河北工业大学建设成为在国内有重要影响的高水平大学。为了实现这一目标,必须完成好十项战略任务:提高执政能力,树立良好形象,强化建设高水平大学的领导核心;巩固基层组织,锤炼骨干队伍,强化建设高水平大学的中坚力量;加强学科建设,推进"211工程",强化建设高水平大学的优势地位;提高教育质量,培养创新人才,强化建设高水平大学的办学根基;推进科技创新,服务区域经济,强化建设高水平大学的社会功能;立足培养提高,加大引进力度,强化建设高水平大学的人才队伍;深化体制改革,提高管理水平,强化建设高水平大学的内在动力;实行开放办学,扩大国际合作,强化建设高水平大学的综合实力;改善办学条件,完善服务体系,强化建设高水平大学的物质基础;弘扬工大精神,构建和谐校园,强化建设高水平大学的文化底蕴。

经过各代表团深入讨论和认真酝酿,大会通过了党委工作报告决议和纪委工作报告决议,选举产生了中共河北工业大学第三届委员会委员 23 名(于明、马树强、马培芳、王延吉、王艳廷、傅广生、吕荣杰、刘波、刘志强、孙鹤旭、李冰、杨玉桢、杨庆新、谷路宁、张成德、苑光明、范顺成、屈振光、赵斌、段国林、展永、崔树军、梁计生)。第三届校党委第一次全体会议选举产生了常务委员会委员 11 名,书记 1 名,副书记 4 名。马树强任书记,傅广生、杨庆新、梁计生、孙鹤旭任副书记。

马树强同志致闭幕词。他说,这次大会的圆满召开,必将有力地推动我校今后一段时期的高水平大学建设。这次党代会确定了学校高水平大学建设的战略目标和战略任务,下一步工作的重点是抓落实。大会闭幕后,全校各级党组织要把认真学习贯彻和落实第三次党代会精神抓紧抓好,要用会议精神统一全校共产党员和师生员工的思想和行动,把大会确定的各项目标和任务落到实处。最后,他宣布:中国共产党河北工业大学第三次代表大会胜利闭幕!

河北省委组织部、天津市委教卫工委、中国人民解放军空军政治部以及河北省、天津市的兄弟院校等专门发来贺信、贺电或送来贺礼,对我校第三次党代会的胜利召开表示热烈祝贺。参加大会开幕式的还有曾经担任过河北工业大学校级领导职务的老同志、省市级以上人大代表、政协委员、现任学校党员中层干部、空军选培办负责同志、学校各民主党派负责人等。

第五节 "十一五""211 工程"实现新跨越

一、学校"十一五""211 工程"建设项目可行性报告通过专家论证

2008 年 9 月 16 日至 17 日,受河北省发改委委托,河北省工程咨询研究院聘请蒋民华院士、叶声华院士等 7 位专家组成专家组,对学校"十一五""211 工程"重点学科建设项目可行性研究报告进行评估论证。

在会上,校长傅广生首先致欢迎词,河北省发改委副主任张少华、河北省教育厅副厅长张益禄、河北省工程咨询研究院副院长袁太平先后发表讲话。

之后,专家组依次听取了学校电气工程电磁场与可靠性的研究及应用、新型功

河北工业大学"211工程"三期重点学科建设项目可行性研究报告评估论证会

能材料的研究与应用、机械产品创新平台及其关键技术、面向资源充分利用和节能减排的化工技术及环京津地区建筑节能与能源高效利用关键技术等5个重点学科建设项目可行性研究报告的汇报,认真审阅了5个重点学科建设项目的可行性研究报告及相关材料,并进行了质询,学校领导和相关学院院长与学科负责人对专家提出的问题进行了答辩。

专家组经过认真讨论和评议,一致认为学校"十一五""211工程"5个重点学科点建设项目可行性研究报告符合上级主管部门相关文件要求。5个重点学科点建设项目目标任务明确,建设内容紧密围绕学科前沿和国家、区域和河北省经济社会发展的重大需求,定位准确,拟突破的科学技术关键问题重点突出,具有重要理论和应用价值。5个重点学科点建设项目具有较好的基础,可研报告确定的5个重点学科点建设内容及投资估算基本合理,项目建设可行。专家组一致同意通过河北工业大学"十一五""211工程"5个重点学科建设项目可行性研究报告,并建议学校进一步修改完善后,抓紧时间报批立项,以便尽快组织实施。

二、建设资金 3.6 亿元

学校"十一五""211工程"建设总投资计划为3.5亿元。截至2011年12月31日,学校实际到位资金为3.6309亿元。其中,中央专项资金4100万元(国家发展改革委3000万元,财政部1100万元),省政府专项资金2.5135亿元,学校自筹资金7074万元。

学校"十一五""211工程"建设资金的使用是严格按照国家批复的有关《建设项目投资计划》执行的,资金管理符合省政府和学校的有关规定,特别是严格遵照

《河北工业大学"211工程"专项资金的财务管理办法》，实行了建设经费的专人管理和专款专用。

具体资金使用情况如下：

1. 重点学科建设项目投入资金 1.8302 亿元(含中央专项资金 3000 万元)，包括购置仪器设备及软件费用 9039 万元，约占 49.4%；实验室改造和修缮、改善工作条件费用 2593 万元，约占 14.2%；高层次人才培养与引进、学科梯队建设、学术交流及科学研究等费用 6670 万元，约占 36.4%。其中，中央专项资金全部用于购置仪器设备和软件。

2. 创新人才培养项目投入资金 2167 万元(含中央专项资金 300 万元)，包括培养模式改革经费 573 万元，约占 26.4%；导师队伍建设经费 465 万元，约占 21.5%；共享平台建设经费 728 万元，约占 33.6%；培养机制创新经费 401 万元，约占 18.5%。

3. 队伍建设项目投入资金 7205 万元(含中央专项资金 800 万元)。其中，人才引进支出 4169 万元，约占 57.9%；人才培养支出 1744 万元，约占 24.2%；团队建设费用支出 1292 万元，约占 17.9%。

4. 校内公共服务体系建设投入资金 8635 万元。

三、重点学科数量居河北第一

"十一五"期间，学校已有的电机与电器、材料物理与化学 2 个国家重点学科通过评估。电工理论与新技术、机械制造及其自动化、化学工艺、微电子学与固体电子学等省级重点学科已接近国家重点学科水平，准备申报国家重点学科。同时，新增结构工程、技术经济及管理 2 个省级重点学科，省级重点学科数达到 17 个，数量位居河北省第一位。通过重点建设，学校已形成了由 2 个国家重点学科、4 个省强势特色学科(群)、17 个省级重点学科和 12 个校级重点学科构成的重点学科建设体系，为高水平大学建设奠定了坚实的学科基础。

一级学科博士点由 3 个增至 7 个，一级学科硕士点由 10 个增至 22 个，二级学科博士点达到 30 个、二级学科硕士点和专业学位授权领域(种类)达到 120 个，覆盖了学校的主要学科；博士后科研流动站由 4 个增至 8 个，3 个博士后科研流动站在 2010 年全国博士后科研流动站评估中获良好等级，成绩在河北省内最好；建有"质量工程"国家级建设项目 14 项、省级建设项目 96 项，获国家级教学成果奖 1 项；

有 13 篇博士论文被评为河北省优秀博士论文,52 篇硕士论文被评为河北省优秀硕士论文;学校作为国内最早开展 MBA 教育和开展 EMBA 教育的地方工科院校,培养规模和质量位于国内先进行列。

四、新增国家级创新团队和教学团队

学校先后软引进院士 6 名,引进洪堡奖学金获得者和海外优秀人才 30 余人,新增百千万人才工程国家级人选 2 人,新增教育部新世纪优秀人才支持计划 6 人、国务院政府特殊津贴获得者 4 人、新增国务院学位委员会第六届学科评议组成员 1 人,新增省级优秀人才 30 余人次;同时,选派 300 余名在职教师到国内外大学攻读博士学位,具有博士学位的教师达到 580 余人,师资队伍整体结构进一步优化、素质明显提高。此外,国家级创新团队建设取得新突破,学校新增全国专业技术人才先进集体 1 个;新增"长江学者"教育部创新团队 1 个、国家级教学团队 3 个,获"十一五"国家科技计划执行优秀团队 1 个。

其中,"211 工程"重点学科建设项目之一"电气工程电磁场与可靠性的研究及应用"的 2 个特色研究方向"工程电磁场与磁技术""电器可靠性与检测技术"继续保持优势,处于国内同类学科先进行列,在国际上具有一定影响。团队整体素质得到提高,已软引进院士 3 名,新增"新世纪百千万人才工程"国家级人选等高端学术人才 4 人次,1 人获得何梁何利科学与技术进步奖;具有博士学位人员的比例由"十五"期间的 50% 增长到现在的 95%,形成了一支结构优化、相对稳定的学术队伍。"河北省电磁场与电器可靠性省部共建国家重点实验室培育基地"也已接近国家重点实验室水平,同时,学科新增"智能康复装置与检测技术教育部工程研究中心",并在解决相关领域重要工程的关键技术问题等方面取得显著成效,制定国家及行业标准 10 项,获省级以上奖励 9 项,其中"低压保护电器关键技术的研究及其应用"获国家科技进步二等奖,其相关研究成果广泛应用于保定天威集团、河北宁晋晶隆集团及我国继电器与低压电器的主要大中型企业,经济效益、社会效益显著。电机与电器学科被评为全国专业技术人才先进集体。

五、实现地方高校承担"国家重大专项"突破

承担省部级以上纵向科研项目及主要横向科研项目 2000 余项,其中"十一五"

国家科技支撑计划重大项目、国家"973"计划前期研究项目、"863"计划项目和国家自然科学基金项目等 200 余项；学校承担的国家中长期科技发展规划十六个重大专项之一：02 重大专项项目"极大规模集成电路平坦化工艺与材料"，实现了地方承担国家重大专项项目的突破，成为全国唯一由地方院校主持承担的重大专项；在"十一五""211 工程"建设期间，学校获得省部级以上科技奖励 110 项，其中有 1 项获 2008 年度国家科技进步奖二等奖，另有一项获 2012 年度国家科技进步奖二等奖，有 13 项分获河北省科学技术突出贡献奖和省部级自然科学奖一等奖、技术发明奖一等奖、科技进步奖一等奖、社会科学优秀成果奖一等奖。同时，学校服务国家特别是河北省及京津地区经济社会发展的能力不断增强，先后与石家庄、唐山等 10 多个地市建立了全面合作关系，与天津滨海新区、唐山曹妃甸工业区、沧州渤海新区开展了多项合作，并建立了合作机构，与唐钢、保定天威等 80 多个大型企业集团建立了长期合作关系；学校国家大学科技园作为科技成果转化基地和全国首批高校学生科技创业实习基地，走出了"一园多区"的特色之路，并以校外近百个产学研基地为服务平台，推动技术合作与成果转化，取得了显著的经济效益和社会效益。

"十一五""211 工程"重点学科建设项目"面向资源充分利用和节能减排的化工技术"依托河北省重点学科，围绕面向资源充分利用和节能减排的化工技术关键问题与难题，展开了系统的研究工作，先后获得了化学工程与技术一级学科博士学位授予权，化学工程与技术博士后科研流动站，建成了海水资源高效利用化工技术教育部工程研究中心。在海水资源高效利用、绿色化工和化工过程系统集成与高效分离等领域形成了 3 个有特色的创新团队，"海水资源高效利用化工技术学术团队"入选教育部长江学者和创新团队发展计划，"化学工程与工艺"入选国家级教学团队；获省级科研奖励 6 项，其中"沸石法海水苦卤提取硫酸钾高效节能技术"获 2010 年度河北省技术发明一等奖，同时，学校申报的"大通量高效立体传质塔板技术及其在化工节能降耗中的应用"获 2012 年度国家科技进步二等奖；形成了"海水综合利用集成技术及产业化""安全高效与环境友好的化学合成工艺过程""溶媒回收资源综合利用及节能降耗新技术"等三个具有较高显示度的标志性成果。

"十一五""211 工程"重点学科建设项目"新型功能材料的研究与应用"围绕国家、河北省和天津市在新型功能材料等领域的重大科技需求和关键问题，在半导体材料微结构与性能的调控及其应用、无机非金属矿物材料节能与环保功能化关键制备技术与应用、材料表面调控技术与新型复合材料等方面开展了系统研究，承担国家科技支撑计划、国家"973"计划前期研究项目等重大国家级科研项目 32 项，获省级以上科研奖励 16 项,其中河北省科学技术突出贡献奖 1 项,省级科技奖励一等奖 3 项;学科队伍与高素质创新人才培养工作取得积极进展,引进洪堡学者及日本国立物质研究所高级研究员各 1 名;培育教育部新世纪人才等高水平学术人才 11 人次,4 篇博士论文获得河北省优秀博士论文;同时,建成了生态环境与信息特种功能材料省部共建教育部重点实验室等高水平科技研发和共享平台,与河北晶隆集团、天津大港油田、广东美的集团等多家企业开展了广泛合作;大大提高了企业的创新力、竞争力与经济效益,推动了相关企业的快速发展。

六、省部级科技创新平台增至 14 个

建有省部共建国家重点实验室培育基地等省部级科技创新平台 14 个。其中,新增的 2 个教育部工程研究中心,实现了学校教育部工程研究中心零的突破,并建有省部共建生态环境与信息特种功能材料教育部重点实验室;"河北省电磁场与电器可靠性省部共建国家重点实验室培育基地"已接近国家重点实验室水平,河北省机电一体化工程技术中心融合河北省制造业创新方法工程技术研究中心,目前已建成国家技术创新方法与实施工具工程技术研究中心,通过了科技部组织的可行性论证和评审会。

学校建成了 1 个可再生能源有效利用和建筑节能集成技术研究平台,即,河北工业大学新校区"可再生能源利用与建筑节能技术中试平台",与曹妃甸工业区联合成立了"新能源及建筑节能技术研究中心"。学校完成了 3 个针对区域的可再生能源有效利用及低能耗建筑建设的评价体系,即曹妃甸工业区可再生能源利用评价及控制标准体系、唐山市地源热泵系统建设应用管理办法(地方性法规)、建筑节能分析系统(AEEAS);实施了 4 个技术应用示范工程,即海泡石材料系列建材产品中试示范线、石家庄市百万平米规模集中供热系统节能示范工程、唐山建华工程质量检测有限公司综合大楼脱硫石膏应用示范工程、天津蓟县秸秆成型燃料分户采暖示范工程;通过了 3 部国家标准,即《农村民宅抗震构造详图》《热轧带肋高强钢筋在混凝土结构中应用技术导则》《通断时间面积法热计量装置技术条件》,并通过了 5 部河北省和天津市地方标准;总之,该项目全面完成了预期的"1233"建设目标,取得了建筑节能部分关键技术的突破,并形成了以博士学位授权学科、博士后科研流动站和省部级基地平台为载体的创新人才培养基地,形成了一支在高水平学术带头人带领下,以中青年学术骨干为主的创新队伍,为环京津区域建筑领域的

节能减排提供了较为全面的技术与智力支撑。

同时,在校内公共服务体系建设方面,建成了"开放型""数字化""安全"的图书馆文献信息一体化平台、信息系统与信息资源高度整合的校园计算机网络通信和应用平台以及大型仪器设备与优质资源共享平台等,优化了全校师生的教学、科研和学习的环境。

七、创新研究生培养模式

学校以强化创新人才培养理念为先导,探索不同规格、不同类型、不同层次的研究生培养模式,将研究生培养分为学术型和应用型两大类,根据社会需求及研究生的发展需要,又将学术型细分为科学研究型和技术研究型,将应用型细分为技术开发型与技术应用型。根据不同培养目标,制定和修订了研究生培养方案,并开展了专业学位研究生教育综合改革试点工作。

为加强研究生导师队伍建设及管理,全力提高研究生导师的创新实践能力和学术道德水平,学校以"创新"为价值导向,修订了博士和硕士研究生指导条例和导师研究生双向选择的办法;引进了30余名留学归国的博士、教授,并邀请多名高层次人才兼任学校研究生导师,选派133名研究生导师到国外进修或访问,提高了导师队伍的整体水平。同时,建立了开放的创新人才培养共享平台,通过设立研究生创新论坛基金,定期举行学者论坛、导师论坛和研究生论坛,邀请国内外著名专家学者来学校做专题讲学或报告,开展校内或校际间的学科或跨学科的研究生导师的学术研讨或交流,先后共举办学者论坛百余次、导师论坛207次,研究生论坛338次。

学校积极探索多元化、开放性的创新人才培养方式,通过启动"精英培养计划"和"英才培养计划",开展本硕、硕博、本硕博连续培养,鼓励优秀本科生提前参与科学研究;设立博士生国内访学专项基金和博士研究生中外联合培养基金等,资助博士研究生赴国内外知名大学及科研机构学习和交流,以推动创新型人才的培养,鼓励研究生在学期间产生更多更好的创新性成果,全面提升学位论文水平。

八、科研成果"落地开花"

"低压保护电器关键技术的研究及其应用"科研项目研究内容主要包括断路器

生产线终端瞬动特性的调试技术与低压保护电器的可靠性技术等决定低压保护电器产品质量与可靠性水平的重要关键技术。其研究成果解决了国内外长期未能解决的断路器瞬动特性调试准确度不高的难题,并对低压保护电器的可靠性进行了开创性研究。在国内外首次制订出可靠性指标及可靠性试验方法标准,为提高我国低压保护类电器产品的质量与可靠性水平奠定了基础。相关成果推广应用到70%的低压保护类电器主要生产厂家,取得了重大的经济和社会效益。该项成果获2008年度国家科技进步奖二等奖。

"机械产品创新设计理论及工程化"成果主要进行了制造业创新方法研究、创新方法推广和工程实现,以满足我国制造业发展新需求,助推创新型企业构建和技术创新进程。其首次建立了一种面向中国企业创新需求的 TRIZ 体系—C-TRIZ,在此基础上,形成有效支持产品创新的 TRIZ 使能技术,开发了具有自主知识产权的计算机辅助创新设计系列软件;在 TRIZ 领域发表的相关论文他引 1300 余次、被 EI 收录篇数在 TRIZ 领域位居世界第一。并针对创新型企业的需求,建立创新工程师培训过程模型,为科研院所、企业单位培养了大批创新师资和创新工程师,增加效益 1.33 亿元,社会效益重大。依托该标志性成果,2009 年建立了全国首家河北省制造业创新方法工程技术研究中心,该创新团队被科技部评为"十一五"国家科技计划执行优秀团队,申报的国家技术创新方法与实施工具工程技术研究中心目前已通过科技部组织的可行性论证和评审。

危险行业机器人化装备优化设计与控制技术研究成果重点围绕煤矿生产、石油化工危险品生产、核电安全生产以及高污染等行业的成套装备与作业机器人等专业应急救援和安全作业装备发展的需求,攻克一批关键和共性平台技术,研制具有自主知识产权的装备产品,满足危险行业高效生产与灾害事故现场处置需求。研究成果首次为刮板输送机关键零部件的产品设计提供了平台,提出了车—手—眼协调的概念,开发了若干特种机器人和成套装备,成果的核心技术和成套装备已应用到煤炭综采、核电在役检测、石化危险品泄漏监测、高污染物的包装等行业,目前已产生直接经济效益近 5.2 亿元,由于本成果是围绕高危行业,将取代或部分取代人工作业,产生的社会效益巨大。相关成果获得河北省科技进步奖一等奖 1 项、天津市科技进步成果奖二等奖 1 项,获得国家授权发明专利 15 项。

建筑供能系统的能源高效利用技术基于可再生能源有效利用的多能耦合建筑供能技术以及建筑能源系统优化控制技术,突破了建筑供能系统能源高效利用的系列关键技术,取得了突破性科技成果,并在科技成果转化和推广应用中取得了显著成效,相关技术成果列入了国际能源署(IEA)"Annex 21"项目的年度报告。以本成果为核心,支持河北省唐山市列入国家可再生能源建筑应用示范城市和国家既有建筑节能改造示范城市,获得国家财政奖励资金近 6 亿元。编制了工业标准及地方性法规。技术成果已累计推广应用达 1000 万平米,直接经济效益 2 亿元以上。

"海水综合利用集成技术及产业化"研究成果在国际上率先提出"浓度势"等全新理论观点,开拓性地制备出"C-轴取向紧密排布的 L 型沸石单层薄膜",开发的"沸石离子筛法海水提钾"原创性核心技术,攻克了海水提钾过经济关、实现工业化的难题,为解决国内农业急需的钾肥来源开辟了有效途径;创新性地提出了"海水综合利用集成技术",在曹妃甸工业区建成了国际首个万吨级浓海水综合利用示范工程,项目成果转化为企业创造直接经济效益 2.5 亿元。建成了"教育部海水利用技术工程研究中心",并获省部级一等奖 2 项、三等奖 1 项,成果依托团队成功入选教育部创新团队。

"安全高效与环境友好的化学合成工艺过程"成果提出了多尺度反应过程绿色集成系统的概念和方法,并成功地用于直接合成碳酸二甲酯等多个反应体系;通过对多功能催化剂与各反应的匹配性和反应中间物快速转化机制的研究,提出了从源头上解决化工过程安全问题的方法,并将其用于直接催化合成芳香胺集成反应体系。基于环境友好与安全高效的化工过程理念,开发出硝基苯催化加氢直接合成对氨基苯酚清洁工艺。"对氨基苯酚清洁生产工艺与关键技术"已被列为河北省自主创新重大成果转化项目;"年产 500 吨对氨基苯酚清洁合成新工艺"中试放大研究已取得阶段性成果。相关成果获授权发明专利 17 项,鉴定科研成果 21 项,获河北省技术发明奖二等奖 1 项。

"绿色能源与生态环境功能材料的先进制备技术及创新平台"项目攻克了海泡石族矿物材料纤维束界面相互作用及纤维劈分解离技术、低成本高性能海泡石隔热节能矿物材料的规模化制备技术等多个关键技术,开发了建筑隔热节能、高品质功能化日用陶瓷、工业锅炉节能环保功能活化床四个系列新产品,建立了工业示范工程。成果依托学科前沿创建了中国建筑材料联合会生态环境建材分会等国家级学术组织;建成了生态环境与信息特种功能材料省部共建教育部重点实验室;建成涵盖电气石环境矿物材料基础性能信息和节能环保领域应用信息及测试技术等内容的电气石信息数据资源库与服务平台;建成了国家战略性新兴产业发展急需的"功能材料"本科专业。

九、2008 年教育部本科教学工作水平评估获优秀

2008 年 4 月 13 日至 18 日，教育部评估本科教学工作水平专家组按照教育部《普通高等学校本科教学工作水平评估方案（试行）》的要求，通过听、访、看、谈、查、测试等多种形式采集信息，对学校本科教学工作情况进行了全面考察。

4 月 13 日，专家组组长，湖南大学原党委书记刘光栋教授；专家组副组长，长安大学原副校长翟振东教授；专家组成员，长春理工大学校长于化东教授、武汉科技大学校长孔建益教授、山东理工大学常务副校长张新义教授、集美大学副校长杨国豪教授、大连交通大学副校长关天民教授、沈阳建筑大学副校长刘军教授、清华大学副教务长康飞宇教授、西北工业大学信息学院院长段哲民教授和东北大学学科处长、"985 工程"办公室主任、"211 工程"办公室主任、高教所长王兴伟教授，以及专家组秘书、江西省教育厅高教处副处长杜侦研究员，教育部高等教育教学评估中心、北京中医药大学杨昆蓉副研究员等 11 位专家及 2 位秘书陆续到校。晚上 8 点，专家组不顾旅途劳累，召开了预备会议，针对专家的学科专长进行了分组分工，专家组组长刘光栋教授主持了此次预备会。各位专家在学习了相关文件后，讨论制定了具体的工作日程安排和专家分工，并下达了评估指令。

4 月 14 日上午 8 点 15 分，学校本科教学工作水平评估汇报会在北辰校区行政楼报告厅隆重举行。教育部评估专家组组长刘光栋、副组长翟振东，专家组成员于化东、孔建益、张新义、杨国豪、关天民、刘军、康飞宇、段哲民、王兴伟，专家组秘书杜侦、杨昆蓉，河北省副省长龙庄伟、河北省政府副秘书长李靖，省委教育工委书记、省教育厅厅长刘教民，省政府、省教育厅有关领导刘耀辉、张庆文、王晨光、高明，全体校领导出席汇报会。

汇报会分两个阶段进行。第一阶段由河北省政府副秘书长李靖主持。

校党委书记马树强致欢迎词。他代表河北工业大学校党委、校行政及全体师生员工对各位专家和领导的到来表示最热烈的欢迎和崇高的敬意。他说，教育部专家组对学校的本科教学工作进行全面考察和悉心指导，这是一个向各位专家请教和学习的机会，一个发现自身差距和改进今后工作的机会，一个加深友谊和赢得更多支持帮助的机会。学校一定十分珍惜这次宝贵的机会，努力为专家组评估工作做好服务，确保此次考察评估工作顺利进行。

龙庄伟代表河北省政府向各位专家的到来表示热烈的欢迎，对教育部和各位

专家多年来对河北高等教育工作的关心、支持表示衷心的感谢。他在介绍了河北省省情及河北高等教育发展态势后指出，近年来，河北工业大学紧紧围绕"大力加强本科教学工作、提高人才质量"这一中心，进一步加大了改革和建设力度，努力强化"工学并举"办学特色，不断完善质量监控和保障体系，使学校各项工作特别是本科教学工作得到了明显加强，综合实力和整体水平又迈上了一个新台阶。他表示，对河北工大的建设和发展，省政府将一如既往地给予高度重视和大力支持。他说，教育部专家组这次评估必将对学校的改革、建设和发展，对河北省高等教育的改革发展产生重要的指导和促进作用。我们将充分利用这次评估机会，虚心向各位专家学习请教，认真研究制定加强建设、深化改革、强化管理、提高质量的有效措施，进一步加大推进高等教育改革发展的力度，努力把我省高等教育工作提高到一个新水平。

教育部专家组刘光栋教授在代表专家组讲话时说，受教育部的委托，专家组一行 13 人将依据《普通高等学校本科教学工作水平评估方案》，通过听取校长汇报、调阅有关资料、实地走访院系部处、召开系列座谈会等方式对学校的本科教学工作水平进行考察评估，希望能够得到理解、支持和关心。他指出，河北工业大学作为河北省唯一一所国家"211 工程"重点建设大学，是河北省高校的龙头，特别是认真贯彻落实教育部本科教学工作水平评估方针，扎实开展了大量工作，取得了非常好的成绩，专家组将认真、虚心地学习学校好的经验、做法。他表示，专家组与学校的目标是一致的，专家组一定对河北工业大学做出全面、客观、公正、实事求是的评价，不辜负学校师生的期望。

教育部专家组与省、校领导合影留念后，专家组组长刘光栋主持第二阶段汇报会。校党委副书记、校长傅广生从学校历史与现状、办学指导思想与定位、教学建设与改革和办学特色四个方面，简要、全面、客观地向专家组汇报了学校本科教学工作。随后，专家组收看了学校专题录像片——《工学并举展新篇》。

全体中层干部、副教授以上人员、教学督导委员会成员和学生代表参加了汇报会。

在随后的 5 天时间里，专家组认真考察了学校的教学基础设施，走访了各学院和相关职能部门，召开了多场不同层次和内容的座谈会，随机抽听了多堂不同专业的授课，与学校师生进行了切实而深入的交流。

18 日上午，教学工作水平评估专家组反馈意见会在红桥校区东院 7D101 报告厅召开。教育部评估专家组副组长翟振东主持专家组反馈意见会。

教育部评估专家组组长刘光栋，专家组成员于化东、孔建益、张新义、关天民、刘军、康飞宇、段哲民、王兴伟，专家组秘书杜侦、杨昆蓉，河北省委教育工委书记、省教育厅厅长刘教民，省教育厅有关领导王晨光、高明及全体校领导出席反馈意见会。

会上，刘光栋教授宣读了考察意见。考察意见指出，学校高度重视本科教学工作水平评估和建设工作，认真贯彻落实"以评促建、以评促改、以评促管、评建结合、重在建设"的二十字方针，评建工作成效显著，本科教学工作的中心地位切实得到加强，质量意识深入人心，教育教学质量进一步提高，师生员工的凝聚力、向心力不断增强，为学校今后的发展奠定了坚实的基础。学校应进一步加大师资队伍建设力度，努力培养和引进高水平学科带头人；应加快北辰校区的建设步伐，不断改善本科教学基本条件，优化人才培养环境，为学校全面协调可持续发展奠定坚实基础。建议河北省省委、省政府进一步加大对学校

教育部关于公布北京师范大学等 87 所普通高等学校
本科教学工作水平评估结论的通知

办学经费的投入和支持力度，并给予政策上的倾斜，推动学校更好更快地发展，使学校加快高水平大学建设进程，为河北省、区域及全国经济与社会发展作出新的更大的贡献。

刘教民代表河北省委教育工委、省教育厅对专家组全体专家表示衷心的感谢。他指出，这些年来，河北省委教育工委、省教育厅对河北工业大学建设与发展所取得的成就是认可的，尤其是对学校评建工作以来，在校党委领导下师生员工齐心协力所取得的成绩是满意的。对专家组提出的意见，学校逐条认真研究吸纳，抓紧制定整改方案，采取切实有力的措施，尽快落实到今后的工作中。同时，希望学校要以这次评估为契机，认真贯彻落实教育部评建"二十字方针"，全面提高人才培养质

量，努力把学校各项工作推进上一个新台阶。

"这些意见很客观、很全面、很深刻，也很中肯。听后，如春风化雨，让人耳目一新；又如点石成金，让人为之一振。对于专家们的意见，我们将视为至宝，了然于胸，铭记于心，实践于行，以此指导和推动学校的本科教学工作，进一步提高教育教学质量，带动和促进学校各项教育事业的发展。"校党委书记马树强在反馈会上做了表态发言。

反馈意见会召开之前，专家组成员逐一向学校领导班子及相关部门反馈了具体的意见。

十、学校"十一五""211 工程"建设项目通过验收

2012 年 3 月 24 日，经由河北省教育厅组织的河北工业大学"十一五""211 工程"建设项目验收专家组严格认真的检查、考核和评价，专家组一致同意学校通过"十一五""211 工程"建设项目验收。

河北工业大学"211 工程"三期建设项目验收专家组会议

以中国科学院院士沈保根为组长，中国科学院院士严陆光、中国工程院院士马克俭、中国工程院院士叶声华等专家为成员的验收专家组，对学校"十一五""211 工程"建设项目进行了检查验收。专家组听取了校长傅广生所作的学校"十一五""211 工程"建设项目总结报告及电气工程电磁场与可靠性的研究及应用、环京津地区建筑节能与能源高效利用关键技术、机械产品创新平台及其关键技术、面向资源充分利用和节能减排的化工技术与新型功能材料的研究与应用等五个重点学科建

设项目,创新人才培养项目,队伍建设项目,以及图书文献信息保障体系、校园计算机网络系统、大型仪器设备和优质资源共享平台等三个校内公共服务体系建设项目负责人关于项目建设情况的报告,审阅了各建设项目的总结报告、财务报告和审计报告等有关材料,实地考察了重点学科等各建设项目相关的实验室、(工程)研究中心等教学科研设施的建设情况,检查设备到位和使用情况。

专家组一致认为河北工业大学"十一五""211 工程"建设项目,在国家发改委、财政部、教育部等部门,特别是河北省委、省政府的高度重视和支持下,圆满完成了投资计划和各项建设任务,实现了预定的建设目标。通过"十一五""211 工程"建设,河北工业大学综合办学实力进一步增强,改革与创新迈出新步伐,在重点学科建设、创新人才培养和队伍建设以及校内公共服务体系建设等方面取得了重要进展,并形成了一批具有显示度的标志性成果,为国家特别是河北省的经济建设和社会发展作出了重要贡献。专家组一致通过对河北工业大学"十一五""211 工程"建设项目的验收。

河北省副省长龙庄伟、省教育厅厅长刘教民、省政府副秘书长李靖、省教育厅副厅长翟海魂、省科技厅巡视员穆铁学等省厅领导参加了验收会。

在验收会之前,3 月 23 日下午,龙庄伟视察了学校能环学科、材料学科、电气学科的"十一五""211 工程"建设成果。在 3 月 24 日上午的验收开幕式上,龙庄伟发表讲话。他首先代表河北省政府,向多年来关心支持河北工大"211 工程"建设、关心支持河北高等教育发展的各位专家致以诚挚的感谢。他说,"河北省委、省政府对河北工大'211 工程'建设十分重视,按照国家的统一部署和要求,我省把河北工大的'211 工程'建设纳入了全省经济和社会发展计划,一直作为重点大学、重点学科建设的战略重点来抓,采取了一系列切实有力的措施,积极推进工程建设。通过项目建设,重点学科建设体系得到进一步完善,学科层次得到显著提升,技术研发的基础条件得以改善,人才引进和团队建设实现新的突破,服务经济社会发展能力明显提高,学校的整体实力得到了进一步增强。"他希望河北工业大学要抓住机遇,明确定位,坚持科学发展,创新驱动,按照国家有关部委和省里的部署与要求,着眼于建设高水平大学,认真研究制定下一期"211 工程"建设方案,进一步加强重点学科与学术梯队建设,进一步调整优化学科专业结构,进一步加强科技创新和产学研结合,努力通过新一期"211 工程"建设,拉动学校实现更快更好地发展,使学校的整体办学水平再上新台阶。省政府将会继续大力支持河北工大"211 工程"建设,在资金、项目、政策方面继续对学校的建设和发展给予积极支持。

第六章　与时俱进　传承创新

刘教民出席验收闭幕式并讲话，他首先对专家组高度负责、不辞辛苦、深入严谨的工作作风和高超的工作水平给予充分肯定。他说，河北工业大学通过"十一五""211工程"重点建设，较好地完成了各项目标任务，取得了很大成绩，为下一步建设和发展打下了良好的基础。他希望学校深入领会国家对"211工程"建设的新精神，认真分析河北省建设经济强省、和谐河北的新形势，紧密结合河北省高等教育发展的新要求，在学科专业建设、提高人才培养质量、协同创新、服务社会及人才队伍建设等方面狠下功夫，以"211工程"建设引领学校改革建设与发展，凝心聚力、振奋精神、精心谋划、开拓创新，力争在今后的建设和发展中取得新的更大的成绩，作河北省高等教育改革的示范、发展的示范、管理的示范、服务的示范。

穆铁学等相继发表讲话，并表示将会继续支持河北工业大学的"211工程"建设及学校各项事业的发展。专家组的验收意见表示，河北工业大学将继续以"211工程"建设为抓手，大力推进高水平大学建设，积极实施"四大战略"和"八大工程"。在河北省委、省政府和省直相关部门的正确领导和大力支持下，以学校中长期发展规划为行动纲领，经过全校师生员工的共同努力，学校"211工程"建设和高水平大学建设一定能够再上新台阶、再出新成绩。

校党委书记马树强代表学校对各位专家和领导常年对河北工业大学的支持和帮助表示感谢。他表示，河北工业大学将不负各位专家和领导的厚望，认真贯彻落实河北省第八次党代会精神，认真学习贯彻"全面提高高等教育质量工作会议"精神，在继续加强"211工程"建设力度的同时，积极参与国家"2011计划"，把坚持内涵发展、提高教育质量、推动协同创新提到重要日程，加快高水平大学建设进程，努力为建设经济强省、和谐河北作出应有的贡献。

十一、中国共产党河北工业大学第四次代表大会召开

2012年12月27日上午8点30分，中国共产党河北工业大学第四次代表大会开幕式在北辰校区大学生活动中心礼堂隆重举行。来自学校不同工作岗位的12个代表团的正式代表以及列席人员齐聚一堂，共商学校改革和发展大计。

中共天津市委教育工委副局级巡视员兼工委干部处处长张弢，中共河北省委教育工委组织干部处处长霍炳泉，中共天津市委教育工委组织处处长唐勇，天津理工大学党委副书记史庆伟出席了开幕式。大会主席团全体成员、我校现任校级领导中的党外人士、教师中的省市级以上人大代表、政协委员、中层干部中的党外人

士以及学校各民主党派负责人出席了开幕式。曾经担任过我校校级领导职务的老同志、不是本次大会代表的现任党员中层干部以及享受校内处级待遇的党员干部和空军选培办负责同志应邀出席了开幕式。

中国共产党河北工业大学第四次党员代表大会

大会开幕式在雄壮的国歌声中开始。校党委副书记郭健主持大会。

校长展永致开幕词,他代表大会主席团向莅临大会的省、市领导和各位来宾表示热烈的欢迎,向为学校建设和发展付出辛劳的学校历任老领导和离退休老同志致以崇高的敬意,向长期以来与我们肝胆相照、并肩奋斗的学校各民主党派和无党派人士表示衷心的感谢。

他指出,学校第四次党代会,是党的十八大之后学校召开的第一次重要会议,也是学校高水平大学建设的关键时期和攻坚阶段召开的一次具有历史意义的会议。他希望各位代表牢记党组织和广大党员的重托,把参加这次党代会作为增强党性观念、加强党性修养的机会,在大会主席团的领导下,积极参加各次会议,认真履行代表职责。他相信,经过全体代表的共同努力、积极参与,这次大会必将开成一个民主的大会、团结的大会,一个统一思想、鼓舞士气的大会,一个总结经验、共谋发展的大会。

河北省委组织部、河北省委教育工委、天津市委教育工委专门发来贺信,对学校第四次党员代表大会的胜利召开表示热烈祝贺,并提出了殷切期望;河北省、天津市的37所兄弟院校纷纷发来热情洋溢的贺信,为大会送上了诚挚的祝福;校工会、校团委、校学生会、校研究生会等群团组织和学校各民主党派四个基层组织民盟、民进、致公党、九三学社,也通过贺信的方式表达了对大会的祝贺与期待。

中共天津市委教育工委副局级巡视员兼工委干部处处长张弢宣读了中共天津市委教育工委的贺信，中共河北省委教育工委组织干部处处长霍炳泉宣读了中共河北省委组织部、省委教育工委的贺信。

校党委书记李强代表中国共产党河北工业大学第三届委员会向大会作了题为《凝心聚力，改革创新，为建成高水平大学而努力奋斗》的工作报告。

大会主题是：高举中国特色社会主义伟大旗帜，以邓小平理论、"三个代表"重要思想、科学发展观为指导，认真学习贯彻党的十八大精神，全面贯彻党和国家的教育方针，解放思想，凝心聚力，改革创新，攻坚克难，坚定不移地走内涵发展、特色发展、创新发展之路，继续推进"211工程"建设，加快落实学校"中长期发展规划纲要"，为把我校建设成为国内有重要影响、国际知名的高水平大学而努力奋斗。

报告回顾了第三次党代会以来的六年，在河北省委、省政府，天津市委、市政府的正确领导下，在省市有关部门的大力支持下，学校党委团结带领全校师生员工所做的工作以及所取得的成绩，客观判断了当前面临的主要困难和问题，科学分析了学校高水平大学建设所面临的新形势、新问题和新要求，明确提出了建设高水平大学的征程中必须牢牢把握的发展要求，系统阐述了学校建设高水平大学的发展目标、主要任务和实现途径，对全面提高党的建设科学化水平提出了明确要求。

报告强调，当前和今后一段时期，全校上下必须把学习贯彻党的十八大精神作为首要政治任务，把科学发展观贯彻到高水平大学建设的全过程，体现到党的建设各方面，必须坚持人才强校，必须坚持内涵发展，必须坚持特色发展，必须坚持改革创新，必须坚持开放办学，必须坚持师生员工主体地位，必须坚持服务冀津，必须坚持党的领导。各级领导班子、领导干部要进一步增强忧患意识、责任意识、创新意识和发展意识，主动抢抓机遇，沉着应对挑战，以敢于担当、勇于创新、甘于奉献的精神状态，努力开创高水平大学建设的新局面。

报告确立了学校今后的发展目标，即确保到2020年，把学校建成以工为主、多学科协调发展的国内有重要影响、国际知名的高水平大学。具体体现在学科建设、教师队伍建设、人才培养、科学研究与社会服务、合作办学、文化传承创新、育人环境建设和管理服务等八个方面。

报告进一步明确了建设高水平大学的主要任务和实现途径。在建设高水平大学的过程中，必须以立德树人为根本，以提高教育质量为主线，以落实学校"中长期发展规划纲要"为抓手，以人才队伍建设、学科建设和创新平台建设为重点，以全方位改革特别是内部管理体制改革为动力，不断推动学校各项工作迈上新台阶。一是积极推进校内管理体制改革;二是大力提升学科水平和实力;三是切实提高教师队伍的整体素质;四是全面提高人才培养质量;五是着力增强科学研究和社会服务能力;六是大力提升国际化办学水平;七是着力改善师生工作、学习和生活环境;八是切实加强思想和文化建设。

报告强调,高水平大学建设各项任务的落实离不开党的坚强领导,我们要牢牢把握加强党的执政能力建设、先进性和纯洁性建设的主线,进一步加强党的思想建设、组织建设、作风建设、反腐倡廉建设和制度建设,积极创建学习型、服务型、创新型党组织,全面提高党建的科学化水平。

报告号召全校共产党员和广大师生员工要继承和发扬学校的优良传统,进一步解放思想,凝心聚力,改革创新,攻坚克难,以更加振奋的精神状态、更加饱满的工作热情、更加扎实的工作作风、更加务实的实际行动,为把学校建设成为国内有重要影响、国际知名的高水平大学而努力奋斗!

12 月 28 日上午 10:20,中国共产党河北工业大学第四次党员代表大会举行闭幕式。大会闭幕式由校长展永同志主持。

中国共产党河北工业大学第四次党员代表大会闭幕式

大会通过了关于中国共产党河北工业大学第三届委员会工作报告的决议,决议指出,中国共产党河北工业大学第四次党员代表大会批准李强同志代表中国共产党河北工业大学第三届委员会所作的工作报告。大会通过了关于中国共产党河北工业大学纪律检查委员会工作报告的决议,决议指出,中国共产党河北工业大学第四次党员代表大会经过认真审议,批准中国共产党河北工业大学纪律检查委员会的工作报告。

大会以差额预选，等额选举方式选举产生中共河北工业大学第四届委员会委员 25 名（于明、王延吉、王艳廷、戎贤、吕荣杰、刘兵、孙卫忠、李冰、李强、李延涛、李海涛、杨玉桢、谷路宁、张成德、张明路、张建畅、苑光明、林艳书、赵斌、段国林、贺立军、徐桂芝、郭健、郭宏飞、展永）。第四届校党委第一次全体会议选举产生了常务委员会委员 8 名，书记 1 名，副书记 2 名。李强任书记，展永、郭健任副书记。

校党委书记李强致闭幕词。他指出，中国共产党河北工业大学第四次党员代表大会，在中共河北省委教育工委、中共天津市委教育工委的正确领导下，在与会代表和全体同志的共同努力下，圆满完成了大会的各项任务。

李强强调，这次大会是一次民主务实、团结奋进的大会，是一次统一思想、鼓舞士气的大会，是一次群策群力、共谋发展的大会，必将动员和激励全校共产党员和广大师生员工，向着建成高水平大学的宏伟目标阔步前进。

李强要求，全校各级党组织一定要在深入学习贯彻党的十八大精神的同时，认真做好这次大会精神的学习宣传和贯彻落实工作，切实把全校共产党员和广大师生员工的思想和行动统一到大会精神上来，把各方面的智慧和力量凝聚到学校高水平大学建设之中，使大会精神深入人心、见诸行动，落到实处、取得实效。各位代表一定要自觉发挥模范带头作用，立足本职岗位，用实际行动把大会的精神传达好、宣传好、贯彻好、落实好，为学校的又好又快发展贡献自己的智慧和力量。

第六节　庆贺潘承孝教授百岁华诞

一、举办潘承孝教授百岁华诞庆贺大会

1996 年 3 月 23 日上午，天津宾馆中礼堂三楼大厅一派喜庆气氛，我国汽车、内燃机专家和著名教育家、学校名誉校长潘承孝教授百岁华诞暨执教七十周年庆贺大会在这里隆重举行。这次大会是由民进中央、民进天津市委、民进河北省委和学校联合举办的。

潘承孝教授百岁华诞庆祝大会

全国人大常委会副委员长、民进中央主席雷洁琼、全国人大常委会副委员长王光英、著名书法家、民进中央参议委员会主席赵朴初、河北省省长叶连松、省人大常委会主任吕传赞、省政协主席李文珊等为庆贺潘老百岁华诞题词。

中共中央统战部、中共河北省委、中共天津市委、河北省人大常委会、天津市人大常委会、河北省人民政府、天津市人民政府、河北省政协、天津市政协、中共河北省委统战部等向潘承孝教授百岁华诞敬献了花篮。敬献花篮的还有：冶金部副部长徐大铨、南开大学母国光、陈茹玉、严志达、申洋文、何炳林、陈荣悌、李正名、中国民航学院、天津外商企业协会会长王述祖、河北工业大学工会、团委、学生会等。

上午10时整，校党委书记冯其标同志宣布潘承孝教授百岁华诞庆贺大会开始。

全国人大常委会副委员长、民进中央主席雷洁琼专程到津祝贺。出席庆贺大会的还有中共天津市委书记高德占，民进中央副主席楚庄，国家教委副主任周远

第六章　与时俱进　传承创新

清,中国工程院副院长,中国科学院院士师昌绪,冶金部副部长徐大铨,天津市人大常委会主任聂璧初,中共天津市委常委、教卫工委书记王鸿江,天津市人大常委会副主任鲁学政,天津市人大常委会副主任王成怀,天津市人大常委会副主任、中国科学院院士陈荣悌,天津市人大常委会副主任刘文藩,天津市副市长庄公惠,天津市政协副主席黄炎智,天津市政协副主席、中国科学院院士陈茹玉,天津市政协副主席、中国科学院院士、民进天津市委主委余国琮,天津市政协副主席、统战部部长张永根,河北省人大常委会副主任张震环,河北省人大常委会副主任刘宗耀,河北省副省长刘作田,河北省政协副主席、民进河北省委主委陈慧,民进中央副主席冯骥才,民进中央参议委员会副主席方明,民进中央秘书长陈益群,民进中央常委、中国科学院院士蔡睿贤,中共中央统战部副部长林智敏,美籍华人协会第二任会长、美国国家工程院院士李耀滋,机械科学研究院名誉院长、中国科学院院士雷天觉,河北省教委主任田洪波,河北省政府副秘书长李曙光,河北省政府驻津办事处主任李大民,天津市委副秘书长王述良,天津市教委副主任邢元敏,原天津市政协副主席赵今声,原天津市政协副主席何国模,原河北省政协副主席王恩多以及学校党委书记冯其标、校长颜威利等。

出席庆贺大会并在主席台上就座的还有民进中央、国家教委、天津市、河北省有关部门的领导,中国科学院、工程院院士和部分全国著名学者、教授、专家及学校党委和行政的领导。天津市、河北省兄弟院校代表,潘承孝教授海内外同事、学生、好友代表及学校师生代表500多人参加了庆贺大会。

全国人大常委会副委员长王光英、省长叶连松等单位和个人专门发来贺电和贺信。全国人大常委会副委员长、民进中央主席雷洁琼亲临大会并致辞。

天津市委副书记李建国、河北省副省长刘作田在会上致贺词。

李建国代表中共天津市委、市人大常委会、市政府、市政协,同时,代表市委书记高德占、市长张立昌同志,向潘老致以最真诚的问候和最衷心的祝贺!

他说,潘老是天津教育科技界德高望重的老前辈,著名的高等教育家。在潘老执教70年的漫长岁月中,有近50个春秋是在天津度过的。在长期的教育实践活动中,潘老积累和创造了丰富的办学经验,培养了一批又一批高级专门人才,可谓"教泽布域中,桃李满天下"为人民教育事业作出了重要的贡献。潘老也是知名的社会活动家,在领导繁重的教学工作的同时,曾担任过许多重要的社会职务。潘老是全国政协第二届委员,第三至第六届全国人大代表,天津市第一届人大代表,天津市政协副主席。潘老还担任过民进天津市委副主委、主委,民进中央委员、常委和民进中央参议委员会第一、二届副主任委员。潘老为坚持共产党领导的多党合作和政治协商制度，做了长期不懈的努力。

他表示，天津市与河北省唇齿相依，亲如兄弟。推进京津冀联合，共建环渤海综合经济圈，是我们的共同愿望和利益所在。让我们继承和发扬潘老爱党、爱国、奉献、敬业的精神，为河北和天津的发展与振兴，和衷共济，共同努力。

刘作田代表河北省委、省人大、省政府、省政协，向潘老表示诚挚的问候和衷心的祝贺。

他说，潘老是教育界、科技界德高望重的老前辈，在百年人生历程中，潘老走的是一条追求真理、坚持正义、爱党爱国、奉献敬业的道路。新中国成立前，潘老忧国忧民，在艰难困苦的条件下，培养了一大批专门人才，奠定了我国汽车、内燃机工程教育事业的基础。新中国成立后，潘老满心事业，竭尽全力为党工作，培养了众多的教授、工程师、科学研究人员和工业建设人才。改革开放以来，潘老衷心拥护、坚决贯彻党的基本路线，为我省高教发展和科技进步呕心沥血，体现了老一辈教育家、科学家生命不息、奋斗不止、殚精竭虑、终身报国的高尚品德。

他指出，潘老是河北教育界、科技界的光荣和骄傲，今天我们庆贺潘老百岁寿辰，就是要学习潘老的高尚品德，弘扬潘老的爱国敬业精神，为科教兴冀，建设经济强省而努力奋斗。

学校校长颜威利代表河北工大党委和全体师生员工，衷心祝愿老校长健康长寿！

他说，潘老从教70年，在河北工业大学达38年，为河北工业大学的建设和发展立下了不朽的功绩。潘老是河北工业大学党政领导班子成员学习的榜样，是全校师生员工的楷模，是河北工业大学的一面旗帜，学校万余名师生衷心祝愿潘老健康长寿，衷心希望诞生于十九世纪、奋斗在二十世纪的潘老健康地跨向二十一世纪！

潘老的学生、历届校友、在校师生代表刘教民在发言中说："潘老在学业上，是专家，是良师；在工作上，是模范，是班长；在生活上，是知己，是挚友。潘老是我们做人的楷模。他素以治学严谨、务实求新著称。潘老为人律己，宽以待人，礼贤下士，唯贤是举，甘为人梯，不愧是我们师生衷心爱戴和敬佩的一代师表。潘老是我们心目中的一面旗帜。让我们再一次祝愿潘老健康长寿。生活幸福！让我们用实际行动为母校进入'211工程'而努力拼搏，向潘老献一份厚礼！"

潘承孝教授怀着激动的心情致谢词，表达了这位跨越两个世纪的学人对党、对祖国、对教育事业的一片赤心。他说："这样多的领导、校友、朋友为我做寿，我表示深深地感谢。70年间,我做了一个教师应该做的工作,但党和人民却给予我这样的尊重,既光荣又惭愧,我现在老了,心有余而力不足。但是,一定要跟着党走,把我微弱的余热献给党,献给学校,与广大师生一起,为把河北工业大学办成全国一流的地方工科大学共同努力。"

其间,学校还举办庆贺潘承孝教授百岁华诞文艺晚会和潘承孝教授百岁华诞图片展。

新华社、人民日报、光明日报、中国教育报驻津冀两地记者站和中央教育电视台、科技日报、中国技术市场报以及河北省、天津市等26家新闻单位的40多位记者聚集津门,采访了这次庆祝活动。截至4月初,关于潘老祝寿和河北工业大学举行的一系列活动的报道在中央和省市等24家新闻媒体中发表40篇。

二、全国人大常委会副委员长雷洁琼致辞

潘承孝同志：

今天是您的百岁华诞,松年鹤寿,盛世人瑞,在这个大喜的日子里,中国民主促进会中央委员会、民进中央参议委员会向您致以最热烈的祝贺!

您热爱祖国、热爱中国共产党,是中国共产党肝胆相照的挚友。您曾历任全国人大代表、全国政协委员以及天津市、河北省人大的重要职务,为我国的教育事业、党的统一战线事业和我国社会主义现代化建设事业,贡献了毕生的精力。

您长期担任民进的重要工作,您关心民进、热爱民进,直到现在还在积极地为民进工作出谋献策。您经常不顾路途的辛劳,驱车来往于京津石之间,您为民进的建设和发展无私奉献一生。

您从教七十年,是我国享有盛名的汽车、内燃机专家、机械工程教育的奠基人之一。您治学严谨、务实求新、唯贤是举,甘为人梯,为国家培养出一大批又红又专的建设人才。您德高望重,功业卓著,深受教育界、科技界的爱戴和尊敬。

在这大喜的日子我们全体民进会员向您热烈祝贺,衷心祝愿您寿比南山、福如东海! 祝愿您永葆青春、健康长寿!

三、国家教委贺电

潘承孝教授是我国著名的汽车、内燃机专家、教育家和社会活动家,他在高教

战线呕心沥血,辛勤耕耘七十个春秋,功业卓著、德高望重,深受教育、科技界人士的尊崇和爱戴。值潘承孝教授百岁华诞之际,请转达我委对潘承孝教授的亲切问候和衷心祝愿,祝他福如东海、寿比南山,为我国的教育和科技发展作出新的贡献。

四、省领导贺词

河北工业大学冯其标、颜威利同志并转潘承孝教授:

潘承孝教授是我省教育界、科技界德高望重的老前辈,是我国著名的汽车及内燃机专家、教育家和社会活动家。潘老在高教战线辛勤耕耘了七十个春秋,功勋卓著,德高望重。值此潘老先生百岁寿诞之际,我们对潘老表示亲切问候和衷心祝贺!并请你们精心组织安排好潘老百岁寿辰庆贺活动,热情欢迎并妥善接待应邀参加庆贺活动的领导、专家、学者,请他们多为学校建设和我省经济与社会发展献计献策。

潘承孝教授之所以受到全省广大知识分子的爱戴和尊崇,在于他具有勇于探索、矢志不渝地追求真理的优秀品质,呕心沥血、恪尽职守的敬业精神,淡泊名利、廉洁奉公的道德风范,治学严谨、精益求精的优良学风,我们要学习潘老的优秀品质、崇高精神和优良作风。河北工业大学是我省高等教育的"龙头"学校,更应以潘老为榜样,充分调动和发挥广大师生员工和工大校友的积极性,努力加快工大的改革和发展,确保实现进入国家"211工程"的目标任务,为培养更多更好的高级专门人才,加快推进两个转变,建设经济强省,献策献力,多作贡献。

潘老先生年事已高,学校要在生活、工作等各方面多予照顾。对于其他高级学者和专家,学校也要积极采取多种措施,逐步改善他们的工作、学习、生活条件,使大家能够更好地为我省的现代化建设贡献力量。

本当前往贺寿,实因公务相扰,难以脱身,谨此电贺,以表敬意。衷心希望潘先生珍重身体,健康长寿!

五、潘老在庆贺大会上的答谢词

各位领导、各位来宾:

各位不远千里、不远万里,有的远渡重洋来到天津为我祝寿,我感到非常的光荣。同志们这样的热情,都是白发苍苍的老同志,远道而来,为我祝贺,我心里非常感动。刚才我们河北工业大学的领导、我们民进的同志，特别是雷大姐今年九十高龄，亲自到天津来为我祝贺，我衷心地感谢。我们民进、学校、天津市、河北省的领导，都来参加祝贺，我觉得非常光荣，在此我表示深切的感谢。我老了，一切事情心有余而力不足了，剩下来的仅仅是很微弱的余热了，但是，我一定要跟着我们河北工大的全体师生，要把我的仅仅有的微弱的热气献给党、献给我们学校，一定要跟着大家在校党委的领导下，努力工作，把我的微弱热气贡献给学校，跟大家一起为争取把我们新成立的工大，很快地、尽快地办成河北的、全国的乃至国际的一所工业大学而共同努力。

我今年已任教了七十个年头，但是我扪心自问，七十个年头做了些什么，我觉得我所做的七十年的教育工作，仅仅做了一点一个教师应该做的工作。而党和人民、学校给予我这样的荣誉，我一方面觉得很光荣，一方面觉得自己很惭愧，不管怎样，过去的已经过去，现在的余热也很少了，不管什么时候，我一定要把我这微薄的余热，贡献给党，贡献给人民。

最后，恭祝我们领导同志和在座同志，身体健康，这是我们工作的基础。身体健康现在大部分人都想着，在各个方面的同志，我们要把健康当作基础，尽力地工作，把我们的热量、所有的微小热量都贡献出来，祝同志们工作顺利，不甘就老，要永葆青春。

我的话完了，谢谢大家的盛情。

六、潘老 30 余名"院士、专家弟子"到校祝贺并参加学术交流

在庆贺名誉校长潘承孝教授百岁华诞暨执教七十周年期间，学校举办学术报告周活动，著名中外学者来校作学术报告。曾受过潘老教诲的 30 名国内外"院士专家弟子"及千名师生参加学术交流活动。

1996 年 3 月 22 日和 23 日下午，潘老的学生、美国国家工程院院士、麻省理工学院终身教授、全美华人协会第二任会长李耀滋先生，中国工程院副院长师昌绪院士，天津大学名誉校长史绍熙院士和天津大学博士生导师贾有权教授分别以"在中国'九五'计划中通过国际合作发展技术密集工业""21 世纪初关键技术""能源利用与环境污染"和"近代力学实验方法"为题做了内容丰富、学问高深但又深入浅出的学术报告，来自北京、保定、武汉、西安等地的潘老的学生和校友以及在校师生代表聆听了学术报告。

潘老接见参加百岁庆典的国内外院士

庆祝潘承孝教授百岁华诞学术报告会

　　1996年3月23日晚,河北省副省长刘作田、省政协副主席陈慧召集省政府驻津办事处院士、海内外专家座谈,请他们为河北省的经济、教育、科技事业发展以及如何办好河北工业大学献计献策。

　　会上,刘作田副省长首先介绍了河北省经济、教育基本情况及省委省政府实施科教兴冀和两环开放带动的战略的规划。尔后,美国国家工程院院士、麻省理工学院终身教授李耀滋先生,中国工程院副院长、中国科学院院士师昌绪教授,机械科学研究院名誉院长、中国科学院院士雷天觉教授等先后发言。他们认为,要办好中国的、河北的教育,发展好经济,首先要有信心,要自力更生,不靠自己的力量是不行的。科教兴国、科教兴冀说到根本是人才兴国、人才兴冀,要把教育放到首位、人才放到首位。要培养好人才,必须从领导上重视,科教兴冀首先要冀兴科教,在政策、措施上有倾斜、有投入。要搞好国内外的交流与合作。河北内环京、津,如果把河北比作一盘棋,要利用京、津这两个眼,通过合作促进河北各方面更好地发展。

座谈会上,学校校长颜威利向美国国家工程院院士、全美华人协会第二任会长李耀滋和中国工程院副院长师昌绪及雷天觉、史绍熙、李恒德、蔡睿贤、梁维燕、余国琮、周恒、何炳林、陈茹玉、申洋文、李正名、严志达等 15 位两院院士颁发证书,聘任他们为学校名誉教授、学术顾问。他们愉快地接受了聘书,并表示,一定充分发挥作用,为河北工大的建设和发展作出自己的贡献。

七、学校和天津大学签署合作办学协议

为全面贯彻《中国教育改革和发展纲要》精神,适应建立社会主义市场经济体制及高等教育体制改革的需要,促进教育教学质量、科研学术水平和办学效益的提高,增强学校的办学活力与综合实力,学校和天津大学经过充分协商,决定实行两校合作办学。合作办学签字仪式于 1996 年 3 月 23 日下午在天津中冀宾馆举行。河北省副省长刘作田、省人大常委会副主任张震环、省政协副主席陈惠、省教育厅主任田洪波,天津市人大常委会副主任王成怀、副市长庄公惠和两校主要领导同志出席了大会。会议由天津大学党委书记杨渝钦同志主持。河北工业大学党委书记冯其标同志宣读了合作办学协议书,河北工业大学校长颜威利和天津大学校长李光泉代表两校在协议书上签了字,从此两校合作办学的序幕全面拉开。

根据协议,两校在原隶属关系、领导体制和投资渠道不变,保持各校自主办学的前提下,遵循平等协商、互利互惠、资源共享、优势互补、共同发展、共同提高的原则,实行:

1. 师资互聘,包括互聘教师、互聘兼职教授等;

2. 实验室相互开放使用,在大型仪器、设备购置时,兼顾双方的使用要求,一般不重复购置,互补有无;

3. 联合培养研究生;

4. 相互开设选修课和辅修专业,经学校批准,学生跨校所学课程承认其学分;

5. 在河北工业大学廊坊分部,联合兴办人才培训中心,为冀津地区培养各类人才;

6. 积极联合申报科研项目和重大科研课题,尤其是联合承担河北省的有关科技项目;

7. 联合兴办高新技术产业,联合开发建设高新技术产业园区;

8. 图书资料相互开放借阅,实现信息资源共享。在选购图书、订阅期刊时,互补有无,实现图书馆计算机联网;

9. 加强图书出版方面的合作;

10. 联合举办国际学术会议,在国际科技合作、文化交流及其他外事工作方面进行协作;

11. 两校中层干部相互挂职锻炼,加强两校间管理工作的交流和研讨,促进管理水平的共同提高;

12. 加强两校与河北省政府、天津市政府的沟通,共同探讨省市经济、科技、文化和社会发展服务的新途径。

为保证两校合作办学工作的顺利进行和健康发展,两校将合作成立合作办学指导委员会和合作办学工作办公室,对合作办学工作进行组织协调与管理。

在签字仪式后,河北省副省长刘作田和天津市副市长庄公惠分别作了重要讲话。他们希望两校合作办学,要以建设有中国特色社会主义理论和党的教育方针为指导,坚持教育要面向现代化、面向世界、面向未来的方向,充分发挥两校的优势,本着务实的指导思想,共同开拓和发展两校间实质性的合作与交流,积极促进学校的改革与发展,提高教育质量和办学效益,努力为冀津地区的经济建设和社会发展作出积极的贡献。

八、建立潘承孝教育基金会　捐款数额 211 万元

为了表彰潘承孝教授忠诚人民教育事业,呕心沥血培育人才的敬业精神和卓越功绩,经党委研究提议,经校友总会第四次秘书长会议讨论通过,并征得潘老同意,决定建立潘承孝教育基金会。资金来源由学校历届国内外校友,在校教职工、潘承孝教授的学生、同事自愿捐赠。用于奖励在教书育人、科学研究方面取得突出成绩的中青年教师和在校学生。部分用于奖励在各条战线上作出突出贡献的各界校友。

基金会的建立和发展,是一项复杂艰巨的工作,从基金会的提出、确认、章程拟定、通过及宣传、募集,许多同志付出了辛劳和心血,认定捐款数额 211 万元,在全校

以及全国产生了积极的影响。

第七节　走过百年精彩庆典

一、庆祝河北工业大学建校 100 周年

2004 年 5 月 15 日,各界来宾与 3 万多名在校师生和海内外校友隆重集会,庆祝河北工业大学建校 100 周年。上午 10 点,东院操场的校庆大会主会场彩旗飘扬,气球高悬,由学生方阵组成的"我爱工大"四个大字分外醒目,在全场师生和来宾的期盼中,校党委书记刘志明宣布庆典大会开始。

庆祝河北工业大学建校一百周年大会

中共中央政治局常委、全国政协主席贾庆林发来贺信。中共中央政治局委员、天津市委书记张立昌发来贺词。

李鹏、李瑞环、李岚清、李铁映、何鲁丽、成思危、韩启德、贾春旺、罗豪才、郝建秀、黄孟复、王选、张怀西、姜春云、邹家华、王光英、吴阶平、彭云、雷洁琼、胡启立、王文元等领导同志为校庆题词或发来贺信,对学校寄予殷切希望。

全国政协副主席白立忱,中共河北省委副书记、河北省长季允石,中共天津市委副书记、天津市长戴相龙,中共河北省委副书记冯文海,中共天津市委副书记邢

元敏、全国政协常委、河北省委原书记叶连松、天津警备区政委任之通、中共河北省委常委、组织部部长付志方、中共河北省委常委、统战部部长陈秀芳、中共天津市委常委、市委教卫工委书记陈超英、河北省人大常委会副主任白润璋、天津市副市长张俊芳、天津市政协副主席陆锡蕾、中国高等教育学会会长、教育部原副部长周远清、河北省人民政府秘书长尹亚力、以及国家各部委、各省、自治区、直辖市领导同志孙广相、张铁诚、陆延昌、王亚杰、李振东等出席庆祝活动。

在主席台就座的两院院士和有关部门领导有：闻邦椿、范立础、唐任远、郑健超、靳宝拴、杨希禄、张庆华、王世新、张国斌、朱正举、陈国鹰、张宝瑞、刘非、赵维春、张桂祥、张宝华、李振生、杨建广、佟加安、宋文新、李同亮、杨慧、刘鸿钦、张素珍、李秉华、徐景田、张宇、张咏霞、刘教民、王征国、廖波、刘晓汉、侯志明、王晓栋、张承禄、谈文跃、刘朔全、姚曾驰、董广恒、杨志民、刘磊、曹保刚、李成玉、马建萍、张岐山、孙炎芝、吕广志、赵国良、杨鑫传、高玉龙、叶礼敏、史晓成、吕大镛、刘子利、杨泽芬、张福祥、王天林、孔合、王世明、洪解亮、李玉祥、黄禄衡、沈奎林、郭景平、张伯旭、史是伟、李树森、张铁诚、李凤顺等；国内外兄弟院校领导有：于立军、魏志敏、张静、孟卫东、计卫舸、李建强、王英英、刘允正、王洪瑞、刘宏民、刘大群、温进坤、王莹、雷应奇、韩同银、李全生、李荣、朱丽萍、田荣信、董佳臻、张嘉兴、刘书瀚、冯文明、姜陆、袁聚祥、朱方成、李卫中、王海龙、张懋兰、刘永平、王万明、张淑琴、侯侠、张金钟、陆征愈、张建国、曹作良、贺永宜、徐肖豪、靳学东、孙守钧、于洪文、汪晓村、林宁、薛安克、袁亭、郑克、刘孔皋、徐延卿、马福昌、甘筱青、叶志明、李辉生、孙进松、邢永刚、唐立照、李大鹏、孙俊逸、郭铁良、王纪安、王学文、段绪华、王立新、兰耀东、霍献育、Mr. Pentti Ruotsala（罗撒拉）。工商企业界代表有：黄炽雄、孔平、李连平、赵克、李希宏等。

学校全体在职校领导高峰、杨庆新、梁计生、孙鹤旭、马培芳、檀润华、展永、王延吉、王建民等和部分离退休校级老领导、各地校友会代表和特邀代表也在主席台就座。

在主席台就座的还有河北工大部分英烈亲属和已故校领导亲属。

大会首先介绍了各位与会的领导和嘉宾，随后刘志明宣布"庆祝建校100周年大会现在开始"！一千只和平鸽带着工大师生美好的祝福和希望，在众人的欢呼声中振翅高翔。随后，大会宣读了中央领导同志的题词和贺信。周远清宣读了教育部的贺信。冯文海宣读了河北省委、省政府的贺信。

为了充分展示百年来的建设成果，学校16个学院和校办工厂、离退休干部等组成18个特色鲜明的方阵,进行了行进展示,接受各位领导、嘉宾、校友的检阅。从去年10月份开始,学校开展"追寻英烈足迹、传承百年薪火"火炬传递活动,火炬队分别从英烈革命活动地采集火种并进行传递,行程几千公里,产生了良好的社会反响。5路火炬队依次入场,五位火炬手共同点燃了百年校庆的主火炬。

天津市长戴相龙、河北省长季允石分别发表了重要讲话。天津市长戴相龙在讲话中代表中共中央政治局委员、天津市委书记张立昌,代表中共天津市委、市人大常委会、市政府、市政协和天津人民,向出席大会的中央领导同志和中央有关部门、河北省领导同志,向来自海内外的各位河北工大校友、嘉宾和朋友们表示热烈欢迎,向为河北工大发展进步作出贡献的全体师生员工和老校友们表示节日祝贺和亲切慰问,对河北工大为天津改革发展稳定作出的重要贡献表示衷心感谢。他说,河北工大坐落在天津,与天津的经济和社会发展有着十分密切的联系。多年来,天津市委、市政府一直关心、支持河北工大的发展。河北工大广大师生员工以天津为家乡和阵地,积极参与天津的经济建设。应当说天津所取得的成就,也饱含着河北工大广大教职员工的辛勤劳动。衷心希望河北工大广大师生员工以百年校庆为新的起点,发扬光荣传统,发挥自身优势,把河北工大建设成为具有先进水平的国内一流大学。今后天津将一如既往地继续支持河北工大的发展。

河北省长季允石在讲话中代表省委、省政府向河北工业大学全体师生员工和海内外校友致以热烈的祝贺,向长期给予河北工大帮助和支持的天津市委、市政府和社会各界表示衷心的感谢,向为河北工大的建设和发展作出卓越贡献的、以潘承孝教授为代表的优秀知识分子表示崇高的敬意。他指出,百年沧桑铸名校,名校百年育桃李。一百年来,河北工大走过了一段不平凡的光辉历程,先后培养出了7万余名毕业生,校友中有党和国家领导人,有研究"两弹一星"的功臣,有"浩气长存"的革命英烈,更多的是为国家经济发展、社会进步贡献聪明才智的专门人才。改革开放以来,河北工大全面贯彻党的教育方针,坚持正确的办学方向,致力于创建一流大学,锐意进取,开拓创新,整体规模和办学水平日新月异,进入了发展最快最好的时期。他希望,河北工大以百年校庆为契机,总结办学经验,秉承光荣传统,再接再厉,乘势而上,努力建设成为具有国内先进水平、以理工科为优势的多科性研究教学型大学。

校长高峰发表讲话。他指出,1903年,河北工业大学的前身——北洋工艺学堂在天津诞生,在随后的一个世纪中,学校始终坚持"工学并举"培养人才的办学特色,坚持正确的办学方向,抓机遇促发展,实现了人才培养由本、专科教育向以本科为主、本科、硕士、博士和博士后教育兼有的人才培养体系的转变,学科门类由纯工科向以工为主、工、理、经、管、文、法多学科协调发展的转变,学校类型由教学型向教学研究型大学的转变。他要求大家牢记祖国和人民的重托,以培养国家英才和振兴民族工业为己任,把河北工业大学建设得更加美好,为中国高等教育事业的繁荣发展作出新的更大的贡献!

校友孙广相代表海内外数万校友,向母校的百年华诞,献上衷心的祝贺和诚挚的祝福,感谢母校的悉心培养,师长的辛勤工作,在校同学的关心,各级领导专家和各界朋友的支持,衷心祝愿母校,以纪念百年为契机,继承传统,突出特色,实现跨越式发展,创造一流的教学、科研和育人成果,为国家的经济、科技和社会发展作出新的贡献,为高教事业谱写新的篇章。

李伟杰代表两万名在校师生郑重表示,以百年校庆为契机,继承河工的百年传统,发挥我们的聪明才智,热爱河工,建设河工,共同谱写河北工业大学更加辉煌的篇章,在全面建设小康社会的宏伟目标中发挥更大的作用!

最后,校党委书记刘志明代表学校再一次向各位领导和嘉宾到来表衷心的感谢。他指出,各级领导作了重要讲话,不仅充分肯定了学校教育工作所取得的成绩,而且提出了殷切希望,我们要认真学习贯彻好讲话精神,以学校百年校庆为契机,进一步解放思想,深化改革,与时俱进,努力开创河北工业大学美好的明天,为我国现代化建设和全面建设小康社会做出新的更大的贡献!

二、中央政治局常委、全国政协主席、校友贾庆林亲切接见学校领导发来贺信

5月13日,中央政治局常委、全国政协主席、校友贾庆林亲切接见学校领导,认真听取了校领导的工作汇报。校庆前夕,贾主席专门发来贺信以示祝贺。贺信全文如下:

河北工业大学:

欣闻母校百年庆典隆重举行,海内外校友欢聚一堂,同贺盛事。在此,我谨向全校师生员工表示热烈的祝贺! 向海内外校友致以亲切的问候!

在一个世纪的办学实践中,学校始终坚持"勤奋、严谨、求实、进取"的优良校风和学风,开"工学并举"的工程教育思想之先河。新中国成立以来,特别是改革开放以来,学校认真贯彻党和国家的教育方针,坚持培养高等工程技术人才的办学特

色,为我国社会主义建设提供了强有力的人才和智力支持。近些年来,学校适应实施"科教兴国"战略和"人才强国"战略的要求,进一步深化改革,创新人才培养模式,特别是通过国家"211工程"重点建设,学校的综合实力明显提高,在区域高等教育发展中发挥了龙头示范作用。

百年成就令人鼓舞,光辉前景催人奋进。希望河北工业大学高举邓小平理论和"三个代表"重要思想伟大旗帜,以百年校庆为契机,解放思想,深化改革,开拓创新,进一步提高办学水平和学术水平,在全面建设小康社会、实现中华民族伟大复兴的征程上,再创新的辉煌!

贾庆林

2004年5月14日

三、开展百年校庆火炬传递活动

河北工业大学作为燕赵大地的知名学府,有着悠久的办学历史,同时也具有光荣的革命传统。在河北工大百年历史中,在中国人民争取民族独立和解放的革命斗争中,学校涌现了一大批可歌可泣的革命先烈。我国现代工人运动的先驱黄爱;中共天津地委早期的重要领导人、陕西渭华起义领导人之一的卢绍亭;驰骋疆场、血洒冀东的抗日英雄洪麟阁;英勇献身、捐躯太行的教授杨十三;冀东暴动领导人之一、优秀共产党员赵观民;我国著名化工和核工程专家姜圣阶等,均为学校不同时期的校友。他们出生入死、英勇不屈的革命精神和艰苦奋斗、无私奉献的崇高情操,是学校师生的宝贵财富和前进动力。

"英雄业绩传千古,浩气长存在人间"。学校没有忘记他们,两万多名师生没有忘记他们。在庆祝建校100周年的时候,学校组织开展了历时一年的"追寻英烈足迹,传承百年薪火"火炬传递活动。火种取自河北省遵化、山西省黎城、陕西省华县、湖南省长沙、北京八宝山、天津蓟县,行程数千公里,在社会上引起强烈反响。

在校庆大会上,五路火炬手队伍高擎写有英烈名字的旗帜和象征着他们不朽精神的火炬,依次跑步入场,五位火炬手共同点燃百年校庆主火炬。革命圣火象征着革命烈士们的精神永驻,浩气长存。

五位火炬手共同点燃百年校庆主火炬

四、举办潘承孝教育思想研讨会

2004年4月27日至5月11日百年校庆潘老教育思想报告会、研讨座谈会分三个阶段进行,研讨内容主要是如何更好地继承和发扬潘老的教育思想,促进学校有更大发展。参加报告会、研讨会的同志有校督导委员、各学院主管教学的院长、资深的老教授、潘老部分学生、全体青年教师、教务处负责同志、教学管理人员和在校学生。

潘老可谓一代宗师,是学校的奠基者和引航人。他培养了一批人,引领了一批人,创造了河北工大的办学思想、办学特色,培养了优良的学风,成为引导大家前进的一面旗帜,广泛、深入地研讨潘老教育思想有着极其重要的意义。

研讨会从三个阶段的不同角度、不同层次对潘老的教育思想进行了学习、研讨。4月27日,全国政协委员、我国发明创造领域的权威专家刘玉岭教授作了题为"从潘老教育理念谈创新人才培养"的精彩报告,主要面向负责实践教学及创新教育的有关老师和全校各个学院的学生。报告会上,刘教授就何为创新、如何创新及社会的政治经济体制等对创新实现过程的影响等方面做了深入浅出的精辟论述。

5月10日原副校长任宝山教授在7D101报告厅与各学院主管教学的副院长、教学管理人员及部分青年教师从潘老的教育思想特征、教育思想的形成及如何学习潘老的思想做了一场精彩的报告。任教授指出,潘老的教育思想有三个主要特征:内敛性、开放性、远见性。潘老教育思想贯东西、融古今,在形成过程中既继承发扬了中华民族"仕"的优秀传统又吸收了西方教育的营养。大家应学习潘老，做教育教学的有心人、用心人，忠于教育事业，踏实工作，敬业，成就名师。与会老师们都感到受益匪浅，希望这样的活动定期举行，使青年教师尽快成为名师。

5月11日在七教研究生学院会议室，部分有丰富教学经验的老教授、潘老的学生就潘老的教育思想和崇高人格品质进行了座谈讨论。座谈会由教务处处长阎殿然教授主持。大家结合自身情况从不同角度对潘老的教育思想进行了学习和探讨，诸如，重视"三基"、重视实践、尊重知识、重视人才、实事求是又大胆创新，并结合学习发扬潘老教育思想就以上方面以及学校的未来规划、专业设置、教师队伍的建设等方面提出了富有建设性意义的意见。

五、百年校庆科技项目洽谈会签约金额777万元

作为学校百年庆典活动重要内容之一"河北工业大学百年校庆科技项目洽谈会"于2004年5月15日下午在东院学术交流中心四楼多功能厅举行。

河北工业大学百年校庆科技项目洽谈会

来自河北、天津、北京、珠海、浙江、吉林等省市的40家大型知名企业的企业家及企业家代表参加了洽谈会，副校长檀润华教授致欢迎辞。参加洽谈会的还有各学院主管科研的院长、科技项目负责人、教授、科研处有关人员等。洽谈会由科研处副处长刘子胥教授主持，材料学院副院长李养贤教授、化工学院副院长万永利教

授、电气学院副院长王博文教授、机械学院副院长关玉明教授分别介绍了各自学院的科研优势并发布项目。

会上举行了"河北工业大学百年校庆科技项目洽谈会签约仪式",签约仪式由科研处副处长刘子胥主持,檀润华教授参加并致贺词。化工学院袁俊生教授、李春利教授,机械学院关玉明教授、刘卫胜教授,电气学院刘子胥教授,材料学院徐岳生教授、曹晓明教授就"海水制取硝酸钾关键设备工程化研究"等9个项目分别与相应的合作单位进行了签约,协议总额达777万元。

此次科技项目洽谈会科研处精心编制了河北工业大学优秀科技成果项目册、项目目录、并精选100项可产业化重点项目对展室作了精心布置。科技项目洽谈会达到了预期效果。

六、世界级智能电器实验室落成

值此母校庆祝建校100周年之际,新建的"河北工业大学—罗克韦尔自动化智能电器实验室"举行了落成典礼。中国机械工业联合会副会长陆燕林先生,中国工程院院士郑健超教授、唐任远教授,河北省教育厅厅长靳宝栓、民副厅长刘教,学校领导高峰、王延吉以及罗克韦尔自动化公司中国首席代表白恩时先生参加了实验室落成典礼。

"河北工业大学—罗克韦尔自动化智能化电器实验室"落成典礼

新落成的智能电器实验室设计,采用目前自动化领域最先进的"工业自动化三层网络体系"，即设备网、控制网以及以太网三网一体。这代表了当今飞速发展的网络技术及工业自动化的需求。实验室先进的可编程逻辑控制装置配以现场总线电器产品，充分展现了河北工大在智能电器领域的实力与发展。实验室可以开设多种课程，不仅让学生及时了解当今自动化技术与智能电器发展水平和趋势，同时通过各类实验大大提高了学生的实际动手能力，同时，学校还可以利用实验室设备进行有关科研课题研究，帮助当地工业企业完成各类相关项目以及提供相应的培训服务。作为罗克韦尔自动化大学项目成员高校之一，河北工业大学除将得到来自罗克韦尔自动化大学项目部的支持外，实验室还能够与罗韦尔自动化公司在全国其他十几所高校建立的自动化实验室建立合作，交流经验，共同提高自动化教学和研究水平，从而将实验室建设成世界一流的实验室。

校长高峰与白恩时先生代表双方在共建协议上签字，随后与各位嘉宾一起为实验室落成剪彩，副校长王延吉和陆俭国教授一起为实验室揭牌。

副校长王延吉教授在实验室落成典礼上表示："河北工业大学是河北省唯一一所进入'211工程'建设的大学。电机电器学科具有博士授予权，是国家重点学科，也是学校'211工程'建设的重点学科，在'211工程'一期建设中已经取得突出成果。这次与罗克韦尔自动化公司合作建立的智能电器实验室是学校'211工程'二期建设中的重点项目之一。我们相信通过'河北工业大学—罗克韦尔自动化智能电器实验室'的建设，学校在科研水平、人才素质培养等方面将得到进一步发展。我们希望罗克韦尔自动化公司继续加强与学校的合作，实现双赢。"

罗克韦尔自动化公司是全球性专注于提供工业自动化设备及解决方案的供应商，总部设在美国，在全球设有450多个分支机构，为80多个国家的客户提供服务。自1998年起，罗克韦尔自动化启动了"罗克韦尔自动化与中国大学共勉"项目，陆续在中国的清华大学、浙江大学等19所著名大学合作建立了自动化实验室，形成了罗克韦尔自动化高校实验室网络。

七、举办百年校庆企业家论坛

2004年5月15日下午以"经济·科技·人才"为主题的"企业家论坛"活动隆重开幕。会议邀请到了广东科龙电器股份有限公司总裁刘从梦、正泰集团党委书记颜厥忠、天正集团常务副总裁施成杰、天津石油化工公司经理李希宏、天津海泰科技发展股份有限公司董事长王卫东等企业家。学校教师、研究生共计240人聆听

"经济·科学·人才"百年校庆"企业家论坛"活动

了企业家们的演讲,并进行了互动交流。

会议由学校科研处副处长刘兵教授主持,副校长王延吉教授致欢迎词。企业家们就企业转制、人才战略、国有企业改革、民营经济发展等热点问题发表了真知灼见。在座的师生十分珍惜这次难得的与知名企业家见面、对话、沟通的机会,认真聆听,主动提问,场面热烈,论坛时间持续了三个小时。

八、"百年春秋"校史展国务院原副总理邹家华题写展名

2004 年 5 月 13 日下午,百年春秋校史展开馆仪式在第八教学楼前隆重举行。中共中央政治局原委员、全国人大常委会原副委员长、国务院原副总理邹家华为展览题写了展名"百年春秋"。校党委副书记、副校长杨庆新出席开馆仪式并讲话,校党委副书记梁计生、孙鹤旭,副校长檀润华出席开馆仪式。参加开馆仪式的还有学校的师生员工代表。仪式由校党委宣传部副部长林艳书主持。

校党委宣传部部长屈振光介绍了百年春秋校史展的基本情况。"百年春秋"校史展共有五大部分:第一部分"悠悠岁月,百年历程"是历史篇;第二部分"巍巍学府,硕果辉煌"是成就篇;第三部分"霭霭风仪,薪火相传"是传统篇;第四部分"代代风流,群星闪烁"是人物篇;第五部分"勃勃生机,灿烂明天"是未来篇。整个展览共有 100 个展位,所用图片 800 张,涉及到学校各个历史时期、不同方面的资料情况,具有较大的信息量。

河北工业大学校史馆开馆仪式

杨庆新代表学校党委和行政，对校史展如期完成并开馆表示热烈的祝贺！他指出，"百年春秋"校史展既是百年校庆的一项重要工作和活动，同时也是学校加强思想政治工作的一项具体行动。校史展是展示窗，通过展览，大家可以认识河北工大，了解河北工大。校史展是教科书，百年的发展历程，河北工大涌现出了一大批为中国革命和民族解放事业抛洒热血的英雄先烈。他们的事迹，是我们进行爱国主义、社会主义、集体主义教育的生动教材。校史展是知识库，校史展览具有一定的知识性、史料性，可以为广大师生了解校史，了解学校提供方便。工大的百年历史就是百年发展史、百年办学史、百年人文史、百年薪火传承史。

九、校友总会换届改选

1993 年 10 月 9 日，校友总会召开理事会换届改选会议，会议通过了第二届校友总会理事会组成原则和条件及组成人员，组成人员主要包括确定名誉会长为潘承孝、赵今声、林牧、李中垣、袁血卒、李非平、贾庆林、刘文藩、王成怀、李振东、安振东、于成海、冀广民、崔涛、陆征愈、邱澄一、马家齐；会长为冯其标以及副会长为刘志明（常务）、林金铭（常务）等 10 人。

第七章　百廿芳华　宏图再展

第一节　省市部共建河北工业大学

一、中共中央、国务院发布《国家中长期教育改革和发展规划纲要(2010—2020 年)》

2010 年 7 月 8 日中共中央、国务院印发《国家中长期教育改革和发展规划纲要(2010-2020 年)》,提出了今后 10 年教育改革和发展的战略目标:到 2020 年,基本实现教育现代化,基本形成学习型社会,进入人力资源强国行列。

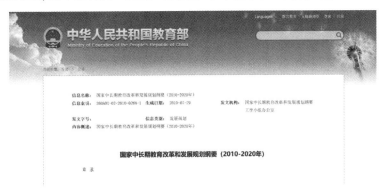

《国家中长期教育改革和发展规划纲要(2010-2020 年)》

《教育规划纲要》明确了教育改革和发展的指导思想,提出"优先发展、育人为本、改革创新、促进公平、提高质量"的工作方针。

《教育规划纲要》对学前教育、义务教育、高中阶段教育、职业教育、高等教育、继续教育、民族教育和特殊教育的发展任务——进行阐述。具体目标有:基本普及学前教育;巩固提高九年义务教育水平;普及高中阶段教育,毛入学率达到 90%;高等教育大众化水平进一步提高,毛入学率达到 40%;扫除青壮年文盲;继续教育参与率大幅提升,从业人员继续教育年参与率达到 50%;全面提高少数民族和民族地区教育发展水平；到 2020 年，基本实现市（地）和 30 万人口以上、残疾儿童少年较多的县（市）都有一所特殊教育学校。

根据《教育规划纲要》，我国将开展人才培养体制、考试招生制度、办学体制、管理体制等方面的改革，建设现代学校制度，扩大教育开放。

在人才培养体制改革方面，《教育规划纲要》要求：更新人才培养观念，创新人才培养模式，改革教育质量评价和人才评价制度。

在考试招生制度改革方面，《教育规划纲要》提出：以考试招生制度改革为突破口，克服一考定终身的弊端，推进素质教育实施和创新人才培养。

在办学体制改革方面，《教育规划纲要》提出：坚持教育公益性原则，健全政府主导、社会参与、办学主体多元、办学形式多样、充满生机活力的办学体制，形成以政府办学为主体、全社会积极参与、公办教育和民办教育共同发展的格局。

在管理体制改革方面，《教育规划纲要》要求，明确各级政府责任，规范学校办学行为，促进管办评分离，形成政事分开、权责明确、统筹协调、规范有序的教育管理体制。

《教育规划纲要》还对加强教师队伍建设、保障经费投入、加快教育信息化进程、推进依法治教等作出详细规定。

关于高等教育，《教育规划纲要》明确未来 10 年的发展任务为：

1. 全面提高高等教育质量。高等教育承担着培养高级专门人才、发展科学技术文化、促进社会主义现代化建设的重大任务。提高质量是高等教育发展的核心任务，是建设高等教育强国的基本要求。到 2020 年，高等教育结构更加合理，特色更加鲜明，人才培养、科学研究和社会服务整体水平全面提升，建成一批国际知名、有特色、高水平的高等学校，若干所大学达到或接近世界一流大学水平，高等教育国际竞争力显著增强。

2. 提高人才培养质量。牢固确立人才培养在高校工作中的中心地位，着力培养信念执着、品德优良、知识丰富、本领过硬的高素质专门人才和拔尖创新人才。加大教学投入。把教学作为教师考核的首要内容，把教授为低年级学生授课作为重要制度。加强实验室、校内外实习基地、课程教材等基本建设。深化教学改革。推进和完善学分制，实行弹性学制，促进文理交融。支持学生参与科学研究，强化实践教学环节。加强就业创业教育和就业指导服务。创立高校与科研院所、行业、企业联合培养人才的新机制。全面实施"高等学校本科教学质量与教学改革工程"。严格教学管理。健全教学质量保障体系，改进高校教学评估。充分调动学生学习积极性和主动性,激励学生刻苦学习,增强诚信意识,养成良好学风。

大力推进研究生培养机制改革。建立以科学与工程技术研究为主导的导师责任制和导师项目资助制,推行产学研联合培养研究生的"双导师制"。实施"研究生教育创新计划"。加强管理,不断提高研究生特别是博士生培养质量。

3.提升科学研究水平。充分发挥高校在国家创新体系中的重要作用,鼓励高校在知识创新、技术创新、国防科技创新和区域创新中作出贡献。大力开展自然科学、技术科学、哲学社会科学研究。坚持服务国家目标与鼓励自由探索相结合,加强基础研究;以重大现实问题为主攻方向,加强应用研究。促进高校、科研院所、企业科技教育资源共享,推动高校创新组织模式,培育跨学科、跨领域的科研与教学相结合的团队。促进科研与教学互动、与创新人才培养相结合。充分发挥研究生在科学研究中的作用。加强高校重点科研创新基地与科技创新平台建设。完善以创新和质量为导向的科研评价机制。积极参与马克思主义理论研究和建设工程。深入实施"高等学校哲学社会科学繁荣计划"。

4.增强社会服务能力。高校要牢固树立主动为社会服务的意识,全方位开展服务。推进产学研用结合,加快科技成果转化,规范校办产业发展。为社会成员提供继续教育服务。开展科学普及工作,提高公众科学素质和人文素质。积极推进文化传播,弘扬优秀传统文化,发展先进文化。积极参与决策咨询,主动开展前瞻性、对策性研究,充分发挥智囊团、思想库作用。鼓励师生开展志愿服务。

5.优化结构办出特色。适应国家和区域经济社会发展需要,建立动态调整机制,不断优化高等教育结构。优化学科专业、类型、层次结构,促进多学科交叉和融合。重点扩大应用型、复合型、技能型人才培养规模。加快发展专业学位研究生教育。优化区域布局结构。设立支持地方高等教育专项资金,实施中西部高等教育振兴计划。新增招生计划向中西部高等教育资源短缺地区倾斜,扩大东部高校在中西部地区招生规模,加大东部高校对西部高校对口支援力度。鼓励东部地区高等教育率先发展。建立完善军民结合、寓军于民的军队人才培养体系。

促进高校办出特色。建立高校分类体系,实行分类管理。发挥政策指导和资源配置的作用,引导高校合理定位,克服同质化倾向,形成各自的办学理念和风格,在不同层次、不同领域办出特色,争创一流。

加快建设一流大学和一流学科。以重点学科建设为基础,继续实施"985工程"和优势学科创新平台建设,继续实施"211工程"和启动特色重点学科项目。改进管理模式,引入竞争机制,实行绩效评估,进行动态管理。鼓励学校优势学科面向世界,支持参与和设立国际学术合作组织、国际科学计划,支持与境外高水平教育、科研机构建立联合研发基地。加快创建世界一流大学和高水平大学的步伐,培养一批拔尖创新人才,形成一批世界一流学科,产生一批国际领先的原创性成果,为提升我国综合国力贡献力量。

二、河北省确立建设高等教育强省战略目标

为促进河北省教育科学发展,提高全民素质,更好地服务河北现代化建设,根据《国家中长期教育改革和发展规划纲要(2010-2020年)》,河北省结合本省实际,制定《河北省中长期教育改革和发展规划纲要(2010-2020年)》(以下简称《河北纲要》),确定了2010-2020年教育改革发展的指导思想、战略目标、总体任务、政策原则和重大措施,对未来十年教育事业的改革发展作出了总体规划和全面部署。

《河北省中长期教育改革和发展规划纲要(2010年-2020年)》

指导思想:高举中国特色社会主义伟大旗帜,以邓小平理论和"三个代表"重要思想为指导,深入贯彻落实科学发展观,坚持党的教育方针,大力实施科教兴冀和人才强省战略,立足社会主义初级阶段基本国情和河北省情,坚持以人为本,遵循教育规律,面向社会需求,优化结构布局,完善现代教育体系,办好人民满意的教育,建设人力资源强省,为河北科学发展、富民强省提供强有力的人才支撑、智力保障和知识贡献。

总体要求:认真贯彻"优先发展、育人为本、改革创新、促进公平、提高质量"的工作方针,紧密结合河北经济社会发展需要和教育实际,进一步明确发展方向,提升发展水平,创新体制机制,健全保障体系,推进教育事业在新的历史起点上科学

发展。

关于河北省高等教育的发展任务,明确提出:

1. 努力建设高等教育强省。坚持以提高质量为核心,稳步扩大规模,调整优化结构,强化办学特色,推进科技创新,增强服务能力。到2020年,全省高等教育整体实力和办学水平显著提高,人才培养、科学研究和社会服务能力全面提升,建成2-3所国内知名的高水平大学,向高等教育强省迈进。

加快高水平大学和强势特色学科建设。抓好"211工程"建设和省部共建高校工作,加强其他省属重点骨干大学建设,加强国家、省示范性高等职业院校建设。实施重点学科建设对标升级行动计划,强势特色学科达到全国一流水平,重点学科和重点发展学科达到国内同类院校一流水平,引领和带动高校整体发展。加强对重点学科建设项目的监管,引入竞争机制,实行绩效评估,进行动态管理。

2. 优化结构突出特色。优化区域布局结构。支持经济欠发达地区发展高等教育,加快沿海地区高等教育发展。发挥省属重点骨干大学的示范、辐射和带动作用,对口支援薄弱高校。优化学科专业结构。建立与人才需求相适应的学科专业动态调整机制。围绕我省调整产业结构需要,大力扶持与战略支撑产业、高新技术产业、现代服务业相关的学科专业,为改造提升传统产业和培育壮大新兴产业服务。扩大应用型、复合型、技能型人才培养规模。优化类型层次结构。积极发展高等职业教育,稳步发展本科教育,适度扩大研究生教育规模。促进高校办出特色。建立高校分类体系,引导高校科学定位,在不同层次、不同类型争创一流。适应地方经济建设需要,大力加强应用型本科院校和高等职业院校建设。

3. 提高人才培养质量。牢固确立人才培养在高校工作中的中心地位。加大教学投入。把教学作为教师考核的首要内容,把教授为低年级学生授课作为重要制度,把重视、支持和服务教学工作列为高校领导班子和相关部门业绩考核的重要指标。创新人才培养模式和机制。推行按专业大类招生、模块化培养和自主选择专业的培养模式。建立高校与科研院所、行业企业、高新技术开发区等联合培养人才的机制。全面推行学分制和弹性学制。探索建立高校合作育人机制,促进高校之间资源共享、教师互聘、课程互选、学分互认。加强精品课程、精品教材和优质特色教学资源库建设,促进优质教育资源共享。大力加强实践教学,完善以能力培养为主线的实践课程体系,加强实践基地建设,加大实验教师队伍建设力度。加强就业创业教育,构建就业指导服务体系。继续深入实施高等学校教学质量与教学改革工程。严格教学管理。实施教学管理干部业务培训计划。加强教学质量监控体系和保障机制建设。建立高校教学基本状态数据公示和质量发展报告发布制度。完善教学评估制度。

大力推进研究生培养机制改革。建立健全学术型、专业型研究生教育创新体系，积极发展专业学位教育。落实以科研为导向的导师责任制和导师项目资助制，实行教学助理和研究助理制度。推行产学研联合培养模式，实行"双导师"制。实施研究生教育创新计划，建立研究生创新奖励制度。

4.提高科技创新和社会服务能力。加速构建人才高地，实施创新人才、创新团队计划。进一步加强科技创新基础条件建设，构建科技创新平台。紧密结合经济社会发展需要，确定若干个重点领域，开展重大项目研究。深入实施高校哲学社会科学繁荣计划，建设高校人文社会科学重点研究基地。凝聚力量，组织攻关，取得一批具有自主知识产权、对我省经济社会发展具有重大推动作用的研究成果。完善以创新和质量为导向的科研评价机制。开展科技工作评估，提升科技管理科学化、规范化水平。

增强高校主动服务意识，全面开展社会服务。推进产学研合作，加快科技成果转化。支持高校与地方政府、行业企业、科研院所建立产学研合作平台。加强大学科技园建设。深化和拓展"太行山道路"。发挥高校人才和思想优势，参与决策咨询，促进文化发展。

三、河北省、天津市、教育部三方共建河北工业大学

为贯彻落实党的十八大精神和国家高等教育改革发展的要求，优化学校外部发展环境，进一步将地理区位优势转化为办学竞争优势，加快高水平大学建设步伐，2012年底，在学校第四次党代会期间，学校领导班子在听取大家意见的基础上，提出了由河北省人民政府、天津市人民政府和教育部共建河北工业大学的初步设想。

2013年开学伊始，学校向河北省、天津市和教育部有关部门领导多次汇报相关工作，三方领导经过多轮沟通，支持河北工业大学的省市部共建工作，学校遂将加快推进省市部共建作为学校重大发展战略措施提上了工作日程。学校在充分调研国内高校共建经验和具体做法的基础上，结合自身特点和改革建设发展的实际需要，研究起草了省市部共建意见（草案），并就意见（草案）分别征求河北省人民政府、天津市人民政府和教育部的意见，修改形成共建意见（初稿）报河北省人民政府

河北省人民政府
天津市人民政府
教育部

冀政函〔2014〕144 号

河北省人民政府 天津市人民政府 教育部
关于共建河北工业大学的意见

河北省人民政府有关部门，天津市人民政府有关部门，教育部有关司局：

河北工业大学是一所办学特色鲜明的国家重点建设"211工程"大学，隶属河北省、地处天津市，具有较强的办学实力和独特的区位优势，对推动京津冀协同发展起着独特作用。为深化教育领域综合改革，创新高等教育管理体制，更好地推进京津冀协同发展，促进冀津地区高等教育资源共享与协调发展，经河北省人民政府（以下简称河北省）、天津市人民政府（以下简称天津市）和教育部协商，决定共建河北工业大学，并达成如下意见：

一、河北省积极发挥主导作用，加快推进河北工业大学省市部共建工作，充分发挥学校在京津冀协同发展中的桥梁和纽带作用

（一）重点支持河北工业大学率先建成高水平大学，把河北

《河北省人民政府　天津市人民政府　教育部
关于共建河北工业大学的意见》

审核。

2014 年 1 月 28 日，河北省人民政府组织由省发改委、科技厅、财政厅、人社厅、法制办、教育厅等部门参加的论证会，论证并原则通过拟定的共建意见（初稿），学校根据论证意见进一步完善了共建意见内容。

2014 年 2 月 7 日，河北省人民政府发函天津市人民政府商请共建河北工业大学。2014 年 6 月 12 日，天津市人民政府复函河北省人民政府，同意共建工作并就共建意见提出了具体的修改建议。学校参考修改建议进一步完善共建意见内容并报河北省人民政府审核后，河北省人民政府发函教育部商请共建河北工业大学。

2014 年 8 月 27 日，教育部复函河北省人民政府，同意共建工作并就共建意见提出了具体的修改建议。2014 年 10 月 12 日，河北省人民政府就共建意见（成稿）提请天津市人民政府和教育部会签。

12 月 2 日，河北省人民政府、天津市人民政府和教育部正式签署共建意见。

省市部共建河北工业大学是国家深化高等教育领域综合改革、创新高等教育管理体制、促进京津冀地区高等教育资源共享与协调发展的有益探索，是落实京津冀协同发展重大国家战略的重要举措和实际成果，对于加快推进学校综合改革、切实提高学校人才培养质量和学科建设水平、有效破解学校办学资源瓶颈、全面提升学校办学水平、加快学校高水平大学建设步伐具有里程碑式的重要战略意义。

根据共建意见，河北省将重点支持河北工业大学率先建成高水平大学，把河北工业大学作为深化高等教育综合改革的试点，进一步落实和扩大河北工业大学办学自主权，持续增加对河北工业大学的经费投入，随着河北省经济的发展，2016 年生均经费拨款达到教育部直属高校水平；天津市将在河北工业大学重点学科和专业建设、科研和教学项目申报、人才队伍建设、校园建设、科研成果转化和产业化等

方面给予大力支持；教育部将指导和帮助河北工业大学制定战略发展计划，对人才培养基地、重点学科、重点实验室、工程研究中心等教学科研平台建设给予指导和支持，在"长江学者奖励计划"等重大人才计划、干部培训、推荐优秀应届本科毕业生免试攻读研究生等方面适当给予支持，支持河北省适度扩大学校研究生招生计划。

第二节　京津冀三地工大携手成立
"京津冀协同创新联盟"

一、京津冀协同发展重大国家发展战略

2015年6月，中共中央、国务院印发实施《京津冀协同发展规划纲要》，从战略意义、总体要求、定位布局、有序疏解北京非首都功能、推动重点领域率先突破、促进创新驱动发展、统筹协同发展相关任务、深化体制机制改革、开展试点示范、加强组织实施等方面描绘了京津冀协同发展的宏伟蓝图。

《纲要》明确了京津冀三地具体功能定位：北京为全国政治中心、文化中心、国际交往中心和科技创新中心；天津为全国先进制造研发基地、北方国际航运核心区、金融创新运营示范区和改革先行示范区；河北为全国现代商贸物流重要基地、产业转型升级试验区、新型城镇化与城乡统筹示范区、京津冀生态环境支撑区。

教育部2015年工作会议上将"研究制定推动京津冀教育协同发展的实施意见"列为工作重点之一，这意味着今后一段时期内"探索省际教育协作改革试点，建立跨地区教育协作机制"将成为教育领域发展的新方向。

二、京津冀三地工业大学联手打造"京津冀协同创新联盟"

2015年4月29日，北京工业大学、天津工业大学、河北工业大学三所学校领导共聚河北工业大学，共商三校全面合作联手打造创新联盟大计。作为一项重大国家战略，京津冀协同发展前景广阔，机遇众多，在京津冀协同发展大局中献智出力也是三地高校亟待破解的难题。作为京津冀三地工业人才培养的高等学府，北京工业大学、天津工业大学、河北工业大学开展校际合作具有独特的先天优势和合作基础。

京津冀三地工业大学校领导共商合作事宜

北京工业大学党委书记郑吉春一行 13 人、天津工业大学党委书记张宏伟一行 3 人，与河北工大领导李强、展永、郭健、张建畅、刘兵等一起座谈，共同探讨在京津冀协同创新大背景下，三方校际合作的具体事宜。

校长展永表示，京津两所兄弟院校长期以来对学校给予很大的支持和帮助，非常值得学习和借鉴。大家在很多领域都有很好的合作基础，今后要加强交流的力度和频率，把下一步合作的层次进一步提高，尽快纳入京津冀协同发展的大背景。

北京工业大学党委书记郑吉春表示，希望三校在人才培养、公共平台建设、高端人才共享、协同创新、干部交流、成果转化和智库建设等几方面进行深度合作。

天津工业大学党委书记张宏伟希望通过本次合作，能够充分发挥三个学校各自的优势，成熟一个项目发展一个项目，将三校研究成果共同转化，带动学校的产学研结合，形成一股合力，围绕自身区域优势，共同为京津冀发展作出贡献。

校党委书记李强在总结中谈到，本次校际间座谈"起点很高，收获很大"。会后，要尽快落实校际合作的总体框架，要"实"，要"快"，要有"显示度"，建立并规范协商机制，三个学校发挥各自优势特色，共同打造京津冀工业大学创新联盟。

2015 年 6 月 14 日上午，三校合作签约暨"京津冀协同创新联盟"揭牌仪式在北京工业大学举行。北京市委常委、教育工委书记苟仲文，天津市人大常委会副主任苟利军，河北省副省长许宁，北京市委副秘书长郭广生出席活动，并与北京工业大学党委书记郑吉春、天津工业大学党委书记张宏伟、河北工业大学党委书记李强共同为三校"京津冀协同创新联盟"揭牌。河北省教育厅厅长刘教民、科技厅厅长王志欣、工信厅厅长邹平一同出席活动。合作签约暨揭牌仪式由北京工业大学党委书记郑吉春主持。

北京工业大学、天津工业大学、河北工业大学合作签约揭牌仪式

北京工业大学党委书记郑吉春、天津工业大学校长杨庆新、河北工业大学校长展永代表三校签署战略合作框架协议以及成立"京津冀交通协同创新中心""京津冀环境污染控制协同创新中心""京津冀智能装备技术与系统协同创新中心"框架协议。

作为实现京津冀协同发展的重要组成和关键切入点，高等教育有责任、有义务主动站位于京津冀一体化发展的国家重大战略之中。面对新形势、新要求，京津冀区域高等教育迫切需要思考和研究如何加强彼此间协同发展的思路。北京工业大学、天津工业大学、河北工业大学，分别隶属京津冀三地，同属地方高水平大学，在办学定位、办学目标、学科设置等方面既有相似之处，又有各自独特的优势。在此背景下，2015年4月以来，三校频繁开展调研互访，就深化三校战略合作、共建创新联盟事宜进行深入交流，最终达成成立"京津冀协同创新联盟"意见。

郑吉春在主持签约仪式时指出，三校共同签署三方战略合作框架协议，成立"京津冀协同创新联盟"，推进京津冀交通一体化、生态环境保护、产业升级转移等重点领域的协同创新率先落地，是三校落实京津冀协同发展战略部署、努力提升高等教育服务区域经济社会发展参与度和贡献度的积极探索，也是深化教育领域综合改革、促进教育资源在区域范围共建共享、推进高等教育内涵集约发展的有益尝试，对三校的自身发展以及京津冀三地高等教育的协同发展具有重要意义。

李强在致辞中指出，国家实施京津冀协同发展战略为三校带来了前所未有的发展机遇。三校合作成立"京津冀协同创新联盟"，就是要进一步拓展校际间的合作内容和领域，整合资源，创新体制机制，发挥三校在工业人才培养中的优势，为京津冀协同发展提供人才智力支撑和动力,共同为京津冀区域高等教育协同发展和京津冀一体化发展作出更大的贡献。

张宏伟介绍了三校合作成立"京津冀协同创新联盟"的相关情况。他指出,三校"京津冀协同创新联盟"将以服务京津冀一体化建设为目标,按照资源共享、优势互补、互惠互利、相互促进、整体提升的原则,建设具有较强国际竞争力、更具开放度、更具发展活力的协同创新体系。

三校"京津冀协同创新联盟"将以制度建设为基础,以提高人才培养质量为核心,以加强特色学科建设为重点,以提升教师队伍水平为保障,以推进科技成果转化为抓手,以服务京津冀一体化建设为目标,按照统筹规划、突出重点、合作共赢、分步实施的原则,实现资源共享、优势互补、互惠互利、相互促进、整体提升,建设具有较强国际竞争力、更具开放度、更具发展活力的协同创新体系,辐射带动京津冀三地高等教育的协同创新和综合改革迈上新台阶。

联盟高校将共同探索现代大学办学理念及中国特色现代大学制度建设,以先进的理念指导学校的发展,促进彼此之间管理体制机制创新、管理经验和服务地方经济建设的交流与借鉴;联盟高校将共同构建国际化资源开放实验平台,凝聚成为具有国际影响的区域特色鲜明的学科群,通过体制机制创新,力求实现校际间教师互聘和优秀管理干部相互挂职锻炼等,实现优质师资共享;联盟高校将联合建立创新人才培养基地,促进学生的跨校交流与培养,开展拔尖创新人才选拔培养与试验,联合开展教改研究与教材建设,共同组织学生开展生产实习、毕业设计、创业教育等活动;联盟高校将共建若干"京津冀协同创新中心",围绕京津冀协同发展中的重大需求,联合申报和承担国家重大研究项目或国际科技合作项目,打造"国家急需、世界一流"的协同创新体系,如以北京工业大学牵头成立"京津冀交通协同创新中心",以天津工业大学牵头成立"京津冀环境污染控制协同创新中心",以河北工业大学牵头成立"京津冀智能装备技术与系统协同创新中心"等。

此外,联盟高校还将联合建立多学科组成的高端智库和开放式研究机构,积极参与京津冀区域经济社会改革与发展建设,为京津冀经济转型升级提供智力支持和决策服务;聚焦国家及京津冀改革与发展中的重大战略主题,围绕急需解决的重大理论与实践问题,坚持产学研合作,联合开展核心理论研究和关键技术开发;加强高校科技成果转化机制模式创新,增强学校服务地方经济、科技和社会发展的能力。

三校"京津冀协同创新联盟"设立工作领导小组,为联盟最高权力机构;领导小组由联盟成员学校校长组成,通过协商确定顺序由联盟成员学校校长担任轮值主席,任期一年。

为落实京津冀三地工业大学协同创新联盟相关工作,促进三地工大全方位、多角度的合作,由学校材料学院发起,北京工业大学材料学院、天津工业大学材料学院联合成立了三地工大材料学科创新联盟。2015 年 12 月 4 日至 5 日在北京工业大学召开了"2015 年京津冀三地工业大学材料学科学术交流会"。参会教师达 150 余人。

研讨会确定了联盟活动方式、研讨了各学院"十三五"规划重点,并就在京津冀一体化大背景下,如何提升材料学科实力,在科研、教学和人才培养、服务京津冀区域经济等方面开展全方位合作提出建设性意见。本次会议共设 14 个大会报告,河北工业大学材料学院金朋、陶俊光、刘国栋、林靖四位老师在大会上作精彩报告。

2015 年京津冀工业大学材料学科学术交流会

第三节 制定实施《河北工业大学章程》

一、教育部：全面推进依法治校

2010 年 7 月 29 日,中共中央、国务院颁布《国家中长期教育改革和发展规划纲要(2010—2020 年)》,要求"各类高校应依法制定章程,依照章程规定管理高校"。此后,教育部先后发布《高等学校章程制定暂行办法》《全面推进依法治校实施纲要》《中央部委所属高等学校章程建设行动计划(2013–2015 年)》《学校教职工代表大会规定》《高等学校学术委员会规程》《普通高等学校理事会规程（试行）》多个文件，对各高校制定章程的程序、原则、核心内容、运行、保障等作出了具体规定。

教育部《全面推进依法治校示范校实施纲要》和河北省教育厅《全面推进依法治校工作的实施意见》提出：到 2015 年，各级各类学校按照合法、规范、实用、特色的要求，全面形成一校一章程的格局，健全各项管理制度，切实规范办学行为，实现学校管理的制度化、规范化和科学化。为确保到 2015 年实现一校一章程的工作目标，各高校要采取切实措施，按照时限要求，高标准、高质量地完成章程制定任务。

二、制定实施《河北工业大学章程》

2013 年 5 月，河北工业大学成立《河北工业大学章程》编制领导小组和办公室，组建章程写作组，正式启动学校章程建设工作。领导小组对学校章程制定工作进行了安排部署，将章程制定工作分为学习调研、集中研讨拟定章程草案、公开征求意见、学校审定、上报核准 5 个阶段，计划于 2014 年年底完成章程制定工作。

2013 年 6 月—2014 年 7 月，起草了学校大学章程（初稿）。2014 年 7 月 12 日，学校召开党委常委扩大会议，对章程（初稿）进行了初步审核和研讨，修改完善后形成了章程（征求意见稿—第 1 稿）。

2014 年 7 月 15 日—17 日，学校召开全体中层单位负责人研讨会。中层单位负责人分 4 组研讨章程内容，共提出修改意见建议 183 条次。章程写作组根据中层单位负责人研讨会征集上来的意见建议，进一步完善章程内容，形成章程（征求意见稿—第 2 稿）。

2014 年 7 月 20 日—8 月 21 日，就章程（征求意见稿—第 2 稿）在全校范围征集意见建议。2014 年 8 月 22 日、23 日，学校召开征集章程意见建议暑期工作汇报会，听取学校各部门单位负责人对大学章程及章程所涉及综合改革方案的研讨和意见征集情况汇报，共征集意见建议 881 条次。2014 年 8 月 24 日—8 月 30 日，章程写作组逐条研究、合理吸收了各部门、单位征集上来的意见建议，梳理调整了章程框架结构，精简了繁琐内容，对各条款内容进行了法律规范，对语言文字进行了精练，形成了章程（征求意见稿—第 3 稿）。

2014 年 8 月 31 日，学校召开党委常委扩大会议，对章程（征求意见稿—第 3 稿）进行审核和研讨。2014 年 9 月 5 日，学校邀请教育部政策法规司黄兴胜副司长来校做"大学章程与大学治理现代化"报告，校领导、全体中层干部、高级职称教师、系主任、学术委员会成员、教学督导委员会成员、初中级职称教师代表、学生代表、离退休人员代表参加报告会。报告会进一步提升了全校师生对大学章程建设重要意义的认识，进一步明确了章程建设的有关要求。会后听取了黄兴胜副司长对学校章程内容的意见。

2014年9月5日—9月12日，学校就章程（征求意见稿—第3稿）第二次在全校范围征集意见建议，共征集意见建议302条次。章程写作组逐条研究、合理吸收了每个部门单位征集上来的意见建议，形成了学校章程（草案）。

2014年9月16日，学校分组召开教职工代表大会，讨论审议并原则通过章程（草案）内容。章程写作组根据审议意见进一步修改完善了章程（草案）。2014年9月17日，学校召开校长办公会，审议并通过章程（草案）内容。章程写作组根据审议意见进一步修改完善了章程（草案）。2014年9月22日，学校召开党委全委会，审定通过了章程（草案）内容，形成学校章程（核准送审稿）。

2014年9月29日，学校章程（核准送审稿）报省教育厅提请核准。2014年11月19日，省高校章程核准委员会评议学校章程，就章程内容提出完善意见建议。章程写作组根据意见建议进一步修改完善了章程（核准送审稿）内容。2014年12月2日，学校章程（核准送审稿）再次提交省教育厅进行核准。2014年12月10日—12月20日，省教育厅通过教育厅网站，将学校章程（核准送审稿）予以公示，向社会公开征求意见。

2014年12月26日河北省教育厅核准生效。

河北省教育厅高等学校章程核准书第1号

河北工业大学：

《河北工业大学章程》经河北省高等学校章程核准委员会评议、社会公示，并经河北省教育厅党组会议审议通过，于2014年12月26日予以核准，同日起正式生效。

河北省教育厅

2014年12月26日

《河北工业大学章程》分为序言和正文两部分。序言部分记载了学校的历史沿革、"工学并举"办学特色、"勤慎公忠"校训精神和学校章程建设历史。正文部分包括总则、办学定位、学生、教职

《河北工业大学章程》

工、组织机构、学院、财务资产、校友、标识、附则等 10 章 85 条。

2019 年和 2023 年，章程先后两次进行修订，修订内容经河北省教育厅核准生效。

第四节 入选国家"双一流"大学建设序列

一、国务院印发《统筹推进世界一流大学和一流学科建设总体方案》

2015 年 11 月 5 日，国务院印发《统筹推进世界一流大学和一流学科建设总体方案》(简称《总体方案》)，要求按照"四个全面"战略布局和党中央、国务院决策部署，坚持以中国特色、世界一流为核心，以立德树人为根本，以支撑创新驱动发展战略、服务经济社会发展为导向，坚持"以一流为目标、以学科为基础、以绩效为杠杆、以改革为动力"的基本原则，加快建成一批世界一流大学和一流学科。

《国务院关于印发统筹推进世界一流大学和一流学科建设总体方案的通知》

1995 年以来，我国先后实施了"211 工程""985 工程"等一批重点建设项目，一批高水平大学建设取得重大进展，在国际上产生了广泛影响，为进一步建设世界一流大学和一流学科奠定了坚实的基础。2015 年 8 月 18 日，中央全面深化改革领导小组第十五次会议审议通过《总体方案》，决定统筹推进建设世界一流大学和一流学科，推动实现我国从高等教育大国到高等教育强国的历史性跨越。

世界一流大学和一流学科建设实行建设与改革并重，《总体方案》确定了建设一流师资队伍、培养拔尖创新人才、提升科学研究水平、传承创新优秀文化、着力推进成果转化等五项建设任务；明确了加强和改进党对高校的领导、完善内部治理结构、实现关键环节突破、构建社会参与机制、推进国际交流合作等五项改革任务。

《总体方案》提出，国家将鼓励和支持不同类型的高水平大学和学科差别化发展，总体规划，分级支持，每五年一个周期，2016年开始新一轮建设。建设将更加突出绩效导向，通过建立健全绩效评价机制，动态调整支持力度。不断完善政府、社会、学校相结合的共建机制，形成多元化投入、合力支持的格局。

根据《总体方案》，到2020年，我国若干所大学和一批学科进入世界一流行列，若干学科进入世界一流学科前列；到2030年，更多的大学和学科进入世界一流行列，若干所大学进入世界一流大学前列，一批学科进入世界一流学科前列，高等教育整体实力显著提升；到本世纪中叶，一流大学和一流学科的数量和实力进入世界前列，基本建成高等教育强国。

中央财政将中央高校开展世界一流大学和一流学科建设纳入中央高校预算拨款制度中统筹考虑，并通过相关专项资金给予引导支持；鼓励相关地方政府通过多种方式，对中央高校给予资金、政策、资源支持。地方高校开展世界一流大学和一流学科建设，由各地结合实际推进，所需资金由地方财政统筹安排，中央财政通过支持地方高校发展的相关资金给予引导支持。中央基本建设投资对世界一流大学和一流学科建设相关基础设施给予支持。鼓励有关部门和行业企业积极参与一流大学和一流学科建设。按照平稳有序、逐步推进原则，合理调整高校学费标准，进一步健全成本分担机制。

《总体方案》要求加强对世界一流大学和一流学科建设的组织管理，有序推进实施。有关部门要抓紧完善配套政策，高校要科学编制建设方案。对建设方案要开展咨询论证，动态监测建设过程，及时跟踪指导并接受社会公众监督。

二、河北省人民政府印发《关于统筹推进一流大学和一流学科建设的意见》

为贯彻落实《国务院关于印发统筹推进世界一流大学和一流学科建设总体方案的通知》（国发〔2015〕64号）精神，统筹推进一流大学和一流学科建设，实现从高等教育大省向高等教育强省的跨越，提升高等教育为建设经济强省、美丽河北服务

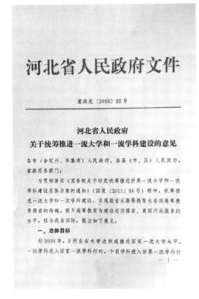

《关于统筹推进一流大学和
一流学科建设的意见》

的水平,2016年5月,河北省人民政府印发了《关于统筹推进一流大学和一流学科建设的意见》冀政发〔2016〕22号(简称《意见》)。

《意见》中提出总体目标为:到2020年,3所左右大学达到或接近国家一流大学水平,一批学科进入国家一流学科行列,个别学科进入世界一流学科行列。到2030年,若干所大学进入国家一流大学行列,更多学科进入国家一流学科行列,10个左右学科进入世界一流学科行列,我省高等教育整体实力显著提升。到本世纪中叶,有高等学校达到或接近世界一流大学水平,更多学科进入世界一流学科行列,国家一流大学和一流学科的数量显著增加,基本建成高等教育强省。

意见中提出"建设高水平师资队伍、创新人才培养机制、提升科学研究水平、着力推进成果转化、传承创新优秀文化"五大建设任务,以及"完善高等学校治理结构、深化体制机制改革、扩大开放办学、推进国际交流合作"四项改革任务。

《意见》明确强调,一流大学建设分为两个层次,一流学科建设分为世界一流学科、国家一流学科、省内一流学科三个层次。省财政厅将高等学校开展一流大学和一流学科建设纳入省高等学校预算拨款制度中统筹考虑,从2016年起,"十三五"期间每年增设一流大学和一流学科专项资金5亿元给予支持,连续五年,总计25亿元。中央财政通过支持地方高等学校发展的相关资金给予引导支持。将一流大学和一流学科建设相关基础设施纳入省级基本建设投资支持范围,并通过设立专项资金给予支持。积极筹措建设资金,教育部门科学编制教育事业发展规划,把发展专项资金列入中期财政规划,加大省财政支持力度,根据不同高等学校的建设定位,考虑学校办学质量,特别是学科水平、办学特色等因素,建设资金重点向办学水平高、特色鲜明的学校倾斜,实施差别化的资金支持举措。

《意见》强调,坚持动态支持。自2016年开始,每五年一个周期,与国家五年规划同步,瞄准一流目标开展新一轮建设。突出绩效导向,根据学科类别和特征,积极采用科学性和公信度高的第三方分类评价指标,建立健全符合学科建设规律的绩效评价机制。以绩效考核为约束,完善管理方式,增强高等学校财务自主权和统筹安排经费的能力,充分激发高等学校争创一流、办出特色的动力和活力。

三、学校入选"双一流"建设高校名单

2016年5月,河北省人民政府印发了《关于统筹推进一流大学和一流学科建设的意见》,学校入选省"国家一流大学建设"一层次学校。

学校根据上级文件要求,在征求有关方面意见基础上,起草了《河北工业大学一流学科建设方案(草案)》(简称《建设方案》)。经院士专家组论证、有关省领导审阅、校学术委员会审议、校党委常委(扩大)会审议、河北省人民政府审核同意后,学校于7月10日将《建设方案》报送教育部;根据国家"双一流"建设专家委员会的审议咨询意见,学校对《建设方案》进行了修改完善,于8月3日再次报送教育部。2017年9月21日,根据《教育部 财政部 国家发展改革委关于公布世界一流大学和一流学科建设高校及建设学科名单的通知》(教研函〔2017〕2号),学校入选国家世界一流大学和一流学科(简称"双一流")建设高校名单。学校将重点建设"先进装备工程与技术"学科群。

我校入选国家"双一流"建设高校名单 实现"双一流"建设目标任重道远

日期: 2017-09-22　信息来源: 发展规划部　点击量: 次

2017年9月21日,根据《教育部 财政部 国家发展改革委关于公布世界一流大学和一流学科建设高校及建设学科名单的通知》(教研函〔2017〕2号),我校入选国家世界一流大学和一流学科(简称"双一流")建设高校名单。学校将重点建设"先进装备工程与技术"学科群。

我校入选国家"双一流"建设高校名单

根据《建设方案》,学校将围绕国家实施创新驱动发展、京津冀协同发展等战略需要,围绕河北省建设"产业转型升级试验区",推动装备制造业成为全省第一主导产业,天津市建设"全国先进制造研发基地",大力发展高端装备产业的实际需求,

依托电气工程、材料科学与工程、机械工程等骨干优势学科,按照学科群口径,以"先进设计理论与方法"为引领,以"先进材料设计与制备"为支撑,以"智能感知与控制"为保障,以"先进装备系统集成"为目标,重点建设"先进装备工程与技术"学科群,努力建成引领区域高端装备、新材料、节能环保等产业发展的重要支撑载体。

同时,为支撑"世界一流学科"建设,学校将整合其他学科资源,建设"新能源与节能环保工程与技术""智慧基础设施工程与技术""大健康工程与方法""先进数据工程与技术"等多个对区域新能源、大健康、大数据等产业发展支撑度高的交叉学科群,组成第二学科群方阵,实现科学布局、梯次推进、分步发展、共同提高的学科建设总格局。

建设世界一流大学和一流学科,促进高等教育内涵发展,加快高等教育治理体系和治理能力现代化,是我国高等教育发展史上又一个里程碑式的战略举措,对于支撑国家创新驱动发展战略、增强国家核心竞争力、奠定国家长远发展基础,都具有十分重要的战略意义。学校继"211 工程"建设、省市部共建之后,开展"世界一流学科"建设,对于实现学校持续又好又快发展至关重要;对于发挥"世界一流学科"建设的引领作用,加快提升河北省高等教育水平至关重要;对于助推河北省落实国家创新驱动发展战略、京津冀协同发展战略,加快经济强省美丽河北建设至关重要。

四、顺利完成"双一流"建设周期目标

2016—2020 年,在国家、河北省和天津市的大力支持下,学校共投入"双一流"建设资金 14.97 亿元。其中,中央专项资金 0.66 亿元,河北省投入资金 9.37 亿元,天津市投入资金 2.52 亿元,自筹资金 2.42 亿元。

学校按照国家、河北省、天津市和学校的有关规定对"双一流"建设资金进行使用及管理。建设资金使用比例为:拔尖创新人才培养经费 5.28 亿元,占比 35.2%;师资队伍建设 5.04 亿元,占比 33.7%;科学研究和社会服务 3.06 亿元,占比 20.5%;文化建设 0.59 亿元,占比 3.9%;国际合作交流 1.00 亿元,占比 6.7%。2016—2020 年,学校"双一流"建设资金到位及时,资金预算执行良好。

按照《建设方案》关于学校整体建设及学科建设主要目标要求,学校坚持高质量内涵式发展,优化学科布局,形成了以"先进装备工程与技术"学科为引领,以特色交叉和基础学科群为支撑的布局合理、梯次推进、分步发展、协同高效的学科建

设总布局。深入对接国家和区域重大战略需求,实现了国家级科研平台、拔尖创新人才培养平台、科技创新与成果转化平台的新突破;汇聚了以国家级高水平学术带头人领军,优秀中青年人才组成的一流教师队伍,聚焦先进装备设计、材料、感知、集成等学科方向,形成了"智能机器人工程服役关键技术"国家级创新团队等多个核心团队,教师队伍能力显著增强;不断深化教育教学改革,在新工科专业布局、国际化合作办学、跨学科联合培养、科教融合育人、创新创业等方面开展了系列化制度性安排和改革举措,特色高水平人才培养体系快速形成,顺利完成"双一流"建设周期目标,主要目标任务提前超额完成,符合度好,达成度高。

五、规划实施"1+X"学科建设总体布局

学校主动对接国家战略,瞄准河北省建设产业转型升级试验区、数字经济发展新高地,着力推动先进装备制造业成为全省第一主导产业的实际需要,聚焦天津市全国先进制造研发基地、国家新一代人工智能创新发展试验区的实际需要,发挥学校电气、机械、材料、控制等学科优势,以"先进设计理论与方法"为引领,以"先进材料设计与制备"为支撑,以"智能感知与控制"为保障,以"先进装备系统集成"为目标,集中力量建设"先进装备工程与技术"学科群,通过学科交叉,打造高峰学科,为区域智能装备相关产业发展提供重要技术和人才支撑。

学科建设体系		学位授权点一览	
国家"双一流"学科	1个	博士后科研流动站	10个
国家重点学科	2个	博士学位授权点(一级学科)	11个
河北省"双一流"学科	7个	硕士学位授权点(一级学科)	26个
天津市"双一流"学科(群)	5个	专业学位类别	17个
河北省级重点学科	20个	本科专业	62个
天津市重点学科	7个	国家一流本科专业建设点	30个
		通过工程教育专业认证或住建部评估	13个

"双一流"建设(一期)学校学科体系和学位授权点一览表

学校以"双一流"学科建设为契机,规划实施"1+X"学科建设总体布局;"1"是以推进入选国家"双一流"建设序列的"先进装备工程与技术"学科群建设为核心,"X"是着力加强"绿色化工与节能环保""智慧基础设施工程与技术""生命健康"等多个优势特色学科群为主体,融合相关传统学科,努力实现合理布局、梯次推进、分步发展、协同提高的学科建设格局。积极优化调整学科结构,通过加强学科群建

设和交叉学科科研平台建设,引导组建跨学科团队,强化基础学科与应用学科交叉融合发展,在前沿和交叉学科领域孕育新的学科增长点。

六、坚持以本为本,打造一流本科教育

——优化人才培养专业结构。学校主动对接国家战略和区域经济社会发展需求,建立健全学科专业动态调整机制,遵循"存量升级、增量优化、余量消减"原则,2016 年以来,"调停并转" 20 个专业,启动 8 个专业类培养改革,改造升级传统专业,专业调整数量比例达 56%;12 个专业通过工程教育专业认证或评估,位居全国第 42 位,15 个专业入选国家级一流专业建设点,国家级专业较建设初期增长275%,位居河北省首位;推进一流课程建设,实施"培优造金"工程,打造"创新设计""电器可靠性"等特色课程 104 门,立项建设优质课程 161 门,完成 72 门公共基础课和 433 门专业核心课评估,出版《工程图学基础》等优质教材 71 本,获省级教学成果一等奖 5 项。第三方评价显示学校本科毕业生教学满意度达 90% 以上,育人质量位列全国"双一流"建设高校第 47 名,良好的教学声誉使得本科生生源质量逐年提高,稳定在全国高校 70 名左右,稳居河北省第一位。

——加快新工科建设布局。学校以需求为导向,在稳规模基础上,着力加强新工科建设,依托"先进装备工程与技术"学科群,先期开展"先进装备技术""人工智能"新工科专业试点班建设,获批 2 个国家级新工科研究与实践项目,近期实施"智能制造工程""数据科学与大数据技术""智能建造""人工智能"等新专业建设,后期规划建设智能医学工程等新工科专业。

——改革人才培养模式。学校完善人才培养方案,以"理论与实践"为指导,确立了"理论与实践相结合,创新创业贯穿始终,创新意识、创新思维、创新实践逐步推进"的培养模式,构建"一体二翼三维度"的人才培养体系,创建"160+X+Y"学分制课程体系;推进信息技术与课堂教学的深度融合,发挥虚拟仿真等创新工程实践教学优势,形成基于"工学并举"办学特色的研究型、复合型、应用型的分类人才培养模式。

——构建创新创业人才培养体系。学校成立创新创业教育学院,新建大学生创新创业实践基地 14 个;改革学科课程体系,挖掘和充实各类专业课程的创新创业教育资源,融合专业知识传授与创新创业能力培养;打造创新创业教育"第二课堂"主阵地,成为全国首批 36 所高校共青团"第二课堂成绩单"制度试点高校之一,获

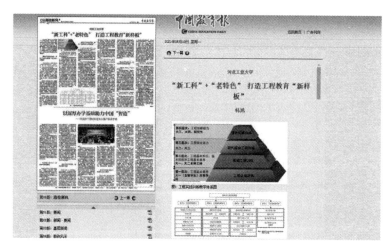

韩旭发表于《中国教育报》论文

批"全国深化创新创业教育改革示范高校"。

——探索多维融合协同育人模式。学校重点围绕京津冀先进装备制造产业，跨学院、学科、专业开设各类优秀生班、匠心训练班和创新创业精英班，累计培养学生 9297 名；加强与国内外知名高校和京津冀区域企事业单位合作，促进资源共享，构建了课堂教学、自主学习、实践锻炼、指导帮扶、文化引领融为一体的创新创业教育体系；将企业专业技术体系融入学校专业培养方案，与华为公司、海尔集团、吉利汽车等知名企业共建联合培养基地，共建 81 个产学研协同育人项目，与中国汽车研究中心合作招收专业硕士"中汽研卓越班"；国家级"众创空间"、大学科技园入驻创客团队和注册公司 200 余家，在全国高校团学创新创业促进工作指数 100 强榜单中连续两年排名前 50 名。

——围绕三全育人，建构思政工作"大格局"。学校打造"党委统一领导、党政群齐抓共管、相关部门各负其责、师生员工积极参与"的全员思政教育工作格局，形成"思政树人—校史育人—校风塑人"三位一体的协同育人工作机制，形成十大协同育人的全方位思政工作合力。

——坚持协同共建，打造思政育人"全课堂"。学校出台《河北工业大学思政课改革创新实施方案》《加强马克思主义学院建设的意见》等文件；坚持思政课集体备课制度，荣获首届全国高校思政课教学展示特等奖；深入推进课程思政建设，构建"一核三环"课程思政育人课程体系，出台《河北工业大学课程思政建设实施意见》，成立学校"课程思政研究中心"，打造全面覆盖、类型丰富、层次递进、相互支撑的课程思政教学体系，及一批具有学校特色的课程思政案例。

——立足学生需求，搭建思政工作"新载体"。学校建立辅导员网络思政团队，积极培育网络教学名师,开展网络文化成果征集活动;成立"融媒体中心",建设"校—院—团支部"新媒体矩阵,组织优秀思想政治理论课教师围绕十九届四中全会录制"走进十九届四中全会"系列视频微课程,利用中国大学生在线等平台,积极开展校园活动报道。强化教学实践育人环节,创新专业课和思政课实践教学,推荐国家级和省市级实践队 82 支,组建校院两级实践队 2100 余支,参与学生 3 万人次、教师 1100 余人次,赴全国 26 个省 1500 余个村镇、社区开展社会实践活动,荣获全国优秀组织单位、团中央"知行计划"全国金奖等国家级荣誉 56 项,省市级优秀实践团队标兵等省级荣誉 437 项,"七彩微光"大学生支教团成为同时获得中国大学生农村支教奖"金奖"和"最佳传播奖"的团队。

——完善引育并举,建强思政工作"主力军"。学校加强全校思想政治工作队伍的培训研修,鼓励辅导员教师加入课程思政研究项目团队,结合专业建设、课程建设开展学生思政工作;出台《研究生指导教师管理办法》,发挥导师在思政教育中首要责任人作用;调整思政课教师和辅导员职称评聘标准;聘任 660 余名教师兼任班导师。30 余人获省市级思政工作先进个人称号,10 余个单位团队获省市级思政工作先进集体称号。

七、2017 年本科教学工作审核评估优秀

2017 年 12 月 5 日至 12 月 8 日,教育部审核评估专家组通过深度访谈、听课看课、试卷审阅、现场考察、随机走访,对学校的本科教学和审核评估自评自建工作作了全面细致的检查。

4 天中,专家组深度访谈校领导 22 人次;走访部、处和学院 105 人次,实现所有教学单位和职能部门全覆盖;走访实地用人单位和实习实践基地 3 个;听课看课 57 门;调阅试卷 2202 份,涉及 45 门课程;调阅毕业设计(论文)1038 份。此外,专家还召开座谈会 7 场,查阅了学校相关管理制度等文件。

12 月 8 日,专家组组长刘建平教授代表评估专家组向河北工业大学反馈了审核评估总体情况。专家组一致认为:河北工业大学的办学定位和人才培养目标与国家和区域经济发展需求适应度较高,达成度较好;学校的师资和教学资源条件,能够有效保障学校的本科教学运行,成效显著;学校不断推进教学和质量保障体系建设,涵盖各个教学环节,提高教学质量,保障了有效度;学校加强学风建设,创新人才培养机制,助推学生成长发展,学生、社会及用人单位满意度高。同时,他也指

河北工业大学本科教学工作审核评估专家见面会现场

出学校在特色凝练、集聚资源、强化师资队伍建设、专业总数、管理机构设置等方面存在的薄弱环节与问题，并提出相应的意见和建议。

就如何切实做好整改落实，学校党委书记李强表示，学校将以此次本科教学工作审核评估为发展的新起点和改革的新契机，把专家们指出的问题和不足逐条梳理，把专家们提出的意见和建议全面吸收，将审核评估的整改工作融入在学习贯彻党的十九大精神之中，与推进落实学校"十三五"发展规划有机结合起来，与统筹推进"世界一流学科"建设有机结合起来，继续巩固本科教学在学校各项工作中的核心地位，努力做到坚持立德树人根本任务，以更高的标准提高人才培养质量；坚持以学生为中心，以更实的措施优化学生成长成才环境；坚持审核评估"二十字"方针，以更大的担当推动整改工作落地见效。他强调，学校将更加全面系统地完善本科教学工作体系，明确目标任务，明确责任主体，定好位、分好工，找差距、出措施；建立整改台账，逐条对照落实，以建立长效激励机制为保障，进一步释放学校本科教学的内生动力和创新活力，通过"五个度"的持续提升，巩固评建成果，形成良性机制；将审核评估变成推动学校事业发展的强大动力，促进学校各项工作上水平上台阶。

河北省教育厅副厅长王利迁提出三点意见：一是省教育厅将和学校一起对专家反馈意见进行认真的研究和梳理，高度重视专家反馈的问题，充分吸收专家给出的指导意见建议，认真组织整改；二是要求学校尽快制定整改方案，分解任务，明确要求，实行整改工作责任制，做到措施到位，责任到人，真正把专家意见转化成教学质量提高的成果，把"以评促建"的成效，实实在在地落实到学校人才培养的全过程,不断完善本科教学工作质量保证的长效机制;三是希望河北工大能够以此次评估为发展的新契机,把专家组给予的肯定、鼓励化作前进的动力,找准学校发展的切入点、创新点、增长点,进一步强化本科教学的中心地位。省教育厅将一如既往地关心支持河北工业大学的建设与发展,加大在政策、资金项目等方面对工大支持,支持工大"双一流"建设,强化"工学并举"特色,发挥学校在京津冀协同发展的特殊区位优势,进一步推动河北工大人才培养水平和学校综合实力实现更大提升,为建设经济强省美丽河北作出新的更大的贡献。

八、深化综合改革,打造卓越的研究生教育

2021 年 8 月 12 日,教育部办公厅发布《关于公布第二批全国高校"百个研究生样板党支部"和"百名研究生党员标兵"创建名单的通知》教思政厅函〔2021〕14 号,经组织推荐、通讯评审、集中会审、结果公示,遴选产生 100 个研究生样板党支部和100 名研究生党员标兵,河北工业大学博士生王冬计榜上有名。

21	天津大学	材料科学与工程学院	许全军
22	天津师范大学	政治与行政学院	李永俊
23	天津科技大学	食品科学与工程学院	林晓东
24	天津理工大学	计算机科学与工程学院	赵泽宁
25	天津中医药大学	研究生院	黄 明
26	河北工业大学	能源与环境工程学院	王冬计
27	河北医科大学	基础医学院	赵 明
28	太原理工大学	物理与光电工程学院	李 健
29	太原科技大学	机械工程学院	宁 可
30	辽宁中医药大学	研究生学院	于睿智
31	吉林大学	汽车工程学院	宋东鉴

"百名研究生党员标兵"名单

近年来,河北工业大学深入推进研究生培养模式改革。优化学位点建设,根据学科建设需要,新增布局建设生物医学工程等 3 个一级学科博士学位授权点,学位

点布局日趋合理；努力打造系统、全面、科学、合理的研究生"金课"，累计建设省级以上研究生示范教学课程及案例库 80 余项；打破研究生导师终身制，完善导师招生年度申请审核动态调整机制；深化研究生招生工作改革，综合考虑招生计划使用效率、培养质量和师德师风建设等因素，科学规划研究生招生比例，修订招生录取政策，本科毕业于"双一流"建设高校的硕士生比例和以硕博连读方式录取的博士生比例较建设初期分别增长 1 倍和 3.8 倍，研究生发表高水平论文数量较建设初期增长 30% 以上，新增研究生自主科研创新项目 160 项，博士研究生获"玛丽居里学者""IEEE 电磁兼容最佳学生论文奖""APEMC 杰出青年科学家奖"等荣誉。

学校进一步加强跨学科培养。依托国家级、省部级科研平台，积极推进跨学院、跨学科学位点设置，建立跨学科课题组、实验室、研究中心；在先进装备工程与技术、人工智能领域开展高层次创新人才跨学科联合培养试点建设，深化相关学科领域的交叉融合；鼓励"先进装备工程与技术"一流学科的高水平专家学者成立导师组，推进科教融合育人，着力提高研究生科技创新能力。

学校不断完善研究生培养过程关键环节，加强研究生导师队伍建设，贯彻导师作为研究生教育第一责任人思路，深化导师遴选、聘用及考核改革，着力打造"四有"好老师队伍，充分发挥导师对研究生思想品德、工程伦理、学术道德的示范和教育作用；强化全流程质量管理，出台《河北工业大学关于加强研究生文献研究及论文开题、中期和预答辩考核工作的规定》等系列制度文件，全面实施学位论文"双盲审"制度，夯实人才培养质量关，推进研究生培养高质量发展。

九、深入实施"元光学者计划"

2017 年 4 月 27 日，学校举行河北工业大学首届"元光学者"聘任仪式。校领导为 86 名"元光学者"颁发了聘书。

校党委副书记、副校长韩旭围绕"元光学者"设立初衷、首届"元光学者"的评聘情况，对"元光学者"的期望和如何做好人才服务工作等四个方面发表了讲话。他强调，学校的可持续发展，靠的是人才。借助河北省、天津市对"双一流"建设的资金投入，学校决定传承魏元光先生在任期间广纳四海英才的人才理念，以魏元光先生命名，引育并举实施"元光学者计划"。为此各级各部门应想人才之所想，主动为冲锋陷阵的"战士"提供适宜的"装备"，为人才打造干事创业的平台，提供全程无忧的服务，让人才安心工作，发挥潜能；学校的各位"元光学者"也应励精图治，锐意进取,积极发挥引领、示范、辐射的作用,共创学校美好未来。

"元光学者计划",聚焦育才、引才、用才、留才等关键环节,完善多元化人才引育体系,从战略人才、领军人才、中青年人才三个维度进行人才队伍建设,分别设置"卓越岗""领军岗""特聘岗""启航岗"等相应人才岗位。强化高层次人才的引领作用,加快引进和培养一流科学家、学科领军人物和创新团队,着力打造支撑一流学科建设的高素质教师队伍。

为做好落实工作,校党委书记李强提出了党管人才工作的四点意见:一、坚定不移地加快推进人才强校战略实施,抓好人才引进、培养和使用三个关键环节;二、不断健全和完善人才工作体制机制,形成共同参与和推动人才工作的整体合力,为各类人才干事创业提供良好服务;三、为优秀人才干事创业提供硬件、软件上良好的条件保障,促进优秀人才更快发展;四、树立服务工作理念,为青年一代脱颖而出营造成长的氛围环境。他希望各单位各部门抓住"元光学者计划"实施的机遇,在引进人才上求贤若渴,在培养人才上精心培育,在服务人才上的工作上开创新局面,为学校"双一流"建设和又好又快发展打下坚实的基础。

河北工业大学首届"元光学者"聘任仪式

自 2017 年实施"元光学者计划"以来,国家级人才数量由 5 人增加到 18 人;具有海外背景的优秀博士由 28 人增加到 123 人。涌现出一批具有国际学术影响力的代表:如白国英老师在相变理论取得重大突破,其成果发表在《Nature》;韩旭教授连续 6 年入选中国机械工程领域 Elsevier 高被引学者;杨磊教授在骨科植入物和生物材料的力学和仿生学研究的贡献突出,获批国家杰出青年科学基金项目;孟垂舟教授提出轻薄柔性一体化储能器件的制备方法,研发可集成组装的亚毫米级别微型全固态储能器件，揭示铝离子传导聚合物电解质的合成路线和制备方法等方面的突出贡献入选国家海外高层次青年人才项目；2016 年度"侯德榜化工科技成就奖"获得者李春利教授发明的大通量高效立体传质塔板技术，已成功在国内 20 余个省份转化，并推广到古巴、印度等国家。

学校实施创新团队培育计划，通过设置人才特区，给予政策倾斜，开辟绿色通道，允许优秀创新团队负责人与学校共同拟定团队建设基本规模和发展目标，实行团队考核，自主按程序招聘团队成员，构建与贡献匹配的评价激励体系，形成以高端人才为领军，以中青年学术带头人为重要支撑，以青年骨干教师为基础的高水平团队，实现高层次人才引领下的"大平台、大团队、大项目"的良性循环，如：韩旭教授、李铁军教授、张明路教授、张建华教授等分别作为首席科学家获得国家重点研发计划项目资助；吕志伟教授获得国家自然科学基金委托重大仪器研制项目；展永教授、徐桂芝教授、李奎教授等先后主持获得国家自然科学基金重点项目资助。

学校聚焦"教师发展研究、师德师风培训、教育教学新思想、教学学术研究方法、教学技能训练"五模块，开展"新教师岗前培训、教育部国培项目、教师资格认定、教学诊断、国内研修、国外研修、专项培训、教学竞赛"八个专题的培养培训工作，组建由校内外国家教学名师、全国优秀教师等组成的专家培训队伍，由多次获得国家、省市教学基本功竞赛获奖者、教学改革成绩突出教师等组成的教学技能培训师团队，承担名师讲坛、教学沙龙等培训项目；每年组织 30 余名优秀教师分别赴英国曼彻斯特大学、美国威诺那州立大学等国外知名高校进行短期研修；开展以"教学方法与技能""混合式教学"等为主题的"午餐沙龙"系列活动，进一步加强对教师分类分级培训，保证教师教育教学能力持续提升。

学校把"立德树人"作为教育工作的根本任务，强化"政治意识、责任意识、阵地意识和底线意识"。成立党委教师工作部，总体谋划、系统部署教师思想政治工作，明确师德建设职责分工，责任落实到人，做到"领导、实施、参与"三层联动，形成党委统一领导、党政齐抓共管、院系具体落实、教师自我约束的领导体制和工作机制。

学校先后出台了《河北工业大学师德师风建设长效机制实施办法》《河北工业大学新入职专任教师岗前培训的有关规定》等系列文件，建立多角度、全方位师德宣传机制，引领师德师风建设，培育重德养德良好风尚；建立健全教师准入制度，坚决把好入口关；建立健全师德监督机制和师德考核奖惩制度，规范教师教学、科研、管理和服务等工作和生活行为。通过宣传教育、示范引领、实践养成等积极引导广大教师做有理想信念、有道德情操、有扎实学识、有仁爱之心的好老师，涌现出以

"全国高校黄大年式教师团队"、全国优秀教师为代表的一大批师德师风建设先进典型人物和团队。

十、践行"落地冲高"工作思路,提升科研和社会服务实力

2017 年 10 月,科技部与河北省人民政府联合下发《科技部 河北省人民政府关于批准建设省部共建电工装备可靠性与智能化国家重点实验室的通知》(国科发基〔2017〕317 号),正式批准依托河北工业大学建设的"省部共建电工装备可靠性与智能化国家重点实验室"建设运行,建设运行期 5 年(2018—2022)。

《科技部 河北省人民政府关于批准建设省部共建电工装备可靠性与智能化国家重点实验室的通知》

该重点实验室面向国家和京津冀区域新能源发电、智能电网和先进电工装备发展需求,重点围绕电工装备可靠性理论与失效机理、电工装备电磁综合效应、先进电工材料结构与性能调控、电工装备状态感知与智能控制 4 个研究方向,瞄准先进智能电工装备可靠性和复杂电磁环境下智能电工装备的关键技术,开展原创性基础研究和应用基础研究,为河北省工业生产向智能制造转型升级、装备制造业向高端智能化方向持续创新发展和京津冀协同发展提供科技支撑。

省部共建电工装备可靠性与智能化国家重点实验室是河北省获得批准建设的首家省部共建国家重点实验室。也是河北工业大学"双一流"建设的一项标志性成果。

多年来,学校围绕国家特别是冀津区域经济社会发展中的重大需求,整合资源优势,打造多学科交叉融合、集成创新氛围浓厚的科研创新平台与创新团队。不仅实现了"省部共建国家重点实验室"零的突破,国家技术创新方法与实施工具工程技术研究中心也顺利通过科技部验收,新增省部共建教育部协同创新中心、国家地

方联合工程实验室、国家国际技术转移基地、国家创新人才培养示范基地等一大批先进平台和基地。依托高水平产学研平台，稳步推进优势特色创新团队建设，围绕机器人与装备智能化这一发力点，与雄安新区、天津市北辰区等共建了一批机器人与智能装备跨学科协同创新科技服务平台。目前学校共有省部级及以上创新团队24个，其中科技部重点领域创新团队1个，教育部创新团队3个，河北省"巨人计划"创新创业团队11个，天津市创新人才推进计划A类重点领域创新团队5个。

平台类别	平台名称
国家重点实验室	电工装备可靠性与智能化国家重点实验室
国家-地方联合工程实验室	化工过程节能与资源利用工程实验室
协同创新中心	电工产品可靠性技术省部共建协同创新中心
国家国际科技合作基地	河北工业大学国际技术转移中心
高等学校科技成果转化和技术转移基地	河北工业大学（全国首批47所高校之一）
全国高校知识产权信息服务中心	河北工业大学（全国首批23所高校之一）
创新人才培养示范基地	河北工业大学

"双一流"建设（一期）学校新增国家级平台

学校紧密结合学科发展前沿，改进科研管理模式和评价机制，依托高水平科研平台和高层次科研团队，聚焦国家战略需求和重大基础科学问题，培育引领性原创研究，承担了大批重大、重点项目，催生了一批标志性研究成果。2016年以来，学校主持国家重大重点项目31项，获得河北省第一项国家自然科学基金重大科研仪器研制专项项目，承担省部级及以上科研项目1132项（其中国家级项目422项）；连续两年国家自然科学基金资助项目数均超80项。学校获得国家科技进步二等奖1项，省部级科技奖励一等奖15项。高水平论文发表数较建设初期增长了136%，授权专利2442件，获得天津市专利奖金奖，授权专利数量位列全国"一流学科"建设高校第27名。

学校聚焦国家战略目标和京津冀区域重大技术需求，加强统筹规划与顶层设计，整合优势资源，深入实施创新驱动发展战略，构建"基础创新—技术创新—创新成果推广—创新产业孵化"的科技创新链。改革科研评价方法，大力促进成果转化，建立以科研成果科技创新质量和实际贡献为导向的科研评价机制，完善业绩考评与收益分配制度。修订了《河北工业大学京津冀协同发展产学研基地管理办法（草案）》《河北工业大学科技成果转化管理办法（试行）》等系列涉及经费管理、绩效评价、成果转化的制度性文件；建立了以科研院、技术转移中心、国家大学科技园及工业技术研究院四位一体的大科研协同工作机制和服务框架，形成了以大团队为依托、以大平台为载体的科学研究、成果转化、创新创业、军民融合的大科研格局。

学校围绕京津冀协同发展、雄安新区建设、县域创新驱动等国家战略,深化产教融合,搭建校地合作产业技术创新平台,与地方政府共建"雄安新区河北工业大学(安新)工业研究院""河北工业大学(张北)产业技术研究院"等 12 个地方研究院,与企业共建"泰华智能装备研究院""河北建投工大研究规划院"等校企联合研发机构,促进科研成果转化,助推产业转型升级和新兴产业发展。形成国家大学科技园("一园多区"的特色)、国家技术转移中心等平台合力,建设 1 个国家级科技企业孵化器,1 个国家级众创空间,在孵企业近 200 家,5 家高新技术企业。与天津市共建了"科技成果超市",汇集科技成果 1500 余项,专利近 20000 项,科技专家 300 余位,对接企业技术需求数百项,服务企业 2000 余家;搭建河北省与天津市在绿色化工技术、海水利用、管道装备技术、现代机械装备、新能源与新材料技术等领域的人才交流和技术合作平台;荣获"第九届中国技术市场金桥奖"。

河北工业大学科技园

在服务国家战略方面,学校开发的水下检测机器人、船体附着生物清理机器人、水陆两栖作业平台、水下清淤机器人等多套水下装备,为白洋淀、衡水湖湿地综合生态治理提供了先进装备和解决方案;智慧城乡固废综合处理系统,包括城市垃圾收集和转运车及与之配套的智能型监控、管理、调度系统在河北省张家口市投入运行,服务绿色冬奥。在服务国家急难需求方面,开发出具有集新冠病毒消杀、PM2.5 消除和杀菌于一身的智能高分子材料,并在河北石家庄成功落地转化,学校开发的仿人背抱机器人即将走进天津海河医院,直接服务新冠疫情防治。在突破卡脖子技术方面,研发出用于高性能先进材料激光冲击强化制造的重复频率百焦耳级高功率激光装备,有望突破美国技术封锁,解决我国航空发动机关键部件制造瓶颈。在服务节能环保领域,开发的"基于供热计量信息系统的智慧供热节能技术"成果孵化了上市公司,在京津冀等全国20多个省市实现了推广应用。在服务区域经济发展领域,学校开发的单晶硅制备技术,为我国光伏产业发展提供了核心竞争力,孵育的晶龙实业集团,成为全球最大的光伏企业,位居新能源企业500强。在加强智库建设服务国家战略和区域经济发展方面,学校京津冀发展研究中心入选中国智库索引(CTTI)大学智库,排名进入前50名,联合出版《河北省经济发展报告(2017):率先突破与京津冀协同发展》蓝皮书;获批国家社基金重大项目《雄安新区创新生态系统构建机制与路径研究》,助力雄安新区创新生态构建。

十一、文化引领"兴工报国"

2014年3月21日上午,2014年天津运河桃花旅游节暨"百万市民游津城"启动仪式在北洋园至桃花园的堤岸公园内召开。学校作为主办单位之一,积极配合活动主题,安排了丰富多彩的参观和展示活动。精美的校史展牌引众多游人驻足浏览,新建成的校史馆更是让许多游人流连忘返,通过全国重点文物保护单位——南、北教学楼及团城,使游客充分了解了学校这所具有111年历史的中国第一所培养工业人才的高等学府,切身领略到中国近代高等教育发源地的深厚文化积淀。学校校报新闻中心、控制学院的大学生科技协会、文法学院的笛箫协会、建艺学院的国学社、青年志愿者协会、摄影协会等优秀社团,也通过发放校报、展示学生自主研发的科技产品、演奏以"花"为主题的系列民族曲目、为游人免费拍照等形式,为桃花节助力添彩。

随后几年,每逢春暖花开,学校都与红桥区政府等单位联合举办天津运河桃花旅游节,将"学府花堤"打造成一张亮丽的文化名片。

"兴工报国"是学校百余年来的办学传统,从洋务运动到实业救国,从五四运动到抗日战争,从新中国成立到实现中华民族伟大复兴,当国家和民族需要的时候,总有工大人的身影,为民族解放慷慨赴难,为人民幸福建功立业,为国家富强拼搏奉献。

学校以国宝建筑、省市爱国主义教育基地——校史馆为平台,讲述工大故事,传播特色工大文化,已成为广大师生、市民群众、党群组织、中小学生及众多企事业

天津运河桃花节期间市民游客参观校史馆

单位接受爱国主义教育的重要场所,累计接待观众逾 20 万人次;举办河北工业大学 115 周年校庆表彰大会、庆祝新中国成立 70 周年表彰大会等系列活动,大力宣传和表彰在人才培养、科学研究等工作中作出重大贡献的先进典型;开展"一院一品"文化工程,鼓励各学院打造富有学院特色、专业学科特色的文化建设品牌;创排校史剧《魏元光》和反映校友姜圣阶事迹的话剧《铸剑》,出版《工大史话》《河工记忆》等系列图书;打造品牌文化活动,开设文化类课程,加强通识教育,弘扬中华优秀传统文化、革命文化,发展社会主义先进文化,打造师生的精神家园。

校史馆已成为学校一张亮丽的"文化名片"

"勤慎公忠"校训精神是学校百余年办学历程的基本遵循,"勤以治学,慎以立身,公以对人,忠以处事",意在向善,重在践行。学校深入挖掘校训精神的内涵,建设体现时代特征和学校特色的大学文化，通过深入学习贯彻党的十九大精神，举办新中国成立70周年大会，庆祝改革开放40周年系列主题活动，以及面向115周年校庆的校园文化活动，将"勤慎公忠"赋予新的时代内涵，并融入校园文化建设各个方面，教育引导学生增强爱国之心，报国之志，构建具有时代特征和河工大特色的新时代校园文化，努力把校园建设成为锻造理想信念的熔炉、弘扬主流价值的高地、涵育中华文化的家园、滋养文明风尚的沃土。

"工学并举"是学校的鲜明办学特色，1903年学校首任总办周学熙提出"工艺非学不兴、学非工艺不显"，奠定了"工学并举"办学特色的基础；党的十八大以来，学校落实立德树人根本任务，强化产教融合，赋予"工学并举"以"立校与报国、办学与兴工、理论与实践"的新时代内涵。近年来，学校进一步彰显"工学并举"办学特色，培育优良校风教风学风，强化实践育人、文化育人。

十二、"引进来"+"走出去"，扩大国际合作

学校始终坚持"开放办学"的理念，加快海外布局，实施全球发展战略，坚持"引进来"与"走出去"相结合，积极推进学校在人才培养、队伍建设、科学研究等方面的高水平、实质性国际交流与合作，高水平国际合作机制不断深化，实质性国际合作不断扩大，办学国际影响力不断提升。

学校加强国际交流与合作工作的顶层设计，将提升国际化水平作为"双一流"建设的重要内容，纳入学校发展规划与年度计划；建立学校统筹、部门协同、学院实施、师生一体化参与的国际化工作格局，充分发挥职能部门咨询作用、各学院主体作用、师生主角作用，调动各学院参与国际交流合作的积极性，积极构建国际工作新格局。

2020年2月28日教育部来函，学校与美国亚利桑那大学联合申报的中外合作办学机构——河北工业大学亚利桑那工业学院获教育部正式批准。

根据教育部批文，亚利桑那工业学院招生纳入国家普通高等学校招生计划，由河北工业大学通过招生计划增量安排，按照国家普通高校招生录取政策规定执行，于2021年招生。学院开设应用物理学、材料物理、机械设计制造及其自动化三个本科专业，每年每专业招收本科生100人，总规模1200人。学院采用"4+0"双学位培养模式，学生完成规定学业后，可获得河北工业大学本科毕业证、学士学位证，以及美国亚利桑那大学相应的学士学位证书。

中华人民共和国教育部

教外函〔2020〕6号

教育部关于同意设立河北工业大学
亚利桑那工业学院的函

河北省人民政府：

《河北省人民政府关于设立河北工业大学—亚利桑那工业学院的函》（冀政函〔2018〕81号）收悉。根据《中华人民共和国中外

《教育部关于同意设立河北工业大学亚利桑那工业学院的函》

学校分别与美国、法国、德国、新西兰等国家的知名高校合作举办4个合作办学本科项目，其中，中法合作办学项目被评为首批"河北省示范性中外合作办学本科项目"；学校与美国加州大学等23所国际知名院校合作，新增学生国际交流项目26个；赴境外交流学生数同比增长100%；留学生数实现规模性增长；通过实施"高校研究生"等中国政府奖学金项目，为"一带一路"共建国家和非洲国家培养优秀人才，境外在校留学生达到340人，较建设初期增长了5倍，其中硕博留学生占学校全年学历留学生数52%；在先进装备设计、智能感知控制、先进装备系统集成等方向获批3个创新型人才国际合作培养项目。通过开展一系列实质性国际联合培养，合力培养出具有国际视野的高质量复合型人才，2名博士生分获"IEEE电磁兼容最佳学生论文奖"和"APEMC杰出青年科学家奖"，与荷兰奈梅亨大学联合培养的优秀博士获"玛丽居里学者"项目资助；发表高水平论文数量较建设初期增长30%以上；参与课外创新活动获国际级奖项93项。

2019年12月7日上午，学校与拉彭兰塔理工大学共建"河北工业大学芬兰校区"签约仪式在红桥校区团城会议室举行。学校校长韩旭与拉彭兰塔理工大学校长Juha-Matti Saksa在合作协议上签字。河北省教育厅副巡视员侯建国出席签约仪式并表示，双方的强强联合，必将拥有更广阔的合作前景。校党委书记李强在与芬方代表座谈时强调，希望双方的这次合作，能够扎扎实实、富有成效。

河北工业大学芬兰校区从本科层次开始全球招生，逐步拓展到研究生领域，并开展企业培训。拉彭兰塔理工大学分别在拉彭兰塔市、拉赫蒂市设有校区。芬兰

"河北工业大学芬兰校区"签约仪式

校区首批开设机械工程、电气工程、计算机科学与技术、能源环境工程等四个本科专业。其中,机械工程和电气工程专业将在拉彭兰塔校区就读,计算机科学与技术和能源环境工程专业将在拉赫蒂校区就读。芬兰校区学生毕业成绩合格者,将颁发河北工业大学本科毕业证书和河北工业大学学士学位证书,同时颁发芬兰拉彭兰塔理工大学学士学位证书。

芬兰校区是我国高等教育在发达国家建立本科层次海外校区的先行者,校区秉承"工学并举、启迪心智"的建设理念,通过创新校区共建模式、联合培养方式,致力于创立我国高等教育人才培养的新模式,着力将自身打造成融合中国和芬兰高等工业人才培养特色的国际知名校区。

除芬兰校区外,河北工业大学建筑与艺术设计学院与拉赫蒂应用科学大学签署了工业设计人才培养合作协议,河北工业大学廊坊分校也与拉赫蒂应用科学大学签署了战略合作协议。

学校依托"外国院士工作站""引才引智创新平台""引才引智示范基地"等平台,加强国际科研合作,发挥"外专引智"支撑作用,助推学校高质量内涵式发展,有效促进了学校科研实力和水平的提升。学校连续三年获批包括"外专百人计划"项目在内的国家和省部级"外专引智"项目 17 项;与芬兰拉彭兰塔理工大学等欧亚 9 所大学共同申请项目,成功获得欧盟立项资助;与加拿大、美国等知名企业和大学共建联合实验室、中美联合高性能电力电子研究中心等多个国际合作研发平台;虚拟现实可视计算研究院被联合国授予"'一带一路'可持续城市服务网络"联络员称号;2016 年以来,学校发起成立或加入包括电力设备可靠性与智能化国际联合研究中心在内的国际组织与联盟 7 个;举办"反问题、设计与优化"等 21 场高水平国际会议。

十三、中国共产党河北工业大学第五次代表大会召开

中国共产党河北工业大学第五次代表大会

2019年5月30日至31日,中国共产党河北工业大学第五次代表大会隆重举行。大会审议通过了中国共产党河北工业大学第四届委员会工作报告和中国共产党河北工业大学纪律检查委员会工作报告,选举产生中国共产党河北工业大学第五届委员会委员27人(于明、王胜利、平熙、冯志明、吕志伟、吕荣杰、任泽民、任福战、刘伯颖、刘奎颖、孙立雄、李延涛、李铁军、李强、汪学勇、张建畅、陈洪建、陈鸿雁、孟祥群、赵庚、赵斌、段国林、贺立军、顾军华、郭宏飞、梁慧超、韩旭)。第五届校党委第一次全体会议选举产生了常务委员会委员11名,书记1名,副书记3名。李强任书记,韩旭、张建畅、贺立军任副书记。

5月30日下午,伴随雄壮的国歌,中国共产党河北工业大学第五次代表大会开幕会在北辰校区大学生活动中心礼堂隆重举行。来自全校师生员工的11个代表团的正式代表以及列席人员齐聚一堂,共商学校发展大计。天津市委教育工委副书记,市教委党组成员、副主任杨清海同志,河北省委组织部高校党委换届工作第六督导组组长常新平同志,天津市委教育工委、市教委组织处处长张宇同志出席开幕会。

校长韩旭致开幕词。他代表大会主席团向莅临大会的省、市领导和各位来宾表示热烈的欢迎,向为学校建设和发展付出辛劳的学校历任老领导和离退休老同志致以崇高的敬意,向长期以来与我们肝胆相照、并肩奋斗的学校各民主党派和无

党派人士表示衷心的感谢。

他指出，学校第五次党代会，是在学校加快实施"十三五"发展规划和"双一流"建设的关键时期召开的一次十分重要的大会。他希望各位代表牢记党组织和广大党员的重托，在大会主席团的领导下，积极参加各次会议，认真履行代表职责。他相信，经过全体代表的共同努力、积极参与，这次大会必将开成一个民主务实、团结奋进的大会，一个统一思想、提振士气的大会，一个不忘初衷、牢记责任的大会。

校党委书记李强同志代表中国共产党河北工业大学第四届委员会向大会作了题为《凝心聚力，攻坚克难，为实现河北工大振兴不懈奋斗》的工作报告。

报告回顾了学校第四次党员代表大会以来，在河北省委、省政府的正确领导和天津市委、市政府的亲切关怀下，学校党委团结带领广大党员干部和师生员工，求真务实、改革创新，学校面貌焕然一新，整体办学实力明显提升，党的建设持续加强，为实现学校未来发展奠定了坚实基础。

六年以来，学校发展思路更加明晰，内部治理不断完善，学科建设持续发力，人才培养固本强基，科研水平显著提升，服务社会能力增强，教师队伍实现突破，国际影响持续扩大，文化建设凸显成效，保障条件逐步改善，思政工作守正创新，党建工作强力推进。

报告总结了过去六年对学校发展规律的认识：始终坚持党的全面领导，始终坚持以师生为中心，始终坚持"工学并举"办学特色，始终坚持人才强校战略，始终坚持服务重大国家战略。

报告客观判断了当前面临的主要形势，科学分析了学校在实现"双一流"建设目标背景下所面临的新形势、新问题和新要求，明确提出了奋斗征程中必须牢牢把握的发展要求，系统阐述了学校的发展目标、主要任务和实现途径，对全面提高党的建设科学化水平提出了明确要求。

116年来，学校始终牢记"兴工报国"办学使命，与国家同呼吸共命运，将学校的百年办学历程写就了一部与近现代民族工业发展息息相关、与国家高等工程教育紧密相连的发展史。报告指出，实现河北工大振兴是全校师生员工的共同意志，也是全校上下必须共同肩负的历史重任。要深刻把握习近平总书记"四个服务"的科学内涵，充分调动和汇聚全校师生员工、广大校友和社会各界的力量，形成学校事业发展的强大合力，主攻"世界一流学科"建设、一流人才培养体系建设、一流社会服务、一流教师队伍建设之坚，专克体制机制障碍、办学经费不足之难，实现学校内涵发展、特色发展、创新发展、开放发展、和谐发展，为实现"世界一流学科"和高水平大学的建设目标奠定坚实的基础。

报告进一步明确了今后五年的主要任务。未来,学校将着力提高人才培养质量,着力提高学科建设水平,着力提高科研水平和服务区域经济社会发展的能力,着力加强教师队伍建设,着力提高国际化办学水平,着力加快推进美丽校园建设,着力加强思想政治工作,全面加强党的建设。要将学校事业发展和国家前途命运紧紧联系在一起,坚持扎根中国大地办大学,全面落实立德树人根本任务,奋力推进教育教学改革,加快"世界一流学科"建设,提高科学研究水平和服务社会能力,培养德智体美劳全面发展的社会主义建设者和接班人,在中华民族伟大复兴的历史征程中实现河北工大的振兴。

大会号召,全校共产党员和广大师生员工要更加紧密地团结在以习近平同志为核心的党中央周围,用习近平新时代中国特色社会主义思想武装头脑、指导实践、推动工作,以时不我待、只争朝夕的精神,凝心聚力,攻坚克难,为顺利完成"世界一流学科"和高水平大学的建设目标,实现河北工大振兴不懈奋斗!

大会还书面审议了中共河北工业大学纪律检查委员会题为《坚定不移推动全面从严治党,为学校高质量健康发展提供坚强政治保障》的工作报告。

5月31日下午,中国共产党河北工业大学第五次代表大会闭幕会在北辰校区大学生活动中心礼堂举行,闭幕会由校长韩旭主持。大会通过了关于中国共产党河北工业大学委员会工作报告的决议和关于中国共产党河北工业大学纪律检查委员会工作报告的决议。

李强致闭幕词。他指出,中国共产党河北工业大学第五次代表大会,在河北省委、天津市委的正确领导和省委换届督导组的精心指导下,经过与会代表和全体同志的共同努力,圆满完成了大会的各项任务。这次大会审议通过了中国共产党河北工业大学第四届委员会工作报告和中国共产党河北工业大学纪律检查委员会工作报告,选举产生了中国共产党河北工业大学第五届委员会和中国共产党河北工业大学纪律检查委员会。

李强强调,这次大会是一次民主务实、团结奋进的大会,是一次统一思想、提振士气的大会,是一次不忘初衷、牢记责任的大会。这次大会必将动员和激励全校共产党员和广大师生员工,为实现河北工大振兴不懈奋斗。

李强要求,全校各级党组织一定要在深入学习贯彻习近平新时代中国特色社会主义思想和党的十九大精神的同时,认真做好本次大会精神的学习宣传和贯彻落实工作,切实把全校共产党员和广大师生员工的思想和行动统一到大会精神上来,把各方面的智慧和力量凝聚到学校建设发展之中,使大会精神深入人心、见诸行动,落到实处、取得实效。各位代表一定要自觉发挥模范带头作用,立足本职岗位,用实际行动把大会的精神传达好、宣传好、贯彻好、落实好,为学校实现高质量内涵式发展贡献自己的智慧和力量。

韩旭最后要求,全校各级党组织、共产党员和全体师生员工要在新一届校党委的领导下,把思想和行动统一到大会精神上来,把各方面的智慧和力量凝聚到学校"双一流"建设上来,奋进新时代,勇担新使命,用实实在在的成绩确保大会提出的各项任务和目标落到实处,奋力谱写新时代学校高质量内涵式发展新篇章,为实现河北工大振兴而不懈奋斗。

在雄壮的《国际歌》声中,中国共产党河北工业大学第五次代表大会胜利闭幕。

学校现任非党员校领导,已退休党员正职校领导,退出领导岗位、未办理退休手续的党员校领导,学校民主党派主要负责人,党外人士和优秀人才代表,省(市)级以上党代表、人大代表、政协委员应邀出席开幕会。不是本次大会代表的现任党员中层及以上干部列席大会。

十四、启动智慧校园建设

2020 年 6 月 5 日上午,河北工业大学与华为技术有限公司共同举行智慧校园建设启动会暨"智慧河工"项目发布仪式。河北工业大学正式启动智慧校园 3 年规划建设,华为技术有限公司面向社会发布"智慧河工"项目产品。河北工业大学与华为技术有限公司探索校企联合的新模式,提升产学研深入合作,建立与国家体系现代化契合的高校治理体系,推动河北工业大学向"智慧大学"迈进,实现"智慧教育",打造高校"智慧校园"示范样板。

2019 年 6 月 5 日,河北工业大学与华为技术有限公司签订战略合作协议。一年来,双方在校园基础设施建设、举办创新应用沙龙、开展智能创新训练营、签订智慧供暖合作协议、成立河北工大—华为 ICT 学院、联合申报国家级金课和国家一流本科专业认证等方面开展了全面合作。

此次与华为合作建设智慧校园,河北工业大学将提升校园治理效能和师生服务满意度,推进人才培养、科技创新与新一代信息技术融合发展,加速建设国际一流学科这一目标实现。

"教学科研塑造行业人才,而人才又是产业发展及应用创新的根基。华为及整

河北工业大学智慧校园建设启动会

个中国 ICT 产业的成功离不开以产学研用模式构建起的行业人才生态体系。"华为技术有限公司高级副总裁强华介绍,华为与河北工业大学有着长久的合作历史。在教育教学领域,2017 年,华为就在 ICT 学院建设及专业共建等方面与河北工大展开合作;2019 年双方合作进一步升级,华为协助河北工大举办了人工智能创新训练营,并计划在 2020 年共建"人工智能+专业平台"服务于广大师生,后续还将结合华为智慧教室解决方案助力河北工大教学质量提升。在科研及应用创新领域,2019年,华为通过 5G 技术支持工大 3D 打印赵州桥信号回传;2020 年,工大科雅智慧供热平台插上"华为云"翅膀,双方通过联合技术创新使能行业应用。

河北工业大学党委书记李强表示,通过智慧校园建设,将努力开拓大学治理体系和治理能力现代化的信息化、智能化途径,让智慧校园"智"在四方,"慧"及师生。

根据建设规划,到 2022 年,河北工业大学将初步建成智慧化校园支撑体系和具有工大特色的智慧校园基础平台和主要应用:治理现代化体系基本形成,治理能力和效能明显提高,以数据为核心、以智慧运营中心为抓手、以平台为使能的数据驱动业务和流程变革成效显现,以数据为依据的科学决策体系和现代化治理体系基本形成;业务活动、业务流程全面数字化,数据全共享、系统场景化集成、业务全在线办理,建设形成一流人才培养智慧教学环境,处处能学、时时可学;智能感知的全连接网络建成,"平台+生态建设"成效显现,学校的校园网、互联网、物联网、5G 融合专网全覆盖、全融合,人、车、物智能感知全联接,智慧校园持续快速发展的生态建成。

十五、北辰校区图书馆建设完成

2018 年 1 月，北辰校区图书馆建设完成。馆舍主体建筑地上 8 层、地下 1 层，建筑面积 45000 平方米，设计藏书 120 万册，阅览座位 4100 个，其中休闲座椅 600 多个。设有专题阅览区、科技展览区、电子阅览区、"工大"文库、新书展览区等。图书馆位于校园中心位置，成为北辰校区地标性建筑。

北辰校区图书馆建筑设计调研于 2007 年启动。2012 年，初步规划北辰校区图书馆功能、建设目标与成效进行初步规划，提出服务方式、功能区划等方面具体构想和要求。

2013 年 3 月 26 日，举行北辰校区图书馆建筑设计方案评审会，对北京清华、上海同济等 5 家设计单位的方案进行评审。校领导李强、李延涛、张建畅、段国林、贺立军、刘兵出席了评审会。来自国内图书馆建筑设计及城市规划方面的七位专家对项目的设计方案进行了评审，全国高校建筑学教职委主任委员、南京大学建筑学院博士生导师鲍家声教授作为本次评审会的主任委员。共有五家国内知名建筑设计单位参加了本项目的方案征集。

河北工业大学北辰校区图书馆项目设计方案评审会

各设计单位进行了多媒体展示，并介绍了各自的设计理念、建筑特色和具体的使用功能。专家们认真听取了各设计单位的汇报，并针对一些具体问题向设计单位提出疑问，由设计单位进行解答。在鲍家声教授的主持下，各位专家依次对五个设计方案进行了点评，并对北辰校区图书馆打造精品的、标志性建筑的构想提出了

北辰校区图书馆开工仪式

许多建设性意见。专家们建议继续对方案进行修改、深化,设计出既实用、美观、经济,又与学校整体环境相协调的设计方案。

4月,同济大学设计中标。2014年2月17日,北辰校区图书馆开工仪式举行。副校长段国林、建设单位、监理单位、校园规划处等相关部门负责人以及施工单位和监理单位的代表共同参加了开工仪式。

十六、学校国家"双一流"建设周期成效获评估专家组肯定

2020年9月6日,学校召开国家"双一流"建设周期总结评估工作会。由中国工程院李培根院士担任组长,中国工程院邓宗全院士、中国科学院郭万林院士、贾振元院士、王秋良院士为成员的专家组对学校国家"双一流"建设进行了周期评估和指导。河北省教育厅二级巡视员侯建国、河北省教育厅高教处二级调研员高明、校领导李强、韩旭、段国林、李铁军、郎利影、胡宁及相关单位、部门负责人出席会议。校党委常委、副校长李延涛主持第一阶段会议。

专家组一行先后考察了省部共建电工装备可靠性与智能化国家重点实验室、先进材料与分析测试中心,参观了校史馆,随后在国家技术创新方法与实施工具工程技术研究中心召开工作会议。

校党委书记李强指出,自"双一流"建设以来,学校不断优化学科布局,提升科研实力和人才培养水平,主动融入天津,积极服务河北,努力实现世界一流。他希望专家组对学校"双一流"建设开出良方,通过这次评估查漏补缺,努力使学校"双

国家"双一流"建设周期总结评估工作会

一流"建设取得更好的成效。

教育厅侯建国巡视员在发言中表示，各位专家的建议对学校、对河北高等教育今后的健康可持续发展意义重大，希望各位专家对学校和学科建设进行全面严格的评估，提出宝贵意见和建议。同时，希望学校能以这次评估为契机，进一步深化体制机制改革，努力把学校各项工作推上一个新的台阶。

专家组组长李培根院士主持第二阶段会议。

校党委副书记、校长韩旭代表学校向各位专家汇报了学校"双一流"总体建设情况。他指出，学校弘扬"勤慎公忠"校训精神，传承"兴工报国"办学传统，彰显"工学并举"办学特色，积极推动学校"双一流"建设，就"双一流"建设与建设方案符合度、达成度，在第三方评价的表现度，取得的标志性建设成效，存在的问题与改进措施，特色发展典型案例等方面向专家组汇报了建设周期的完成情况。

经过讨论和评审，专家组一致认为：经过全校师生的共同努力，河北工业大学国家"双一流"建设实现了预定的建设目标，符合度好，达成度高，顺利完成了"双一流"周期建设任务，并进一步形成了评估意见：一是学校"双一流"建设思路清晰，目标定位准确，改革与创新迈出扎实步伐，各项建设实现新突破：人才培养成绩斐然，生源质量和毕业生水平稳步提升；高层次人才不断集聚，师资水平大幅提升；科学研究、社会服务成果丰硕；国际交流与合作实现突破，文化传承谱写全新篇章，综合办学实力显著增强。二是学校主动对接国家战略和区域经济社会发展需求，凝练学科方向，汇聚优势学科资源，搭建高水平专家团队，构建跨学科创新人才培养机制，在"先进装备工程与技术"学科领域形成鲜明特色优势；典型案例特色突出，具有较强的推广意义。

各位与会专家还就学校下一步如何继续提升创新拔尖人才培养水平，深化学科交叉融合,提升科研实力,更好地服务国家战略和区域经济社会发展等方面提出了针对性建议。

第五节　庆祝建校一百一十周年

一、召开教师楷模表彰暨建校 110 周年纪念大会

"百又十年,砥砺沧桑,工学之庠,熠熠荣光。"2013 年 10 月 18 日,工大校园银杏飘香,校友咸集。来自海内外校友和学校历任老领导、离退休教职工代表、现任校领导、教师代表、学生代表共计 800 余人齐聚北辰校区大学生活动中心世纪礼堂,表彰为学校建设与发展作出突出贡献的教师楷模,共同庆祝学校建校 110 周年华诞。会场内繁花似锦,流光溢彩,嘉宾云集,掌声如潮,处处洋溢着喜庆的气氛,欢乐、幸福在所有工大人心中传递和分享。

教师楷模表彰暨建校 110 周年纪念大会

学校 110 年的辉煌成绩离不开长期以来默默耕耘、无私奉献,奋战在教学、科研一线的一代代教职员工。在喜庆建校 110 周年华诞的光荣时刻,学校隆重表彰为党的教育事业、为学生的健康成长、为学校的改革发展而不懈奋斗的教师楷模。

在观看反映学校 110 年辉煌历史的校庆宣传片后,伴随着庄严的国歌声,表彰大会拉开帷幕。会议由校党委副书记郭健主持。

学校校友、中共第十六届、十七届中央政治局常委,第十届、十一届全国政协主席贾庆林始终关注母校的发展,在学校喜迎 110 周年华诞之际,贾庆林校友专程发

河
北
工
业
大
学
校
史
：
1903—2023

来了贺信。他在贺信中说,值此河北工业大学建校 110 周年之际,他谨向全体师生员工和海内外校友致以衷心的祝贺和诚挚的问候！在 110 年的办学实践中,学校始终秉承"勤慎公忠"的校训,逐步形成了"工学并举"的鲜明办学特色与"勤奋、严谨、求实、进取"的优良校风。改革开放,特别是进入新世纪以来,学校认真贯彻党的教育方针,坚持以工为主,多学科协调发展,突出办学特色,提升办学实力,成为高层次人才培养和科技创新的重要基地,为我国经济社会发展作出了积极贡献。高等教育在国家发展中具有十分重要的地位和作用,希望河北工业大学以邓小平理论、"三个代表"重要思想、科学发展观为指导,把立德树人作为教育的根本意义,以建校 110 周年为契机,坚定不移地走内涵发展、特色发展、创新发展之路,深化教育教学改革,提高人才培养质量,为全面建设小康社会实现中华民族伟大复兴的中国梦,作出新的更大贡献。

校庆前夕,河北省省长张庆伟听取了校党委书记李强、校长展永就 110 周年校庆活动安排和近期主要工作情况的汇报。校庆期间,河北省副省长许宁代表张庆伟省长专程来到学校,看望了陆俭国、杨倬、李春利三位教师楷模代表,并通过他们转达了张庆伟省长对全校师生的慰问和对学校 110 周年校庆的祝贺。

学校党委书记李强宣布表彰决定。决定授予于锡三等 15 名离退休老教师和王云峰等 10 名在职教师"工大教师楷模"荣誉称号。他对学校办学实践与探索中涌现出的优秀教师表示感谢,并号召全校师生以"工大教师楷模"为榜样,学习他们爱岗敬业、立德树人、甘于奉献、追求卓越的高尚品质,以更加高昂的热情、更加振奋的精神,更加充足的干劲,为实现建成高水平大学的奋斗目标而奋勇前进。

随后,省委教育工委书记、省教育厅厅长、学校校友、博士生导师刘教民,党委书记李强,校长展永为 25 位"工大教师楷模"颁奖。各位教师的杰出的事迹和个人魅力深深地感染了在场所有人,大家用热烈的掌声向获奖的教师楷模表示祝贺。

工大教师楷模代表、退休老教师任宝山发言,他认为要时刻不忘恪守为师之道,竭尽为师之责,用忘我的工作开创理论实践一体化的教学新局面,谱写教学科研双丰收的新篇章。教师代表、材料学院赵建玲教授表示要借校庆为契机,脚踏实地谋发展,让每一颗爱校之心在这里聚集,携手同心,共同为工大的未来而努力。学生代表、土木工程学院李奇男代表全体在校生,向各位老师们致以最崇高的敬意。校友代表、新奥集团董事局副主席甘中学说,离开母校 30 多年,他始终牢记"勤慎公忠"的校训,在自己的专业领域不懈奋进。再次回到母校,享受着回家的喜悦,百感交集。并寄语学弟学妹们：只要心中有梦想,坚持走自己的路,就会达到梦想成功的顶点。他相信在学校新一届领导班子的带领下，用全体师生和校友的双手，一定能开创工大明天的辉煌。

校长展永代表校党委、校行政向各位"工大教师楷模"表示热烈的祝贺，向播洒汗水与付出辛劳的历代开拓者和建设者，以及耕耘不辍的全体教职工致以崇高的敬意，向关心支持母校发展的广大海内外校友致以节日的问候，向关心和支持工大发展的上级领导机关、兄弟院校及社会各界人士表示衷心的感谢。展永校长深情回顾了学校建校110年的风雨历程，全面总结了学校在人才培养、科学研究、服务社会和文化传承与创新工作中取得的突出成绩，高度评价了全校师生和广大海内外校友在学校发展建设中的重要作用，强调了改革创新是高水平大学建设的强大动力，吹响了踏上新征程、早日实现工大梦、中国梦的嘹亮号角。

最后，校合唱团用慷慨激昂的歌声表达了学校建校110年的沧桑历史、110年的辉煌成就及110年工大人的光荣与梦想。

风雨同舟百又十载，全场响起最热烈的掌声，共同庆祝这欢乐的时刻，共同祝福工大的明天更加美好，共同续写工大辉煌的新篇章。

工大教师楷模

离退休教师

于锡三	任丙彦	任宝山	杜佩衡	杨 倬
杨国琛	张贤模	张留成	张维连	苗长润
岳 宏	孟庆龙	黄世昌	颜威利	魏安赐

在职教师

| 王云峰 | 冯石岗 | 刘玉岭 | 李志刚 | 李春利 |
| 李铁军 | 杨瑞霞 | 陆俭国 | 袁俊生 | 阎殿然 |

二、研讨传承"工学并举"教育思想

2013年10月16日，学校举办"工学并举"教育思想研讨会。邀请老校长魏元光的儿子魏大卫、原副校长任宝山、原校办工厂负责人唐承业就学校"工学并举"教育思想的形成、传承与发展以及在新时期如何更好地继承并创新这一教育思想，进行研讨。

本次研讨会由副校长刘兵主持。他提到，在学校喜迎110周年华诞之际，隆重

河北工业大学"工学并举"教育思想研讨会

召开"工学并举"教育思想研讨会，系统总结学校"工学并举"教育思想的内涵、传承与发展，对于学校高水平大学建设意义重大。接下来他介绍了到场的三位嘉宾并简单介绍了学校"工学并举"教育思想的起源和发展历程。

在随后的主题交流研讨环节，三位嘉宾分别围绕学校"工学并举"教育思想的起源、发展历程及其内涵的变化方面等问题做了声情并茂的介绍和讲解。

魏大卫先生向大家介绍了1929年河北省立工业学院建立时，取名为"工业学院"而非"工学院"的由来。他提到，二者含义不同。工业学院是培养工业家，是肩负社会的责任，不是培养简单的技术人才。魏元光认为，"我国非振兴工业不能复兴，欲振兴工业，必先训练人才不可。"要建立自己的工业教育体系，采取工业救国的道路。二者架构不同，"工业学院"重理论兼及技术，不仅有本科部分而且兼及职业技术补习，教育资源可以被全面地利用。魏元光努力探寻一条适合中国式的教育道路，为国家为民族服务。随后，他围绕魏元光院长提出的建立自主的中国工业教育这一历史使命，向大家介绍了当时学校取得的一些突出成就。从1929年至1945年，学校从名不见经传到成为全国知名院校，可谓进步神速。

任宝山先生向大家介绍了潘承孝先生领衔重建河北工学院时的学校状况。他提到，潘老主要抓了几件事，具有思想性和政治灵活性。首先是师资队伍建设，组建教师队伍，首先要过教学关，要苦练教学基本功。学校制定了一系列的教学管理制度，如试讲制度，助教制度，集体备课制度，并形成了独特的河北工学院现象：新建的学校却有不输于重点大学的青年教师队伍，为学校成为重点大学奠定了基础。不断打造办学实力，建造"两室""一馆""一场"，抓好"三基教学"即基础理论、基本知识、基本技能。他认为，没有潘老的工作，也没有河北工大的"211工程"。

唐承业先生作为学校原校办工厂的负责人，为大家介绍了学校校办工厂的发展情况和主要特色以及取得的一些成就。他提到，校办工厂首先具有正确的指导思想。率先实现了"产学研一体";工厂以育人为主,58年注重工厂实践,改革开放之后加入了大一大二的金工实习、大三的生产实习,大四的新产品开发实习;科研是产学研结合的关键。用这种产学研模式培养了1000多名的研究生,具有预见性和前瞻性。

在随后的自由讨论环节,嘉宾们系统地总结魏元光院长、潘承孝院长的教育思想,对学校的发展乃至对中国式工业教育的发展起到了一定的作用。

任宝山先生认为"工学并举"是传家宝,也是核心竞争力。既有民族的传统,是开启未来之路的钥匙。是开放体系,不是封闭的,是随着工业化进程和现代化的到来,赋予新的内容。从"知行合一、教学之道、办学与社会工业、科技发展"四个层面,重新阐释"工学并举"。魏大卫先生认为只有走适合自己国情的道路,才能实现中国梦。

嘉宾们还就在当前就业环境下,对学校如何更好地传承和发扬"工学并举"的教育思想提出了宝贵的建议。任宝山认为针对当前的就业形势,应该以质量求生存,以特色促发展。对学生的知识结构、智力结构培养要均衡。魏大卫建议同学们多研究历史中丰富的文化内涵,并鼓励学生开展各种社团活动,参与课题,培养创造能力,增强竞争能力。

在互动环节中,几位嘉宾还向大家介绍了魏元光院长、潘承孝院长个人的工作风格、为人处世、生活等方面的问题。他们提到,魏元光信守一个诺言:决心办工业教育,他曾几度被邀请做官,但都拒绝了。潘老则是集中华民族美德于一身,信任、谦和、真诚。

最后,校长展永发表总结发言。他首先向三位老先生的精彩报告表示衷心感谢。他认为"工学并举"传承了110年,是宝贵的精神财富,也是学校至今为止传承的办学特色,这一代工大人如何传承"工学并举",学校有哪些措施,真正传承和发扬下去是这一代工大人的任务。他提到,传承和发扬"工学并举"有两个层面需要确立,首先,理论和实践在教学工作中如何体现;其次,时代变化对高等教育提出更高的要求,在新的形势下如何定位。有两项工作需要落实:首先要有保障建设质量监控体系;其次,学校的"工学并举"继续坚持,依托经济形势更好的发展。最后,他再次感谢三位老先生的精彩报告,并祝愿三位老先生和在座的各位身体健康、万事如意,祝学校的明天更加美好。

三、校史馆正式开馆

2013 年 10 月 12 日,设立在东院南大楼一楼的校史馆正式开馆。校党委书记李强、校长展永为校史馆开馆揭幕。校领导郭健、李延涛、檀润华、张建畅、杨玉桢、贺立军、刘兵以及学校各部门负责人出席了揭幕仪式并参观了校史馆。

校史馆揭幕仪式

上午十点,校史馆揭幕仪式正式开始。仪式由校党委常委贺立军主持。首先他对各位嘉宾莅临校史馆表示衷心感谢。他说,校史馆布展工作时间紧迫、任务艰巨,感谢学校相关部门、施工单位及各位校友的辛勤劳动。他强调,校史馆是校园文化的重要组成部分,是反映工大精神、学校内涵的教育基地。校史馆的正式开馆标志着学校又多了一个对外展示的窗口和对师生进行爱校教育的平台。

校党委书记李强与校长展永为校史馆揭牌。揭牌仪式后,校领导和校友在讲解员的带领下参观了校史馆。

校史馆占地面积 1300 多平方米,以学校发展历史沿革和"工学并举"办学特色为主线,分为六个部分、八个展厅,全方位展示了学校 110 年的奋斗历程,展现了工大人"以发明工业为宗旨,握实业之霸权"的办学理念。第一部分"肇始清末、工学之庠",主要介绍了 1903 年学校前身北洋工艺学堂创办过程,学校不仅是全国最早培养工业人才的高等学校,还创办了全国最早的校办工厂,学堂首任总办周学熙第一个提出了"工学并举"的教育思想;第二部分共有两个展室,以"筚路蓝缕、家国担当"为主题,主要介绍了 1929 年学校升格为本科院校之后的发展历程,首任院长魏元光先生矢志"教育救国",坚持探寻"中国式"工业教育道路,学产合一,研以致用,积极与社会合作,学校得到了快速发展;第三部分"救亡图存、兴邦自强",集中展现了学校师生在历次爱国运动中舍生取义的英雄事迹、"浩气长存"的革命精神和"日月同辉"的爱国情怀;第四部分"泽惠朝阳、风雨沧桑"介绍了中华人民共和国成立后,学校数次分合以及在岁月风雨中艰难前行的曲折历程,潘承孝院长继续秉承"工学并举"的办学思想,提出重视学生"三基"(基础理论、基本知识和基本技能)教育和产学研一体化的教育思想。第五部分"沐浴春风,弦歌嘹亮"介绍了学校从改革开放到1995年之前的历史,其间,学校规模不断扩大,学科体系日趋完善,师资队伍不断壮大,学生质量不断提高。学校在"工学并举、产学研一体化"的道路上取得更多成绩;最后一部分用了两个展厅充分展现了学校1995年更名为河北工业大学特别是1996年跻身国家"211工程"建设队伍以后所取得的"满园春辉"和"灿灿荣光",特别是学校110年来始终坚持"工学并举"的办学特色并不断拓展、提升,逐步构建起"工程教育与经济建设相结合,理论教学与工程实践相结合,科技创新与社会服务相结合"的高素质创新人才培养体系,为国家特别是地方及区域经济建设与社会发展作出的重要贡献。

校史馆的开馆,为学校师生和广大校友再现了学校110年的沧桑历程和历史积淀,旨在缅怀先贤,激励后人,薪火相承,与时俱进,不仅是对往事追忆和纪念,也是对现今的思索和对未来的展望,更是献给学校110岁生日的一份厚礼。

四、校友总会第三届理事会成立

2013年10月17日,学校校友总会第三届理事会成立大会在学校红桥校区东院7D101报告厅顺利召开。校领导李强、展永、李延涛、杨玉桢、贺立军参加了此次大会。参与此次大会的还有各地校友会会长及相关负责同志。会议由校党委常委贺立军同志主持。

校长展永致开幕词。他代表校党委常委、校行政和全体师生员工向校友会理事会成立大会的召开表示热烈的祝贺,向与会的校友代表们表示诚挚的欢迎。他向校友们介绍了学校110年的办学历史以及近年来学校的发展情况,肯定了多年来学校校友在各条战线上取得的优秀成绩以及校友们给予母校的关心、支持和帮助。他认为,广大校友是学校最宝贵的财富,是建设高水平大学的力量源泉。

他指出,本届理事会大会的成立将为广大校友之间、为校友和母校之间搭建一个交流与合作的平台。最后,他预祝本届理事会成立大会取得圆满成功。

校党委常委贺立军作《河北工业大学校友总会第三届理事会筹备工作报告》。他向大会报告筹备工作情况并祝福母校百年薪火,永世相传,祝愿广大校友事业有成,身体健康。

校友工作办公室主任戴景新作关于河北工业大学校友总会第三届理事会预备会的情况说明。

大会全票通过《河北工业大学校友总会章程》《河北工业大学校友总会第三届理事会组织机构》。大会产生了河北工业大学校友总会第三届理事会及常务理事会名单。大会推选十六届、十七届中央政治局常委,第十届、十一届全国政协主席、学校校友贾庆林同志为校友总会第三届理事会名誉会长,校党委书记李强当选河北工业大学校友总会第三届理事会会长,校党委常委贺立军当选常务副会长。大会还分别通过河北工业大学校友总会第三届理事会秘书长、副秘书长名单以及顾问名单。

校友总会第三届理事会顾问代表刘文藩校友讲话。他表示要进一步为学校的发展和校友会的建设建言献策。随后,北京校友会常务副会长兼秘书长陈云峰、上海校友会会长白亮、校友代表梅长春作为代表分别发言,他们纷纷表达了与广大校友共同做好校友工作、推动合作共赢的信心和决心。

最后,河北工业大学校友总会第三届理事会会长李强讲话。他首先感谢各位理事对他的信任,同时也倍感肩上的责任重大。他表示一定会在河北工业大学校友会第二届理事会上的工作基础上,努力把学校校友工作做好。他说,校友工作是一项教育发展具有长远意义的一项工作,也是学校创建高水平大学建设重要组成部分。在今年为庆祝母校成立110周年,各级校友会长、副会长、秘书长,精心组织各大校友,为学校发展提出了许多宝贵意见和建议。他代表学校领导班子和全校师生员工向各位校友表示由衷的感谢,希望河北工大的每一位校友都能在各自的舞台上演绎出更加绚丽的人生,最后祝愿各位校友身体健康、工作顺利,祝福河北工业大学金色满园,桃李芬芳。

五、河北工业大学校训正式公布并启用

为加强学校文化建设,继承和弘扬我校的优良传统,构建和提升大学精神,增强全校师生员工的凝聚力、自信心和自豪感,迎接建校110周年,经过充分讨论,广

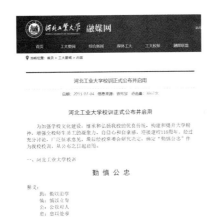

河北工业大学校训正式公布并启用

泛征求意见,最后经校常委会研究决定,确定"勤慎公忠"作为学校校训,从公布之日起启用。

一、河北工业大学校训

勤　慎　公　忠

释义:

勤:勤以治学

慎:慎以立身

公:公以对人

忠:忠以处事

二、校训规范字体

校训"勤慎公忠"

三、"勤慎公忠"校训的形成及内涵阐释

1. "勤慎公忠"校训的形成溯源

"勤慎公忠"的校训是我校前身河北省立工业学院院长魏元光在从事工业教育几十年的实践过程中总结出来的。魏元光，著名工业教育家，曾先后任直隶公立工业专门学校、河北省立工业学院、国立中央工业职业学校等校校长，1929年至1936年，在任河北省立工业学院院长期间，一直用"勤慎公忠"的思想和精神指导办学，教育师生，带领河北省立工业学院取得辉煌的成就，其教学设施设备、师资力量、教学质量均属国内一流，并且培养了一大批工程技术人才。

1936年，魏元光于河北省立工业学院院长任上奉命筹组国立中央工业职业学校，1937年被任命为该校校长。1937年10月15日，魏元光院（校）长基于在河北省立工业学院时期对人才培养和办学实践的认识，在国立中央工业职业学校开学典礼上首次明确提出"勤慎公忠"的办学遵循和人才培养思想。随后的十几年间，魏元光在多篇文章中对"勤慎公忠"思想进行了阐释，使这一思想不断丰富并最终成形。

由此可见，虽然"勤慎公忠"首次提出是在中央工校，但其思想早在河北省立工业学院时期已经形成。

2. "勤慎公忠"校训是我校百余年办学历程的基本遵循

一个多世纪以来，"勤慎公忠"思想一直是指导我校的办学理念，是我校百余年来办学历程的基本遵循，对我校办学模式、人才培养、教学科研具有重要的指导意义。

1930年，在河北省立工业学院纪念周会上，魏元光提出，"将工业学院造成一种特别精神，养成一种特别力量，一致团结起来，为公服务，以完成工业家建设的使命。希望我们工业学院的校友同学，人人都能学问向上，人格向上，精神向上，尽责任，有作为，成一强健分子；并能彼此互助，彼此合作，努力为公服务，走向建设的道路。……本着自己努力、与人合作的原则，为国为公，共同进行。"其后，1935年，在河北省立工业学院开学典礼上，魏元光院长又将"勤朴耐劳，分工合作"作为工业学院的校风确定下来。这种勤朴耐劳、分工合作乃至为国为公的精神，正是"勤慎公忠"校训的最好诠释。

在百余年的办学实践中，河北工业大学始终秉承"勤慎公忠"的育人理念，励精图治，开拓进取，迭逢艰难而从未却步，历经险阻犹始终向前，形成"勤奋、严谨、求

实、进取"的优良校风。

1937 年当祖国处在危难之际，魏元光院长即告诫大学生们，"在现在的时候，凡事莫大于国难。"他说："无论古今中外，一个民族当国难当头，存亡绝续之交，由于时代的刺激，必然的要产生大仁大勇、忠肝义胆之士，以国家为前程，以天下为己任，有大我而无小我，有民族而无个人，公而忘私，国而忘家，不惜以自己的肝胆心血铸成民族之魂，不惜以个人的头颅换取民族的独立，成仁成义，为公为国。"要大家"精诚团结，共赴国难"。这亦是"勤慎公忠"校训的真实写照。"勤慎公忠"的校训虽在特定的历史背景下提出来，但是它充分体现了河北省立工业学院的办学传统和办学目标，并在百余年的历史积淀中形成了河北工业大学的传统精神和特色。

正是"勤慎公忠"校训，培育了工大人以天下为己任，忠贞爱国，临难不屈，艰苦创业，自强不息，历经磨难而不衰的尚勇精神、爱国情操和敬业乐群、道艺兼修、好学求新、务实进取的高尚品格。先后为社会培养了近20万名志士才俊，革命先驱黄爱、卢绍亭、洪麟阁、杨十三、赵观民，学界专家魏元光、潘承孝、姜圣阶、卢鹤绂、柯俊等就是其中的杰出代表。

3．"勤慎公忠"校训的内涵阐释

魏元光在总结多年从事工业教育经验的基础上，提出"勤慎公忠"的校训，即"勤以治学，慎以立身，公以对人，忠以处事。"百余年来，河北工业大学结合自身发展的特点，在继往开来的基础上，与时俱进，经过不断的探索、积累、提炼，丰富原有思想的内涵，进一步完善了"勤慎公忠"的校训，不断赋予新的时代内涵。

"勤"，即勤劳、勤俭、勤奋、勤思。韩愈《进学解》中说："业精于勤，荒于嬉"。魏元光院长提出：勤者，辛勤劳动，刻苦钻研。勤是治学之基，河工人要培养勤奋好学、吃苦耐劳的精神，只有这样才能成为对社会作出贡献的有用之才。

"慎"，即慎思、慎言、慎行。《礼记·中庸》中说："慎思之，明辨之"。魏元光院长提出：慎者，精心作业，精心操作。慎是立身之本。河工人要用心思考，审慎求真，尊重事实，明辨是非，遵循规律，科学创新。

"公"，即公平、公正、公开。《礼记》中说："大道之行也，天下为公。"魏元光院长提出：公者，大公无私，奉公守法。公是治校之道。河工人要培养公平、公正的正义感和强烈的社会责任感，在工作和学习中要做到公道、正派、诚实守信。

"忠"，即忠心、忠实、忠诚。《左传》中说："临患不忘国，忠也。""忠"就是一种对国家、对民族、对社会、对他人的责任感和使命感。魏元光院长提出，忠者，热爱祖国，敬业尽职。忠是立业之根。河工人要培养矢志不渝、坚贞不屈的精神和强烈的社会责任感，永远保持对祖国、对人民、对母校的热爱与忠诚，担负起国家强盛和民族复兴的历史责任。

"勤慎公忠"四字校训，厚重大气，精练简洁，内涵丰富，寓意深远。它体现了河北工业大学这所百年学府良好的精神风貌，凝练了我校大学文化精髓，不仅继承和发扬了河北工业大学的优良传统、办学理念、办学特色和培养目标，符合学校发展要求和实际，同时体现了崭新的办学理念和更加高远的发展目标。它将激励和引领全校师生同心同德、奋发图强，为早日把河北工业大学建成国际知名、国内有重要影响的高水平大学而努力奋斗。

第六节　庆祝建校一百一十五周年

一、隆重举办建校 115 周年纪念表彰大会

2018 年 11 月 30 日，一支《河工颂·序曲》在大学生活动中心礼堂，拉开了河北工业大学建校 115 周年纪念表彰大会的序幕。全体在校领导、离退休教工代表、教工代表、学生代表 800 余人齐聚北辰校区大学生活动中心世纪礼堂，共庆建校 115 周年华诞。"忆·甲子·芳华""颂·青春·飞扬""谱·使命·担当"三个篇章的讲述，展现了河北工大人心怀国家，砥砺奋进的不懈追求。会场内流光溢彩，掌声如潮，到处洋溢着喜庆、欢乐的气氛。

伴随《河工颂》合唱，花朵盛装的"115"和"60"，绽放于舞台之上。蹁跹舞蹈中，新时代河北工大人继承"工学并举"的优良传统和"勤慎公忠"的校训精神，"立足校园，放眼世界，团结奋进"的画面，出现在大屏幕上。

李强代表校党委、校行政向辛勤工作在教学、科研、管理、服务一线的全体教职员工致以亲切的问候！向广大离退休老教师、老同志致以崇高的敬意！向刻苦学习、锐意进取的全体在校生致以美好的祝福！向长期以来关心、支持母校建设发展的广大校友表示衷心的感谢！向受到表彰的老师、同学表示热烈的祝贺！

他说，河北工业大学诞生于实业救国、挽救国家于危亡之际，成长于工业救国、教育救国的汹涌浪潮之中，发展壮大于国家和民族振兴之时，跨越两个世纪，115 年，一路风雨兼程，砥砺奋进，弦歌不辍。在周学熙先生、魏元光先生、潘承孝先生

建校 115 周年纪念表彰大会

为代表的历届掌校人的努力下,首开"工学并举"的高等工程教育思想之先河,使学校成为我国高等工程教育文明的发祥地;开创"中国式一体化工业教育"道路;提出注重"三基"教育、走产学研一体化的办学道路,进一步丰富"工学并举"的办学思想,为学校今天的发展奠定了坚实的基础。

伴随着国家日新月异的变化,学校先后入选河北省"双重工程"、国家"211 工程"、省市部共建高校、"世界一流学科"建设高校,在中国高等教育大发展时期,坚持传承发展,努力构建高等工程教育与经济建设有机联系、理论教学与实践训练紧密结合、科学研究与人才培养相互促进的高素质创新型人才培养体系,实现"工"与"学"两个要素在更高层次上和更广阔空间中的融合、互动与统一,赋予"工学并举"新的时代内涵。

他指出,回顾 115 年来的建设、发展历程——无论实业救国、教育救国,还是工业强国,河北工业大学都将国家需求置于首位。他希望全体师生从时间长河中披沙拣金,找寻建校 115 年办学过程中一以贯之的办学传统和精神动力;站在新时代的起跑线上,不忘初心,继续传承"兴工报国"的办学传统,倾力实现教育报国、教育强国梦;弘扬"勤慎公忠"的校训精神,倾心培养德智体美劳全面发展的社会主义建设者和接班人;彰显"工学并举"的办学特色,倾智发挥高校在创新驱动发展中的引领作用。

他鼓励所有工大人不忘初心,不辱使命,勇于担当,甘于奉献。在习近平新时代中国特色社会主义思想指引下,在上级党委、政府的正确领导下,在全校师生员工的共同努力下,在广大海内外校友的热情支持下,在社会各界的大力帮助下,将河北工业大学建设得更加美好！

（一）"忆·甲子·芳华"

1958 年，根据河北省委恢复重建河北工学院的要求，时年 61 岁的潘承孝院长带领 19 名正副教授、讲师和 30 名青年教师踏上了建校、荣校征程。他们白手起家，夜以继日，不懈奋斗，很快在人才培养、科技创新、成果转化等方面取得了一系列社会瞩目的成就，得到了社会各界的认可和赞誉。

流金岁月，他们将最美的芳华奉给了工大。即使霜花鬓染，依然丹心一片，为学校青年教师的培养听课、点评、指导，呕心沥血；为学校本科教育的课堂，把脉、问询、诊疗，严守质量关；为校园文化的传承不遗余力，成史、宣讲、开坛——为学校"双一流"建设献策建言。他们所做的一切，问及原因，只有一句"我爱工大！"

他们从青葱岁月走到鬓发霜染，即便已经退休，仍不断为学校的教师培养、教育教学、文化传承，倾心付出。

音乐声中，9 位退休老教师代表走上舞台，接受了学校颁发的纪念品和鲜花。退休老教师唐承业说，今天的活动令他非常感动，千言万语也表达不了他对学校深深的热爱。亲身经历了学校 60 年的发展，自己有很多的感想和体会，如果有机会，他愿意和老师同学们座谈交流。他祝愿我们的学校在习近平新时代中国特色社会主义思想的指引下，建成双一流大学，为国家培养更好更多的德智体美劳全面发展的社会主义建设者和接班人，为实现中华民族伟大复兴作出更大的贡献。

（二）"颂·青春·飞扬"

风雨百年，奋进百年，河工人曾经播撒下的种子，不断结出累累硕果。在"激励校园"第九届十佳大学生评选中，付子慧等十名同学脱颖而出，荣获"十佳大学生"称号，他们所代表的新一代优秀的河工学子，正循着前辈指引的方向砥砺前行。他们胸怀理想、充满激情、甘于奉献、不懈奋斗，成为"勤学、修德、明辨、笃实、爱国、励志、求真、力行"的践行者。在当天的活动中，他们也走上台来，一一接受了奖励。

获奖代表付子慧随后发言。她说，回首过往，我们感慨于曾经的"白手起家，筚路蓝缕"，更骄傲于今天的"不忘初心，砥砺前行"。饮水思源、爱国荣校。无论身在何处，我们都会铭记河工学子的荣光与梦想，秉承"勤慎公忠"的校训精神，为这个高歌猛进的时代建功立业，为母校河北工业大学增光添彩！

第一届十佳大学生代表、化工学院 2010 届毕业生武恒，特意从鄂尔多斯赶到了现场。现就职于新奥集团煤基低碳能源国家重点实验室的他分享了自己的感受。他鼓励学弟学妹心怀梦想、砥砺前行、再创佳绩;以身作则,帮助身边的同学。以十带百、以百带千,让每一个工大学子都成为工大优秀的学生。他说,一时工大人,一生工大情。我们不管在哪里,都一定要关注学校,为母校的发展建设献计献策。

(三)"谱·使命·担当"

工大能够阔步向前,少不了在各个岗位上默默耕耘的每一位教职员工。

他们或将青春交付于三尺讲台,时刻铭记教书育人的使命,甘当人梯,甘当铺路石,以人格魅力引导学生心灵,以学术造诣开启智慧之门。"有理想信念、有道德情操、有扎实学识、有仁爱之心",他们时刻谨记"四有"好老师的要求,课堂教学细致严谨,课下辅导尽心竭力。既关注专业知识"技"的传授,又将立德树人融入课堂,体现"道"的传承。

他们或数十年如一日,保持着"纸上得来终觉浅"的意识,"吹尽寒沙始见金"的执着,"文章不写半句空"的态度,"不畏浮云遮望眼"的高度和眼光。他们为国家的科技攻关焚膏继晷,不断创造出一个又一个的科研成果,他们十年磨一剑,为企业的技术升级研发夙兴夜寐,完成科研成果的快速转化。他们下工厂、爬坑道、走矿山,唯愿我之所做、国之所需。

他们或只是工大的一名普通职工,身上承载着一份责任、一份承诺、一份坚守。平凡的岗位,默默的奉献,没有惊天动地的壮举,只有脚踏实地的耕耘,把平凡的工作做得不平凡。

"白云奉献给草场,江河奉献给海洋;白鸽奉献给蓝天,星光奉献给长夜。"耳畔是熟悉的旋律,视频中是熟悉的身影。不论是实验室里苦心钻研的科研人,还是三尺讲台上教书育人的园丁,抑或保障校园各处平稳运行的管理人员,他们都在为河工能够稳步向前发展贡献自己的力量。不同的是岗位和职责,相同的是荣校爱校的情怀、追求卓越的态度、甘于奉献的品质和团结协作的精神。人常说,良师树人,良工谋事,为国之强大,为民之幸福。河工教职工胸怀其璧,突出贡献、默默奉献,亦为河工之"大先生",河工之"大工匠"! 33 位"双献之星"获得者站上舞台,作为工大 2600 余名教职员工的代表接受表彰。

韩旭校长发表讲话。他回顾了 115 年来工大人谱写的辉煌业绩,对发展面临的形势做了分析。他鼓励大家抢抓机遇,奋力谱写新时代发展建设的新篇章。

他说,115 年来,工大人首开"工学并举"高等工程教育思想之先河,培养了一批批创新型人才;115 年来,工大人怀揣兴工报国的赤胆忠心,谱写了一曲曲英雄赞歌;115 年来,工大人服务国家经济社会发展,探索出地方大学与区域经济社会协同发展的特色之路。

他分析了学校发展面临的形势,党和国家把建设教育强国作为实现中华民族伟大复兴的基础工程,京津冀协同发展重大国家战略的实施,使学校可以充分发挥隶属河北、地处天津的区位优势,"雄安新区"的规划建设,对于学校开展高水平国际合作办学、建设高水平科技平台具有重要意义,河北省和天津市产业转型升级发展的战略需求为学校带来了强大的外部需求拉动力。学校成为省市部共建高校,进入国家"世界一流学科"建设高校行列,为学校高水平大学建设搭建起了重要战略平台。

他说,如果把学校比作一艘船,那么我们每个人既是掌舵人,也是乘船人,唯有我们共同努力掌握好船的方向和速度,团结一心,同舟共济,才能使我们每个人享受到沿途的风景,和到达彼岸的胜利与喜悦!

他希望全校师生共同努力,扎实推进"世界一流学科"建设,重点打造一流本科教育,始终加强自身建设,不断提高办学治校水平。他相信,站在新的历史起点上,只要我们能够凝心聚力、只要我们能够团结一致,以"日日行,不怕千万里;常常做,不怕千万事"的决心和勇气,就一定能够战胜前进道路上的挑战,抓住发展过程中的机遇,继续创造河北工业大学的新辉煌!

他鼓励大家,以习近平新时代中国特色社会主义思想为指导,勠力同心,锐意进取,在建设世界一流学科、实现中华民族伟大复兴中国梦的征程中继续书写工大人更加昂扬激越的时代华章。

《百年祝福》的旋律缓缓响起,纪念表彰大会渐渐落下帷幕。忆往昔,河工先辈开拓进取夯实根基;颂青春,河工学子不忘初心砥砺前行;谱新篇,河工未来师生携手共创辉煌。共祝愿,母校生日快乐,明天更加美好!

附:

河北工业大学建校 115 周年纪念表彰名单

"甲子·芳华"

林金铭　王振武　李思华　钱　立　王　康

赵宏达　孙家文　叶尔贲　唐承业　乔德俊

"十佳大学生"

付子慧　杜宜钊　季　者　黄　迪　王翔宇

杨　帆　王　滢　雷雨梦　刘　庆　范嘉婕

"双献之星"

曹旭冉　陈学广　崔春翔　郭献洲　姜艳军

金少华　李春利　李焕荣　李　奎　李永建

梁金生　刘　晶　刘熙媛　刘玉岭　牛景丽

瞿雄伟　戎　贤　邵　冰　师占群　宋春瑛

王宝珠　王　东　王　婕　王　丽　王丽华

许晓云　许智宏　苑帅民　张　贵　张惠娟

张培培　张　鹏　张尚莲

二、举办 115 周年校庆校友座谈会及校友论坛

2018 年 10 月 20 日,河北工业大学 115 周年校庆校友座谈会及校友论坛分别在海洋楼会议室和电气学院报告厅举行,校领导李强、韩旭、杨玉桢、贺立军、刘兵、刘爱民、殷福星,各部门负责人、各学院负责人及师生代表、校友代表出席活动。在活动中,校友代表还参观了学校机器人研究中心、省部共建电工装备可靠性与智能化国家重点实验室和校史馆。

在上午举行的校友座谈会上,与会校友畅所欲言,倾诉了对母校的赤子之情,纷纷为母校的发展建言献策。座谈会由校党委书记李强主持。

会上,校长韩旭首先就近年来学校事业发展情况做了汇报。韩旭在发言中说,学校通过人才培养固本强基,入围全国首批 37 所"第二课堂"试点高校,实现了全国优秀博士学位论文提名奖零的突破。学校新增省部共建国家重点实验室、国家工程技术研究中心、国家地方联合工程实验室等 3 个国家级平台。荣获国家自然科学二等奖、"侯德榜化工科学技术成就奖"等多项省部级以上奖励。全年共有 83 项获得国家自然科学基金项目资助。学校"国际技术转移中心"被科技部认定为"国家国际科技合作基地";与省内所有设区市、天津市大部分区县签署了合作协议。学校先后引进和培养"长江学者"、国家杰青、国家"万人计划"科技创新领军人才等 8 人,接收了 300 多名包括来自牛津大学、清华大学等著名高校的优秀博士到校工作,引进和培养"元光学者"近 180 人。学校的国际影响持续扩大,学历留学生教育

全面覆盖了本科、硕士、博士三个层次。学校制订颁布了《河北工业大学章程》，颁布实施《河北工业大学学术委员会章程》。学校的文化建设成效凸显。党建思政建设卓有成效，持续推进"三进"工作，开展了"两优一先"、创建"五好党支部"等表彰活动。

在"世界一流学科"建设规划方面，学校2017年入选国家"世界一流学科"建设高校，积极推进实施"1+1+X"学科建设总体布局，即1个世界一流学科群："先进装备工程与技术"，1个重中之重学科群："绿色化工与节能环保"，X个重点建设学科群和支撑有力、特色鲜明的基础学科。材料科学、化学、工程学3个学科领域分别进入ESI全球排名前1%。在国家第四轮学科评估中14个学科榜上有名，7个学科进入B级，其中"化学工程与技术"被评为B+。

韩旭校长还介绍了115周年校庆工作的开展情况，截至目前，全校已累计举办180余项活动，11月还要在全校师生员工、离退休职工及校友中开展表彰纪念系列活动。

李强书记对各位校友返回母校表示了感谢，并就学校服务地方经济发展的情况作了补充。2014年，由河北省、天津市和教育部共建以来，学校融入天津市的力度正在加大，与此同时，学校服务河北省的能力也在增强。学校得到天津市财政支持的力度每年都在增加，这些资金都将全部用于学校的教学科研活动。

同时，天津市出台的相关扶持政策也将学校纳入其中，比如海河英才计划就把学校新引进的人才全部纳入该计划，这些政策对学校的发展很有意义，也体现了学校融入天津，服务燕赵大地的能力在增强。李强书记还说，学校目前正在尝试与中国科学院空间科学中心开展合作。

随后出席座谈会的各位校友踊跃发言。电机电器602班校友孙广相（国家外经贸部原副部长）希望学校更加重视基础教育，把提高教学质量作为首要任务，培养德智体美劳全面发展的学生。土建54届校友刘文藩（天津市人大常委会原副主任）建议，学校可为学生提供更多的实习机会，便于毕业生更快更好地融入社会。道桥601班校友何少存（河北省政府原副省长、省人大原副主任）希望学校进一步把"勤慎公忠"的校训发扬光大，让校训精神在学生的脑海中打下深深的烙印，指导一言一行。高分子591班校友周绍熹（天津市第十届政协副主席、民建市委会主委、九届十届全国政协常委）希望学校创新形式，引进更多的人才，可以邀请包括诺贝尔奖得主在内的世界知名科学家作为学校的客座教授，甚至终身教授。机制752班校友尹亚力（河北省人民政府原省长助理、原省残联主席）建议学校注重区域经济研发,做企业创新的人才库,融入京津冀地区的经济发展,与产业链深入对接,服务于当地社会经济的发展。电工 781 班校友刘教民(河北省电工产品可靠性协同创新中心主任、河北省教育厅原厅长)回忆了自己在母校学习工作的 20 年岁月,坦言母校就是自己的精神家园。精仪 771 班校友刘骁悍(河北省食品药品监督管理原巡视员、河北省卫生厅原副厅长)建议学校用好校友间的微信公众平台,便于校友与学校、校友与校友之间沟通交流,发掘合作的好项目。化机 781 班校友王晓飞(河北省人大教科文卫副主任)对母校多年来的培养表达了深深的谢意,祝愿母校的明天更加美好。曾在学校任教的张承民老师(中国科学院国家天文台研究员、中国天眼 FAST 工程首席科学家助理)回顾了河工在中国历史上创下的多个"第一",为学校的发展成就深感自豪。学校首任总办周学熙先生嫡孙、美国阿拉巴马大学火箭专家周嗣良先生建议学校加强与美国大学的合作力度,在合作中发展自己。

在当天下午举行的校友论坛上,校友刘教民、张承民、刘利民、杨庆新为大家带来了四场精彩的报告,会场内不时响起热烈的掌声。

河北省教育厅原厅长刘教民教授在《新一轮技术变革时代,对高等教育的几点思考》的报告中,阐述了大学教育的发展方向,除了培养学生的智商和情商外,大学还要培养学生的"爱商",在未来,知识的驱动将会被智慧的驱动所取代,标准化的培养模式将会被特色化的培养模式取代。在数据时代,"人将更像人,而机器更像机器"。刘教民校友还分析了河北省高等教育的发展现状,指出了当前我国科学研究过于重视在国外期刊发表论文误区,强调了扎根中国办大学的重要性。

中国科学院国家天文台、中国科学院大学张承民研究员在《国家重器,天眼宇宙的新视野》中,介绍了我国最大的射电望远镜"中国天眼"。"中国天眼"凭借 500 米的口径和众多独门绝技,创造了新的世界纪录。借助它,将可以巡视宇宙中的中性氢、探索宇宙起源和演化、观测脉冲星、研究极端状态下的物质结构与物理规律、获得天体超精细结构、探测星际分子、搜索可能的星际通讯信号。

北京航空航天大学、材料与能源研究部研究员刘利民在《计算材料学机遇与挑战》中,介绍了计算材料学这一新兴学科。近年来,随着科学技术的发展,科学研究的体系越来越复杂,传统的解析推导方法已不敷应用,甚至无能为力。计算机科学的发展和计算机运算能力的不断提高,为复杂体系的研究提供了新的手段。以材料这样一个典型的复杂体系为研究对象的新学科——计算材料科学也应运而生,并迅速得到发展。

天津理工大学校长杨庆新教授在《关于一流学科建设的几点思考》中,探讨了一流学科建设依靠谁来办、依靠什么办、怎么办的问题。他指出，建设一流学科，要遵循"人才办院系　院系办学校"的方针，强调了"特色"对建设一流学科的重要性。要注重"国"字当头，发挥好国家级教学、实验和研究平台，国家级项目，国家级奖励，国家国际交流平台的依托作用。发展交叉学科，善于打出"组合拳"。充分尊重国内同行知名专家，借助国家级平台，成立最高水平的学术委员会。他还强调了办好本科教育以及建设优秀校园文化的重要性。

第七节　百廿芳华　宏图再展

一、《河北省教育事业发展"十四五"规划》发布

2021 年 9 月 17 日，河北省教育厅发文，印发《河北省教育事业发展"十四五"规划》（冀教发〔2021〕61 号）。根据规划，到 2025 年，河北将基本建成高质量教育体系，到 2035 年总体实现教育现代化，建成教育强省。

《河北省教育事业发展"十四五"规划》

"十四五"期间，河北将通过坚持不懈用习近平新时代中国特色社会主义思想

铸魂育人、深化新时代思想政治理论课改革创新、配优建强学校思政工作队伍、探索构建"三全育人"德育机制等措施,积极构建大中小幼一体化思想政治工作体系。全面加强劳动教育,加强和改进学校体育美育,推进法治教育、生态文明教育和国防教育,促进学生综合素质全面提升。加强家庭教育指导服务、构建全社会协同育人体制机制,健全家庭学校社会协同育人体系。推进学前教育普及普惠安全优质发展、义务教育优质均衡发展、普通高中教育优质特色发展,构建优质均衡的基本公共教育服务体系。优化职业教育层次结构,加强职业教育基础能力建设,推进产教深度融合和校企高水平合作,构建产教融合的现代职业教育体系。优化高等教育布局结构、推进高等教育分类发展,构建开放多元的高等教育体系。

其中特别提到,要扎实推进新一轮高校"双一流"建设,加强统筹谋划,强化目标引导和过程指导,健全绩效考核与动态调整机制,激发全省高校改革发展内生动力和活力,推动高校深化人才培养模式改革,加强师资队伍建设,提升教学科研水平,不断提高对我省经济社会发展的贡献率。按照国家关于"双一流"建设总体部署,坚持扶强、扶优、扶特、扶需,聚焦优势学科,突出支持重点。大力支持河北工业大学先进装备工程与技术世界一流学科建设,支持部省合建河北大学加快建设燕赵文化、生命科学与绿色发展优势特色学科群,支持燕山大学机械工程、材料科学与工程学科群建设,争取进入国家"双一流"建设序列。支持其他高校优势学科提高创新水平,增强服务能力,努力争创一流。

二、再次入选国家"双一流"建设高校名单

2022 年 1 月 26 日,经中央全面深化改革委员会第二十三次会议审议通过,教育部、财政部、国家发展改革委印发《关于深入推进世界一流大学和一流学科建设的若干意见》。经国务院批准,2022 年 2 月 14 日,第二轮"双一流"建设高校及建设学科名单更新公布,新一轮建设正式启动。河北工业大学电气工程学科位列其中。

新一轮建设周期内,学校将坚持以习近平新时代中国特色社会主义思想为指导,全面贯彻党的教育方针,认真落实习近平总书记关于"双一流"建设的重要指示批示精神,以服务国家和区域经济社会发展为目标,坚持一流引领、分层分类、交叉驱动、整体推进的学科建设理念,以先进装备工程与技术为建设口径,以电气工程为主建学科,以机械工程和材料科学与工程学科为支撑学科,统筹推进"双一流"建设,把发展科学技术是第一生产力、培养人才第一资源、增强创新第一动力更好结

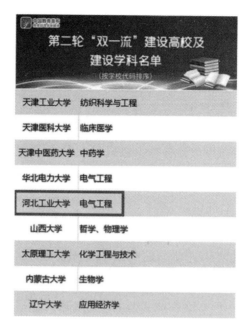

第二轮"双一流"建设高校及建设学科名单

合起来，全面推动学校高质量内涵式发展，全面提升服务国家战略和区域发展能力。

学校将通过科学规划、重点建设、动态调整，持续优化学科结构体系，实现以工为主，工、理、经、管、文、法、艺、医等多学科协调有序发展。以国家"双一流"建设学科为龙头，统筹推进相关学科建设，不断优化学科布局，加强内涵建设；坚持统筹兼顾，分层分类发展；促进学科交叉，培育新兴学科。通过不断深化学科协同交叉融合，促进学科协同交叉融合的制度文化环境逐步完善，建成一批具有自身特色、相互支撑、协同发展的特色交叉学科，产出一批具有高影响力的标志性交叉创新成果，争取部分学科方向达到国际领先水平，学校成为引领、支撑和服务国家特别是冀津区域产业发展和高等教育改革的重要力量。

学校将在传承"工学并举"办学特色基础上，把思想政治教育贯穿人才培养全过程，全面提升本科生培养质量，深入推进研究生培养模式改革，全面推进学科交叉创新创业教育，完善人才培养质量保障体系。努力构建高水平人才培养体系，深化人才培养体制机制改革，着力培养德智体美劳全面发展、严谨务实、开拓创新、具有高度社会责任感的专业精英和社会栋梁。

学校将深入实施人才强校战略，持续推进"元光学者计划"，围绕学校的战略布局和学科重点发展方向，突出"高精尖缺"导向，更加精准地引育高层次人才；将优秀青年人才引育工作纳入学校"十四五"规划体系和新一轮国家"双一流"建设方案中,加大对优秀中青年人才的支持力度,完善中青年人才队伍发展支撑体系;深化教师评价改革,坚持以德为先,完善多元化评价体系,加强师德师风和人才队伍建设、完善人才评价制度、健全人才成长机制,深化人才发展体制机制改革,营造识才爱才敬才用才的环境,打造一支由战略科技人才、一流科技领军人才和创新团队组成的一流师资队伍,为学校发展建设提供坚实人才基础。

学校将坚持科技创新"四个面向"的战略方向,聚焦国家战略和区域产业转型升级和战略性新兴产业发展需求,实施重大科研项目和标志性成果培育工程、高水平科技创新平台和创新团队建设工程、重大科研项目和标志性成果培育工程、军工科研创新活力增强工程,健全科研管理运行机制,汇聚创新要素,深化科技体制机制改革,实现"大平台、大团队、大项目、大成果"的良性循环;推动重要领域关键核心技术攻关,提升学校的原始创新能力。着力推进成果转化学校将积极践行"落地冲高"工作思路,主动对接国家重大发展战略、主动融入区域经济发展,充分发挥学校隶属河北、地处天津的"桥头堡"区位优势,充分利用省市部共建的平台优势,汇聚区域优质创新要素,着力打造"京津研发、河北转化"协同创新共同体;注重与地方和行业龙头企业的合作,将优势学科与河北省、天津市重点支持的特色产业集群进行精确匹配和精准对接,促进人才链与产业链、创新链有机衔接,完善成果应用转化机制,深化产学研合作,形成产学研融合长效机制;加快科技成果转化,着力打造科技成果在燕赵大地推广转化的"快转"基地。

学校将坚持以培育和践行社会主义核心价值观为主导,强化价值引领,凝聚精神力量;丰富校园文化,推动文化繁荣,强化文化育人功能,建设中华优秀传统文化、革命文化和社会主义先进文化的交融地。加强学校文化传统和精神内核建设,传承"兴工报国"办学传统,弘扬"勤慎公忠"校训精神,彰显"工学并举"办学特色,进一步增强师生员工的家国情怀和对学校的荣誉感、归属感;综合运用教育教学、实践养成、文化熏陶、媒体宣传等方式,使广大师生自觉将社会主义核心价值观内化于心、外化于行,提升师生文化素养;加强文化教育,推进价值规范与行为规范体系建设;进一步加强学术建设,树立底线思维,践行学术行为准则。

学校将继续坚持扎根中国与融通中外相结合,加快国际化战略布局,扩大对外开放,提升国际化办学效能,不断加强师资建设国际化、人才培养国际化、科研合作国际化,全面提升国际化办学水平,构建全方位开放合作的办学治校新格局,不断提高国际声誉。

三、学校荣获"全国文明校园"荣誉称号

2020 年 11 月 20 日,据中央文明委发布消息,河北工业大学获第二届"全国文明校园"荣誉称号,全国共 50 所高校获此殊荣。

河北工业大学获第二届"全国文明校园"荣誉称号

"全国文明校园"由中央文明委评选命名表彰,是评价一所学校在领导班子建设、思想政治教育建设、活动阵地建设、教师队伍建设、校园文化建设、校园环境建设等方面的综合性荣誉称号,也是衡量一所学校整体实力和发展水平的重要标志,是目前我国精神文明建设评比学校领域中的最高荣誉。

近年来,学校深入学习贯彻习近平新时代中国特色社会主义思想主题教育,在全面深化综合改革和推进"双一流"建设的进程中,始终把精神文明建设摆在重要位置,大力弘扬社会主义核心价值观,重点围绕思想道德建设、领导班子建设、师德师风建设、校园文化建设、阵地建设管理等六方面开展工作,持续推进文明校园建设。

为高分完成文明校园建设,学校深化思想政治教育,优化思政队伍建设,推动形成"三全育人"格局;加强领导班子的政治、思想、组织、纪律建设以及干部队伍建设;提升教师队伍素质,强化师德师风教育,推进全体教师践行立德树人的根本任务;加强校园文化建设,保证"文化活动有亮点,文化传承有底蕴",达成涵养道德品行的功能;推进"文化校园、平安校园、绿色校园、智慧校园、和谐校园"建设,努力实现环境育人;强化阵地建设管理,壮大主流舆论导向;坚持"社会实践常态化、志愿服务创品牌、公益项目见成效"的实践育人模式,真正做到了全程、全员、全方位创

建全国文明校园。

2020 年，在校党委的领导下，全校各单位协同参与，全体师生共同努力，依据《全国高校文明校园测评细则》，认真对照文明校园创建标准，深入开展工作自查，总结扎实工作，形成高质量自评报告和十几万字的支撑材料。经中央文明办会同教育部严格审核、优中选优，学校获评"第二届全国文明校园"。

多年来，学校始终弘扬"勤慎公忠"校训精神，传承"兴工报国"办学传统，彰显"工学并举"办学特色，深入学习贯彻习近平新时代中国特色社会主义思想，在全面深化综合改革和推进"双一流"建设的进程中，始终把精神文明建设摆在重要位置，大力弘扬社会主义核心价值观，持续推进文明校园建设。

（一）深化思想政治教育，彰显价值引领

1. 加强统筹规划实施。学校成立思想政治工作委员会和精神文明建设委员会，形成"三全育人"格局；将思政工作纳入学校发展规划、工作要点和常委会议题，落实领导听课制度；开展"青年大学习""思想大调研"等活动，累计 18.9 万人次参与，团支部覆盖率 100%。

2. 加强理想信念教育。学校在线上开设习近平新时代中国特色社会主义思想"学习进行时"微课程，开展辅导员"三走进一引领"专项工作，全校专任教师党支部书记"双带头人"比例达 100%；广泛开展"四史"教育，举办"共抗疫情、爱国力行"等主题宣传教育活动；开展责任教育、国家安全教育，开展各类典型选树活动。

3. 推进思政课程改革。学校领导坚持到马克思主义学院召开现场办公会，出台实施《思政课改革创新实施方案》《加强马克思主义学院建设的意见》等文件，落实专项经费；构建"一核三环"课程体系，将"四史"、优秀传统文化等内容融入思政教学，启动课程思政"双百计划"，在 161 门本科优质课程中有机融入思政教育元素，荣获首届全国高校思政课教学展示特等奖等奖项。

4. 优化思政队伍建设。学校足额核定思政课教师和辅导员岗位，落实思政课教师和辅导员岗位津贴；出台《研究生指导教师管理办法》，发挥导师在思政教育中首要责任人的作用；调整思政课教师职称评聘标准，落实辅导员双线晋升；660 余名教师兼任班导师。

5. 注重日常思政教育。学校领导带头讲党课、思政课，联系师生、谈心谈话；加强诚信、生态文明和劳动教育课程建设；举办"青春起航"等贫困生资助活动，召开各类招聘会，年均提供岗位 3 万余个；组建心理健康教育师资队伍，建立"四级"预

警防控体系,开设《心理健康教育》必修课和同类选修课,累计选课1.2万人次;加强网评员队伍建设,开展网络安全教育。

6.凸显实践和文化育人成效。开展脱贫攻坚、抗击疫情、"三下乡"、西部志愿服务等活动,获国家级荣誉14项;学校2个国家级众创空间入驻近百家公司及团队;开设《中国传统文化专题研究》等专业课程。2018年获评天津市教育系统思政工作先进集体,2019年选树2个全国教育系统先进集体。

(二)加强领导班子建设,全面推进党的建设

1.加强政治建设。学校认真学习贯彻习近平新时代中国特色社会主义思想,始终同以习近平同志为核心的党中央保持高度一致。出台《关于推进学校治理体系和治理能力现代化的实施意见》,完善加强党的全面领导的领导体制和运行体制。

2.加强思想建设。学校强化师生政治理论学习制度化建设,近三年学校党委中心组共开展各类学习60余次;出台"三清单四办法",切实履行意识形态工作主体责任;深入推进"不忘初心、牢记使命"主题教育,积极推进"两学一做"学习教育常态化制度化。

3.加强组织建设。学校充分发挥基层党组织战斗堡垒作用和党员先锋模范作用,构建校院两级党校培训体系,实行"选课制",提升学习积极性,近三年发展党员5005人;推广"党员教师进学生班级"、学生公寓党委等组织建设创新模式。

4.加强纪律建设。学校认真履行党风廉政建设的"两个责任",建立健全党员领导干部廉政档案,加强内控制度建设;贯通运用监督执纪"四种形态",推进治理体系和治理能力现代化。

5.加强干部队伍建设。学校坚持"党管干部"原则,近三年共开展14次中层领导干部集中培训;制定实施《中层领导班子和中层领导干部年度考核办法(试行)》;完善干部轮岗和竞争上岗机制。

(三)提升教师队伍素质,当好学生引路人

1.健全工作机制。学校秉持"教育者先受教育"的理念,成立师德建设委员会和党委教师工作部,出台6个文件,形成师德师风建设长效机制。

2.强化师德教育。三年来,学校共完成276名教师参加岗前培训,对310名高层次"元光学者"进行师德师风考核;开展多种形式的技能锻炼百余场,在实践活动

中加强师德师风建设。

3. 加强监督力度。学校建立由师德建设委员会、教职工代表大会、学术委员会、教学督导委员会、学生代表大会等构成的师德师风监督体系,搭建学生评教系统和意见反馈系统,及时反馈师德信息动态。

4. 完善奖惩措施。学校设立"工大楷模""双献之星"和师德先进个人等荣誉称号并配套奖励制度,三年来共表彰 55 人;在岗位聘用、年度考核、职称评聘、导师遴选和评优奖励中,增加师德权重;在中层干部考核中,坚决查处师德违规行为。

(四)加强校园文化建设,涵养道德品行

1. 文化建设有保障。学校出台 3 个文化建设实施方案,并成立文化研究中心,为文化建设工作提供保障;文体场馆齐全,总面积达 12000 余平,各类文体活动场所均有使用管理规定,便于师生利用。

2. 文化活动有亮点。学校的学生艺术团多次获国际国内奖项,原创话剧《魏元光》《铸剑》等;打造"五月的花海""梦青春"等品牌校园文化活动,邀请文化名家、非遗传承人来校讲座 20 余场;开设美育和文化类通识课和选修课 80 余门,并纳入学分管理。

3. 文化传承有底蕴。出品学校宣传片及文化视频 20 余部,出版图书《工大史话》等书籍,开展"以史育人、以文化人"工程,校史馆被评为河北省、天津市爱国主义教育基地,校史馆参观人数累计达 20 万余人。

(五)推进五个校园建设,提升环境育人功效

1. 文化校园建设。学校科学规划新老校区的功能定位,实现传统与现代、历史与发展的共融;制定《文化景观规划方案(草案)》,重点建设"三横三纵三水系"景观带和 13 个小品景观,实现校园环境从美化到文化的提升。

2. 平安校园建设。学校追加安全制度 6 项、突发事件应急预案 11 项,落实"纵向到底、横向到边"的安全稳定责任体系;通过课程讲授、开展应急演练将消防等安全教育落到实处。

3. 绿色校园建设。学校将文化与饮食相结合,推出"河工月饼",举办"河工美食节",万余名师生参与其中;将科技与环境相结合,自行研发智能分类垃圾箱并投入使用;将健康教育与人才培养相结合,开设 12 门课程,提升学生健康素养。

4. 智慧校园建设。学校与华为技术有限公司签署战略合作协议,以智慧校园

为基础,提升校园智慧治理能力。

5.和谐校园建设。学校发挥科研和人力等资源优势,新建2所附属中学和2所附属小学;2018年以来有92个科研项目助力城市公共管理和公共安全,组织师生深入精准扶贫地区进行实习教学活动。

(六)强化阵地建设管理,壮大主流舆论导向

1.阵地建设有成效。学校坚持党对意识形态阵地的领导权,将阵地建设工作纳入《"十三五"发展规划纲要》;45000平米的图书馆投入使用,建成《我与祖国共奋进》等4个主题展览;成立融媒体中心,打造"中央厨房"宣传矩阵。

2.阵地管理不放松。学校成立意识形态工作领导小组,出台《关于进一步加强和改进意识形态工作的实施意见》,严格执行哲学社会科学报告会、研讨会、讲座、论坛"一会一报"制,审核131场活动,压实管理责任。

3.线上线下相融合。学校加强网络文化建设,2018年以来,官方微博发文13325条,官方微信发文12491条,阅读量"10万+"4篇,2019年人民网高校新媒体影响力排名中位列33;依托宣传栏、电子屏等开展16次主题教育。

4.协同育人显成效。学校出台《本科生第二课堂与第一课堂学分置换办法(试行)》,累计开展第二课堂项目2583项,精品项目48项;开展"茶话物语"沙龙系列论坛、青年教职工职业道德演讲比赛、端午龙舟行等活动,育人效果明显。

(七)特色指标

学校坚持"社会实践常态化、志愿服务创品牌、公益项目见成效"的实践育人模式。学校建有近200个大学生社会实践基地,有5个基地已坚持10年以上。2018年以来,学校组建国家级大学生社会实践队25支、省市级实践队百余支,参与师生达2.1万人次,成为全国唯一一所同时荣获中国大学生农村支教奖全国"金奖"和"最佳传播奖"的高校,先后2次在全国做典型交流发言。

2018年以来,我校共获国家级各类奖项10余项,44人荣获"庆祝中华人民共和国成立70周年"纪念章,荣获省部级以上荣誉90余项。人民日报、新华网、人民网、新华社、中国教育报、学习强国等多家中央主要媒体对我校宣传报道近百篇。

"全国文明校园"的达成,是全体河北工大人共建共创的结果,饱含着河北工大人众志成城的精神内核。

四、城市学院转设为河北石油职业技术大学

2021年1月,教育部同意整合河北工业大学城市学院、承德石油高等专科学校办学资源,设置河北石油职业技术大学(公办)。

学校历程:

2001年经河北省人民政府批准成立。

2004年教育部重新审核予以确认为独立学院。

2014年,河北工业大学城市学院被评为"全国教育系统先进集体"。

2015年被评为中国十佳独立学院。

2016—2017年全国教育改革创新示范院校。

2017年京津冀影响力品牌。

2018年起,只在廊坊校区招生。

2019年,在京领新国际所发布的"2019年中国民办大学国际化竞争力300强"中,位居第296名。

2021年1月,教育部同意整合河北工业大学城市学院、承德石油高等专科学校办学资源,设置河北石油职业技术大学(公办)。

教育部关于同意河北工业大学城市学院
转设为河北石油职业技术大学的函
教发函〔2021〕8号

河北省人民政府:

《河北省人民政府关于申请将河北工业大学城市学院与承德石油高等专科学校合并转设为河北石油职业技术大学(暂定名)的函》(冀政函〔2020〕69号)收悉。

根据《中华人民共和国高等教育法》《普通本科学校设置暂行规定》《关于加快独立学院转设工作的实施方案》有关规定以及第七届全国高等学校设置评议委员会评议结果,经教育部党组会议研究决定,同意整合河北工业大学城市学院、承德石油高等专科学校办学资源,设置河北石油职业技术大学,学校标识码为4113013584;同时撤销河北工业大学城市学院、承德石油高等专科学校的建制。现将有关事项函告如下:

一、河北石油职业技术大学系独立设置的公办本科层次职业学校,由你省负责

领导和管理。

二、学校要切实加强党的领导，全面贯彻党的教育方针，坚持社会主义办学方向，落实立德树人根本任务，培养德智体美劳全面发展的社会主义建设者和接班人。

三、学校要坚持职业教育办学定位，保持职业教育属性和特色，培养区域经济社会发展需要的高层次技术技能人才。

四、我部将适时对学校办学定位、办学条件、办学行为和人才培养质量等情况进行检查。

望你省加强对学校的指导和支持，加大资源投入力度，加强教师队伍特别是"双师型"教师队伍建设，完善内部治理结构，规范办学行为，注重内涵发展，促进学校办出特色、办出水平，更好地为地方经济社会发展服务。

教育部

2021 年 1 月 25 日

五、第二轮"双一流"建设中期自评估获专家肯定

2023 年 7 月 15 日，学校召开国家"双一流"建设中期自评估会。中国工程院院士段宝岩担任专家组组长，中国科学院院士魏悦广、中国工程院院士夏长亮、中国电工技术学会理事长杨庆新教授、西安交通大学李盛涛教授、华中科技大学文劲宇教授、哈尔滨工业大学郑萍教授为成员的专家组对我校国家"双一流"建设进行了评估和指导。河北省教育厅副厅长贾海明、教育厅高教处处长彭继东、一级调研员高明、校党委书记韩旭教授出席会议。校内主要职能部门、学院负责人和学科代表参加会议。副校长胡宁主持会议。

韩旭代表学校对专家组的到来表示热烈欢迎，并衷心感谢各位专家对学校建设发展给予的关心和支持。他简要介绍了学校基本建设情况，希望专家组围绕核心指标为学校"双一流"建设"问诊把脉"，分析差距和进展。学校将在此基础上进一步查摆问题，梳理对策，明确下一阶段改进的重点任务和要求。

贾海明表示，此次会议既是对河北工业大学办学水平的一次全面检验，也是促进我省高等内涵式发展的重要契机。他代表教育厅对学校提出两点希望：一是锚定一流目标，凝聚思想共识，厘清发展思路，集聚人才资源。二是坚决扛起"双一流"使命担当，切实在服务经济社会教育发展中贡献新力量。

国家"双一流"建设中期自评估会

胡宁分别从学科建设、总体任务完成情况、各项工作开展情况与标志性建设成效、存在问题和改进措施等方面向专家组汇报了学校"双一流"的建设情况。

专家组进行了实地考察,审阅了有关资料,听取了学校关于"双一流"建设进展情况的汇报,通过质询、讨论、评议,对我校"双一流"建设进展与成效给予了充分肯定,并进行了指导,提出改进建议。专家组一致认为,学校对照建设方案,工作思路清晰,目标定位准确,通过国家"双一流"重点建设,完成了中期建设任务,实现了预定建设目标,综合办学实力显著增强。

新一轮建设中,河北工业大学进一步突出培养一流人才、服务国家战略需求、争创世界一流,在学科建设、人才培养、师资队伍建设、科学研究、社会服务、国际合作与交流等方面取得突破性进展。

(一)坚持党建引领,党对学校的全面领导更加坚实

1.以党委为核心领导力引领学校高质量发展

学校党委深入学习贯彻习近平新时代中国特色社会主义思想,将"坚持和加强党的全面领导、坚持社会主义办学方向"写入大学章程,把党的领导贯穿办学治校、教书育人全过程各方面,确保党的教育方针和党中央决策部署在学校事业发展各项工作中贯彻落实,真正做到为党育人、为国育才。坚持和完善党委领导下的校长负责制,把握学校发展及学科建设定位;坚持民主集中制,完善党委全委会、党委常委会、校长办公会议事规则;严格执行"三重一大"决策制度,使"双一流"建设与党的建设同步谋划、同步推进。

2. 筑牢人才队伍建设政治根基

学校坚持党管人才，加强人才队伍建设和政治引领，学校党委发挥在人才工作中的领导作用，保证党的人才工作方针政策全面贯彻落实。制定出台《关于进一步加强党管人才工作的意见（修订）》《河北工业大学处级干部管理暂行办法》等，成立人才工作领导小组，由学校党委书记和校长任组长，健全完善体制机制。坚持正确选人用人导向，做好干部选拔任用、培训、考核工作，建设忠诚干净担当的高素质专业化干部队伍。

3. 夯实基层党组织坚强堡垒

学校制定《关于进一步健全学校党建工作体系的意见》及《60 项任务落实分解表》，健全基层组织体系。开展党建"双创"和党建"领航工程"创建培育，提升党支部标准化规范化建设水平和基层党组织组织力。2022 年学校获评全国党建样板支部 1 个，河北省标杆院系、天津市党建示范高校、样板支部、书记工作室等各类党建荣誉称号 10 余个。博士生王冬计获评全国高校"百名研究生党员标兵"。

4. 提升思想政治工作实效性

学校持续开展学习贯彻习近平新时代中国特色社会主义思想主题教育，紧跟总书记调研路线，深入雄安新区等地开展主题教育调研；将党史学习教育与学校"双一流"融合，作为校院两级党委理论学习中心组和每月师生政治理论学习的重要内容；修订实施《落实意识形态工作责任制实施细则》，完善意识形态分析研判月例会制度。学校落实意识形态工作责任制的经验做法入选第 27 次全国高校党建工作会议经验交流案例。

（二）坚持工学并举，人才培养质量稳步提高

1. 坚持思政教育培根铸魂

深化"三全育人"综合改革。学校构建"思政树人—校史育人—校风塑人"三位一体的协同育人工作机制，从完善"智慧思政"平台建设、推进"三走进一引领"、建立学生工作正负面清单等方面制定《中共河北工业大学委员会关于加强学生日常思想政治教育工作实施细则》，面向全校开设习近平新时代中国特色社会主义思想专业必修课；学校教师获全国高校思政课教学展示特等奖。学校教师的理论文章《科学把握继续推进理论创新的"六个必须坚持"》在《光明日报》发表，并被新华网、光明网等多家重要媒体转载。

推进"大思政课"建设。学校累计开展线上线下课程思政培训 180 次、范围覆

盖全员教师;实施分类建设,构建"通识+专业+实践"三维联动的课程育人格局;出台《河北工业大学关于加强课程思政示范项目建设的实施方案》,开展课程思政"双百计划",建立覆盖63个本科专业的课程思政专属资源库;学校获批河北省课程思政教学研究中心1个,省部级课程思政示范课程40门,出版天津市课程思政优秀教材4部。

2. 本科教育高质量发展

学校坚持五育并举,将习近平新时代中国特色社会主义思想专业必修课、国家安全教育、美育、劳育纳入本科人才培养方案。对接国家战略和区域经济社会发展需求,深化专业供给侧结构性改革,新增智能医学工程等3个专业,撤销6个专业。新增7个国家级一流本科专业建设点,国家级一流本科专业建设点达到37个,占招生专业比例60%;19个专业通过工程教育专业认证、住建部专业评估,位列全国高校14位;新增国家一流本科课程19门,课程总数是首轮建设期的3.7倍。

3. 研究生培养改革提质增效

学校完善研究生多元招生录取机制,出台《河北工业大学"直接攻博"方式招收博士研究生工作管理办法》,扩大硕博连读生优秀生源选拔范围。探索交叉人才培养,设立"学科交叉方向研究生培养资助项目"46项,新增28个交叉研究方向,建设60门研究生交叉课程,获批省级研究生教育教学改革研究项目12项、省级研究生示范课程和专业学位教学案例(库)建设项目80门、省级研究生教学研究示范中心4个,强化过程管理,加强导师资格审核与监督,12篇博士论文和53篇硕士论文入选省级优秀论文,4名导师获评天津市优秀青年研究生指导教师。

4. "工学并举"人才培养特色突出

学校深化"工程教育与经济建设有机联系、理论教学与实践训练紧密结合、科学研究与人才培养相互促进"的人才培养特色,加强校企合作,与华为等公司共建的《数据通信与计算机网络》等专业课程获批首批国家级一流课程、2021年度教育部产学合作协同育人项目优秀项目案例。面向全校各学科开设人工智能系列课程,创办华为人工智能创新训练营、百度松果菁英班,培养数学类、计算机类、人工智能类创新创造型人才1000余人。与华为、亚马逊等企业共建包括"准员工学校"在内的工程实践基地479个。校企联合"真题真做"毕业设计(论文)800余篇,其中车辆工程专业实现了100%带薪校企联合毕业设计。与长城、中汽研等企业共建首批国家级现代产业学院(智能汽车产业学院),新增省级现代产业学院3个。

5.创新创业教育卓有成效

学校构建"理论与实践相结合，创新创业贯穿始终"的创新创业体系，新获批"国家创新创业教育实践基地"和工信部"校企协同就业创业创新示范实践基地"；与亚利桑那工业学院共建《创新创业基础》课程，荣获河北省大学生就业创业指导教师金课；获中国创新创业教育研究中心论文一等奖和河北省深化高校创新创业教育改革论文一等奖，学生获创新创业特等奖4项；获第十三届"挑战杯"中国大学生创业计划竞赛金奖，连续两年在"挑战杯"中国大学生创业计划竞赛和"挑战杯"全国大学生课外学术科技作品竞赛中均获"优胜杯"。

（三）坚持人才强校，师资队伍建设成效显著

1.构建师德师风建设长效机制

学校成立"中共河北工业大学委员会教师工作委员会"，出台《关于进一步加强和改进新时代师德师风建设的实施意见》；建立师德档案，在人才引进、考核评聘中执行师德师风一票否决制；大力宣传师德典范与先进事迹，选树了以首批全国高校黄大年式教师团队负责人李春利、全国优秀教师金少华为代表的一批优秀教师与师德楷模。

2.高端人才引育取得新突破

稳固"人才强校"发展战略，高水平人才不断汇聚。学校持续推进"元光学者"计划、教师质量提升计划等系列工程，引育高层次人才500人，国家级人才达到27人，较首轮建设期增加近一倍。大力推进博士后队伍建设，博士后人才队伍以每年约40%的增幅递增，3人入选国家博士后"香江学者"计划（全国仅50人入选）、"澳门青年学者"计划（全国仅25人入选）、博士后创新人才支持计划。3名学者入选俄罗斯自然科学院外籍院士，学校9位学者入选2022年爱思唯尔中国高被引学者榜单，48位学者入选全球前2%顶尖科学家"2022年度科学影响力排行榜"，12位学者入选全球前2%顶尖科学家"终身科学影响力榜单"，师资队伍水平进一步提升。

3.人才评价改革释放创新活力

学校出台专业技术职务任职资格推荐评审实施办法、准聘专业技术职务实施办法等，破除"五唯"，建立"3+N"的综合评价模式，推行同行专家评议，强化代表作评价。强化教师教育教学实绩，在"元光学者计划"中增设教学类"特聘岗C"岗位，在绩效工资中增加高质量教育教学成果奖励，学校"教学型"教师评价和分类评价等典型做法获省领导批示，"教师绩效考核分类评价体系改革路径研究"入选河北

省深化新时代教育评价改革项目试点。

(四)坚持落地冲高,科技服务能力明显增强

1. 高水平科研成果持续产出

学校加强对 7 个国家级科研平台的建设,以打造多学科交叉融合平台为目标,建立先进装备工程与技术研究院、"双碳"研究院等新型研发机构。2021 年以来,主持承担包括 18 项国家重大重点项目在内的国家级项目 241 项,年均承担国家级项目数增长 12.4%;连续三年国家基金获资助数量超过百项,平均资助率约为全国平均水平的 1.25 倍;学校中国画作品《共享共进新时代》首次获批 2023 年度国家艺术基金,该基金全国综合立项率为 7.8%。牵头编制机器人和功能材料领域国家标准 2 项,参与编制国家标准 14 项、行业标准 3 项。以第一单位在 PNAS、Advanced Materials、Science Advance 等国际知名期刊发表高水平论文 4286 篇,年均增长率约为 102%;获国际顶级期刊 IEEE TPEL 年度最佳论文一等奖和 IEEE TIE 杰出论文奖。申请专利 1285 项,在全球 MCU 行业专利申请数量 TOP10 申请人分布中排名第 8。获省部级科技奖励 33 项,其中一等奖 9 项,韩旭教授获河北省科学技术突出贡献奖。聚焦触觉传感器"卡脖子"技术,研发的"机器人皮肤触觉传感智能系统"入选中国科协"科创中国"50 项"先导技术"榜单。

2. 承担国家重大重点项目取得实质性突破

学校出台《河北工业大学重大科研项目激励办法》等制度文件,完善项目培育机制。按照"建设大平台、组建大团队、承担大项目、产出大成果"的建设思路,依托高水平科研平台和高层次科研团队,2021 年以来主持承担国家重大重点项目 18 项,其中包括科技创新 2030 重大项目"模型驱动的复杂型面设计规划及制造工业算法与优化求解"、国家自然科学基金重大科研仪器研制项目"多模态相控阵非线性超声检测原理及仪器研制"、国家自然科学基金重大项目课题"新一代混凝土高效赋能与精细制备"。

3. 产学研深度融合

学校完善顶层设计,对接京津冀、雄安新区等区域主导产业,打造点(研发项目和科技特派员)、线(国家技术转移示范机构和科技成果超市)、面(国家大学科技园和地方研究院)结合的服务地方平台架构,成立 13 个技术转移分中心、14 个科技成果超市服务网络节点。

学校与地方政府共建工业大数据产业研究院、新能源产业技术研究院、"石家

庄市电子信息产业创新研究院""河北机器人产业研究院(唐山)"、北辰智能装备研究院等 10 余个地方产业研究院,累计获批研发经费数亿元,带动智能装备、新能源、数字经济等产业高质量发展。孵化企业近 200 家,其中河北工大科雅能源科技股份有限公司 2022 年在深交所成功上市。

4.服务社会成果丰硕

学校修订科技成果管理办法、成果转化奖励办法,充分调动教师积极性。2021年以来签订横向项目 1438 项,技术交易总经费达到 7.2 亿,年均经费增长率约为39.7%,其中,与华为、陕煤北元化工集团、中国水电基础局等世界 500 强企业签订千万级重大横向项目 10 项,服务企业技术创新和区域经济社会发展。

学校开展节能领域的智能感知与调控系统、智能装备可靠性监测与评价等关键技术研究,与工大科雅签订"智慧能源及智能装备关键技术研究"合同,技术交易金额 3000 万元,引领产业绿色低碳发展。围绕大型水利枢纽深层帷幕灌浆工程中灌浆地质模型、复杂裂隙岩体灌浆机理等方面进行研发,形成大型水利枢纽帷幕防渗关键理论、装备、平台与软件等成套技术体系,与中国水电基础局有限公司签订"大型水利枢纽渗控体系关键技术研究技术开发合同",合同总金额 1812.38 万元。研发出一系列二氧化碳综合利用新技术,开辟绿色、低能耗制备新能源汽车动力电池碳酸酯溶剂的新方法,与陕煤北元化工集团签订专利许可合同,项目许可使用费总金额达数亿元。

5.高端智库建设初见成效

受中央教育工作领导小组秘书组秘书局委托,学校成立河北工业大学教育发展研究中心,对全国教育领域各类舆情进行监测、跟踪全国各省市教育事业发展动态、研究国内外教育评价改革动态,向教育部报送《教育信息》《教育舆情》《教育动态》《教育评价改革动态》。加强学校京津冀发展研究中心建设,该中心入选天津市高校智库名单,每年出版"京津冀高质量发展报告"蓝皮书,关于地方发展的研究报告获省部级及以上领导肯定性批示 4 项。

(五)坚持文化兴校,文化传承创新扎实推进

1.以兴工报国办学传统凝心

学校坚持传承红色基因和爱国主义的光荣传统,与中国人民抗日战争纪念馆、西柏坡纪念馆等共建京津冀爱国主义和思政及教育实践基地;开创"引进来、走出去"爱国主义教育新模式,通过讲座、展览、情景剧等鲜活形式让红色文化走进校

园、走进学生实践,打造爱国主义教育"新课堂";面向校内外不同群体,组织近千名青年师生寻访京津冀213处革命遗迹,多形式展现生动党史故事,实现爱国主义教育"全辐射"。获河北省宣传系统先进集体、宣传系统先进工作者、基层理论宣讲先进典型等称号。

2. 以勤慎公忠校训精神凝力

学校深入挖掘校训精神内涵,将"勤慎公忠"新时代内涵融入社会主义核心价值观教育中,创作《我与祖国共奋进》口述历史纪录片,制作发布《周学熙专题片》《渤海毓雄杨十三》《黄爱专题片》《信仰》等10余部浸润人心的原创优秀文化作品。举办庆祝中国共产党成立100周年、庆祝中国共产主义青年团成立100周年、学校120周年校庆等系列主题活动;举办"永远跟党走""长征,不朽的丰碑"等线上线下展览,为师生打造文化氛围浓厚的精神家园。

3. 以红色基因推动校史育人

学校持续推进全国文明校园建设工作。加强国保建筑、省市爱国主义教育基地——校史馆建设,荣获天津市文物保护利用优秀案例单位、高校红色研学实践教育基地,对外接待社会各界人士近30万人次,累计宣讲时长超1.5万小时。开设文化和校史类课程,将校史文化与河工精神学习纳入师生必修课。推出河工故事二十多期,手绘校史专题漫画,排演原创校史话剧《魏元光》,开展"口述河工历史""一院一品"等专项文化工程。

(六)坚持开放发展,国际交流合作开创新局面

1. 国际化办学深入推进

作为我国北方地区首个与全球百强高校合作设立的中外合作办学机构,河北工业大学亚利桑那工业学院于2021年正式招生,目前在校生394人。现开设应用物理学、材料物理、机械设计制造及其自动化三个专业,制定亚利桑那工业学院美方课程中美联合授课实施方案,实现中美双方联合授课。作为我国在发达国家建立的第一所本科层次的海外校区,芬兰校区已于2020年9月开始首届招生,现有学生480人,其中,国际生125人,来自美国、德国、芬兰、新加坡等31个国家,现开设电气工程、机械工程、计算机科学与技术、能源环境工程四个本科专业。

2. 师生国际化比例显著提升

学校来华留学生生源结构持续优化,来自"一带一路"国家的生源占所招新生比例为36%,来自欧美发达国家的留学生逐渐增多,占所招新生比例为40%。学校

加大外籍教师和海外高层次人才引进力度，从牛津大学、康奈尔大学等国际顶尖高校引进具有海外背景的博士占全体引进教师的50%。依托外专引智项目，引进澳大利亚技术科学与工程院 Ranjith Pathegama Gamage 院士、世界陶瓷院院士幾原雄一引教授等高端人才20余人。

3. 科技合作国际化成效凸显

学校依托"外国院士工作站""引才引智创新平台"等平台，加强国际科研合作，连续三年获批包括"外专百人计划"项目在内的国家和省部级外专引智项目6项；与加拿大、美国等知名企业和大学共建联合实验室、中美联合高性能电力电子研究中心等多个国际合作研发平台；学校发起成立或加入包括电力设备可靠性与智能化国际联合研究中心在内的国际组织与联盟7个；举办"电磁场问题和应用"等27场高水平国际会议。

（七）坚持理念创新，治理体系现代化逐步推进

1. 教育理念持续更新

学校深化新时代教育评价改革，制定《河北工业大学贯彻落实〈深化新时代教育评价改革总体方案〉重点任务改革举措的工作清单》，学校入选河北省评价改革试点学校和项目改革试点。开展教育思想观念大讨论，确定10个专题、5项重点任务，查找短板瓶颈，确定改革方向，形成制度规范。

2. 内部治理结构日益完善

学校强化依法治校，修订《河北工业大学章程》，形成以章程为核心的健全、规范、统一的内部治理体系；完成校院两级学术委员会换届，构建以学术委员会为核心的学术治理体系；上线师生意见反馈系统，健全民主监督体系。

3. 教育数字化深入推进

学校按照《河北工业大学智慧校园建设规划（2020—2022）》，推进智慧校园建设；启用智慧运行中心（IOC），从学校态势感知等六个方面76个数据指标，全面实时呈现校园运行态势。建设学校移动门户，集成各类应用，推进"一网通办"，高效服务师生；持续推进教育信息化2.0行动计划，促进部门业务数字化；出台《河北工业大学数据资源管理办法》，继续深化数据治理工作，统筹校内数据资源，构建校级统一数据服务底座，保证数据一致性、准确性、安全性；推进5G等网络新技术进校园，搭建面向全校开放服务的高性能计算机群和超融合平台，营造网络化、数字化、智能化的教育教学环境。

4.资源配置效益不断提高

学校制定《河北工业大学教学科研用房管理实施细则》,科学配置学校房产资源,提高房屋利用率。出台《河北工业大学贵重仪器设备共享平台管理实施细则》等,建设贵重仪器设备共享平台,加强仪器设备管理,促进开放共享。制定《河北工业大学财务运行效能提升工作方案》,提高学校自筹资金能力,优化支出结构;修订《河北工业大学预算管理办法》,加强预算管理,提高资金使用效率。

5.社会参与机制逐步构建

学校成立校友与社会服务中心,上线校友综合服务平台,把服务校友成长作为推进学校发展的战略性工作;推动地方校友会建设,2021年以来,新增湖北、保定等地方校友会,校友组织网络进一步扩大;进一步加强河北工业大学教育发展基金建设,强化基金筹募主线任务,为学校事业发展筹措资源。

六、河北工业大学校友会第四届理事会成立

2021年12月18日,河北工业大学校友会第四届理事会成立大会暨校友工作会在机材楼报告厅举行。来自32个海内外地区的148名校友代表以及我校相关职能部门和各学院校友工作负责同志参加大会。本次大会采取线上线下相结合的方式举行。

河北工业大学校友会第四届理事会成立大会暨校友工作会

学校党委书记李强代表学校对相聚云端的各位校友表示亲切慰问,对多年来心系母校、关注母校建设发展的第三届理事会的各位理事、各位校友表示衷心

感谢。

李强表示，近年来，校友与母校间的往来互动不断增强，河北工业大学这个"大家庭"的温暖正感动、激励着每一位河工人。在全校师生的奋力拼搏下，在广大校友的倾情助推下，师生缘、校友情、报国志共同凝结成强大的力量，助推学校各项事业实现了高质量发展。

李强指出，第三届理事会自成立以来，遵守理事会章程，坚持校友工作正确方向；秉承服务理念，助力校友建功立业；树牢全局观念，凝聚校友力量推动学校发展；加强工作研究，切实提升校友工作质量和水平，各项校友工作都卓有成效，校友与校友、校友与母校已经成为你中有我、我中有你的荣誉共同体、发展共同体。

李强希望，第四届理事会在吸收、借鉴前三届理事会的好经验、好做法基础上，在广大校友之间、校友与母校之间搭建一个交流与合作的更大平台，进一步加强校友联系，凝聚校友力量；也希望大家继续关注母校的建设发展，为母校的高质量发展献计献策、倾情推动。

大会审议通过了《河北工业大学校友会章程（修改稿草案）》《河北工业大学校友会第四届理事会组织机构（草案）》以及第四届理事会理事、常务理事、监事会成员建议名单。会议选举韩旭为第四届理事会会长，戎贤为常务副会长，张雪莹为秘书长，吴英彪为监事长。会议推荐30名各界杰出的资深校友担任校友会顾问和名誉会长。

校长韩旭代表第四届理事会感谢各位代表和理事的信任与支持，感谢第三届理事会卓有成效的工作和辛勤付出。他指出，在第三届理事会工作的基础上，新一届理事会要紧紧依靠遍布海内外30多万校友的力量，吸引和蓄能广大校友的"源头活水"，激活学校建设发展的"一池春水"。

韩旭提出，将在本届理事会任期内，坚持目标导向、结果导向，加强校友会自身建设，积极探索有效开展校友会工作的方式方法；发挥校友会的桥梁纽带作用，吸纳更多社会资源，不断增强办学活力；以发展实绩和成效为准绳，彰显校友会的贡献度和显示度，为学校的发展建设注入强大动力，为服务国家和地方经济社会发展作出新的更大贡献，以优异成绩迎接党的二十大胜利召开。

围绕"凝心聚力、共谋发展"主题，北京校友会会长刘占胜、深圳校友会会长周大庆、天津校友会会长张坤宇、石家庄校友会会长韩杏军、化工学院党委书记郭宏飞、理学院党委书记万林战分别从地方校友会和学校基层单位视角围绕如何加强校友与校友的联系、加强校友与母校的联系，以及服务校友、服务母校、服务区域经济社会发展等方面介绍了校友(会)工作的做法和经验。各地方校友会表示,广大校友将在自己的工作岗位上弘扬工大精神、彰显工大力量,以实际行动为120周年校庆做贡献,为母校"双一流"建设做贡献。

七、120周年校庆正式启动

逐梦双甲子,河工正青春。2023年3月19日上午,学校"奋进新征程 建功新时代"120周年校庆启动仪式在北辰校区大学生活动中心礼堂举行。天津市人大常委会原副主任、河北工业大学天津校友会名誉会长、60届校友刘文藩,邯郸市政协副主席、邯郸校友会会长、82级校友马宏志,学校全体正科级以上干部、校院两级学术委员会成员、校友代表、离退休教师代表、师生代表等共同见证了这一重要历史时刻。

河北工业大学120周年校庆启动仪式

在全场热烈的掌声中,学校党委书记韩旭发表了热情洋溢的致辞。他表示,河北工业大学的办学历程是一部与近现代民族工业发展息息相关、与国家高等工程教育紧密相连的发展史。在过去的百余年里,一代代河北工大人用真抓实干、砥砺奋进书写了波澜壮阔的光辉篇章。特别是近十年来,学校坚持以习近平新时代中国特色社会主义思想为指导,全面贯彻党的教育方针,坚持社会主义办学方向,不断深化体制机制改革,以坚如磐石的理想信念培根铸魂,以放眼未来的远大胸襟谋求发展,以立德树人为根本任务培养人才,以"落地冲高"的积极行动服务社会,以兼容并包的开放态度展现作为,以开拓创新的系统思维智慧升级,以慎终如始的严谨态度共克时艰,以舍我其谁的精神贡献河工力量,不断加快学校高质量内涵式发展。

120周年校庆是全体师生和校友的喜事,是学校以史为鉴、赶考开篇的大事,更是学校建设发展史上的盛事。学校坚持以"总结经验、谋划未来,发现问题、解决问题,内聚人心、外树形象"为总体目标,服务开展加快建设"经济强省 美丽河北"行动计划、教育思想观念大讨论等系列工作。通过丰富多彩的活动和高水平的学术交流与研讨系列活动,留下美好的回忆、激发精辟的思考、展望壮丽的未来。学校将凝心聚力办校庆,真抓实干办校庆,严谨规范办校庆。

韩旭向离退休老同志、各地校友会、海内外校友发出邀请,希望校友们能在母校120周年校庆的时候回来看看,为学校发展献计献策、尽心出力、增光添彩。

校党委副书记贺立军发布校庆活动总体方案。120周年校庆活动的主题为"奋进新征程 建功新时代",活动遵循隆重、热烈、节俭、务实的原则,共分为策划筹备、校庆启动、校庆活动实施、校庆庆典、校庆工作总结几个阶段,包括华诞盛典、重磅发行、学术殿堂、文体活动、百廿助力、情系河工六个板块,全年将举办百余场校级活动和千余场院级活动。

2023年10月校庆月期间,学校将集中举办科技成果展、校史系列图书发行、校史博物馆揭牌及专题馆开馆、校企协同育人高端论坛、重点项目签约仪式、中外大学校长论坛、120周年校庆庆典、校庆文艺演出《兴工报园》大型情景史剧、校园开放日等一系列大型活动。校庆活动期间,教育思想观念大讨论和服务"经济强省、美丽河北"行动作为校庆重点活动贯穿全年。其中,教育思想观念大讨论活动将组织全体师生开展分专题研讨,面对新时代高等教育发展新要求,更新教育思想观念,确定发展方向,制定改革发展措施,促进学校长期持续高质量内涵式发展;学校日前已发布的《服务"经济强省、美丽河北"行动计划(2023—2027)》,确定以"五项行动"助力中国式现代化河北场景建设,把学校发展融入加快建设"经济强省 美丽河北"的伟大实践中。

随后,120周年校庆标识和吉祥物揭晓。标识的设计者、机械工程学院机制92级校友韩智勇,校庆吉祥物的设计者、马克思主义学院思想政治教育专业2011级研究生宋晓萌分别介绍了各自的设计理念。其中,校庆标识将"河、北、工、大"的四个汉字草书书法字体变形,融合成数字"120",简洁明快,寓意深远;吉祥物名为"小工""小学",体现了学校"工学并举"的办学特色。

党委常委、副校长王慧远宣布"百廿助力　河工荣光——河北工业大学120周年校庆捐赠项目"正式上线,这是河北工业大学教育发展基金会联合中国教育发展基金会,在中银公益平台推出的公募基金。广大师生、校友和社会各界的爱心人士可以以个人、家庭、集体的名义,通过该平台向学校传递爱心、送上祝福。这个项目的筹款目标为120万元,用于校史系列图书等文化作品、校庆学术科技活动、学生创新创业基金等,支持学校在奋进新征程、建功新时代的道路上再谱华章、再创辉煌。

天津天怡建筑设计有限公司名誉董事长、建筑学85级校友宋静回忆了自己38年前考入河北工学院建筑学专业的经历。她表示,母校是每个学子人生中重要的起点,是知识生根的沃土,是人生艰难时的温暖、迷茫时的灯塔,更是取得成绩时的光荣榜和加油站。希望每一位河工学子都能牢记母校的谆谆教导和殷殷希望,在以中国式现代化全面推进中华民族伟大复兴的新征程中,勇于进取、奋发有为,既能独善其身,也能兼济天下,用努力和才智,认真书写好人生答卷,用成绩报效祖国,回报母校。

韩旭为化工学院无机化工专业83级毕业生芳华、材料学院焊接专业93级毕业生高东飞、经管学院EMBA2011级校友张素娜、企业代表板城酒业销售市场总监王晓波颁发了捐赠证书。

播放120周年校庆先导片之后,伴随着"5、4、3、2、1……"的倒计时声,党委书记韩旭、60届校友刘文藩、82级校友马宏志、离退休教师代表王云峰、在职教师代表方静、学生代表魏振伟上台,共同启动120周年校庆。启动仪式主持人杜利波朗声宣布:"奋进新征程　建功新时代"河北工业大学120周年校庆正式启动!

八、发布实施《河北工业大学服务"经济强省　美丽河北" 行动计划(2023—2027)》

传承百廿薪火,矢志服务河北。2023年3月17日上午,学校在省会石家庄太行国宾馆举行发布会,面向全省人民和社会各界发布《河北工业大学服务"经济强省　美丽河北"行动计划(2023—2027)》,将其作为学校助力中国式现代化河北场景实现的顶层战略,为推进中国式现代化在河北展现美好图景贡献工大智慧、工大力量。

学校党委书记韩旭在致辞中指出,河北工业大学的前身是创办于1903年的北洋工艺学堂。伴随着我省高等教育和中国高等教育的发展,学校始终与我省改革

《河北工业大学服务"经济强省　美丽河北"行动计划》签约仪式

发展血脉相连、同频共振。120年来,学校始终坚持"兴工报国"办学传统,秉承"勤慎公忠"校训精神,彰显"工学并举"办学特色,落实立德树人根本任务,把服务国家和我省经济社会发展作为核心战略。近年来,在人才培养和人才队伍建设方面,学校自主培养和全职引进包括国家长江学者、杰出青年基金获得者和外籍院士等一流科技领军人才30余人,"元光学者"高水平人才近500人,并形成了智能机器人国家级创新团队等30余支省(市、部)级以上创新团队;在科技创新方面,聚焦我省高端装备制造等主导产业,发挥学校"先进装备工程与技术"世界一流学科及国家重点实验室等60余个国家和省部级科技创新与成果转化平台的引领示范作用,取得大批重要原创性成果,制定发布多项国家标准,获得国家和省(市、部)级科技奖励145项;在社会服务方面,学校不断探索和深化政产学研用合作,加强产教融合、协同创新,与我省11个地市签订了全面战略合作协议,并在雄安新区、石家庄、张家口、唐山等地共建智能装备、电子信息、数字经济等10余个地方产业研究院,打造高端协同创新与成果转化平台,太阳能电池材料先进制备技术、立体传质塔板技术、智慧供能技术以及技术创新方法等多项重大科研成果在我省行业、企业成功转化或应用,创造了显著的经济效益和社会效益,在我省经济社会发展中发挥了重要作用。

此次前来,我们带着服务加快建设"经济强省、美丽河北"的满腔赤诚,积极寻求自身发展与推进中国式现代化河北场景的结合点,坚持把解放思想、奋发进取不断引向深入,为进一步增强服务我省产业转型升级和战略性新兴产业发展,全力推进中国式现代化在河北展现美好图景。学校以"兴工报国"的办学初衷涵养定力,为中国式现代化河北场景增添鲜亮底色;以"勤慎公忠"的校训精神自新自强,在中国式现代化河北场景的构建中勇挑重担;以"工学并举"的办学特色守正创新,在中国式现代化在河北场景的落实中多做贡献。未来,学校将继续紧密围绕我省地方经济发展需求,担起更大责任、彰显更大作为、作出更大贡献。

党委副书记贺立军发布《河北工业大学服务"经济强省美丽河北"行动计划(2023-2027)》,介绍了这一行动计划的指导思想、总体目标、主要任务和举措、保障措施。行动计划以服务加快建设"经济强省、美丽河北"为目标,以提升我省产业发展动力和企业创新能力为重点,以解决共性关键技术问题和促进县域特色产业集群提质升级为核心,以引育企业、产业发展急需人才为关键,主动融入我省经济建设主战场,构建新时代产学研合作新模式,激发全要素服务河北新动能,为我省经济建设与社会发展提供强力、持续、高效的人才支持和科技支撑。

根据行动计划,未来五年,学校将一如既往地发扬"兴工报国"优良传统,彰显"工学并举"办学特色,整合校内外资源,主动服务构建中国式现代化河北场景,对接八大产业,促进百县发展,走进千家企业,引智万名人才。到2023年底,完成我省主导产业和百县特色产业集群、头部企业及专精特新"小巨人"企业需求调研,制定全口径服务方案,在部分产业、企业和地方开展试点并取得初步成果;到2025年底,基本构建起适应我省经济社会发展需要的学科专业体系和产学研合作新模式,解决一批行业、产业发展的共性关键技术问题,产生一批重大原创性科研成果,实现一批重大成果转化,助力传统产业高端化、智能化、绿色化发展,助力战略性新兴产业提升创新能力,助力县域特色产业集群提升技术研发水平,助力乡村振兴和燕赵文化传承创新取得新成果;到2027年底,构建起信息化背景下产学研合作新模式和高校服务地方经济建设新生态,在人才培养培训、高能级科研及转化平台建设、原创性重大成果、助力头部企业发展等方面完成既定目标任务,用创新成果驱动中国式现代化河北场景落地见效,为加快建设"经济强省、美丽河北"贡献智慧和力量。

学校将通过助力京津冀协同发展、雄安新区规划建设、后奥运经济发展和乡村振兴战略,实施服务国家战略行动,助力国家战略在我省落地落实;通过服务钢铁产业、绿色化工产业、高端装备产业、新材料产业、新一代信息技术、生物医药产业、新能源产业、绿色住建产业,实施"八大产业服务行动",助力产业高质量发展;通过搭建县域经济服务网络、推进重点产业提质升级、为"领跑者"企业加力助跑,将107个重点县域特色产业集群中的80余个产业集群作为学校服务县域经济的主攻阵地,实施"百县千企助跑行动",助力县域特色产业提质增效;通过依托技术服务吸引学生在省就业、借力京津优势吸纳我省急需人才、聚焦发展需求开展人才培训，实施"万名人才扎根河北行动"，厚植人才第一资源；通过优化创新策源机制、畅通创新策源路径、打造创新策源平台，实施"产学研合作创新行动"，培育创新驱动新势能。

会上，学校"百校联百县兴千村"行动试点结对单位、围场满族蒙古族自治县委副书记吕宝俭在发言中表示，下一步将与河北工业大学在新能源、乡村振兴等多个领域深挖合作，共同谱写校地合作新篇章。在之后的电子签约仪式上，副校长郎利影代表学校与保定高新区、长城汽车股份有限公司、河北省建筑科学研究院有限公司、河北省国有资产控股运营有限公司、河北工大科雅能源科技股份有限公司、河北远东通信系统工程有限公司、河北宣工机械发展有限责任公司等省内企业签署校企战略合作协议，服务我省企业高质量发展；副校长马国伟代表学校与承德围场满族蒙古族自治县、石家庄赞皇县、张家口怀安县、秦皇岛经济技术开发区、唐山玉田县、邢台宁晋县、衡水武强县、廊坊文安县、保定高碑店市、沧州青县、邯郸馆陶县11家地方政府签订设立"河北工业大学技术转移中心各地分中心"合作协议，各地分中心将充分发挥河北工业大学科研和人才综合优势，服务各地方政府产业升级和经济建设。

发布会后，学校举行《河北工业大学服务"经济强省　美丽河北"行动计划》项目对接会，副校长马国伟，科研院、技术转移中心、大学科技园负责人和各学院院长，与有科技项目对接需求的地方政府代表、30 余家企业代表进一步研讨合作事宜，进行了深入洽谈磋商，初步达成了多项合作意向。

来自省教育厅、省委军民融合发展委员会办公室、省财政厅、省科学技术厅、省发展和改革委员会、省人力资源与社会保障厅、省人民政府国有资产监督管理委员会等省直部门和地方政府、各地市科技部门的负责人，70 余家国有企业、民营企业和科技型中小企业负责人出席发布会。

附录一 历史沿革表

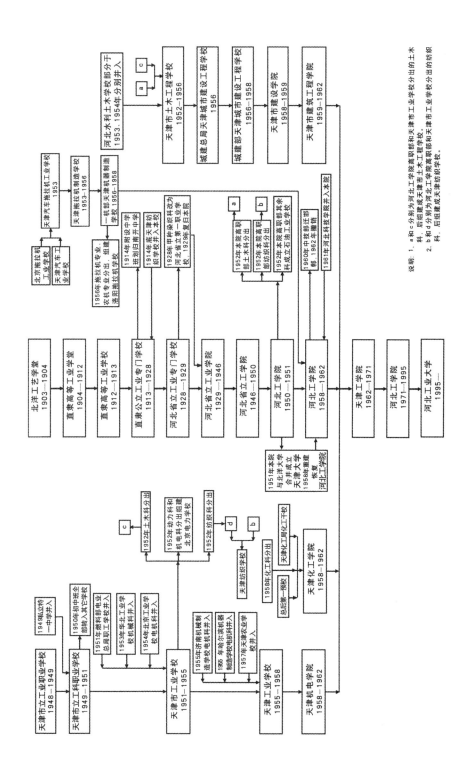

附录二　历任掌校人

历任校长一览

校名	姓名	任职时间	备注
北洋工艺学堂	凌福彭	1903	时称总办
	周学熙	1903	时称总办
直隶高等工业学堂	毛庆藩	1903—1904	时称总办
	周学熙	1904—1907	时称总办
	孙多森	1907—1909	时称总办
	邢　端	1909—1912	时称监督
直隶高等工业学校	邢　端	1912—1913	校　　长
直隶公立工业专门学校	武瀞源	1913—1917	校　　长
	杨育平	1917—1926	校　　长
	魏元光	1926—1928	校　　长
河北省立工业专门学校	魏元光	1928—1929	校　　长
河北省立工业学院	魏元光	1929—1936	院　　长
	路荫桎	1936—1946	代院长
河北省立工学院	路荫桎	1946—1949	院　　长
	赵今声	1949—1950	院　　长
河北工学院	赵今声	1950—1951	院　　长
	潘承孝	1958—1962	院　　长
天津工学院	潘承孝	1962—1971	院　　长
河北工学院	林　牧	1978—1983	院　　长
	邱澄一	1983—1986	院　　长
	潘承孝	1983—1995	名誉院长
	张　闽	1986—1991	院　　长
	冯其标	1991—1994	院　　长
	颜威利	1994—1995	院　　长

校名	姓名	任职时间	备注
河北工业大学	颜威利	1995—2002	校 长
	潘承孝	1995—2003	名誉校长
	高 峰	2002—2004	校 长
	傅广生	2004—2012	校 长
	李 强	2012.06—2012.12	校 长
	展 永	2012.12—2015.11	校 长
	郭 健	2015.11—2016.09	校 长
	韩 旭	2016.09—2022.06	校 长

历任党委书记一览

校名	姓名	任职时间	备注
河北工学院	冀广民	1958—1962	党委书记
天津工学院	冀广民	1962—1969	党委书记
河北工学院	崔 涛	1976—1978	党委书记
	杨 远	1978—1980	党委书记
	尚 持	1980—1983	党委书记
	林 牧	1983—1989	党委书记
	马家齐	1989—1994	党委书记
	冯其标	1994—1995	党委书记
河北工业大学	冯其标	1995—2002	党委书记
	刘志明	2002—2004	党委书记
	马树强	2004—2012	党委书记
	李 强	2012—2022	党委书记
	韩 旭	2022至今	党委书记

附录三　高等工业学堂总志

科学与实业如影随形。为国而思,握实业界之霸权,必有通于各种科学之人才,然后旧者可图改良,新者可期发达,此泰西富强各国之公例也。

升督宪袁有鉴于此,光绪二十八年冬,委今天津道宪凌筹设工艺学堂,就贡院东草厂庵修葺招考,二十九年二月开学。委张观察柢为会办,禀派教务长及教员率学生十九人东渡游历,闰五月归国到堂授课。当是时学生三十人,与共开办者教务及庶务两长并两教员。大辂椎轮,宗旨未定。六月,复委今升署臬宪周充学堂总办。先是二月间筹款,在贡院南建东北楼房作讲堂,于其西建试验实习场,至八月落成。适京旗练兵处复送旗生三十七名来附学。总办乃热心经营,次第倡办,于是年十月间又招考新生七十余名,合本堂及附学者共一百三十余人。选订中外普通各教员,俾承认科目程度,切实教授。分化学、机器为正科,用英文讲授;制造化学及图绘为两速成科,用日文讲授,余悉归预备科。俾按学期年限专经肄习,复定讲堂条规,定宿舍及餐堂条规,定阅报及请假并自费附学条规。俾各厘然秩然,遵循不紊,而学生之功课分数心术行检,又以时详记而赏罚之。在堂员司亦复共守章程,罔敢逾越,精神焕发,形式改观。识者谓工业之基础,已植立于数十日之经营矣。十二月总办以公冗辞,差今江苏提学使毛接充总办,萧规曹随者半载。三十年六月毛以署缺去总办,周复接办堂事,重加整理,选派学生十三名分赴日本习农、工、商专门各学,现在尚未毕业。复遵奉部章,改工艺学堂为高等工业学堂。

三十一年,藤井教务长恒久、赵庶务长元礼等赴北京考察各学堂工厂,赵庶务长等复赴日本,调查各学堂工厂,以资仿效。又堂内每星期一小时,教员、事务员集一室研究堂事,著为例。又北洋银元局拨送图算学生二十名,因本堂原有化学速成一科,乃派习机器速成科以俪之。时化学试验早经实行,于是机器科制购机器,亦添授实验。是年冬,复招考预备学生三十七名。三十二年春,奉天将军复咨送附学生五十名,均归入预备班一律授课。添设斋务长专整顿宿舍、餐堂等事。时教务长经理工艺日起有功,禀蒙督宪奏于朝赏给宝星。是年八月又考送化学、机器两速成科学生十九人,赴日本西京、大阪各工厂实习。此四年以来学堂之历史也。

今三十三年正月,除归并及裁汰外,计有化学、机器、制造化学、图绘、预备甲乙丙三班共七科都学生一百六十名。二月化学制造科内之制纸科学生十三名毕业,五月图绘科学生十四名毕业,七月派往日本工厂实习学生十四名回国,八月毕业,仍五名留大阪铁工厂,期以明年秋间毕业。现化学正科学生十名期以本年九月毕业,毕业后拟择优送英国工厂实习。又以旧堂狭隘,于河北窑洼建筑新堂,俟明春竣工后迁入。

夫工艺之学,以理化为基础,中国物产地质胜于泰西,而制造远出各国下,实由不知化学工艺之法。今培成此等专家出洋肄习,实我工艺将来发达之本源,且新堂附近实习工场更可联络一气,以工场为学生之实验厂,即以学堂为工徒之研究室。考法国巴黎有中央工艺学堂,包括各项制造学问,所尤重者在半日听讲,半日入厂习练,既领会理化之精微,又经历其实验,以故法国工艺之精巧凌驾环球,所愿当事者得所效法,而于科学力求精进焉,庶有握实业界霸权之一日也。

附录四　河北工业大学章程

（2014 年 12 月 26 日河北省教育厅核准生效。2019 年 2 月 21 日，章程修订内容经河北省教育厅核准生效。2023 年 2 月 13 日，章程修订内容经河北省教育厅核准生效。）

序　言

河北工业大学前身为创办于 1903 年的北洋工艺学堂，之后相继更名为直隶高等工业学堂、直隶高等工业学校、直隶公立工业专门学校、河北省立工业专门学校、河北省立工业学院、河北省立工学院、河北工学院，1951 年与北洋大学合并为天津大学，1958 年恢复重建，1962 年与天津工学院合并改称天津工学院，1971 年复名河北工学院，1995 年定名为河北工业大学。学校 1996 年跻身国家首批"211 工程"重点建设高校行列；2014 年由河北省、天津市和教育部共建；2017 年入选国家"双一流"建设高校。

学校立校之本在于兴工报国。学校百余年的办学历程是一部与近现代民族工业发展息息相关、与国家高等工程教育紧密相连的发展史。学校初创，时值清末，国家积贫积弱，为探求"实业富国"之良方，学校汲汲图兴学之策；民国时期，面对外辱内患，学校担负起"工业救国"之重任，努力探索工业教育之新路；全面抗战爆发后，学校师生组成"工字团"，以舍身报国之气概，投笔从戎，奔赴抗战前线；中华人民共和国成立后，学校肩负"科教兴国"之使命，与百业待举的祖国一道砥砺前行；跨入新时代，学校坚持以"创新强国"为己任，为中华民族的伟大复兴接续奋斗。

学校兴校之基在于"工学并举"。1903 年，学堂首任总办周学熙先生提出"工艺非学不兴，学非工艺不显"的办学主张，创办了全国最早的高校校办工厂，首开"工学并举"工业教育思想之先河；1929 年，河北省立工业学院首任院长魏元光先生继承"工学并举"办学思想，强调"手脑并用，造成实用技术人才"，开创"中国式一体化工业教育"道路；1958 年，河北工学院复建后首任院长潘承孝先生强调"基础理论、基本知识、基本技能"并重的"三基"教育，倡行"教学科研生产一体化"，进一步拓展了"工学并举"的办学理念；1996 年以来，学校深入总结"工学并举"办学理念与实践，形成了"理论教学与工程实践相结合，科学研究与社会服务相结合，工程教育与经济建设相结合"的"工学并举"办学特色；进入新时代，学校坚持中国特色世界一流大学的定位,赋予了"工学并举"以"理论与实践、办学与兴工、立校与报国"相结合的时代内涵,进一步强化了"工学并举"办学特色。

学校固校之魂在于"勤慎公忠"。近百年来,学校秉承魏元光先生提出的"勤慎公忠"校训精神,"勤以治学、慎以立身、公以对人、忠以处事",历经沧桑不忘教育之本,百折不挠秉持报国初衷,培养了代代工大人身担家国的理想信念,敬业乐群的道德风范,严谨务实的科学态度,好学求新的进取精神。

学校治校之器在于依章办学。学校早在 1903 年就拟定了《工艺学堂详订暂行章程》,此后,又相继制定了《直隶高等工业学堂试办章程》《直隶公立工业专门学校简章》《河北省立工业学院规则》,为今日高水平大学建设奠定了依法治校、依章办学的历史根基。

第一章　总　则

第一条　为保障学校、教职工、学生和举办者的合法权益,规范学校办学行为,推进现代大学制度建设,根据《中华人民共和国教育法》《中华人民共和国高等教育法》等法律、法规及相关规定,结合学校实际,制定本章程。

第二条　学校中文名称为河北工业大学,简称河北工大;英文译名为 Hebei University of Technology,缩写 HEBUT。

第三条　学校法定住所为天津市北辰区西平道 5340 号。办学场所包括天津市北辰校区、红桥校区和河北省廊坊校区。

学校网址为 http://www.hebut.edu.cn。

第四条　学校办学特色为"工学并举"。

第五条　学校校训为"勤慎公忠"。

第六条　学校校风为"勤奋、严谨、求实、进取"。

第七条　学校是由河北省人民政府举办、天津市人民政府和教育部共建的非营利性事业组织,具有独立法人资格,独立承担法律责任。学校行政主管部门是河北省教育厅。

学校举办者依法指导、支持学校改革、建设和发展,提供充足和稳定的办学资金,依法监督和规范学校办学行为,考核评估学校办学质量和水平。

学校共建方依据共建意见对学校改革、建设和发展给予指导和支持。

第八条　学校依法享有办学自主权,不受任何组织和个人非法干涉。

学校办学自主权主要包括:

（一）根据社会需求、办学条件和核定的办学规模，依法自主设置和调整学科、专业，自主调节学科专业招生比例；

（二）根据人才培养需要，自主制定人才培养计划，组织实施教学活动；

（三）按照国家学位制度有关规定，授予学士、硕士、博士学位，授予卓越学者和著名社会活动家等杰出人士名誉学位；

（四）根据经济社会发展需要，自主开展科学研究和社会服务；

（五）按照国家有关规定，开展中外合作办学、境外办学、留学生教育以及国际科技文化交流；

（六）遵循精简、高效的原则，确定教学、科学研究、行政职能部门等内部组织机构的设置和人员配备；

（七）按照国家有关规定，评聘教师及其他专业技术人员的职务；

（八）按照国家有关规定，调整津贴及工资分配；

（九）依法自主管理和使用学校财产，设立和调整校区及校址；

（十）依法获得的其他办学自主权。

第九条　学校实行中国共产党河北工业大学委员会（以下简称学校党委）领导下的校长负责制，推行教授治学、民主管理，建立符合国情、与学校发展相适应的现代大学制度。

第十条　学校坚持依法治校，坚持以师生为本，实行党务公开、校务公开和信息公开制度，主动接受师生和社会监督。

第十一条　学校实行校院两级管理体制，发挥学院办学的主体作用。

第二章　办学定位

第十二条　学校坚持以习近平新时代中国特色社会主义思想为指导，坚持社会主义办学方向，全面贯彻党的教育方针，践行"四个服务"时代使命，落实立德树人根本任务，坚持深化教育改革创新，弘扬"勤慎公忠"校训精神，传承兴工报国办学传统，彰显"工学并举"办学特色，扎根中国大地，走高质量发展之路，努力建设成为国内外有重要影响、特色鲜明的高水平社会主义大学。

第十三条　学校以人才培养、科学研究、社会服务、文化传承创新与国际交流合作为基本职能。

第十四条　学校坚持立德树人，培养德智体美劳全面发展、严谨务实、开拓创新、具有高度社会责任感的专业精英和社会栋梁。

第十五条　学校以本科教育为基础,本科教育与研究生教育并重,积极开展其他形式的教育活动。

第十六条　学校坚持以工为主,工、理、经、管、文、法、艺等多学科协调发展。

第十七条　学校立足京津冀、辐射全国、面向世界,依托省市部共建平台,集聚区域办学资源,发挥桥梁纽带作用,助推京津冀协同发展和雄安新区规划建设,为国家和区域经济社会发展提供人才支持与智力支撑,为人类文明进步作出贡献。

第三章　学　生

第十八条　学生是指被学校依法录取、取得入学资格、具有学校学籍的受教育者。

第十九条　学生在校期间依法享有下列权利:

(一)参加学校教育教学计划安排的各项活动,使用学校提供的教育教学资源;

(二)参加社会实践、志愿服务、勤工助学、文娱体育及科技文化创新等活动,获得就业创业指导和服务;

(三)申请奖学金、助学金及助学贷款;

(四)在思想品德、学业成绩等方面获得科学、公正评价,完成学校规定学业后获得相应的学历证书、学位证书;

(五)在校内组织、参加学生团体,以适当方式参与学校管理,对学校与学生权益相关事务享有知情权、参与权、表达权和监督权;

(六)对学校给予的处理或者处分有异议,向学校、教育行政部门提出申诉,对学校、教职员工侵犯其人身权、财产权等合法权益的行为,提出申诉或者依法提起诉讼;

(七)法律、法规及学校章程规定的其他权利。

第二十条　学生在校期间依法履行下列义务:

(一)遵守宪法和法律、法规;

(二)遵守学校章程和规章制度;

(三)恪守学术道德,完成规定学业;

(四)按规定缴纳学费及有关费用,履行获得贷学金及助学金的相应义务;

(五)遵守学生行为规范,尊敬师长,养成良好的思想品德和行为习惯;

(六)法律、法规及学校章程规定的其他义务。

第二十一条　学校根据办学实际,改善学生学习、生活条件,关注学生身心健康,为学习和生活中遇到特殊困难的学生提供必要的指导和帮助。

第二十二条　学校对取得突出成绩和为学校争得荣誉的学生给予表彰和奖励。

第二十三条　学校对违反校规校纪的学生,依据相关规定给予处理。

学校建立学生申诉处理机构,完善学生权利保障机制,维护学生合法权益。

第二十四条　外国和境外留学生适用本章规定,国家另有规定的除外。

第二十五条　无学籍的受教育者,在校学习期间依据法律、法规、规章、学校规定及合同约定,享有相应权利,履行相应义务。

第四章　教职工

第二十六条　学校教职工由教师、其他专业技术人员、管理人员和工勤人员等组成。

第二十七条　教师是指学校履行教育教学职责的专业人员。

教师享有下列权利:

(一)按工作需要合理使用学校公共资源;

(二)从事科学研究,进行学术交流,参加专业学术团体,在学术活动中充分发表意见;

(三)公平获得职业发展的机会和条件;

(四)在品德、能力和业绩等方面获得公正评价,公平获得职务资格的评、聘、晋升等机会,公平获得各种奖励及荣誉称号;

(五)知悉学校改革、建设和发展及涉及切身利益的重大事项,参与民主管理与监督,对学校工作提出意见和建议;

(六)依照法律、法规、规章、学校规定和合同约定,享受薪酬福利、社会保险、休息休假等待遇;

(七)就处理或处分等事项表达异议和提出申诉,对学校侵犯其人身权、财产权等合法权益的行为提出申诉或依法提起诉讼;

(八)依据相关规定和合同约定合理流动;

(九)法律、法规、规章、学校规定和合同约定的其他权利。

第二十八条　教师应履行下列义务:

(一)忠诚于人民教育事业,遵守高校教师职业道德规范,爱国守法、敬业爱生、教书育人、为人师表;

（二）严谨治学，遵守学术规范，维护学术尊严，恪守学术道德；

（三）遵守学校规章制度，维护学校名誉和利益；

（四）履行岗位职责，按规定完成工作任务；

（五）加强学习，不断提高思想政治觉悟和业务水平；

（六）法律、法规、规章、学校规定和合同约定的其他义务。

第二十九条　学校其他专业技术人员、管理人员、工勤人员参照教师的权利和义务，享有相应权利，履行相应义务。

第三十条　学校实行岗位聘用制度。按岗位特点对教职工进行分类管理，健全考核评价和激励机制，将考核结果作为续聘、解聘、晋升、培训、奖励或处分的重要依据。

第三十一条　学校对取得优异成绩和为学校争得荣誉的教职工，给予表彰和奖励。

第三十二条　学校对违反规章制度、不履行义务或未完成规定工作任务的教职工，依据相关规定给予处理。

学校设立教职工申诉委员会和劳动人事争议调解委员会，建立教职工权益保护与救助机制。

第三十三条　学校完善教职工培训体系，为教职工职业生涯规划与发展提供指导和帮助。

第三十四条　学校完善教职工工作生活保障制度，根据办学实际，改善教职工工作、生活条件。

第三十五条　学校贯彻落实离退休人员政策，保障离退休人员的合法权益。

第三十六条　学校兼职教授、客座教授、名誉教授、在站博士后、访问学者、进修教师等人员，在校工作学习期间，依据法律、法规、规章、学校规定和合同约定，享有相应权利，履行相应义务。

第五章　组织机构

第三十七条　学校党委是学校的领导核心，依据《中国共产党章程》《中国共产党普通高等学校基层组织工作条例》，全面领导学校工作，支持校长依法独立行使职权。主要职责是：

（一）宣传和执行党的路线方针政策，宣传和执行党中央以及上级党组织和本组织的决议，坚持社会主义办学方向，依法治校，依靠全校师生员工推动学校科学发展,培养德智体美劳全面发展的社会主义建设者和接班人。

(二)坚持马克思主义指导地位,组织党员认真学习马克思列宁主义、毛泽东思想、邓小平理论、"三个代表"重要思想、科学发展观、习近平新时代中国特色社会主义思想,学习党的路线方针政策和决议,学习党的基本知识,学习业务知识和科学、历史、文化、法律等各方面知识。

(三)审议确定学校基本管理制度,讨论决定学校改革发展稳定以及教学、科研、行政管理中的重大事项。

(四)讨论决定学校内部组织机构的设置及其负责人的人选。按照干部管理权限,负责干部的教育、培训、选拔、考核和监督。加强领导班子建设、干部队伍建设和人才队伍建设。

(五)按照党要管党、全面从严治党要求,加强学校党组织建设。落实基层党建工作责任制,发挥学校基层党组织战斗堡垒作用和党员先锋模范作用。

(六)履行学校党风廉政建设主体责任,领导、支持内设纪检组织履行监督执纪问责职责,接受同级纪检组织和上级纪委监委及其派驻纪检监察机构的监督。

(七)领导学校思想政治工作和德育工作,落实意识形态工作责任制,维护学校安全稳定,促进和谐校园建设。

(八)领导学校群团组织、学术组织和教职工代表大会。

(九)做好统一战线工作。

第三十八条　学校党委由中国共产党河北工业大学党员代表大会选举产生。

学校党委全体会议(以下简称全委会)选举产生学校党委常务委员会(以下简称常委会)。全委会闭会期间,其职责由常委会履行。

学校党委实行民主集中制。党内重要事务和学校改革、建设、发展的重要议题,须由全委会或常委会根据其议事规则,按照集体领导、民主集中、个别酝酿、会议决定的原则作出决定。

第三十九条　中国共产党河北工业大学纪律检查委员会(以下简称纪委)是学校的党内监督机构,在学校党委和上级纪委双重领导下开展工作。河北省监委驻河北工业大学监察专员办公室,与学校纪委合署办公,履行监察职能。

学校纪委的主要任务是维护党的章程和其他党内法规,检查党的路线、方针、政策、决议的执行情况,协助党委推进全面从严治党、加强党风建设和组织协调反腐败工作,履行监督、执纪、问责职责,为学校各项事业发展提供政治保证。

第四十条　校长是学校的法定代表人和行政负责人,在学校党委领导下全面负责教学、科学研究和其他行政管理工作。

校长的主要职权：

（一）拟订学校发展规划，制定规章制度和年度工作计划并组织实施；

（二）组织教学活动、科学研究、学科建设、师资队伍建设、校园建设、对外交流与合作及思想品德教育；

（三）拟订内部组织机构设置方案，推荐副校长人选，按规定任免内部组织机构负责人；

（四）聘任与解聘教师及其他工作人员，管理学生学籍，依照法律和学校规定对教职工与学生实施奖励或处分；

（五）拟订和执行学校年度经费预算方案，保护和管理学校资产，维护学校合法权益；

（六）法律、法规、规章规定的其他职权。

第四十一条　学校行政工作实行校长领导、副校长分工负责、职能部门组织实施的工作机制。

校长办公会议是校长行使职权的基本形式，由校长主持，依其议事规则讨论处理学校行政工作中的重要事项。

校长广泛听取教职工、学生的意见和建议，定期向学校教职工代表大会报告工作。

第四十二条　学校依法设立学术委员会。学术委员会是校内最高学术机构，统筹行使对学科建设、专业设置、学术评价、教学科研、人才培养、师资队伍建设等方面学术事务的决策、审议、评定和咨询等职权。

学校学术委员会的主要职责：

（一）审议或审定学校重大学术规划、学术机构和学科资源配置；

（二）审议或审定学校学术评价标准及考核办法、学术道德规范和学术争议处理规则；

（三）根据学校委托，评定学校拟引进和选拔高层次人才的学术水平，以及学校拟推荐和奖励的教学科研成果的学术水平；

（四）为学校制订与学术事务相关的发展规划和发展战略提供咨询；

（五）为预算决算中教学科研经费的管理、教学科研和对外交流中重大项目的实施提供咨询；

（六）根据有关规定或学校委托，调查和认定学术不端行为，受理和裁决学术纠纷；

（七）学校授权处理的其他事项。

第四十三条　学校学术委员会按学科群组设置学部分委会，按学术事务的特点设置相关专门委员会。各分委会、专委会向学校学术委员会报告工作，接受学校学术委员会的领导。

学校学术委员会依据其章程组建、运行。

第四十四条　学校依法设立学位评定委员会，作为学校学位事务的咨询和决策机构。

学位评定委员会由学校主要负责人和教学、研究人员组成。学位评定委员会主席由校长担任。

学位评定委员会的主要职责：

（一）作出授予或撤销博士、硕士和学士学位的决定；

（二）在国家授权范围内，审议学位授权学科或专业学位类别（领域）的设立、调整和撤销；

（三）审核批准或撤销研究生指导教师资格；

（四）研究处理有关学位授予工作与导师管理工作中的争议和申诉；

（五）作出提名、授予或撤销名誉博士学位的决定；

（六）授权、指导学位评定分委员会开展工作；

（七）研究和处理学位工作中的其他事项。

第四十五条　学校设立学位评定分委员会，学位评定分委员会根据学校学位评定委员会授权开展工作。

第四十六条　学校教职工代表大会是教职工依法参与民主管理和监督的基本形式。教职工代表大会依据有关法律和规定开展工作、行使职权。

学校教职工代表大会的主要职权：

（一）听取学校章程草案的制定和修订情况报告，提出修改意见和建议；

（二）听取学校发展规划、教职工队伍建设、教育教学改革、校园建设以及其他重大改革和重大问题解决方案的报告，提出意见和建议；

（三）听取学校年度工作、财务工作、工会工作报告以及其他专项工作报告，提出意见和建议；

（四）讨论通过学校提出的与教职工利益直接相关的福利、校内分配实施方案以及相应的教职工聘任、考核、奖惩办法；

（五）审议学校上一届（次）教职工代表大会提案的办理情况报告；

（六）按照有关工作规定和安排评议学校领导干部；

（七）通过多种方式对学校工作提出意见和建议，监督学校章程、规章制度和决策的落实，提出整改意见和建议；

（八）讨论法律法规规章规定的以及学校与学校工会商定的其他事项。

教职工代表大会的意见和建议，以会议决议的方式作出。

第四十七条　学校教职工代表大会设立执行委员会。执行委员会由学校教职工代表大会选举产生。学校教职工代表大会闭会期间，执行委员会根据教职工代表大会的授权履行职责。

学校实行校、院两级教职工代表大会制度。

第四十八条　学校学生代表大会是学生参与民主管理和监督的基本形式，代表由全体学生依法选举产生，依据其章程开展工作。

学校学生代表大会的主要职责：

（一）选举学生会工作领导机构；

（二）修改学生会章程；

（三）审查和决定学生会的工作；

（四）讨论与学生权益相关的学校重大改革方案和重要规章制度；

（五）收集和反映学生对学校工作提出的意见和建议，提交关于学校改革、建设和发展的大会提案；

（六）讨论、决定其他相关事项。

学校实行校、院两级学生代表大会制度。

第四十九条　学校工会是在学校党委和上级工会组织领导下的教职工自愿参加的群团组织，按照《中华人民共和国工会法》和《中国工会章程》开展工作。

第五十条　学校共青团是学校先进青年的群团组织，在学校党委和上级团委的领导下，按照《中国共产主义青年团章程》开展工作。

第五十一条　学校内各民主党派组织及社会团体按照各自章程开展活动。

各民主党派成员和无党派人士及社团团体成员参与学校民主管理和监督，在本职岗位上为学校改革、建设和发展发挥积极作用。

第五十二条　学校设立理事会。理事会作为学校发展的咨询、协商、审议与监督机构，是学校实施科学决策、民主监督、社会参与的重要组织形式和制度平台。

理事会依据其章程组建、运行。

第五十三条　学校设立教育发展基金会，募集办学资金，推动学校教育事业的发展。

教育发展基金会依据其章程开展活动。

第五十四条　学校根据工作需要，按程序设置校内职能部门，决定其职权与职责。

第五十五条　学校根据需要设立教学、研究等机构，按照学科门类特点和发展要求设立学部。

第五十六条　学校设置图书情报、信息技术、后勤等直属公共服务机构，不断完善管理与服务体系，为学生和教职工提供安全、便捷、优质的服务。

第五十七条　学校附属的具有独立法人资格的单位，依照法律和学校规章制度自主管理和运营。

第五十八条　学校根据工作需要设立相应的专门委员会或工作机构。

第六章　学　院

第五十九条　学校根据人才培养和学科建设需要设置和调整学院。学校本着事权相宜、权责一致的原则，在人事管理和资源配置等方面赋予学院相应管理权。

学院是人才培养、科学研究、学科专业建设等活动的具体组织实施单位。

学院根据学校规定或授权行使下列职权：

（一）制订和实施学院发展规划；

（二）制订人才培养方案，拟订年度招生计划，组织实施教育教学活动，负责学生的教育与管理；

（三）组织实施学科专业建设、师资队伍建设、课程建设，开展科学研究、社会服务、文化建设及国际交流合作；

（四）拟订内部机构设置和人员聘任方案，实施人员聘任与管理；

（五）拟订学院办学经费年度预算，管理和使用学校核拨的办学经费和资产；

（六）学校授予的其他职权。

第六十条　学院党政联席会议负责学院事务的决策与执行，通过学院党政集体领导、分工负责，保证工作目标和任务的实现。

学院党政联席会议根据议题内容或工作性质由学院党组织主要负责人或院长主持。学院党政联席会实行民主集中制，按照少数服从多数的原则进行决策。

第六十一条　学院根据工作需要和党员人数，经学校党委批准，设立学院党的委员会或总支部委员会。主要职责是：

（一）宣传和执行党的路线方针政策以及上级党组织的决议，并为其贯彻落实发挥保证监督作用。

（二）通过党政联席会议，讨论和决定本单位重要事项。召开党组织会议研究决定干部任用、党员队伍建设等党的建设工作。涉及办学方向、教师队伍建设、师生员工切身利益等事项的，应当经党组织研究讨论后，再提交党政联席会议决定。

（三）加强党组织自身建设，建立健全党支部书记工作例会等制度，具体指导党支部开展工作。

（四）领导本单位思想政治工作，加强师德师风建设，落实意识形态工作责任制。把好教师引进、课程建设、教材选用、学术活动等重要工作的政治关。

（五）做好本单位党员、干部的教育管理工作，做好人才的教育引导和联系服务工作。

（六）领导本单位群团组织、学术组织和教职工代表大会。做好统一战线工作。

第六十二条　院长是学院行政负责人，全面负责学院的教学、科学研究和其他行政管理工作。

院长采取民主推荐、组织推荐、公开招聘等方式产生，经学校党委批准，由校长聘任。

院长定期向本学院教职工代表大会或全院教职工报告工作。

第六十三条　学院设立学术委员会。学院学术委员会是学院学术事务的审议和咨询机构，依据其章程开展工作。

第六十四条　学院教职工代表大会是教职工依法参与学院民主管理和监督的基本形式。学院改革、建设和发展的重大问题以及涉及教职工切身利益的重大事项，须经学院教职工代表大会讨论通过后方可实施。

第七章　财务资产

第六十五条　学校经费来源以政府财政拨款和事业收入为主，其他多渠道筹措办学经费为辅。

学校支持校内各部门、单位面向社会筹措教学科研经费、各类奖助基金及其他办学资源。

第六十六条　学校实行统一领导、分级管理的财务管理体制。

学校建立健全财务预决算管理制度，加强重大项目资金预算执行监管和绩效

附

录

考评。

学校建立健全经济责任制度和审计监督制度,完善内部财务监督机制,保障资金安全运行。

第六十七条 学校国有资产包括:使用财政资金形成的资产;接受调拨或者划转、置换形成的资产;接受捐赠并确认为国有的资产;依法确认为国家所有的其他资产。

第六十八条 学校实行统一领导、归口管理、分级负责、责任到人的资产管理体制。

学校建立高效、共享的资产使用机制和绩效评价机制,提高资产使用效益。

第六十九条 学校依法拥有、保护、合理使用和开发学校名称、学校标识、专利权、著作权、商标权、土地使用权等无形资产。

第七十条 学校坚持可持续发展理念,以发展规划和年度工作计划为基本依据,科学配置学校资产。

第七十一条 学校不断完善基础设施、教育新型基础设施、自然和人文景观设施,建设智慧校园、绿色校园、人文校园、平安校园、和谐校园。

第八章 校 友

第七十二条 校友包括在学校学习过的学生和工作过的教职工,以及被学校授予各种名誉学位和名誉职衔的中外各界人士。

第七十三条 学校设立校友会,鼓励和支持校友会按地域、行业、届别、专业等成立校友组织。

校友会依靠海内外校友的广泛影响和力量,提升学校社会影响力,支持学校改革、建设和发展。

校友会执行机构是校友理事会,理事会成员由校友代表选举产生。

校友会依据其章程开展活动。

第七十四条 学校健全信息渠道,帮助校友了解学校发展状况。

学校为校友学习工作提供便利和服务,鼓励和支持校友与学校以及校友之间开展合作。

第七十五条 学校鼓励校友以各种方式支持学校改革、建设和发展。学校对为社会和学校发展作出贡献的校友给予表彰。

第九章　标　识

第七十六条　学校建立视觉形象标识系统,规范使用校名、校徽、校训、校旗等学校标识。

校徽造型为圆形印章形,颜色为工业蓝,图案包括读书、做工两个人物造型及桌台、铁砧、书籍和"1903"字样等元素。

校旗分蓝色底与白色底两种,蓝色旗为主旗,白色旗为副旗,图案包括校名、校徽等元素。

第七十七条　学校校歌为《河北工业大学校歌》。

第七十八条　学校纪念日为公历 3 月 19 日,学校庆祝日为公历 10 月的第三个星期日。

第十章　附　则

第七十九条　章程草案经学校教职工代表大会讨论、校长办公会议审议、学校党委会议审定、校长签发,报河北省教育厅核准,报教育部和天津市人民政府备案。

第八十条　章程修订须由学校教职工代表大会五分之一以上代表或校长办公会议提议,经学校党委同意后,启动修订程序。

章程修订案的审核程序依据第七十九条的规定执行。

第八十一条　本章程是学校依法自主办学、实施管理和履行公共职能的基本准则和基本规范,学校其他规章制度应依据本章程制定、修改,不得与本章程相抵触。

第八十二条　本章程由学校党委常委会负责解释。

第八十三条　本章程自发布之日起实施。

附录五　河北工业大学服务"经济强省　美丽河北"行动计划

（2023—2027）

为深入学习贯彻党的二十大精神，主动服务加快建设"经济强省　美丽河北"，彰显省属工科大学的责任与使命，助力中国式现代化在河北大地展现出更加美好图景，根据省委、省政府决策部署和《河北省国民经济和社会发展第十四个五年规划和二〇三五年远景目标纲要》等文件，特制定《河北工业大学服务"经济强省　美丽河北"行动计划（2023—2027）》。

河北工业大学是国家"双一流"重点建设的省属骨干大学，是河北省、天津市和教育部共建高校。建校120年来，学校始终坚持"兴工报国"办学传统，秉承"勤慎公忠"校训精神，彰显"工学并举"办学特色，落实立德树人根本任务，把服务国家和我省经济社会发展作为核心战略。近年来，在人才培养和人才队伍建设方面，学校自主培养和全职引进包括国家长江学者、杰出青年科学基金获得者和外籍院士等一流科技领军人才30余人，"元光学者"高水平人才近500人，并形成了智能机器人国家级创新团队等30余支省（市、部）级以上创新团队；在科技创新方面，聚焦我省高端装备制造等主导产业，发挥学校"先进装备工程与技术"世界一流学科及国家重点实验室等60余个国家和省部级科技创新与成果转化平台的引领示范作用，取得大批重要原创性成果，制定发布多项国家标准，获得国家和省（市、部）级科技奖励145项；在社会服务方面，学校不断探索和深化政产学研用合作，加强产教融合、协同创新，与我省11个地市签订了全面战略合作协议，并在雄安新区、石家庄、张家口、唐山等地共建智能装备、电子信息、数字经济等10余个地方产业研究院，打造高端协同创新与成果转化平台，太阳能电池材料先进制备技术、立体传质塔板技术、智慧供能技术以及技术创新方法等多项重大科研成果在我省行业、企业成功转化或应用，创造了显著的经济效益和社会效益，在我省经济社会发展中发挥了重要作用。

一、指导思想

以习近平新时代中国特色社会主义思想为指导，全面贯彻落实党的二十大精神和省委、省政府决策部署，全面贯彻党的教育方针，紧紧围绕我省经济社会发展现实需求，深入实施科教兴冀战略、人才强省战略和创新驱动发展战略，以服务加快建设"经济强省、美丽河北"为目标,以提升我省产业发展动力和企业创新能力为重点,以解决共性关键技术问题和促进县域特色产业集群提质升级为核心,以引育企业、产业发展急需人才为关键,主动融入我省经济建设主战场,构建新时代产学研合作新模式,激发全要素服务河北新动能,为我省经济建设与社会发展提供强力、持续、高效的人才支持和科技支撑。

二、总体目标

发扬学校"兴工报国"优良传统,彰显"工学并举"办学特色,整合校内外资源,主动服务构建中国式现代化河北场景,对接八大产业,促进百县发展,走进千家企业,引智万名人才。到 2023 年底,完成我省主导产业和百县特色产业集群、头部企业及专精特新"小巨人"企业需求调研,制定全口径服务方案,在部分产业、企业和地方开展试点并取得初步成果;到 2025 年底,基本构建起适应我省经济社会发展需要的学科专业体系和产学研合作新模式,解决一批行业、产业发展的共性关键技术问题,产生一批重大原创性科研成果,实现一批重大成果转化,助力传统产业高端化、智能化、绿色化发展,助力战略性新兴产业提升创新能力,助力县域特色产业集群提升技术研发水平,助力乡村振兴和燕赵文化传承创新取得新成果;到 2027 年底,构建起信息化背景下产学研合作新模式和高校服务地方经济建设新生态,在人才培养培训、高能级科研及转化平台建设、原创性重大成果、助力头部企业发展等方面完成既定目标任务,用创新成果驱动中国式现代化河北场景落地见效,为加快建设"经济强省、美丽河北"贡献智慧和力量。

强化人才支撑。优化调整学科专业结构,工科专业设置与我省工业经济发展需要适配度达到100%;组建 100 支以上科技特派团,带领 10000 名学生为企业发展提供技术支持;依托学校优势办学资源,为企业和地方培训党政干部、企业管理人才、创新工程师和职业教育师资等各类人才累计达 20000 人次以上。

推动科技创新。加强校企合作、产教融合、创新驱动,构建产学研用新模式,与我省企业或地方联合创建高能级实验室、技术创新中心、产业技术研究院、工程研究中心等创新平台 50 个以上,指导企业获批专利 300 件以上,联合企业获得国家级、省(部)级科技奖励 50 项以上,持续提升企业科技创新能力。

促进成果转化。围绕县域经济提质发展需要,在我省所有县(市)设立技术转移分中心或成果超市,举办技术服务推介活动 100 场以上,实现百万元以上成果转化 100 项、千万元成果转化 10 项以上;依托学校技术培育新增科技型中小企业 50

家以上,直接服务企业 1000 家以上,助力企业新增产值 2000 亿元以上,并助推若干家企业实现上市。

提供智力支持。聚焦经济社会发展前沿热点问题,组织 1000 支以上校级社会实践重点队,开展覆盖我省所有县(市)的"调研河北"专项活动,为省、市提供政策研究和决策咨询报告 100 篇以上,面向乡村和基层社区大量开展理论宣讲、科普教育、志愿服务、文化传播等活动,为 100 所以上学校开展支教帮扶,惠及学生 5000 人以上。

三、主要任务和举措

(一)实施服务国家战略行动,助力国家战略在我省落地落实

1. 助力京津冀协同发展发挥地处天津、毗邻北京的区位优势,依托学校国家级大学科技园、国家级技术转移示范机构和国家知识产权信息服务中心等平台,参与、协助我省园区或企业在学校设立各类研发机构,吸纳京津高端人才和科技资源,全面承担起"京津研发、河北转化"的桥头堡和创新要素跨区域链接的加速器作用。

2. 助力雄安新区规划建设

围绕雄安新区全球创新高地建设规划,组建跨学科工作专班、派出挂职干部,主动对接政府、产业、企业和社会发展需要,为区域科技创新中心、国家自主创新示范区、国际科技创新合作试验区、国际科技成果展示交易中心(国家技术转移中心)等的建设提供人才、技术、管理、信息等全要素支持。

3. 助力后奥运经济发展

与张北地区加强全面合作,在新能源汽车、智慧能源、近零排放等重点领域开展技术创新和成果应用示范,积极打造 5G,人工智能、大数据等新技术应用示范场景,主动参与我省冰雪产业技术创新发展,为后奥运经济可持续发展和冬奥遗产传承与可持续利用提供科技支撑。

4. 助力乡村振兴战略

以国家乡村振兴局"百校联百县兴千村"行动为牵引,以京津冀研究中心为省情研究平台,面向我省广大农村和各县(市)在社会治理、产业发展、科技创新、生态文明、文化传承、精神文明建设等方面的现实需要,组织专家学者和青年学生深入开展省情调研、社会实践、志愿服务、理论宣讲、科普教育、科技支农、法治宣传和支教帮扶等活动。

（二）实施"八大产业服务行动"，助力产业高质量发展

1. 服务钢铁产业

以材料科学与工程学科为支撑，依托河北省新型功能材料重点实验室、河北省数据驱动工业智能工程研究中心等科技创新平台，组织先进工程材料团队、高性能金属材料团队、机器学习与智能计算团队等技术力量，与河钢集团、立中集团、隆泰迪管道、河北博远等省内头部企业、专精特新"小巨人"企业深度合作，开展在汽车钢、汽车轮毂、特种工具钢、数字化生产等领域的技术开发和成果转化，助力我省高端金属材料实现突破。深度参与中钢邢机企业国家重点实验室重组工作，开展轧辊新材料及表面技术的研究和应用，延长轧辊使用寿命，提高轧辊产品的安全性、可靠性和竞争力。参与河北省钢铁行业数字化转型产业联盟，搭建工业互联网、云平台，优化钢铁生产流程，打造我省钢铁产业的智能化生产示范工程。

2. 服务绿色化工产业

以化学工程与技术学科为支撑，依托化工节能过程集成与资源利用国家地方联合工程实验室、河北省绿色化工与高效节能重点实验室等科技创新平台，组织绿色化学工程与工艺团队、能源利用过程污染物控制技术研究团队等技术力量，与沧州渤海新区、唐山曹妃甸、石家庄循环化工园等化工产业集群合作，开展化工新工艺设计、精细化工产品与医药中间体、新型催化剂及催化新技术、化工新材料等领域的技术开发和成果转化。与沧州大化、唐山三友化工、旭阳化工等头部企业深入合作，开展碳酸醋、TD 工、MDI 以及光电 CPL 材料，高性能 PVC 树脂等化工新材料，医药中间体和催化剂的绿色合成工艺与技术的开发和应用，联合开展中试，促进成果落地转化。与沧州市政府共同启动河北省绿色现代化工实验室筹建工作，聘请国内外院士、专家结合全省化工学科科研力量，构建协同创新体系，在绿色化工与本质安全过程及产业化、化工节能过程集成与资源利用、精细化学品开发与产业化、海水资源综合利用和化工新材料绿色制造五个方向开展理论研究、技术开发和成果转化，全面推动我省化工产业安全化、绿色化发展，助力我省传统化工产业的转型升级。

3. 服务高端装备产业

以先进装备工程技术世界一流学科（群）为支撑，依托省部共建电工装备可靠性与智能化国家重点实验室、先进装备工程与技术研究院、河北省机器人感知与人机融合重点实验室、河北省机电一体化技术创新中心、长城汽车现代产业学院等平台，组织工程设计与可靠性团队、高端装备结构与制造团队、新能源汽车研究团队

等技术力量,与保定、张家口、承德能源装备产业集群的企业合作,开展输变电装备提质增效关键技术、大型风力发电机关键技术、新能源装备健康状态监测和故障诊断技术的开发和推广应用。与长城汽车、巨力索具、中信戴卡、汇工机械(河北)等头部企业合作,开展汽车用轻合金高品质零部件制造关键技术的开发及应用,助力我省新能源汽车整车及零部件企业转型升级、先进装备智能化升级改造相关技术攻关及应用。与唐山、廊坊、沧州等机器人产业集群的企业合作,组织特种机器人关键技术团队、建筑机器人及智能装备创新团队、健康护理机器人团队等技术力量,开发建筑机器人、特种机器人、健康护理机器人等系统装备关键技术研究与制备并产业化推广,打造产学研用深度融合的机器人产业生态,助力培育百亿级"新星"工业机器人产业集群。与五十四所开展超大口径天线、相控阵天线等机电耦合系统可靠性分析和性能保障技术攻关,实现重大关键技术突破。

4. 服务新材料产业

以材料物理与化学国家重点学科为支撑,依托生态环境与信息特种功能材料教育部重点实验室、河北省光电功能晶体材料工程实验室等科技创新平台,组织先进工程材料研究团队、表面界面科学与工程团队、新型电子材料团队、生物高分子及功能团队、新型低碳利废水泥建材团队等技术力量,在环境功能材料、高端铁基材料、轻合金、高性能复合材料、光伏材料、电池储能材料等领域,为新材料产业发展需求提供技术支撑。与承德市双滦区政府进一步深化"河北工业大学(承德)固废循环经济产业研究院"建设,解决矿产资源典型固废和工业固废资源化、高值化利用的技术难题;与省内钢铁、冶金相关企业共同开发高性能铁基耐磨材料、超低排放节能热镀锌工艺的波形护栏板技术,攻关非晶/纳米多元陶瓷粒颗粒复合材料孕育剂等多项工具钢技术;开展电池储能领域高导热、高潜热、高稳定性复合相变储能材料和热化学吸/脱附储能材料研发技术并推广应用;学校自主研发的新一代SN(99.999%)级玻璃粉钝化封装材料以及钠离子电池正极材料和电解液,已在石家庄高新区学校教师创办的科技型中小企业中得到产业化推广。

5. 服务新一代信息技术

以人工智能与大数据、电子信息工程、材料物理与化学国家重点学科为支撑,依托省数据驱动工业智能工程研究中心、电子信息产业创新研究院(石家庄)等科技创新平台,组织第三代半导体研究团队、射频与微波技术团队、数据科学与大数据技术团队等技术力量,与石家庄、保定、邢台、廊坊、张家口等地(市)新一代信息产业集群的企业合作,开展第三代半导体、大数据、激光、通讯导航等领域的技术开发和成果转化。深化与十三所、五十四所等的合作,开展高端传感器、导航及通信芯片、光通信器件、光机电集成微系统、信息网络设备和信息终端等产品的开发和应用,助力建设全国一体化算力网络京津冀国家枢纽节点。对接石家庄、保定、邢台等半导体和光伏领域的头部企业,在氮化镓半导体显示、碳化硅、氮化铝衬底及晶硅电池相关领域开展合作,推动新一代信息技术产品更新迭代,推动企业转型升级。

6.服务生物医药产业

以生物工程、生物医学工程、智能医学工程等基础学科与新型交叉学科为支撑,依托智能康复装置与检测技术教育部工程研究中心、河北省生物电磁与神经工程重点实验室、河北省分子生物物理重点实验室等科技创新平台,组织生物电工与智能健康团队、生物催化与转化团队、离子通道结构功能与新药研发团队等技术力量,与京津冀生命健康国家先进制造业集群、原料药集中生产基地合作,开展生物技术转化、现代中药原料、高端制剂和医疗器械等领域的技术开发和成果转化。与保定安国市共同建设河北省中药材产业研究院,利用生物辐照技术对安国市现有中药材种质资源的品种进行改良和创新,促进中成药和大健康产品提质升级;与河北瑞鹤医疗器械、河北医科大学合作,开展创新医用材料和器械的开发及临床转化,提升医疗器械产业制造能力和水平;与河北省药品医疗器械检验研究院合作,研制新型脑机融合康复系统,制定相应的评估体系及标准,促进康养事业发展;通过基因工程开展以新型酶制剂和离子通道为靶标的创新药物研发,加快我省生物医药产业绿色高质发展。

7.服务新能源产业

以电气及自动化、人工智能、能源与环境学科群为支撑,依托学校省部共建电工装备可靠性与智能化国家重点实验室、双碳研究院、河北省热科学与能源清洁利用技术重点实验室、张北产业研究院等科技创新平台,组织电工装备可靠性技术团队、零碳供能与环境营造研究团队、新能源与储能技术研究团队、新能源系统检测与大数据技术团队等技术力量,开展技术开与成果转化,支撑张家口、承德、保定等地太阳能、风电装备制造产业集群发展。对接国家电网、河北建投等头部企业,开展新能源配电网数字化、智能化配电系统、运维平台的开发和应用,为实施电网智能化改造、建立智能化调峰平台、提高输配电设备利用水平提供技术支撑;开展高效与高稳定的钙铁矿太阳能电池组件研制和电池储能技术、高效储热技术、氢能与燃料电池技术研发,助力我省率先进入到"氢能源时代"。

8.服务绿色住建产业

以建筑学、土木工程、交通运输工程、能源与环境工程等相关学科为支撑,依托智慧基础设施研究院、双碳研究院交叉学科平台,结合河北省土木工程技术研究中心、建筑3D打印河北省工程研究中心、河北省交通基础设施智能建造与管养重点实验室等科技创新平台,深化与省交通投资集团、省国控集团、河北建工集团等国有大中型企业合作,开展节能建筑、装配式建筑、新型建材、智能建造等关键技术的开发和应用,以重大基础设施建设和运营需求为导向,主动服务京津冀协同发展、美丽乡村建设和雄安新区建设,为国家重大基础设施工程智能化、低碳化、安全化提供理论与技术支持。围绕绿色住建产业需求,促进人才链、技术链、成果链和产业链有效融合,快速提升建筑行业创新能力和市场竞争力,带动我省绿色住建及智能建造产业的健康发展。

(三)实施"百县千企助跑行动",助力县域特色产业提质增效

1.搭建县域经济服务网络

以学校校企联合研究平台、地市研究院为骨干结点,以覆盖各县(市)的技术转移分中心为神经末梢,搭建"点线面结合、校企县联动"的县域特色产业科技服务平台和服务网络;以科技特派团(员)为核心,发挥校友和博士、硕士研究生的作用,建立直接服务县域特色产业发展的技术研发、成果转化和企业服务队伍;持续跟踪企业需求,为企业提供技术攻关、技术咨询、专利申请、市场推广等服务,为地方政府提供产业发展规划、乡村振兴规划、产业问题诊断等服务,实现地方政府、企业和学校的无缝高效对接。

2.推进重点产业提质升级

根据学校学科专业优势,在连续多年"走百县"活动基础上,在107个重点县域特色产业集群中,将电子信息、装备制造、医药化工、新型建材、节能环保、冶金铸造及新能源、新材料、大数据等领域的80余个产业集群作为学校服务县域经济的主攻阵地,组织机械、电气、土木、化工、材料、电信、人工智能、生命健康等学院、学科和专家团队,主动深入生产一线,挖掘企业技术需求,开展重点技术攻关。积极参与相关产业技术创新战略联盟和各类科技创新平台建设,助力县域特色产业向中高端迈进。

3.为"领跑者"企业加力助跑

围绕上述县域特色产业的头部企业、"领跑者"企业和成长空间大、创新能力强的中小微企业,整合学科、人才、信息等多方面资源,全面梳理企业在关键技术、核

心零部件、工艺设备、工业设计、标准质量等方面的技术短板,为企业实施"一企一策"的个性化、定制化贴身服务,在信息化建设、数字化转型、自主创新能力、绿色低碳发展及产品外观设计、品牌影响力建设等方面为企业加力助跑,推动产业迈向中高端,助力一批企业实现高质量发展。

(四)实施"万名人才扎根河北行动",厚植人才第一资源

1. 依托技术服务吸引学生在省就业

与我省各地、行业企业建立有效合作机制,发挥学校学科专业和人才优势,以解决企业技术问题、培养爱省兴省情感为目标,由学校科技特派员、科研人员和导师带领学生深入我省各地和企业生产一线,通过社会实践、志愿服务、生产实践、毕业实习等环节发现产业、企业和地方发展需求,组织毕业生真题真做毕业设计,参与企业技术攻关、解决实际问题,在服务家乡、振兴产业的实践中强化青年学生为加快建设"经济强省、美丽河北"多做贡献的情怀,鼓励更多毕业生在我省就业创业。

2. 借力京津优势吸纳我省急需人才

发挥学校地处天津的区位优势,根据我省产业发展规划和企业技术需求,按照"不求所有、但为所用"的原则,面向国内外特别是京津地区科研院所和高校柔性引进各类人才,积极培育形成项目育人、事业引人、感情留人的良好氛围和政策环境,促进我省产业链、人才链和创新链的有效衔接,扩容我省科技创新人才队伍"蓄水池"。

3. 聚焦发展需求开展人才培训

依托学校"河北省干部教育培训高校基地"和"国家技术创新方法与实施工具工程技术研究中心"等平台,面向我省各地党政机关、企业事业单位和职业技术学校,举办各级各类党政管理干部培训班、企业中高级管理人员研修培训项目、创新工程师培训和职业技术学校师资培养项目,提高各类人员的理论水平、专业技能和创新能力,为我省经济社会发展提供强有力的人才支撑。

(五)实施"产学研合作创新行动",培育创新驱动新势能

1. 优化创新策源机制

以新发展理念为指导,建立学校与省教育厅、科技厅、发改委、工信厅等厅局的会商机制,深化科教、产教融合和校地、校企合作,探索信息化背景下的产学研用合作新模式,推动建设重大科技基础设施,实现学校国家及省(市)重点科研平台向我省行业企业全面开放,促进教育链、人才链与产业链、创新链的有机衔接,助力提升

我省创新体系整体效能,构建创新驱动发展新生态。

2. 畅通创新策源路径

依托学校的国家技术转移中心,在各县区设置技术转移分中心,健全技术转移神经网络,面向行业企业和县域经济需要提供点到点、低时延、面对面的技术服务,提高科技成果转化效能,破解新技术向现实

生产力转变"最后一公里"渠道不畅的问题。常态化征集科技成果和企业技术需求,根据企业产业发展需要,积极承接或组织科技成果直通车、创新挑战赛、项目路演等产智对接活动。

3. 打造创新策源平台

与省内高新技术企业、大中型企业共建技术研发中心、产业研究院、现代产业学院和产业技术创新联盟等科技创新平台,开展共性关键技术问题联合攻关。加强网上技术交易市场建设,依托国家知识产权服务中心设立网上科技成果超市和定制化专利库,积极参与我省技术转移服务支撑体系建设。把国家级大学科技园和国家级众创空间打造成服务我省创新发展的成果转化"主阵地"、创新创业"孵化园"和高新产业"策源地"。

四、保障措施

(一)加强党委领导,明确工作责任

学校成立服务河北行动领导小组和工作专班,建立党委统一领导、党政分工合作、校内外协调运行的工作机制,加强顶层设计、明确目标任务,协调校内资源、统筹多方力量,把服务我省经济社会发展作为学校的重要任务和使命。

(二)深化校内改革,提供政策支持

优化学科专业设置、深化人才培养模式改革,提高人才培养质量和与我省经济社会发展需要的适配度。围绕服务河北行动计划的目标任务,深化人事制度、职称评聘、科研体制等领域改革,强化政策供给,激发教师和科研人员服务河北的积极性和持续性。

(三)提升办学实力,壮大创新动能

以学校"双一流"建设为契机,针对我省产业发展需要,实施"筑台行动",布局新建一批国家级、省部级科研平台;实施"强基行动",提升基础学科整体水平和综合实力;继续实施"元光学者"计划,持续加大高层次人才引进和培育力度,不断壮大创新动力。

（四）加强对接联络，形成服务合力

加强与我省各有关厅局的对接、协商，及时了解和回应我省经济社会发展需求。加强与我省各地和企业的沟通与合作，寻求合作领域和新的技术创新点。搭建服务平台，吸引京津高校发挥各自优势服务我省产业发展。

（五）加强督导考核，确保取得实效

坚持问题意识和目标导向，逐年制定重点任务工作清单，明确责任单位和部门，厘清重点任务和时间节点。按照定量与定性相结合的原则，对各项目标任务的执行情况进行检查与评估，确保各项任务顺利实施并取得实效。

参考文献

[1]李明忠等."双一流"战略下河北省高水平大学建设研究[M].北京:科学出版社,2021.

[2]赵宝琪,张凤民.天津教育史(上卷)[M].天津:天津人民出版社,2002.

[3]张大民.天津近代教育史[M].天津:天津人民出版社,1993.

[4]阎国华,安效珍.河北教育史(第二卷)[M].石家庄:河北教育出版社,2003.

[5]天津市地方志编修委员会,天津市教育委员会.天津市志·高等教育志[M].天津:天津社会科学院出版社,2014.

[6]中共天津市委组织部,中国天津市委党史资料征集委员会,天津市档案馆.中国共产党天津市组织史资料 1920—1987[M].北京:中国城市出版社,1991.

[7]来新夏.天津近代史[M].天津:南开大学出版社,1987.

[8]南开大学校史研究室.南开大学简史 1919-2019[M].天津:南开大学出版社,2019.

[9]虞和平,夏良才.周学熙集[M].武汉:华中师范大学出版社,2011.

[10]王凯捷.天津抗战[M].天津:天津古籍出版社,2007.

[11]中国人民政治协商会议天津市委委员会文史资料委员会.天津抗战见闻录:纪念中国人民抗日战争暨世界反法西斯战争胜利 70 周年[M].天津:天津人民出版社,2015.

[12]于建.天津现代学生运动史[M].天津:科学出版社,2021.

[13]郑艳,段亚敏,王丽娜.基于京津冀协同发展下河北省高等教育与经济发展研究[M].北京:地质出版社,2017.

[14]周志华,何长法,韩宗礼,韩清林.河北省高等教育发展战略研究[M].保

定:河北大学出版社,1993.

[15]智学.从边缘到中心:河北省高等教育发展取向研究[M].石家庄:河北人民出版社,2010.

[16]河北省地方志编纂委员会.河北省志·教育志[M].北京:中华书局出版社,1995.

[17]郑登云.中国高等教育史(上册)[M].上海:华东师范大学出版社,1994.

[18]余立.中国高等教育史(下册)[M].上海:华东师范大学出版社,2019.

[19]陈浩,马陆亭.中国教育改革大系·高等教育卷[M].武汉:湖北教育出版社,2015.

[20]余子侠.中国研究生教育史[M].福州:福建人民出版社,2021.

[21]王文杰.民国初期大学制度研究(1912—1927)[M].上海:复旦大学出版社,2017.

[22]张华腾.袁世凯与清末民初社会变革研究[M].北京:中国社会科学出版社,2017.

[23]范跃进.新中国成立以来高等教育元政策(1949—2016)[M].北京:中国社会科学出版社,2017.

[24]郝维谦,龙正中,张晋峰.中国人民共和国高等教育史[M].北京:新世界出版社,2011.

[25]董宝良.中国近现代高等教育史[M].武汉:华中科技大学出版社,2007.

[26]河北工业大学校友会,中央工校校友会.魏元光教育文选[M].重庆:重庆大学出版社,1999.

[27]王纪安.魏元光工业职业教育思想研究[M].北京:机械工业出版社,2013.

[28]刘志明,陈德第,王家琦.浩气长存:河北工业大学英贤集[M].天津:天津人民出版社,1998.

[29]陈德第.百年回眸1903—2003[M].哈尔滨:黑龙江人民出版社,2004.

[30]《河北大学史》编纂委员会.河北大学史[M].保定:河北大学出版社,2001:187-191.

[31]《安徽大学校史》工作委员会办公室.安徽大学校史[M].合肥:安徽大学出版社,2020.

[32]丁德全.承德石油高等专科学校志[M].北京:石油工业出版社,2003.

[33]中共中央文献研究室.邓小平年谱一九七五——一九九七(上)[M].北京：中央文献出版社,2004.

[34]陈德第.代代风流 1903—2003[M].哈尔滨：黑龙江人民出版社,2004

[35]甘厚慈.北洋公牍类纂正续编二[M].天津：天津古籍出版社,2013.

[36]周尔润.直隶工艺志初编[M].工艺总局刊行,1907(光绪三十三年).

[37]河北工学院.河北工学院院志 1903—1993[M].天津：天津人民出版社,1993.

[38]天津市政协文史资料研究委员会等.近代天津图志[M].天津：天津古籍出版社,2004.

[39]方家峰.中国近代高等工业教育研究(1840—1927)[D].保定：河北大学,2011.

[40]陈奇杰.解放战争时期天津学生运动初探[D].天津：天津师范大学,2007.

[41]赵亮.近代天津高等教育发展研究(1880—1949)[D].天津：天津师范大学,2015.

[42]苏志明.抗日根据地的高等教育研究(1937—1945)[D].北京：中共中央党校,2007.

[43]魏丽颖."双一流"战略下河北省高水平大学建设研究[D].保定：河北大学,2007.

[44]周文佳.北洋政府时期高等教育政策研究[D].保定：河北大学,2013.

[45]赵金玥.河北省高等教育中外合作办学发展研究[D].石家庄：河北经贸大学,2020.

[46]王金霞.河北与中国教育早期现代化[D].保定：河北大学,2006.

[47]李赫.华北水利委员会与天津水利建设的现代化研究(1928—1937)[D].天津：天津师范大学,2019.

[48]曹雪宏.京津冀协同发展背景下河北省高等教育发展对策研究[D].石家庄：河北科技大学,2017.

[49]黄旭.京津冀协同发展背景下河北省高等教育发展对策研究[D].秦皇岛：燕山大学,2019.

[50]赵琳琳.京津冀高等教育协调发展现状及对策研究[D].天津：天津大学,2016.

[51]郭强.论袁世凯在清末新政时期的教育改革及其影响[D].石家庄:河北师范大学,2007.

[52]王美.民国时期高等教育政策变迁研究(1912—1949)[D].长春:东北师范大学,2021.

[53]夏兰.民国时期现代大学制度演变研究[D].上海:复旦大学,2012.

[54]米思佳.清末民初直隶实业教育研究[D].石家庄:河北师范大学,2017.

[55]吴玉伦.清末实业教育制度研究[D].武汉:华中师范大学,2006.

[56]贾军琳.清末新政时期的直隶高等教育改革[D].哈尔滨:哈尔滨师范大学,2018.

[57]李占萍.清末学校教育政策研究[D].保定:河北大学,2009.

[58]马玉娟.清末直隶高等教育研究[D].石家庄:河北师范大学,2015.

[59]王永颜.清末直隶总督与河北学校教育转型(1901—1911)[D].武汉:华中师范大学,2016.

[60]陈磊.新中国成立初期高等教育模式形成研究[D].西安:陕西师范大学,2017.

[61]陈亮.袁世凯的教育思想及实践研究[D].石家庄:河北师范大学,2018.

[62]邵秋菊.直隶工艺局研究[D].石家庄:河北师范大学,2010.

[63]桂雪梅.河北高校重点学科建设研究[D].石家庄:河北师范大学,2009.

[64]周文佳.北洋政府时期高等教育政策研究[D].保定:河北大学,2013.

[65]张华,刘东菊.天津高等教育60年(1949—2009)[J].天津市教科院学报.第5期.2009.

[66]张绍祖.天津沦陷时期教育界的抗日活动[J].2015,2.天津市社会主义学院学报.第2期.2015.

[67]田宝军,智学,徐爱新.河北省高等教育的历史回顾与发展取向[J].河北学刊.第5期.2009.

[68]高文豪.京津冀高等教育协同发展问题及策略研究[J].中国高教学刊.第2期.2021.

[69]王倩.民国教育史上一次"昙花一现"的改革——大学院与大学区制的试行[J].河北师范大学学报.第5期.2004.

[70]陈凯.清末直隶实习工场_培养先进生产力的摇篮[J].职业教育研究.第9期.2011.

［71］陈磊.也论新中国成立后十七年的高等教育改革［J］.高等教育研究.第 8 期.2015.

［72］陈凯.直隶高等工业学堂始末［J］.职业教育研究.第 11 期.2016.

［73］张伟兵.中国第一水工试验所的成立及早期相关史实［J］.中国科技史杂志.第 3 期.2016.

［74］程鹏举.中国第一水工试验所始末［J］.中国科技史料.第 2 期.1988.

［75］魏大卫.中国第一水工试验所探源［J］.河北工业大学学报（社会科学版）.第 2 期.2013.

［76］刘献君.新中国高等教育 70 年的回顾与展望［J］.高等教育研究.第 11 期.2019.

［77］闫志军.近代河北高等教育发展机理探析——基于京津冀一体化的视角［J］.河北科技师范学院学报（社会科学版）.第 3 期.2019.

［78］大公报（1902—1949）

［79］天津日报（1949—2023）

［80］益世报（1915—1937）

［81］人民日报（1948—2023）

［82］河北日报（1949—2023）

［83］工业周刊（1930—1937）

［84］河北省立工业学院半月刊（1947—1949）

［85］河北省立工业学院一览（1929—1935）

［86］河北工学院报（1986—1995）

［87］河北工业大学报（1995—2023）

后　记

这是河北工业大学的第一本校史。

其重要性可想而知。

其难度也可想而知。

校党委非常重视校史编纂工作，于 2022 年初成立校史丛书编纂小组。

本书旨在存史立鉴。中国近现代高等教育发展史是河北工业大学的 120 年办学历程的河床，诞生于天津、成长于河北的河北工大与津冀两地的高等教育发展同向同行，工学并举的办学特色从办学之初就已明确，而红色基因也一直流淌在河北工大的血液中。本书总体框架力图将中国近现代高等教育史、津冀近现代高等教育史与河北工业大学 120 周年发展史、"工学并举"办学特色、赓续传承的红色基因等五条文脉融会贯通。

本书秉承尊重历史，实事求是的原则，力求做到述而不论，科学规范。对于说法不一或转引多次的史料，笔者也尽力做到追根溯源。例如：关于学校建校时间，许多书籍和论文都不一致，有的说 1902 年，有的说是 1903 年。本书依据 1903 年 2 月 17 日《大公报》刊登的北洋工艺学堂招生的消息。如此种种，本书据实呈现，对一些争论很大的学术问题还无法下定论，暂时不做结论，留待以后解决。

本书整体以时间为轴，以重要的历史节点为分章依据，为了重要史事的延续性和完整性，各章中的单节段落可能会打破时间顺序。例如，第三章"救亡图存　兴邦自强"按照时间线应该是抗日战争到解放战争期间，主要展示的是师生舍生忘死抗战救国的内容，但为了让学校红色基因能够一脉相承，所以将从建校以来的师生爱国救国内容在这一章进行了回顾与整合。

体例上，遵循全面记录，远略近详的编纂原则。此外，因为 120 周年的历史积淀浩如烟海，本书选择"连点成线"的方法，以时为经，以事为纬，经纬结合，横排竖写。

编者克服疫情期间带来的不便和影响，广泛搜集资料，不断丰富校史内容。国家图书馆、天津图书馆、天津市档案馆以及博物馆，都是我们"追根溯源"的根据地，孔夫子旧书网、知网以及百度，都是我们"探寻宝藏"的路线图。学校发展规划部、档案馆、图书馆等相关部门，提供了大量珍贵资料，编者只是"拿来一用"，他们才是真正的作者。

本书在编纂过程中，还参考了1993年出版的《河北工学院志》和2018年出版的《河北工业大学史话》等著作，并吸收借鉴了学界关于近现代教育史特别是工业教育史，以及河北工业大学校史研究的相关成果，在此一并感谢。需要说明的一点是，本书引用和参考的相关资料内容，没有在正文进行角标注释，而是统一在参考文献荣列鸣谢。如有不妥，恳请原作者谅解海涵。

本书由贺立军担任主编，霍占良负责本书的整体框架起草、内容搜集整理和统筹编纂，平熙负责本书的体例调整和文字统筹编审，屠琼芳负责本书的4—7章内容收集编审，王军负责本书1—3章内容收集编审，李志明负责本书统稿的编校，林艳书、张剑军、白彦刚、董金明负责本书的前期策划和组织协调工作，戴景新、曹旭冉、杨洋负责本书出版相关工作。值得一提的是，学校党委宣传部两任老部长陈德第老师和屈振光老师，在本书编写过程中给予很多很好的建议和指导，有求必应，有问必答；学校融媒体中心张男男、闫涵、冀悦心、于天晨、付佳欣、王信老师，在部门负责人被抽调编写校史这段时间里，主动担责，无私付出。如他们一样，还有许多为此书出版提供过支持和帮助的无名英雄。可以说，没有他们，就没有今天的这本校史。点睛之功，无以为报，在此，谨致以最诚挚的感谢。

编者一直致力于整理出一部科学、真实、系统的河北工大校史，全面记载学校从创建到发展再到壮大的历程。越整理，越发现学校120年的历史积淀十分深厚，越深入，越感觉到完成任务的能力不足。但时间不等人，我们也只能尽力而为，此次书稿最多算是挂一漏万，甚至只能算是素材和线索，意在抛砖，等以后再引得玉来。

希望各位读者对本书以宽容的胸怀对待，对错误和不足提出宝贵意见，以作为我们再次修订与出版的宝贵参考。

《河北工业大学校史》编纂组

2023年6月